全国高等学校应用型法学人才培养系列规划精品教材

房地产法学

Real Estate Law

广东省高等学校教学质量与教学改革工程本科类项目

『法学专业综合改革试点』（粤教高函〔2012〕204号）成果

广东省本科高校教学质量与教学改革工程建设项目

『法学专业系列特色教材』（粤教高函〔2014〕97号）成果

广东教育教学成果奖（高等教育）培育项目

『应用型法学人才培养系列精品教材』（粤教高函〔2015〕72号）成果

总主编　谈萧

主　编　申惠文

副主编　魏可欣　杨琳　张攀

WUHAN UNIVERSITY PRESS
武汉大学出版社

全国高等学校应用型法学人才培养系列规划精品教材

编委会

总主编：谈　萧

编　委：

蔡国芹	蔡镇江	曹　智	陈文华	陈　默
陈　群	丁永清	杜启顺	傅懋兰	方　元
管　伟	高留志	高　涛	郭双焦	韩自强
洪亦卿	姜福东	李华武	李　亮	李　鑫
宁教铭	钱锦宇	强晓如	秦　勇	邱志乔
申慧文	谈　萧	王国柱	王金堂	王丽娜
肖扬宇	谢登科	谢惠加	谢雄伟	杨春然
杨　柳	余丽萍	余耀军	赵海怡	张　斌
张玫瑰	张素伦	周汉德		

支持机构：

指南针司法考试培训学校

众合司法考试培训学校

总　序

近年来，随着法治事业的不断推进，我国各个层次的法学教育蓬勃发展。法学教材建设是法学教育的一个重要环节，当前我国法律实践日益丰富多彩，法学教育的内容更新、方法变化以及交叉学科的涌现，都对法学教材的建设提出了新要求。

我国法制建设历经 30 余年，各个法律领域的大规模立法活动已基本完成，法制建设已开始向司法角度转型。在此背景下，法学教育也应实现面向司法实践的转型。自 2002 年开始实施国家统一司法考试，我国已建立起严格的司法职业准入制度。面向法律职业培养应用型法学专业人才，是我国绝大部分高校法学院系的核心任务。进入司法实践领域工作，也是绝大部分法学专业毕业生的首要选择。

针对法制建设和法学教育的转型，法学教材必须在理论与实践相结合方面做出更大的努力，以适应司法职业准入和司法实践的需要。为此，我利用我本人所承担的省级法学专业综合改革项目、省级系列法学精品教材建设项目以及省级教学成果奖培育项目的支持，组织了全国近 50 所高校的 100 余名法学教师以及部分律师、法官、检察官，编写了这套"全国高等学校应用型法学人才培养系列规划精品教材"。本套教材共约 40 册，包括法学专业主干课程和部分模块课程，统一编写体例，分批推进出版。

本套教材定位于法律职业教育，以法律思维训练和法律事务处理能力培养为导向，通过案例导引、法庭模拟、司考真题、技能训练、纠纷解决等模块和环节设计，配合系统法理和法律知识讲授，致力于打造最有影响力的法律职业教育教材品牌。总结来看，本套教材具有如下六个特点：

1. 注重应用性和时代性

本套教材从编写体系上要求有较强的解决实务问题的针对性，以法律技能培养为主旨。在编写过程中，各教材作者力争将当今社会生活中方方面面的法律现象在教材中有所反映，并引导学生用成熟、具有通说性的法学理论加以理解和解释，使教材更贴近现实法律生活，体现时代性，也便于学生理解与掌握。

2. 教学形式的多样化

当前，法学教学方式方法已呈现多样化的趋势，有案例教学法、模拟现场教学法、情景教学法、讲座式教学法等。本套教材在编写过程中充分融入这些教学方法，摒弃了传统教材较死板的叙述讲授式的教学方法。为了配合教师教学和学生自主学习的需要，本套教材还制作了电子课件（PPT）供教学者利用。

3. 教材体例的新颖性

本套教材内容以基本法律概念、法律程序和法律方法等体现实操性的知识、技能为主。教材中穿插反映新颖体例的多个栏目，如法律知识库、法律资料库、典型案例、情景模拟、法律文化长廊、背景材料、实际操作、练习与思考等。

4. 教学内容的科学性

本套教材在知识内容编写方面特别注意科学性，概念表述严谨，选取无争议的法律概念和定义及表述相关知识点。每章节教学内容以目标任务为导向，目标任务以项目组或角色扮演的方式加以设计，引导学生完成。

5. 学理上的适当拓展

本套教材除了内容的严谨性要求外，在学理上注意能有所拓展。按法学理论和法律制度的逻辑顺序展开教材知识内容，同时也利用到其他学科知识、理论与方法作为分析工具，如社会学的田野调查方法、经济学的成本收益分析方法，以及心理学的需求、动机与行为分析方法等，但它们从属于整体上教材的法律科学逻辑的需要，避免大量分析性、研究性内容。

6. 适应法律职业资格考试和法律实务技能培养的需要

本套教材充分考虑国家统一司法考试及其他重要法律职业资格考试（如企业法律顾问资格考试）要求，强调法律实务处理过程，强化技能培养与训练，侧重实操知识介绍，并强调技能与方法介绍的系统性、完整性与模块化。

高校教材及学术著作由于其专业性和学术性，一般很难通过销售来实现收支平衡。除了少量的政府资助项目，高校教材及学术著作在现行体制下缺乏充分的出版服务平台支持，而其作者、读者和使用群体又具备较高的个人素质和良好的发展潜力。为此，我本人一直希望搭建一个高校教材及学术著作写作与民间出版资助的合作平台。希望在此平台上，将民间力量与高校及科研机构的智力资源有效地嫁接在一起，建立一个高校教材及学术著作的自助出版维持机制，改变目前学者及科研人员尤其是人文社会科学学者出版著作完全依赖政府资助的局面，同时，利用优秀人文社会科学成果在"全民阅读计划"中的传媒价值，充分回馈民间支持者。

在上述愿景之下，利用我本人主持的有关教学改革项目经费的前期支持，近两年我花费了很多精力来搭建上述平台。本套教材的出版就是上述平台搭建的一个初步成果。

在我的出版平台思想的鼓舞下，全国近 50 所高校 100 余名法学教授、博士、讲师以及部分律师、法官、检察官，以自己宝贵的智力资源和对法学教育事业的热爱，加入了本套教材的编写团队；武汉大学出版社和华中科技大学出版社，不计一时的市场得失，为本套教材的出版提供了优质的出版服务；指南针、众合、万国等司法考试培训机构及部分教育服务机构，热心教育事业，为本套教材的出版提供了支援。

组织编写和搭建平台工作，其中辛苦与顿挫，自不待言。然而，正是有了前面同仁及机构的鼎力支持，让我感到这个事业是值得坚持下去的。在这里，我要深深感谢他们的付出，并向他们的热忱表达敬意！

2015 年 5 月 4 日于广州工作室

✍ 前　言

　　房地产业是以土地和建筑物为经营对象，从事房地产开发、建设、经营、管理以及维修、装饰和服务的集多种经济活动为一体的综合性产业。房地产法是调整房地产开发和交易的法律规范的总称，是房地产业健康发展的重要条件。房地产法是一门综合性的法律部门，包括民商法、经济法和行政法等法律规范，理论博大精深，体系纷繁复杂。有所不为，才能有所为。本书以私权保障为中心，以私权纠纷解决为重点，在前人智慧的基础上，力争有所突破，有所作为。在阐述房地产法学原理的基础上，更多侧重房地产纠纷的解决，法律应用导向明显，可以作为高校法学、经济管理和行政管理等专业的教材，也可以作为房地产法爱好者的重要参考。

　　本书基本按照房地产开发利用的顺序编写。第一章房地产法概述和第二章房地产权属登记，属于房地产法学的总论，其他各章属于房地产法学的分论。第三章集体土地征收和第四章城市房屋征收补偿，是第五章建设用地使用权的基础。第六章建设工程合同、第七章商品房买卖、第八章业主的建筑物区分所有权、第九章房地产物业管理，是城市房屋建造和交易的整合过程。第十章商品房租赁、第十一章商品房抵押，是业主对城市房屋的进一步利用。第十二章房地产中介，是二手房交易非常重要的一环。第十三章住宅保障制度，是城市弱者居住权实现的重要途径。第十四章是农村房地产，在城乡建设用地市场统一的大趋势下，具有重要的现实意义。

　　房地产法学的研究对象是房地产法。房地产法是法律，是法律体系的重要组成部分。读者应当培养法律的想象力，吃透房地产法学教材，熟读房地产法律法规，关注房地产市场新闻，形成正确的价值观、知识观和社会观。不断把房地产法律知识转变为法律能力，把法律能力转变为法律思维，把思维拓展为社会能力。

　　本教材各章的编写分工和编者简介如下：

　　第一章至第三章（申惠文，郑州大学副教授、郑州大学私法研究中心研究员）

　　第四章（石红伟，洛阳师范学院副教授、在读法学博士）

　　第五章（张青东，南阳理工学院讲师、法学硕士、执业律师）

　　第六章（刘建国，河南顺河律师事务所律师、法学硕士）

　　第七章（李继军，郑州市中级人民法院法官、法学硕士）

　　第八章（沙林波，郑州市中原区检察院检察官、法学硕士）

　　第九章（骆大朝，郑州市中级人民法院法官、法学硕士）

　　第十章（杨琳，南阳师范学院讲师、执业律师）

第十一章、第十四章（魏可欣，河南财经政法大学讲师、法学硕士）

第十二章（张攀，黄河科技学院讲师、法学硕士）

第十三章（孙渔斑，南阳师范学院助教、法学硕士）

全书由申惠文负责确定编写体例和编写大纲。初稿完成后，魏可欣负责第四章、第九章、第十一章和第十四章的编辑修改，杨琳负责第一章至第三章、第十章和第十三章的编辑修改，张攀负责第五章至第八章、第十二章的编辑修改。最终由申惠文负责各章书稿的审定。

本书关注了房地产法的最新变化，借鉴了房地产法学的最新理论，吸收了最新的房地产纠纷案例。为了增强趣味性，本书加入了许多案例，这些案例大多来自中国房地产法律网、中国民商法律网、中国法院网、中国律师网等。文明是不断积累的，知识是不断创造的。感谢前人的智慧，感谢互联网提供的信息，本书得以定稿。

限于智识和时间，书中定有不少纰漏之处，恳请读者诸君不吝指正。

编　者

2015 年 4 月

☑ 目 录

第一章

房地产法概述

学习目标

知识目标：

了解房地产的概念和特征

了解房地产法的立法概况

掌握房地产法的基本原则

能力目标：

了解房地产业的重要性

了解房地产法的社会价值

知悉房地产法的未来发展

第一节　房地产及房地产业

案例导入

万科——中国最大的房地产企业

万科企业股份有限公司（以下简称万科）成立于 1984 年 5 月，是目前中国最大的专业住宅开发企业，也是股市里的代表性地产蓝筹股。王石是万科的创始人，任集团董事会主席。万科作为房地产企业，主导理念充满了生命的哲理。第一，建筑为了生命。住宅建筑为了生命而存在，又为了生命而发展。所有的努力都是为了满足人群多样化的居住需要。第二，建筑延拓生命。住宅的建筑过程和使用过程充满了人与环境的对话。优秀的建筑不仅倾听人类生命的呼唤，而且也努力响应自然生命的需要，保持与自然的和谐。第三，建筑充满生命。住宅建筑本身可以因扎根于历史、尊重自然，或因其的独特创意而让自身充溢着生命力。

一、房地产的概念

(一) 房地产的含义

房地产是房产和地产的简称，房产是房屋财产的简称，地产是土地财产的简称。房依地而建，地为房所载，地可以单独存在，房却不能离地而存。

地产是指土地及其上下一定的空间，包括地上、地表和地下。土地是地球上可为人类利用的一切陆地，包括平坦的土地、丘陵地、山坡地、山地、沙漠、草原等。随着科学技术的进步，土地的开发利用逐渐由平面走向立体。地上空间利用类型主要包括轨道交通、高架线路、立交桥、步行连廊和输电线路等。地下空间利用类型包括地下交通设施、地下商业设施、地下市政设施、地下人防设施、地下车库和地下仓储等。

房产是指建筑在地上、地表和地下的各种房屋及其附属设施，包括住宅、办公楼、商场、饭店、剧院、体育馆、教学楼和仓库等。

(二) 房地产与不动产

房地产的概念不同于不动产。不动产是指不可移动或移动后减损其价值的财产。与此相对应的是动产，是指可随时移动而不减损其价值的财产，包括桌子、椅子、电脑、手机、汽车、船舶和航空器等。土地因具有不可移动性和固定性的特点，称为不动产。因土地不可动，附着于或固定于土地之上的房屋也变得不可动，也称为不动产。地产和房产是最重要的不动产。除此之外，不动产还包括矿藏、水流、海域、蓄水池、养鱼池、铁轨、树木和庄稼等。因此，从范围上讲，不动产的概念要远远大于房地产的概念。耕地、草地和林地等属于不动产的范畴，但不视为房地产。

二、房地产的特征

(一) 固定性

固定性，又称不可移动性，是房地产与其他商品最大的区别。房地产属于不动产，它的空间位置是固定的。权利人无法改变土地的区位和建筑物的坐落，无法按照自己的意愿移动房地产。正因为这个特性，房地产成为最安全的财产，成为最常见的担保工具。同时，空间位置成为房地产价值的重要因素，乃至最重要因素。

(二) 特定性

不管是地产还是房产，都是特定物。特定物是指具有自身单独的特征，不能由其他物所代替的物，如一幅古画、一件古物等。种类物是指具有共同特征，可以用品种、数量、质量加以确定的物。不同的房地产的位置、建筑材料、建筑标准、建筑类型、房屋新旧程度和外围环境等差别很大，可以说世界上没有两处完全相同的房地产。房地产是非标准化的产品，具有不可复制性。因此，房地产是典型的特定物。

（三）稀缺性

土地资源具有稀缺性，是不可再生资源。房地产是人类生存必须要依赖的财产，是每个自然人生存必备的财产。房地产是重要的财富形式，拥有房地产，就意味着拥有较为舒服的生活方式。在大城市或者具有特定功能的区域，房地产的价格居高不下。因此，国家要对房地产这种稀缺资源进行必要的管理，以使房地产能够得到较为合理的分配。

（四）耐久性

土地可以长久存续，但自然灾害可以给土地造成一定程度的减损，破坏土地的特定用途，不过经过重整后，仍然可以利用。房屋的使用寿命可以长达几十年乃至数百年。房地产是非消耗物，可长期反复使用但并不使物归于消灭。食盐和面包等消耗物，一次使用即消灭，冰箱、洗衣机、手机和汽车等非消耗物，虽然可以长期使用，但耐久性远远不如房地产。

三、房地产业的地位

（一）房地产业的含义

房地产业是指是以土地和建筑物为经营对象，从事房地产开发、建设、经营、管理、维修、装饰和服务的集多种经济活动为一体的综合性产业，具有先导性、基础性、带动性和风险性。房地产业的范围包括土地使用权的划拨、出让、转让，建设工程的勘察、设计和施工，房屋所有权的买卖、租赁、房地产的抵押等。

（二）房地产业与金融业

房地产业和金融业是相互支持、相互促进的关系。一方面，房地产开发和住房消费需要金融业的大力支持。另一方面，房地产业又成为金融业新的增长点。金融业在支持房地产业的发展过程中，也为自身的发展开辟了广阔的前景。房地产企业依靠贷款来开发盈利，银行也靠房地产信贷业务获得快速发展。房地产在国民经济增长中具有举足轻重的地位，但房地产热也是一把双刃剑，在拉动一国经济增长的同时，也带来了一系列的问题。

房地产泡沫往往成为金融危机的前奏。美国的次贷危机从 2007 年 8 月全面爆发以来，对国际金融秩序造成了极大的冲击和破坏，使金融市场产生了强烈的信贷紧缩效应。美国次贷危机，也称次级房贷危机，全称是美国房地产市场上的次级按揭贷款的危机。按揭贷款人缺乏足够的收入和还款能力证明，或者其他负债较重，因此他们的资信条件较"次"，这类房地产的按揭贷款，称为次级按揭贷款。次贷危机发生的条件，就是信贷环境改变，特别是房价停止上涨。次贷危机引发的金融危机是美国 20 世纪 30 年代经济"大萧条"以来最为严重的一次金融危机，使全球金融体系受到重大影响。

（三）我国房地产业

根据我国全国经济普查的数据，我国房地产业的规模迅速扩大，到 2008 年年末全国共有房地产企业 214397 个，比 2004 年增加了 85354 个，年平均增长 13.5%。2008 年房地产开发企业商品房施工面积是 282965.1 万平方米，竣工房屋面积 66413.6 万平方米，商品房销售面积是 65869.5 万平方米。据国家统计局发布的统计数据显示，2014 年全国商品房销售面积 120649 万平方米，商品房待售面积 62169 万平方米。2014 年，全国房地产开发企业到位资金 121991 亿元，其中国内贷款 21243 亿元，利用外资 639 亿元，自筹资金 50420 亿元，其他资金 49690 亿元。2014 年，全国房地产开发企业房屋施工面积 726482 万平方米，其中住宅施工面积 515096 万平方米，住宅新开工面积 124877 万平方米，房屋竣工面积 107459 万平方米，住宅竣工面积 80868 万平方米。

据财政部数据显示，2012 年政府获取 2.89 万亿元的土地出让金，相当于财政收入的 47%。2013 年全国土地出让金高达 4.125 万亿元，相当于地方财政的 59.8%。2014 年，全国土地出让金 4.26 万亿元，同比增加 3.2%。从 2003 年到 2012 年，土地出让金占地方政府财政收入的比例平均为 50%，2010 年最高，达到 72%。土地财政推动了地方政府投资冲动，影响整体的投资效率，导致地方政府债务扩张，带来金融风险。我国房地产业在走过 30 多年基本上升的发展路线之后，应当防范房地产泡沫，警惕可能出现的 "类次级债风波"。

第二节 房地产法的立法概况

案例导入

政府住房限购令的出台及取消

2010 年 4 月 17 日，国务院针对部分城市房价、地价过快上涨、投机性购房再度活跃的状况，为切实解决城镇居民住房问题，下发了国发〔2010〕10 号《关于坚决遏制部分城市房价过快上涨的通知》。该通知规定，商业银行在商品住房价格过高、上涨过快、供应紧张的地区，可根据风险状况，暂停发放购买第三套及以上住房贷款；对不能提供 1 年以上当地纳税证明或社会保险缴纳证明的非本地居民暂停发放购买住房贷款；地方人民政府可根据实际情况，采取临时性措施，在一定时期内限定购房套数。2014 年，我国房地产市场步入调整期，告别过去高速增长的 "黄金时代"。而面对房地产市场下行压力，截至 2014 年年底，47 个限购城市中已有 42 个陆续取消限购，包括大连、苏州、兰州、郑州、太原、武汉、昆明、济南等，北京、上海、广州、深圳和三亚继续实行限购政策。

试从政策与法律区分的角度，剖析住房限购令出台的必要性与局限性。

一、房地产法的调整对象

（一）房地产法的含义

房地产法是调整房地产关系的法律规范的总称。广义的房地产法包括了对房地产经济关系进行调整的所有法律规范，如宪法规范、民法规范、经济法规范、行政法规范、刑法规范、仲裁法规范和诉讼法规范等，还包括国务院及其部委颁布的条例、规章和规定等。狭义的房地产法是指房地产法典或者房地产单行法。在我国，房地产法主要是指《中华人民共和国城市房地产管理法》（简称《城市房地产管理法》）。

（二）房地产财产关系

房地产财产关系可以分为土地财产关系和房屋财产关系。土地财产关系包括土地所有权关系和土地使用权关系等。房屋财产关系是因房屋产权而形成的财产关系，也包括房屋所有权关系和房屋使用权关系等。土地财产关系更多是由我国《土地管理法》调整，而房屋财产关系更多由《城市房地产管理法》调整。

房地产财产关系可以分为房地产归属关系和房地产流转关系。财产归属关系是指财产所有和利用关系，财产流转关系是指财产由一方向另一方流转而发生的法律关系。因物质资料和智力成果归属所发生的关系，是最基本的财产归属关系。而商品买卖关系、货币借贷关系、货物运送关系、承揽加工关系、物品保管关系、提供服务关系、知识产权转让关系、赠与关系和继承关系等，则属于财产流转关系。房地产归属关系更多由《物权法》调整，而房地产流转关系更多由《合同法》调整。

（三）房地产管理关系

房地产管理关系是指国家房地产行政主管机关在行政管理过程中，与房地产行政行为相对人之间发生的社会关系。土地管理关系包括土地使用规划关系和土地使用审批关系等。房屋管理关系包括国家对城乡住宅和其他房屋进行规划、开发、修建、改造、测量以及房屋产权管理过程中发生的行政管理关系。房地产市场管理关系包括政府有关部门在房地产市场中因管理房地产商品经营者、房地产商品价格、房地产交易者的资格、房地产中介服务机构等的行政管理关系。房地产管理关系具体表现为行政确认、行政许可、行政奖励、行政处分、行政强制和行政裁决等。房地产管理关系主要由《行政许可法》和《行政强制法》等调整。

二、房地产法的历史发展

（一）复兴时期（1979—1988 年）

党的十一届三中全会以后，房地产业开始了复苏，房地产"热"起来了。为使房地产业在生产、流通和消费等各个环节有法可依，国家加强了对房地产领域的法制建设，主要表现在：1982 年国务院颁布《国家建设征用土地条例》和《村镇建房用地管理条例》等，1983 年颁布《城市私有房屋管理条例》、《建筑税征收暂行办法》和《城镇个人建造住宅管理办法》等，1984 年颁布《城市规划条例》和《关于外国人私有房屋管理的若干规定》等，1985 年颁布《村镇建设管理暂行规定》等，1986 年颁布《中华人民共和国土地管理法》、《房产税暂行条例》和《城市维护建设税暂行条例》，1987 年颁布《关于加强城市建设综合开发公司资质管理工作的通知》等。

（二）大发展时期（1988—1994 年）

1988 年全国人大通过宪法修正案，土地的使用权可以依照法律规定转让，土地有偿、有期限使用制度得以建立，同年全国人大常委会通过修改《中华人民共和国土地管理法》；1989 年颁布《中华人民共和国城市规划法》、《城市危险房屋管理规定》和《城市毗邻房屋管理规定》等；1990 年颁布《城市房屋产权产籍管理暂行办法》、《中华人民共和国城镇国有土地使用出让和转让暂行条例》、《外商投资开发经营成片土地暂行管理办法》和《城市房屋拆迁单位管理规定》等；1991 年颁布《城市房屋修缮管理规定》等；1992 年颁布《商品住宅价格管理暂行办法》、《关于处理原去台人员房产问题的实施细则》、《公有住宅售后维修养护管理暂行办法》和《工程建设国家标准管理办法》等；1993 年颁布《村庄和集镇规划建设管理条例》和《城市国有土地使用权出让转让规划管理办法》等。

（三）自 1994 年《中华人民共和国城市房地产管理法》颁布至今

1994 年 7 月 5 日，《中华人民共和国城市房地产管理法》经第八届全国人大常委会第八次会议审议通过，并定名为《中华人民共和国城市房地产管理法》，自 1995 年 1 月 1 日起实施。随后颁布的行政法规和部门规章有《城市新建住宅小区管理办法》、《住宅工程初装饰竣工验收办法》、《在中国境内承包工程的外国企业资质管理暂行办法实施细则》、《在中国境内承包工程的外国企业资质管理暂行办法》、《工程建设项目报建管理办法》、《城市房屋租赁管理办法》、《建制镇规划建设管理办法》、《建筑装饰装修管理规定》、《工程建设监理规定》、《建设工程质量管理条例》、《商品房销售管理办法》、《建设工程勘察设计管理条例》、《城市房地产开发经营管理条例》、《房地产开发企业资质管理规定》和《不动产登记暂行条例》等。现行的房地产法律体系，呈现如下特征：

第一，以《宪法》为总纲。宪法确立了土地归属和利用的基本制度，是房地产行业必须遵守的根本大法。宪法是对人类生活世界的反映和模拟，它建构起法律世界的框架，整合着政治国家和市民社会。宪法是人类共同体的组织规则和生活方式，是法律世界的世界观。我国现行宪法总纲中规定，国家坚持和完善公有制为主体、多种所有制经济共同发展的基本经济制度。公有制在现行宪法中占据非常重要的地位，当然会对房地产立法产生重大影响。房地产立法应当从我国国情出发，特别是公有制的国情，针对当今社会生活中出现的问题。

第二，以《物权法》为基本法。2007 年第十届全国人民代表大会第五次会议通过的《物权法》是规范物权关系的基本法，确立了土地所有权、土地使用权、房屋所有权和房地产抵押权，确立了这些物权的取得、变更和消灭的基本规则。物权法是未来民法典的重要组成部分，是确定物权归属和利用的基本法。物权法是规定我国基本经济制度，规定国家、集体和私人财产保护的一部基本法。房地产法的本质是私权保障法，应当以物权法为基础，充分体现私法的基本理念。

第三，以《土地管理法》、《城市房地产管理法》、《城乡规划法》和《建筑法》等为骨干法律。1986 年全国人大常委会颁布的《土地管理法》，分别于 1988 年、1998 年和

2004 年进行了三次修改。1994 年全国人大常委会颁布的《城市房地产管理法》，也于 2007 年进行第一次修改。1997 年全国人大常委会通过了《建筑法》，于 2011 年进行了第一次修改。2007 年全国人大常委会通过了《城乡规划法》，对加强城乡规划管理，协调城乡空间布局，改善人居环境，促进城乡经济社会全面协调可持续发展，具有重要意义。

三、房地产法的未来展望

目前，房地产法的立法名称是《城市房地产管理法》，已不能适应城乡一体化发展的需要。需加快修订城市房地产管理法步伐，调整法律适用范围。将现行的法律修改为《城乡房地产管理法》，建立一个覆盖城市和农村的房地产法律法规体系，应将集体建设用地的开发活动纳入该法。2008 年 10 月，中共十七届三中全会审议通过的《关于推进农村改革发展若干重大问题的决定》提出，在土地利用规划确定的城镇建设用地范围外，经批准占用农村集体土地建设非公益性项目，允许农民依法通过多种方式参与开发经营并保障农民的合法权益。2013 年 11 月，中共十八届三中全会审议通过的《关于全面深化改革若干重大问题的决定》提出，建立城乡统一的建设用地市场，在符合规划和用途管制的前提下，允许农村集体经营性建设用地出让、租赁、入股，实行与国有土地同等入市、同权同价。2014 年中央一号文件《关于全面深化农村改革加快推进农业现代化的若干意见》规定，加快推进征地制度改革，缩小征地范围，规范征地程序，完善对被征地农民合理、规范、多元保障机制，保障农民公平分享土地增值收益。2014 年 7 月，《国务院关于进一步推进户籍制度改革的意见》指出，建立城乡统一的户口登记制度，取消农业户口与非农业户口的性质区分和由此衍生的蓝印户口等户口类型，统一登记为居民户口，体现户籍制度的人口登记管理功能。此外，廉租房、经济适用房、限价房、公共租赁住宅等政策性住房的开发建设，也应该纳入《城乡房地产管理法》的调整范畴。

第三节　房地产法的基本原则

案例导入

诡辩 PK 善辩

古希腊有一个诡辩学派。这个学派给年轻人传授诡辩技术，并收取学费，据此谋生。其中，有一个很有名的诡辩学家 PROTAGOAS。他招收了一个学生，他和学生约定："如果学生毕业后打的第一场官司输了，他就不收学生的学费。"结果学生毕业后，第一场官司就是起诉老师，诉称老师不应当收他的学费。这就出现了一个悖论：如果老师赢了官司，依据判决，他应该收取学费；但依据合同，他却没有权利收取学费。如果老师输了官司，依据判决，他不能收学费，但依据合同，他却有权利收取学费。

试从法律基本原则的角度，分析讨论本案。

一、意思自治原则

意思自治是民法的基本原则，也是房地产法的基本原则。意思自治原则是指民事主体在进行民事活动时意志独立和行为自主，以自己的真实意思来充分表达自己的意愿，根据自己的意愿来设立、变更和终止民事法律关系。意思自治原则是房地产开发、销售和管理中的私权主体之间应当遵循的基本原则。

（一）意思自治的含义

意思自治原则是指当事人依照自己的理性判断，规划自己的生活，安排自己的事务，追求自己的幸福。遵守意思自治的原则，相信每个人都能自己规划自己的幸福生活。每个人的欲望不尽相同，萝卜白菜各有所爱。有人把吃放在第一位，有人把穿放在第一位，吃与穿之间如何平衡，取决于个人的喜好。尊重这种差异，让每个人去自由安排自己的生活。就居住房屋而言，有人喜欢租房住，有人喜欢买房住；有人喜欢买现房，有人喜欢买楼花；有人喜欢一次性付款，有人喜欢分期付款；有人喜欢楼层高，有人喜欢楼层低；有人喜欢鸽子楼，有人喜欢单家独院。没有人能够认识一切，也没有人能够决定一切，分而治之是最佳的选择。尊重每个人的意思，让每个人自主参与、自主选择、自己决策、自己负责，这是意思自治原则的精髓。意思自治原则包括私权神圣、契约自由、过错责任、社团自由等。

（二）意思自治的基础

意思自治原则源自于经济学上的经济自由主义，而经济学上的自由主义又源自于哲学上的个人主义。以英国亚当·斯密为代表的自由经济学家认为，每一个经济人在追求自己的利益时，都受到一只无形的手的牵引，即受到市场力量的控制和支配，因此最好的经济政策就是自由经济主义。意思自治就是反对政府干预，实行合同自由和企业自由制度。房地产法是基于个人主义的私法本质，是为那些精于识别自己的利益，在法律框架下毫无顾忌地追求自身利益的极端自私和聪明的人而设计的。

（三）意思自治的限制

房地产法在保障私权实现的同时，更加关注私权行使的限度，出现了社会化的潮流。禁止权利滥用原则、诚实信用原则和公序良俗原则，成为意思自治原则的重要补充。禁止权利滥用原则是指当事人不得以不正当的方式行使权利，加害于他人的原则。权利都要有一定的边界，超越必要的边界，损害他人权益，就构成权利滥用。诚实信用原则是指当事人在房地产活动中，应当诚实守信，恪守诺言，以善意的方式履行义务，不得欺诈，不得胁迫，在不损害他人和社会利益的前提下追求自己的利益。诚实信用原则的实质是实现当事人双方的利益平衡和当事人利益与社会利益的平衡。公序良俗原则是公共秩序与善良风俗原则的简称，公共秩序是社会存在和发展所必要的一般秩序，善良风俗是社会存在和发展所必需的一般道德。公序良俗原则是维护国家和社会利益的需要，是当事人不得逾越的行为底线。

二、宏观调控原则

宏观调控是经济法的基本原则，也是房地产法的基本原则。经济法包括宏观调控法和市场规制法，宏观调控原则包括宏观调控职权和程序法定、维护国家宏观经济利益、宏观调控主体分工和协调三项具体原则。宏观调控原则是国家调控房地产市场应当遵循的基本原则，是房地产法实现国家宏观经济目标的需要。

（一）宏观调控的含义

房地产领域同样存在市场失灵的问题。19 世纪完全放任的自由主义经济在给社会带来空前财富的同时，也引发了一系列的社会经济弊害，如可持续发展问题，垄断问题，产品质量、消费者利益保护以及劳动者保护问题等。而这些问题仅依靠市场的自发调节是无法有效解决的，于是各国借助财政政策、货币政策等经济手段，对社会经济进行有效干预，并取得了令人瞩目的成效。房地产宏观调控是指对房地产市场的宏观调控，是对宏观领域的调控，是有限度的调控，是民主的调控，是法律的调控。

（二）宏观调控的政策

我国对房地产的重要宏观调控分别发生在 1993 年、1998 年、2003 年、2005 年、2008 年、2010 年。代表性调控政策包括国十六条、国八条、国六条、国十条、23 号文件、18 号文件等。第一阶段是 1993—1996 年，我国第一次对房地产业进行宏观调控。针对房地产泡沫，1993 年国务院出台《关于当前经济情况和加强宏观调控意见》，提出整顿金融秩序、加强宏观调控的 16 条政策措施（通称国十六条）。经过 3 年努力，我国经济终于在 1996 年成功实现"软着陆"，房地产市场由热转冷，商品房和商品住宅的价格迅速回落。第二阶段是 1998—2002 年，促进住宅业成为新的经济增长点，核心是房改。1998 年 7 月，国务院颁布《关于进一步深化城镇住房制度改革、加快住房建设的通知》（简称 23 号文件），明确提出"促使住宅业成为新的经济增长点"，并拉开了以取消福利分房为特征的中国住房制度改革的序幕。第三阶段是 2003—2005 年，确立房地产为国民经济支柱产业。2003 年 8 月，中国人民银行出台《关于促进房地产市场持续健康发展的通知》（简称 18 号文件），首次明确指出"房地产业关联度高，带动力强，已经成为国民经济的支柱产业"。第四阶段是 2005—2007 年，调控以稳定房价为主要诉求。2005 年 3 月底，国务院办公厅下发《关于切实稳定住房价格的通知》，提出抑制住房价格过快上涨的八项措施（简称国八条），建立政府负责制，将稳定住房价格提升到政治高度。第五阶段是 2008—2010 年，调控反复，GDP 是调控指标。2008 年是戏剧性的一年，年初货币政策将从"适度从紧"改为"从紧"，而财政政策继续保持稳健。2010 年，以稳定房价为主的房地产调控到了关键时期。4 月 27 日，国务院发布了《国务院关于坚决遏制部分城市房价过快上涨的通知》（简称国十条），被称为"史上最严厉的调控政策"。第六阶段是2010 年以后，房地产将迎来均利时代，宏观调控将趋严。2014 年，南宁、无锡、杭州萧山区通过松绑限购、下调购房入户标准等方式救市，而天津、福州、郑州官方也已放出消息，拟分类、分地区对购房政策进行调整，全面救市。

（三）宏观调控的核心

房地产法将坚持保障经济社会发展、保护耕地资源、保障土地权益，作为宏观调控的核心。"保发展"，就是要适应发展特定阶段要求，积极稳妥推进城镇化健康发展，科学配置土地资源，提升土地价值，为推进新型城镇化提供有效的空间支撑和持续的资金保障。"保资源"，就是要适应人口资源特殊国情要求，始终把严格保护耕地作为改革的前提，继续坚守耕地保护红线，实行耕地数量、质量和环境并重保护，进一步夯实城镇化发展的现代农业基础。"保权益"，就是始终要把维护权益、群众满意放在首位，坚持以人为本、地利共享，协调好土地利益关系，促进社会和谐稳定。房地产管理制度改革牵一发动全身，必须守住改革的原则和底线，厉行节约集约，以土地利用和管理方式转变促进城镇化转型发展。

三、依法行政原则

（一）依法行政的含义

依法行政原则是行政法的基本原则，也是房地产法的重要原则。依法行政原则是法治国家、法治政府的基本要求，包括法律创制、法律优越和法律保留三项内容。法律对行政权的运作、产生绝对有效的拘束力，行政权不可逾越法律而行为。法律位阶高于行政法规、行政规章和行政命令，一切行政法规、行政规章和行政命令皆不得与法律相抵触。宪法关于人民基本权利限制等专属立法事项，必须由立法机关通过法律规定，行政机关不得代为规定。

（二）依法行政的意义

党的十八届四中全会通过的《中共中央关于全面推进依法治国若干重大问题的决定》指出："全面建成小康社会、实现中华民族伟大复兴的中国梦，全面深化改革、完成和发展中国特色社会主义制度、提高党的执政能力和执政水平，必须全面推进依法治国。"观念是依法行政的基础，要牢固树立法律观念，用法律思维指导行政工作。行政人员做任何工作或处理任何事务都要以法律为依据，都要想一想符不符合法律要求，有没有按法律规定程序办理。同时，要充分认识法律的重要性和必要性。依法行政是全面推进依法治国的重要组成部分，是建设法治政府的关键。意识是行动的向导，必须强化法律意识，内化于心，外化于行。全面推进依法治国具有重大的现实意义和深远的历史意义，而依法行政是依法治国的重要组成部分，全面推进依法治国，建设法治政府，必须全面推进依法行政。

（三）依法行政的要求

在房地产市场领域，政府更应该加强依法行政。政府在弥补市场缺陷的同时，还要防范国家干预的失灵。国家干预不可取代市场的自发调节，成为资源配置的主导型力量。政府要依照法律和法定程序对房地产开发市场主体的市场准入、项目开发和销售等市场行为进行监督，确保市场主体能够依法运营和从事市场活动。国务院及其部委行使职权的范围、程序等要严格限定，按照公开、公平和公正的原则依法行使。

本章小结

本章是房地产法的概述，主要介绍房地产及房地产业的基础知识，以及房地产法的立法概况和基本原则。这些是学生进一步学习具体房地产法知识的前提。

技能训练

区分不同的房地产法律现象

目的：使学生在真实世界中体验法律关系的复杂性。通过现实观察和分析，将抽象的法律概念融入直观的法律现象，深化对房地产法的理解。

要求一：房屋的建造与销售，与手机的制造与销售，有何异同？

要求二：房屋建造与销售中，哪些是民事法律关系，哪些是行政法律关系？

实践活动

调查房地产行业的现状

目的：使学生了解房地产行业及其存在的问题。

内容：通过报纸、杂志或网络等方式，搜集 10 个房地产开发公司的相关信息，搜集 10 个城市的房价信息，搜集 10 个地标性建筑的信息等。

要求：通过实地调查，对房地产行业有初步的了解。

房地产权属登记

第二章

学习目标

知识目标：

理解房地产权属登记理论

掌握房地产权属登记程序

了解不动产登记局的设立过程

能力目标：

知道房地产权属查询的基本方法

能起草房地产权属登记申请的相关文件

能解决房地产权属登记错误的各种纠纷

第一节　房地产权属基本理论

案例导入

房产证能用于借款质押吗？

2013 年 10 月，周六向周七借款人民币 60 万元，约定在一年内连本带息全部还清。为表示还款的诚意，周六将唯一的房产证，质押给周七。周六没有按期偿还借款，周七向法院主张质权，要求拍卖变卖房屋。

请问：房产证质押是否有效？

一、物权的概念

（一）生活中的物权

作为有血有肉的生物人，有不断改善物质生活和精神生活的欲望和追求。人的欲望是无限的，而资源是有限的，因此确定各种资源的归属规则，才能有序竞争，各得其所。为了获取生活资源，可以自泡一碗方便面、自制沙拉、自酿葡萄酒，可以自织一件毛衣、自编一个中国结、自绣一个十字绣，甚至可以在宅基地上自建一套住房。生活在分工的社会中，每一个人所需要的财产大多是别人生产的，亲手制作的东西成为奢侈品。通过交易获取财产，买件衣服，配副眼镜，购台电脑，成为生活的常态。财产交易可以一手交钱一手交货，也可以先交货后付款，还可以是先付款后交货。对于房屋和汽车等大件物品，交货的标准往往难以把握。出卖人将财产卖给多个买受人，哪个买受人优先，需要明确游戏规则。在信用交易为主导的现代社会中，财产归属关系和利用关系越来越复杂，立法日益需要精细化。

（二）法律中的物权

全国人民代表大会 2007 年制定的《物权法》第 2 条规定，因物的归属和利用而产生的民事关系，适用本法。本法所称物，包括不动产和动产。法律规定权利作为物权客体的，依照其规定。本法所称物权，是指权利人依法对特定的物享有直接支配和排他的权利，包括所有权、用益物权和担保物权。所有权是对自己财产的物权，称为自物权。用益物权和担保物权则称为他物权，即对他人的物享有的物权。物权法在维护国家基本经济制度，促进社会主义市场经济发展，明确物的归属，发挥物的效用方面，发挥着至关重要的作用。

（三）物权与债权的区别

与物权相对应的是债权，债权解决的是两个当事人之间的关系，其中一方当事人有权请求对方当事人为一定的行为，或者不为一定的行为。物权人可以按照自己的意思，支配物，并享受物的利益，而债权人只能请求对方交付财物，而不能支配物、享受物的利益。自己口袋里的 100 元钱和借给别人的 100 元钱不一样，前者是物权，后者是债权。自己口袋里的钱，自己可以自由支配，而借给别人的钱，能否收回，并不确定，只能请求对方。生活中本没有物权的词汇，物权是理性思维的产物，是法学家创造的法学概念。我国是大陆法系国家，采纳了德国债权物权二元划分的财产权体系，强调法律概念的逻辑性和严谨性。物权实行法定主义，具有支配性和排他性，需要公示，而债权实行意定主义，具有请求性和相对性，不需要公示。

二、所有权

人对自己财产全面支配的权利，就是所有权。所有权是所有权人依法对自己的不动产或者动产，所享有的占有、使用、收益和处分的权利。不动产是指依自然性质或法律规定不可移动的土地和房屋等，动产是指能够移动而不损害其经济用途和价值的物，如电视机和桌子等。所有权人可以按照自己的意志，占有、使用、收益或处分自己的财产。拥有一套住房，可以居住，可以出租，还可以开办律师事务所。拥有一辆汽车，可以作为交通工具，也可以作为商务交谈的场所，还可以作为睡觉休息的地方。拥有一头耕牛，可以用来犁地，也可以烤全牛吃。拥有一本书，可以作为废纸卖掉，也可以在饿的时候啃着吃。所有权作为法律概念，与日常语言有很大的区别，具有特定的含义。东西是我的，就有所有权，然而老婆是我的，却不能称为所有权。所有权是人对物的统治、管辖和控制的权利，是人对物全面主宰的地位，是所有权人在法律和事实的可能范围内，对其所有物全面的支配的权利。

三、用益物权

（一）用益物权的含义

有时需要对他人财产进行支配，获取特定范围的权益。用益物权是指非所有人对他人的不动产或动产所享有的占有、使用、收益的排他性的权利，包括土地承包经营权、建设用地使用权、宅基地使用权、探矿权和采矿权等。土地是人类自古最珍贵的自然资源，是一切生产、生活的基础。土地问题不仅是私法问题，而且是公法问题。土地问题不仅是法律问题，而且是政治问题。土地价格昂贵，而且土地所有权交易受到诸方面的限制，因此就产生了长期利用他人土地的需求。土地承包经营权、宅基地使用权和建设用地使用权都是对国家或集体所有的土地依法享有占有、使用和收益的权利，都是对别人财产使用价值的支配。

（二）土地承包经营权

土地承包经营权，是农业生产经营者对集体所有或国家所有的土地进行占有、使用、收益的权利。其特征在于：

（1）土地承包经营权主体一般是村集体经济组织成员。本集体经济组织以外的单位或个人承包经营的，必须经村民会议 2/3 以上成员或者 2/3 以上村民代表的同意，并报乡镇人民政府批准。

（2）土地承包经营权的客体是集体所有或国家所有的土地、森林、山岭、草原、荒地和滩涂等。

（3）承包经营权的内容是从事农业生产，包括种植业、林业、畜牧业和渔业等，不得进行非农建设。

（4）土地承包经营权是有期限的。耕地的承包期为 30 年，草地的承包期为 30~50 年，林地的承包期一般为 30~70 年。

（5）土地承包经营权可以流转。土地承包经营权人有权将不超过承包期的剩余期限，采取转包、互换、转让等方式流转。

（三）建设用地使用权

建设用地使用权，是依法在国家所有土地上建造建筑物、构筑物及其附属设施的权利。其特征在于：

（1）建设用地使用权的主体是任何民事主体，包括自然人、法人和其他组织。

（2）建设用地使用权的客体是国家所有的土地。村民依法利用集体所有的土地建造住宅及其附属设施的权利，属于宅基地使用权。

（3）建设用地使用权的取得方式包括划拨和出让。公共利益用地，可以依法通过无偿划拨取得。非公共利益用地，要向国家支付建设用地使用权出让金。

（4）建设用地使用权有期限。最高使用年限根据土地用途有所不同，如居住用地为70年，工业用地为50年，教育、科技、文化、卫生、体育用地为50年，商业、旅游、娱乐用地为40年，综合或者其他用地为50年。住宅建设用地使用权期间届满的，自动续期。非住宅建设用地使用权期间届满后的续期，依照法律、行政法规的规定办理。

（5）建设用地使用权可以流转。建设用地使用权人有权将建设用地使用权转让、互换、出资、赠与或者抵押。

四、担保物权

（一）担保物权的含义

为确保债权的实现，债权人可以要求债务人或者第三人提供财产担保。担保的方式包括抵押、质押和留置，权利人不是以占有使用别人财产为目的，而是对别人财产价值的支配。担保物权，是与用益物权相对应的他物权，指的是为确保债权的实现而设定的，以直接取得或者支配特定财产的交换价值为内容的权利。

（二）抵押权

抵押权，是指债务人或者第三人不转移财产的占有，将该财产作为债权的担保，债务人未履行债务时，债权人依照法律规定的程序就该财产优先受偿的权利。例如，甲向乙借款20万元，以其所有的一栋房屋作抵押，并到房产局进行了登记。甲仍然可以居住该房屋或者将这栋房屋出租。如果甲到期不能归还20万元的本息，乙有权将抵押的房屋变卖，并就卖得的价款优先受偿。乙在甲抵押的房屋上享有的变卖并就卖得价款优先受偿的权利，称为抵押权。这栋房屋是抵押财产，甲是抵押人，乙是抵押权人。

（三）质权

质权，是指债务人或者债务人提供的第三人的动产或权利，移交给债权人占有，在债务人不履行债务时，债权人有权以该财产价款优先受偿的权利。例如，甲向乙借款1万元，将其所有的一个钻戒，移交给乙占有。甲到期不能归还偿还，乙有权将占有甲的这个钻戒予以变卖，并就卖得的价款优先受偿。这个钻戒就是质押财产，甲是出质人，乙是质权人。质权人在质权存续期间，应当妥善保管质押财产，未经出质人同意，不得擅自使用、处分质押财产。

（四）留置权

留置权，是指当债务人不履行其到期债务时，债权人可以留置已经合法占有的债务人的动产，并就该动产优先受偿的权利。例如甲请乙加工一个柜子，到期柜子做好了，甲拒不付钱。乙有权留置该柜子，并且可以将柜子依法变卖。甲是债务人，债权人乙是留置权人，该柜子就是留置财产。留置权的行使，不得违反公共秩序或善良风俗，但不得留置身份证、毕业证和护照等。

五、从具体到抽象的思维

（一）物权概念的形成

所有权是人对物的使用价值和价值的全面支配，是人对自己物的支配。土地承包经营权、宅基地使用权和建设用地使用权是人对物的使用价值的支配，抵押权和质权是人对物价值的支配，两者都是人对他人之物的支配。这些权利具有相同的属性，就是人对物的支配。这种权利被法学家抽象概括为物权。物权是人对物支配的权利，解决的是一个人与社会上其他人的关系，其中一方是权利人，其他人负有不得干涉的义务。

（二）物权概念的运用

物权概念一旦被抽象产生，就会引发一系列的逻辑问题，产生以物权为中心的概念群。所有权是对自己财产的支配，理论上称为自物权。对别人财产的支配权，理论上称为他物权。根据内容的不同，他物权又可以分为用益物权和担保物权，前者是对别人财产使用价值的支配，后者是对别人财产价值的支配。用益物权是从土地承包经营权、宅基地使用权和建设用地使用权等权利中抽象出来的权利，担保物权是从抵押权和质权等权利中抽象出来的。自物权和他物权合在一起，抽象出物权理论。《物权法》第一编"总则"适用于各种类型的物权，对所有权、用益物权和担保物权都有宏观的指导意义。《物权法》第三编"用益物权"一般规定和第四编"担保物权"一般规定，都具有普遍的规范价值。

（三）物权概念的学习

人们发现客观规律，往往是从具体到抽象，从不断发展的个案中总结规律。在表述客观规律时，往往是从抽象到具体，先列举共性，然后再说出例外。在学习客观规律时，可以从抽象到具体，也可以从具体到抽象。由于物权的概念严重脱离生活语言，初学者的难度异常大。为了便于理解，可以尝试从《物权法》的雏形，也就是所有权出发学习。所有权是物权大家庭中最具有代表性的成员，用益物权和担保物权都是在所有权的基础上产生的。从所有权开始学习《物权法》，琢磨当年法学大师构思物权概念的过程，品味法律语言的独特魅力。

第二节 房地产权属登记机构

案例导入

房产证和土地证将两证合一

我国不动产登记曾经分属不同管理机构，重复登记、遗漏登记、错误登记等产生的纠纷较多。住房和城乡建设部门负责房屋所有权登记；国土资源部门负责集体土地所有权、国有土地使用权、集体建设用地使用权和宅基地使用权登记；农业部门负责耕地、草地承包经营权登记；林业部门负责林地所有权和使用权的登记；渔业部门负责水面、滩涂的养殖使用权的登记；海洋部门负责海域、无居民海岛使用权的登记。2014 年 11 月出台的《不动产统一登记暂行条例》规定，我国实行不动产统一登记制度，国土资源主管部门负责指导、监督全国不动产登记工作。据此思路，土地证和房产证将两证合一，统一为不动产权属证书。

试从大部制改革的角度，分析不动产登记局设立过程中各种利益的平衡。

一、房地产权属登记概述

房地产权属，就是房地产权利的归属。房地产权利，是指以房地产为对象的财产权利，包括土地权利和房屋权利，包括房地产物权和房地产债权。房地产物权主要包括土地所有权、建设用地使用权、宅基地使用权、房屋所有权和房地产抵押权等，房地产债权主要包括土地租赁权和房屋租赁权。《物权法》第 14 条规定，不动产物权的设立、变更、转让和消灭，依照法律规定应当登记的，自记载于不动产登记簿时发生效力。登记是不动产物权的公示方法，在房地产权属体系中占有重要的地位。

（一）词义学中的登记

要从词义学的角度分析"登记"的内涵。按照通常的理解，"登记"就是刊登、记载。根据《辞源》，"登"的释义为"上也"、"进也"、"书于册籍"，"记"的释义为"识也"、"识之使不忘也"、"记录也"。根据《现代汉语词典》，"登记"的释义为"把有关事项写在表册上以备查考"。根据《英汉大词典》，"recordation"的释义为"任何可用作日后参考的文书或电子储存媒介的记载"。根据《元照英美法词典》，"recordation"的释义为"将某一书面文件如契据或抵押文书，在公共登记机构进行登记的一种行为或过程"，"recording act"释义为"一种规定契据或其他财产权益的登记条件以及在不同当事人对同一不动产主张权益时确定何者优先的法律"。综上，登记包括如下含义：

第一，登记是对有关事项的如实记载。登记的事项是登记的基础，并不是任何事项都要登记，都可能登记。登记具有客观性，记载的过程不能夹杂个人主观意思评判。

第二，登记有登记程序的启动者和登记结果的记载者。登记一般要有两方当事人，一方是对登记利益的需求者，另一方是负责具体登记的相关机构或人员。

第三，登记具有特定的目的，要根据具体登记类型进行考量。因此，从词义学上，"登记"与备案、公示、证明、记录、注册等的含义比较接近。

（二）民事登记与行政登记的区分

典型的行政登记包括税务登记、社会保险登记、危险物品登记、选民登记、暂住登记和排污登记等。典型的民商事登记包括财产权登记和人身权登记，财产权登记包括不动产、动产、知识产权等财产权利的登记，身份登记包括户籍登记、婚姻登记和收养登记等。从目的来看，民事登记保护的是当事人的私人利益。从主体上看，民事登记是当事人申请登记的行为，启动登记程序的主体是民事主体。从内容上看，当事人登记申请的意思起决定性作用，登记机构不能超越当事人的意思。从效力来看，民事登记是产生私法效果的行为，起到民事主体和权利的公示作用。因此，提出民事登记的概念，将房地产登记视为国家有关部门参与的私法行为，具有制度革新的意义。

（三）登记生效主义和登记对抗主义的区分

我国《物权法》第9条规定，不动产物权的设立、变更、转让和消灭，经依法登记，发生效力；未经登记，不发生效力，但法律另有规定的除外。依法属于国家所有的自然资源，所有权可以不登记。登记生效主义是房地产权属变动的基本规则。例如，当事人订立了合法有效的买卖房屋合同后，只有依法办理了房屋所有权转让登记后，才发生房屋所有权变动的法律后果；不经登记，法律不认为发生了房屋所有权的变动。登记对抗主义的情形包括：第一，因人民法院、仲裁委员会的法律文书，人民政府的征收决定等，导致物权设立、变更、转让或者消灭的，自法律文书生效或者人民政府的征收决定等行为生效时发生效力。第二，因继承或者受遗赠取得物权的，自继承或者受遗赠开始时发生效力。第三，因合法建造、拆除房屋等事实行为设立和消灭物权的，自事实行为成就时发生效力。第四，农村宅基地使用权的取得不采取登记生效主义模式。

二、不动产登记局的设立

（一）不动产登记机构的统一

根据我国以前的法律，不动产登记机构不统一。土地登记由国土资源部负责，房屋登记由住建部负责，土地承包经营权登记由农业部负责，林权登记由国家林业局负责，海域使用权登记由国家海洋局负责。我国《物权法》第10条第2款规定："国家对不动产实行统一登记制度。统一登记的范围、登记机构和登记办法，由法律、行政法规规定。"该条强调不动产登记机构要统一，但对统一后的不动产登记机构的性质没有规定。对于到底由哪个机构具体负责物权登记，存在较大的分歧。

（二）不动产登记机构的争议

学界存在土地管理部门说、房屋管理部门说、司法局说、不动产登记局说和法院说等不同的主张。土地管理部门说认为，不动产的核心是土地，不动产登记机构的统一，必然是以土地登记为基础的统一。房屋管理部门说认为，房屋登记的数量远远多于土地登记，房屋登记部门拥有最详细的不动产登记资料。司法局说认为，司法局作为司法行政机关，既能够对不动产物权登记进行监督管理，又能满足不动产物权登记公示性的要求。不动产登记局说主张，应当从中央到地方设立相应的不动产登记局，确保不动产登记信息在全国范围内的统一，实现不动产管理权和登记权的分开。法院说认为，人民法院能够保证登记的中立性，工作人员素质高，有利于提高登记的权威性和客观性，更能体现登记的国家公信力。2014年5月，国务院在国土资源部地籍管理司下设置了不动产登记局，整体上采纳了土地管理部门说。

（三）不动产登记局的局限性

设立隶属于国土资源部门的不动产登记局，是阶段性改革成果，存在如下不足：

第一，不动产登记局隶属于土地管理部门，不可避免保留较强的行政管理色彩。不动产登记本质是物权登记，是民事权利的重要组成部分。诸多学者建议不动产登记机构设立在司法局或者法院，明显的用意就是淡化行政管理。

第二，不动产登记局隶属于土地管理部门，不可避免将土地严格监管的模式扩张到其他领域。土地管理体制具有非常强的国家干预性，采取省级以下土地垂直管理模式。根据中央编办的文件，不动产登记局共设综合处、登记处、权属处等六个处室，其中不动产权属处要解决不动产权利争议问题。土地权属争议国土部门有权处理，而房屋权属争议国土部门无权处理。

第三，不动产登记局隶属于土地管理部门，很难妥当解决房屋登记的问题。土地登记部门往往是科级编制，而房屋登记部门往往是处级编制，房屋登记的数量远远大于土地登记。

第四，实践中一些地方已经成立相对独立的房地产登记中心。如珠海市房地产登记中心和上海市房地产登记处等。这些房地产登记机构，不依附于土地部门和房屋部门，具有明显的进步意义。因此，设立不动产登记局，是目前各种利益相互妥协的产物，未来需要进一步改革。

三、未来的民商事登记局

（一）动产登记机构的统一

不动产登记局不能解决动产统一登记问题，不能有效应对未来复杂的交易。根据现行法律，机动车登记由公安部门负责，船舶登记和航空器登记由交通运输部门负责，动产抵押登记和动产浮动抵押登记由工商部门负责，农作物和其他农业收获物抵押由农业部门负责，其他财产抵押登记由公证部门负责。此外，根据现行法律，著作权登记由国家版权局负责，商标登记和专利登记由国家知识产权局负责，非上市公司股权质押由国家工商局负责，应收账款质押由中国人民银行负责。

（二）身份登记机构的统一

不动产登记局不能解决身份登记制度的统一。

第一，建立良好的财产登记秩序，离不开健全的身份登记制度。目前反腐出现诸多的"房姐"、"房叔"和"房爷"等现象，很大程度是家庭成员持有房产。作为不动产登记基础的信息如地籍信息、居民身份信息、户籍信息、婚姻状况信息等，就必须要做到真实准确。

第二，户籍登记与婚姻登记要统一。男女双方办理结婚登记需要拿着户口本，在一方户口所在地婚姻登记机关办理。2012年6月，我国婚姻登记告别手工办理时代，实现在线婚姻登记和信息化管理。然而，现在居民户口信息与民政部门的婚姻登记信息还没有实现互通，居民只有带着证件到公安部门登记，才能及时修正婚姻状况信息。

第三，户籍登记与收养登记要统一。民政部门负责收养登记工作，公安部门负责户籍登记。这影响了登记信息的有效性，也增加了行政成本。

（三）社团登记机构的统一

不动产登记局不能解决社团登记机构的统一。

第一，公司登记机构要与财产权登记机构统一。2014 年实施修改后的新《公司法》采取了非常宽松的认缴资本制，出资多少、出资方式、出资比例和出资时间等都由当事人决定，实现了资本信用向资产信用的转型。在此背景下，公司法人格否认制度变得越来越重要，公司破产和个人破产成为经济生活中的新常态，财产权变动信息更重要。

第二，在民政部门进行社会团体登记，并不符合社会发展的新趋势。1998 年制定的《社会团体登记管理条例》第 3 条规定，成立社会团体，应当经其业务主管单位审查同意，并依照本条例的规定进行登记。2013 年 3 月，《国务院机构改革和职能转变方案》提出，对行业协会商会类、科技类、公益慈善类、城乡社区服务类社会组织实行民政部门直接登记制度。如果社会团体可以没有主管机关，实现直接登记，那么在哪个机构登记就没有特别的意义。

第三，合作社法人在工商局登记，并不是最佳的选择。在工商局登记合作社法人，更多突出的是商事属性，而淡化了互助属性。实践中出现的土地合作社、土地股份合作社、社区股份合作社等，现行法律并没有明确登记机构。因此成立包容性更强的法人登记机构，成为实践发展的需要。

（四）民商事登记局的设立

首先，政府机构的大部制理论，是民商事登记局设立的理论基础。大部制即为大部门体制，是指将政府职能相近的部门、业务范围趋同的事项相对集中，由一个部门统一管理，最大限度地避免政府职能交叉、政出多门、多头管理，从而提高行政效率，降低行政成本。大部制改革要扩大一个部委所管理的业务范围，将职能相同的业务交一个部委集中处理，最大限度地避免政府多头管理，浪费行政资源。民商事登记具有共性，分散到众多行政部门负责，不符合大部制改革的要求。转变政府职能，就要求政府机构的设置，应当从民商事主体的需要出发。设立民商事登记局，而不是行政登记局，就是政府职能转变的重要表现。

其次，社会信用体系建设的大数据理论也是民商事登记局设立的基础。在大数据时代，社会信用体系建设必须充分利用互联网技术。大数据是互联网发展的新阶段，本质是在线、实时和全貌。通过物联网、云计算、移动互联网、车联网、手机、电脑等，实现海量数据信息的共享。大数据需要将目前纸质版的产权证书变为电子证书，将纸质版的营业执照变为电子版的营业执照，将纸质版的结婚证变成电子版的结婚证。个人和企业的信用评价，需要全方位、多角度、动态地采集相关信息。大数据的建设需要数据采集的成本，需要数据传输的成本，需要数据保密的成本。在此背景下，将民商事主体和民商事权利，集中登记在民商事登记局，具有较强的前瞻性和预见性。因此，从顶层制度设计考虑，推动民商事登记机构的统一，推动大数据的形成，具有较强的现实意义。

因此，设立不动产登记局是目前改革的成果，设立财产登记局是下一步改革的目标，设立民商事登记局是远期改革的目标。基于整体化的改革思维，未来民商事登记局应当定性为正部级的国务院直属机构，采取中央垂直管理体制，设置通过国家司法考试的民商事登记官制度。

✎ 扩展阅读

大部制改革——国务院新一轮机构改革

大部制即为大部门体制，即为推进政府事务综合管理与协调，按政府综合管理职能合并政府部门，组成超级大部的政府组织体制。2013 年 3 月 10 日披露的国务院机构改革和职能转变方案表明，新一轮国务院机构改革启动，国务院组成部门将减少至 25 个。大部制改革要优化政府机构设置，完善决策权、执行权、监督权既相互制约又相互协调的行政运行机制。据不完全统计，在国务院现有的 66 个部门中，职责多达 80 多项，仅建设部门就与发改委、交通部门、水利部门、铁道部门、国土部门等 24 个部门存在职责交叉。行政职能的错位和交叉，不仅造成了部门之间扯皮现象多，行政效能低下，过多经济资源被行政机构自身消耗掉；更重要的是，它无法履行宏观经济管理、市场监管、社会管理等职能，无法向民众提供合格的公共服务和社会保障等。因此，必须对现有政府机构进行有效整合，改变政府机构繁多、职能交叉的现象，通过减少机构数量，降低各部门协调困难，使政府运作更有效率，更符合市场经济的宏观管理和公共服务的角色定位。

——摘自 2013 年提交十二届全国人大一次会议审议的《国务院机构改革和职能转变方案》

第三节　房地产权属登记程序

✎ 案例导入

"狸猫换太子"，房主产权证被掉包

2013 年 7 月，王某某因工作生活需要，承租了周某某的房屋，复印了周某某的身份证和房产证。9 月，王某某听说周某某要将房子出售，即产生了假冒周某某卖房的想法。随后伪造了周某某的身份证和房产证，将该房以 50 万元的市场价格，出售给李某某，并持上述伪造的证件办理了过户手续。随后王某某携款潜逃，没有任何音讯。11 月，周某某按期去家里收房租，发现是李某某居住，马上报警。周某某认为该房屋还是自己的，李某某买房受骗。而李某某认为自己合法购买，且已经办理过户手续，理应享有房屋所有权。

请问：周某某和李某某都拥有房产证，法律应当优先保护谁的利益？

一、房地产权属登记的类型

（一）初始登记

土地初始登记是国家依照法定程序将土地的权属关系、用途、面积、使用条件、等级、价值等情况记录于专门的簿册，以确定土地权属。农民集体土地所有权人应当持集体土地所有权证明材料，申请集体土地所有权初始登记。依法使用本集体土地进行建设的，当事人应当持有批准权的人民政府的批准用地文件，申请集体建设用地使用权初始登记。依法以划拨方式取得国有建设用地使用权的，当事人应当持县级以上人民政府的批准用地文件和国有土地划拨决定书等相关证明材料，申请划拨国有建设用地使用权初始登记。依法以出让方式取得国有建设用地使用权的，当事人应当在付清全部国有土地出让价款后，持国有建设用地使用权出让合同和土地出让价款缴纳凭证等相关证明材料，申请出让国有建设用地使用权初始登记。依法以国有土地租赁方式取得国有建设用地使用权的，当事人应当持租赁合同和土地租金缴纳凭证等相关证明材料，申请租赁国有建设用地使用权初始登记。

因合法建造房屋申请房屋所有权初始登记的，应当提交下列材料：（1）登记申请书；（2）申请人身份证明；（3）建设用地使用权证明；（4）建设工程符合规划的证明；（5）房屋已竣工的证明；（6）房屋测绘报告；（7）其他必要材料。房地产开发企业申请房屋所有权初始登记时，应当对建筑区划内依法属于全体业主共有的公共场所、公用设施和物业服务用房等房屋一并申请登记，由房屋登记机构在房屋登记簿上予以记载。

（二）移转登记

依法以出让、国有土地租赁、作价出资或者入股方式取得的国有建设用地使用权转让的，当事人应当持原国有土地使用证和土地权利发生转移的相关证明材料，申请国有建设用地使用权变更登记。因处分抵押财产而取得土地使用权的，当事人应当在抵押财产处分后，持相关证明文件，申请土地使用权变更登记。经依法登记的土地抵押权因主债权被转让而转让的，主债权的转让人和受让人可以持原土地他项权利证明书、转让协议、已经通知债务人的证明等相关证明材料，申请土地抵押权变更登记。因人民法院、仲裁机构生效的法律文书或者因继承、受遗赠取得土地使用权，当事人申请登记的，应当持生效的法律文书或者死亡证明、遗嘱等相关证明材料，申请土地使用权变更登记。权利人在办理登记之前先行转让该土地使用权或者设定土地抵押权的，应当依照本办法先将土地权利申请登记到其名下后，再申请办理土地权利变更登记。

发生下列情形之一的，当事人应当在有关法律文件生效或者事实发生后申请房屋所有权转移登记：（1）买卖；（2）互换；（3）赠与；（4）继承、受遗赠；（5）房屋分割、合并，导致所有权发生转移的；（6）以房屋出资入股；（7）法人或者其他组织分立、合并，导致房屋所有权发生转移的；（8）法律、法规规定的其他情形。申请房屋所有权转移登记，应当提交下列材料：（1）登记申请书；（2）申请人身份证明；（3）房屋所有权证书或者房地产权证书；（4）证明房屋所有权发生转移的材料；（5）其他必要材料。证明房屋所有权发生转移的材料，可以是买卖合同、互换合同、赠与合同、受遗赠证明、继承证明、分割协议、合并协议、人民法院或者仲裁委员会生效的法律文书，或者其他证明房屋所有权发生转移的材料。

（三）特殊类型的登记

《物权法》第19条第1款规定，权利人、利害关系人认为不动产登记簿记载的事项错误的，可以申请更正登记。不动产登记簿记载的权利人书面同意更正或者有证据证明登记确有错误的，登记机构应当予以更正。据此，更正登记应具备如下构成要件：（1）不动产登记事项记载错误；（2）须权利人或利害关系人申请；（3）须登记权利人书面同意更正或者有证据证明登记确有错误。

《物权法》第19条第2款规定，不动产登记簿记载的权利人不同意更正的，利害关系人可以申请异议登记。登记机构予以异议登记的，申请人在异议登记之日起十五日内不起诉，异议登记失效。异议登记不当，造成权利人损害的，权利人可以向申请人请求损害赔偿。据此，异议登记应具备如下构成要件：（1）不动产登记事项被认为错误；（2）登记权利人不同意更正或登记机关不予更正；（3）须权利人或利害关系人向不动产登记机关申请。异议登记发生权利保全效力和风险警示效力。

《物权法》第20条规定，当事人签订买卖房屋或者其他不动产物权的协议，为保障将来实现物权，按照约定可以向登记机构申请预告登记。预告登记后，未经预告登记的权利人同意，处分该不动产的，不发生物权效力。预告登记后，债权消灭或者自能够进行不动产登记之日起三个月内未申请登记的，预告登记失效。据此，预告登记是指当事人所期待的不动产物权变动所需要的条件缺乏或者尚未成就时，法律为保全这项将来发生的不动产物权变动为目的的请求权而进行的登记。预告登记具有权利保全效力、顺位保全效力和破产保护效力。

二、房地产登记的申请

思考

买受人能否单方向房管局申请房屋过户？

买卖合同签订后，买受人支付了房款，出卖人不配合办理房屋过户手续。买受人能否单方向房管局申请房屋过户？为什么？如果该买卖合同公证过呢？

（一）申请登记的当事人

因买卖、设定抵押权等申请不动产登记的，应当由当事人双方共同申请。属于下列情形之一的，可以由当事人单方申请：（1）尚未登记的不动产首次申请登记的；（2）继承、接受遗赠取得不动产权利的；（3）人民法院、仲裁委员会生效的法律文书或者人民政府生效的决定等设立、变更、转让、消灭不动产权利的；（4）权利人姓名、名称或者自然状况发生变化，申请变更登记的；（5）不动产灭失或者权利人放弃不动产权利，申请注销登记的；（6）申请更正登记或者异议登记的；（7）法律、行政法规规定可以由当事人单方申请的其他情形。

土地登记应当由当事人共同申请，但有下列情形之一的，可以单方申请：（1）土地总登记；（2）国有土地使用权、集体土地所有权、集体土地使用权的初始登记；（3）因继承或者遗赠取得土地权利的登记；（4）因人民政府已经发生法律效力的土地权属争议处理决定而取得土地权利的登记；（5）因人民法院、仲裁机构已经发生法律效力的法律文书而取得土地权利的登记；（6）更正登记或者异议登记；（7）名称、地址或者用途变更登记；（8）土地权利证书的补发或者换发；（9）其他依照规定可以由当事人单方申请的情形。

申请房屋登记，应当由有关当事人双方共同申请，但有下列情形之一，申请房屋登记的，可以由当事人单方申请：（1）因合法建造房屋取得房屋权利；（2）因人民法院、仲裁委员会的生效法律文书取得房屋权利；（3）因继承、受遗赠取得房屋权利；（4）房屋灭失；（5）权利人放弃房屋权利；（6）法律、法规规定的其他情形。

（二）申请登记的材料

申请人应当提交下列材料，并对申请材料的真实性负责：（1）登记申请书；（2）申请人、代理人身份证明材料、授权委托书；（3）相关的不动产权属来源证明材料、登记原因证明文件、不动产权属证书；（4）不动产界址、空间界限、面积等材料；（5）与他人利害关系的说明材料；（6）法律、行政法规规定的其他材料。

申请人申请土地登记，应当根据不同的登记事项提交下列材料：（1）土地登记申请书；（2）申请人身份证明材料；（3）土地权属来源证明；（4）地籍调查表、宗地图及宗地界址坐标；（5）地上附着物权属证明；（6）法律法规规定的完税或者减免税凭证；（7）其他证明材料。地籍调查表、宗地图及宗地界址坐标，可以委托有资质的专业技术单位进行地籍调查获得。申请人申请土地登记，应当如实向国土资源行政主管部门提交有关材料和反映真实情况，并对申请材料实质内容的真实性负责。未成年人的房屋，应当由其监护人代为申请登记。监护人代为申请未成年人房屋登记的，应当提交证明监护人身份的材料；因处分未成年人房屋申请登记的，还应当提供为未成年人利益的书面保证。

（三）申请登记的机构

国务院国土资源主管部门负责指导、监督全国不动产登记工作。县级以上地方人民政府应当确定一个部门为本行政区域的不动产登记机构，负责不动产登记工作，并接受上级人民政府不动产登记主管部门的指导、监督。不动产登记由不动产所在地的县级人民政府不动产登记机构办理；直辖市、设区的市人民政府可以确定本级不动产登记机构统一办理所属各区的不动产登记。跨县级行政区域的不动产登记，由所跨县级行政区域的不动产登记机构分别办理。不能分别办理的，由所跨县级行政区域的不动产登记机构协商办理；协商不成的，由共同的上一级人民政府不动产登记主管部门指定办理。国务院确定的重点国有林区的森林、林木和林地，国务院批准项目用海、用岛，中央国家机关使用的国有土地等不动产登记，由国务院国土资源主管部门会同有关部门规定。

（四）申请登记的审查

不动产登记机构收到不动产登记申请材料，应当分别按照下列情况办理：（1）属于登记职责范围，申请材料齐全、符合法定形式，或者申请人按照要求提交全部补正申请材料的，应当受理并书面告知申请人；（2）申请材料存在可以当场更正的错误的，应当告知申请人当场更正，申请人当场更正后，应当受理并书面告知申请人；（3）申请材料不齐全或者不符合法定形式的，应当当场书面告知申请人不予受理并一次性告知需要补正的全部内容；（4）申请登记的不动产不属于本机构登记范围的，应当当场书面告知申请人不予受理并告知申请人向有登记权的机构申请。不动产登记机构未当场书面告知申请人不予受理的，视为受理。

不动产登记机构受理不动产登记申请的，应当按照下列要求进行查验：（1）不动产界址、空间界限、面积等材料与申请登记的不动产状况是否一致；（2）有关证明材料、文件与申请登记的内容是否一致；（3）登记申请是否违反法律、行政法规规定。属于下列情形之一的，不动产登记机构可以对申请登记的不动产进行实地查看：（1）房屋等建筑物、构筑物所有权首次登记；（2）在建建筑物抵押权登记；（3）因不动产灭失导致的注销登记；（4）不动产登记机构认为需要实地查看的其他情形。对可能存在权属争议，或者可能涉及他人利害关系的登记申请，不动产登记机构可以对申请人、利害关系人或者有关单位进行调查。不动产登记机构进行实地查看或者调查时，申请人、被调查人应当予以配合。

三、房地产登记错误的责任

《物权法》第21条规定，当事人提供虚假材料申请登记，给他人造成损害的，应当承担赔偿责任。因登记错误，给他人造成损害的，登记机构应当承担赔偿责任。登记机构赔偿后，可以向造成登记错误的人追偿。对于房地产登记机构的赔偿责任，立法只作出了原则性规定，其责任性质和构成要件都不明确。登记机构和虚假材料提供人混合过错造成的侵权责任更是复杂，立法也没有明确规定。

（一）赔偿责任的性质

现行我国房地产登记机构承担的是国家赔偿责任，赔偿金来源于国家财政。《深圳经济特区房地产登记条例》第54条规定，登记费的收入列作登记机关的业务经费和赔偿基金，不得挪作他用。第59条规定，登记机关及其工作人员因不当核准登记，造成权利人损失的，登记机关应负赔偿责任，赔偿费从赔偿基金中列支。我国可以尝试从登记机构收取的登记、查询等费用中提取一定比例的费用，组成登记错误赔偿基金。在赔偿基金建立时，应从国家财政收入中拨付一定比例的赔偿费用。赔偿基金实行依法筹集、专款专用、公开透明的原则，任何机构或个人不得挤占和挪用。我国《物权法》第22条规定，不动产登记费按件收取，不得按照不动产的面积、体积或者价款的比例收取。该条对收费标准严格限制，没有很好体现利益者负担的思想。如果设立登记赔偿基金，登记收费标准需要重新审视。

（二）独立责任还是补充责任

对我国《物权法》第 21 条规定中"造成登记错误的人"可以有不同的理解，这就造成登记机构承担独立还是补充责任的争议。如果从广义上理解，提交虚假材料的登记申请人、中介机构（例如测绘机构提供错误的测绘报告导致面积登记错误）和有过错的登记机构工作人员都作为"造成登记错误的人"，那么物权登记机构就是承担独立责任，而不是补充责任。如果把"造成登记错误的人"仅仅理解为故意或者重大过失造成登记错误的工作人员，那么登记机构如何承担责任还没明确。如果采取广义的解释，把登记机构的赔偿责任认定为独立责任，那么受害人就会首先选择登记机构赔偿，登记机构就面临着向民事侵权人追偿的问题。这种追偿机制在我国现行法上缺乏制度保障。《国家赔偿法》第 14 条只规定了"赔偿义务机关代表国家向赔偿请求人支付赔偿费用后，可以责令负有故意或重大过失的公务员、受委托的组织或个人负担部分或全部赔偿费用"，并未对混合侵权中民事加害人的追偿予以规定。因此，我国《物权法》第 21 条规定中"造成登记错误的人"目前应当作狭义的解读。物权登记机构承担补充责任，受害人首先应对民事侵权人提起民事诉讼，只有当该程序不能满足当事人的救济要求时，受害人才可以提起行政赔偿诉讼。

（三）连带责任还是按份责任

连带责任是指物权登记机构和虚假材料提供人混合过错造成损害时，受害人可以请求物权登记机构承担全部责任。按份责任是指物权登记机构和虚假材料提供人按照份额承担责任，受害人只能请求物权登记机构承担相应的份额。最高人民法院〔2001〕法释第 23 号规定："在确定赔偿的数额时，应当考虑行政行为在损害发生过程和结果中所起的作用等因素。"这就要求法院在处理登记错误案件时，充分考虑登记机关在损害后果发生过程中所起作用的大小，来确定其所应承担的赔偿数额。

第四节 房地产权属登记查询

案例导入

"房叔"事件

2012 年 10 月 9 日，有网民网帖提供的广州市房管部门制作的《个人名下房地产登记情况查询证明》显示，广州市城市管理综合执法局番禺分局政委蔡某及其家庭成员共有21 套房产，其中 18 套位于广州番禺区，3 套位于广州南沙区，面积最大的位于番禺区沙湾镇龙岐村西环路东侧（A2 厂房），达 3405.3 平方米，21 套房产总面积 7203.33 平方米。针对网友发布的消息，番禺区纪委迅速成立调查组介入核查。经查，蔡某为广州市正处级官员，工资待遇约每月1万元人民币。其妻时丽英现已退休，曾任番禺区工商联办公室主任、秘书长。根据级别，其工资待遇低于蔡某。2013年9月12日，广州"房叔"案一审宣判，"房叔"蔡某因受贿罪被判刑11年半，罚款60万元，没收非法所得275万元。

　　试结合"房叔"、"房婶"和"房妹"等事件，分析不动产统一登记与反腐败的关系，分析"以人查房"的利弊得失。

一、不动产登记簿

（一）不动产登记簿的含义

　　不动产以不动产单元为基本单位进行登记。不动产登记簿是物权归属和内容的根据。不动产登记簿由登记机构管理。不动产权属证书是权利人享有该不动产物权的证明。不动产权属证书记载的事项，应当与不动产登记簿一致；记载不一致的，除有证据证明不动产登记簿确有错误外，以不动产登记簿为准。不动产登记簿应当记载以下事项：

　　（1）不动产的坐落、界址、空间界限、面积、用途等自然状况；

　　（2）不动产权利的主体、类型、内容、来源、期限、权利变化等权属状况；

　　（3）涉及不动产权利限制、提示的事项；

　　（4）其他相关事项。

　　不动产登记簿应当采用电子介质，暂不具备条件的，可以采用纸质介质。不动产登记机构应当明确不动产登记簿唯一、合法的介质形式。不动产登记簿采用电子介质的，应当定期进行异地备份，并具有唯一、确定的纸质转化形式。

（二）不动产登记簿的保管

　　不动产登记机构应当依法将各类登记事项准确、完整、清晰地记载于不动产登记簿。任何人不得损毁不动产登记簿，除依法予以更正外不得修改登记事项。不动产登记工作人员应当具备与不动产登记工作相适应的专业知识和业务能力。不动产登记机构应当指定专人负责不动产登记簿的保管，并建立健全相应的安全责任制度。采用纸质介质不动产登记簿的，应当配备必要的防盗、防火、防渍、防有害生物等安全保护设施。采用电子介质不动产登记簿的，应当配备专门的存储设施，并采取信息网络安全防护措施。不动产登记簿由不动产登记机构永久保存。不动产登记簿损毁、灭失的，不动产登记机构应当依据原有登记资料予以重建。行政区域变更或者不动产登记机构职能调整的，应当及时将不动产登记簿移交相应的不动产登记机构。

（三）不动产登记簿的信息共享

　　国务院国土资源主管部门应当会同有关部门建立统一的不动产登记信息管理基础平台。各级不动产登记机构登记的信息应当纳入统一的不动产登记信息管理基础平台，确保国家、省、市、县四级登记信息的实时共享。不动产登记有关信息与住房城乡建设、农业、林业、海洋等部门审批信息、交易信息等应当实时互通共享。不动产登记机构能够通过实时互通共享取得的信息，不得要求不动产登记申请人重复提交。国土资源、公安、民政、财政、税务、工商、金融、审计、统计等部门应当加强不动产登记有关信息互通共享。不动产登记机构、不动产登记信息共享单位及其工作人员应当对不动产登记信息保密；涉及国家秘密的不动产登记信息，应当依法采取必要的安全保密措施。不动产登记机构、不动产登记信息共享单位及其工作人员，查询不动产登记资料的单位或者个人违反国家规定，泄露不动产登记资料、登记信息，或者利用不动产登记资料、登记信息进行不正当活动，给他人造成损害的，依法承担赔偿责任；对有关责任人员依法给予处分，构成犯罪的，依法追究刑事责任。

二、房地产权属登记查询的基本理论

（一）房地产权属登记查询的历史发展

2002 年 11 月，国土资源部颁布了《土地登记资料公开查询办法》。2006 年 10 月，建设部颁布了《房屋权属登记信息查询暂行办法》。2007 年 3 月全国人大通过《物权法》第 18 条规定，权利人、利害关系人可以申请查询、复制登记资料，登记机构应当提供。2008 年住建部通过的《房屋登记簿管理试行办法》第 14 条规定，个人和单位提供身份证明材料，可以查询登记簿中房屋的基本状况及查封、抵押等权利限制状况；权利人提供身份证明材料、利害关系人提供身份证明材料和证明其属于利害关系人的材料等，可以查询、复制该房屋登记簿上的相关信息。2014 年 12 月国务院通过的《不动产登记暂行条例》第 27 条规定，权利人、利害关系人可以依法查询、复制不动产登记资料，不动产登记机构应当提供。有关国家机关可以依照法律、行政法规的规定查询、复制与调查处理事项有关的不动产登记资料。

不动产登记是一项重要的物权制度，也是世界各国通行的方式。通过登记公示，既是对当事人权利的保障，也使第三人知晓物权变动情况，避免其遭受损害。各国一般都允许公开查询登记信息，不过，由于涉及个人隐私和商业机密，在公开范围上则有不同意见。从我国房屋登记信息查询制度的演化来看，查询管制趋于严格。2006 年的《房屋权属登记信息查询暂行办法》第 7 条采取了"以房查人"方式，明确规定：房屋权属登记机关对房屋权利的记载信息，单位和个人可以公开查询。2007 年的《物权法》第 27 条将查询的主体限定为"权利人、利害关系人"。2008 年住建部通过的《房屋登记簿管理试行办法》第 14 条严格区分权利人查询和利害关系人查询，要求利害关系人提供必要的证明材料。2012 年房地产登记行业标准《房地产登记技术规程》规定，登记资料不得仅以权利人姓名或名称为条件进行查询。

（二）房地产登记信息与原始凭证信息的区分

房屋权属登记查询信息，包括原始登记凭证和登记机构对房屋权利的记载信息。登记机构对房屋权利的记载信息，包括房屋自然状况（坐落、面积、用途等），房屋权利状况（所有权情况、他项权情况和房屋权利的其他限制等），以及登记机构记载的其他必要信息。查询机构应建立房屋权属登记信息查询制度，方便当事人查询有关信息。房屋登记机构对房屋权利的记载信息，单位和个人可以公开查询。

房屋原始登记凭证包括房屋权利登记申请表，房屋权利设立、变更、转移、消灭或限制的具体依据，以及房屋权属登记申请人提交的其他资料。原始登记凭证可按照下列范围查询：（1）房屋权利人或者其委托人可以查询与该房屋权利有关的原始登记凭证；（2）房屋继承人、受赠人和受遗赠人可以查询与该房屋有关的原始登记凭证；（3）国家安全机关、公安机关、检察机关、审判机关、纪检监察部门和证券监管部门可以查询与调查、处理的案件直接相关的原始登记凭证；（4）公证机构、仲裁机构可以查询与公证事项、仲裁事项直接相关的原始登记凭证；（5）仲裁事项、诉讼案件的当事人可以查询与仲裁事项、诉讼案件直接相关的原始登记凭证；（6）在国家安全、军事等机关同意查询范围内查询有关原始登记凭证。

（三）房地产登记机构的查询责任

《不动产登记暂行条例》第 28 条规定，查询不动产登记资料的单位、个人应当向不动产登记机构说明查询目的，不得将查询获得的不动产登记资料用于其他目的；未经权利人同意，不得泄露查询获得的不动产登记资料。对于当事人的查询申请，房地产登记机构应及时提供查询服务。不能及时提供查询服务或无法提供查询服务的，应向查询人说明理由。查询人要求出具查询结果证明的，房地产登记机构经审核后，可以出具查询结果证明。查询结果证明应注明查询日期及房屋权属信息利用用途。有下列不能查询情形的，房地产登记机构可以出具无查询结果的书面证明：（1）按查询人提供的房屋坐落或权属证书编号无法查询的；（2）要求查询的房屋尚未进行权属登记的；（3）要求查询的事项、资料不存在的。

三、房地产权属登记查询的实践技能

（一）房屋权属信息查询的律师业务

📎 案例导入

利害关系人如何查询房屋权属信息？

【律师操作】利害关系人可以自己查档，也可以委托律师查档。在非诉业务中，律师作为代理人来调查取证，按照一般委托代理处理。在涉及房屋的诉讼案件中，案件受理通知书（应诉通知书）、开庭传票、收费票据和证据收据等，是与相关房产有利害关系的证明。利害关系人是能够提供证据证明房地产登记结果影响或可能影响其合法权益的人。利害关系人必须是与该房屋的产权有利害关系，对房屋产权归属存有争议（如有证据证明自己是权利人），或者对权利内容有争议（如认为权利内容与实际状况不符，损害了自己的利益）。而单纯的债权债务（例如借条）、调查合同对方资信等，不能认为是有法律上的利害关系。

【分析说明】我国《律师法》第 35 条第 2 款规定，律师自行调查取证的，凭律师执

业证书和律师事务所证明，可以向有关单位或者个人调查与承办法律事务有关的情况。查询房屋权属信息，要区分权利人查询和利害关系人查询。权利人就是不动产登记簿记载的权利人，可以直接查询。而利害关系人查询需要提供相关的证据，立法需要平衡知情权与隐私权的冲突。隐私权是公民不愿公开或让他人知悉个人秘密的权利，包括通信秘密权和个人生活秘密权。个人生活秘密是公民对财产状况、个人资料等私人信息，享有禁止他人非法利用的权利。

（二）土地登记原始资料的查询

案例导入

2011 年 5 月 5 日，原告胡某向被告慈溪市国土资源局提出政府信息公开申请，其中一项要求公开地号为 0145628 号的慈国用〔2003〕字第 0112389 号土地证书相关登记材料，包括但不限于土地登记申请书、权属来源证明、地籍调查表、宗地图等文件。被告于2011 年 5 月 13 日作出《依申请公开政府信息告知书》，告知原告申请公开的为土地登记原始资料，不属于依申请公开的政府信息，应按《土地登记资料公开查询办法》的规定提供相应的证明材料后才可以查询。

【法院判决】一审慈溪市人民法院经审理后，判决撤销被告慈溪市国土资源局于 2011年 5 月 13 日作出的《依申请公开政府信息告知书》的行政行为，责令被告在判决生效之日起 30 日内对原告申请重新作出答复。由于双方当事人均未上诉，一审判决为最终生效判决。

【分析说明】双方当事人对于系争事项的法律适用问题存在明显的争议。原告主张，土地原始登记资料属于应当公开的政府信息。《政府信息公开条例》第 2 条规定，本条例所称政府信息，是指行政机关在履行职责过程中制作或者获取的，以一定形式记录、保存的信息。第 13 条规定，除本条例第 9 条、第 10 条、第 11 条、第 12 条规定的行政机关主动公开的政府信息外，公民、法人或者其他组织还可以根据自身生产、生活、科研等特殊需要，向国务院部门、地方各级人民政府及县级以上地方人民政府部门申请获取相关政府信息。《物权法》第 18 条规定，权利人、利害关系人可以申请查询、复制登记资料，登记机构应当提供。被告主张，土地原始登记资料不属于应当公开的政府信息。《土地登记资料公开查询办法》第 2 条规定，本办法所称土地登记资料，是指：（一）土地登记结果，包括土地登记卡和宗地图；（二）原始登记资料，包括土地权属来源文件、土地登记申请书、地籍调查表和地籍图。对前款第（一）项规定的土地登记结果，任何单位和个人都可以依照本办法的规定查询。法院认为，《物权法》是国家法律，《政府信息公开条例》是行政法规，两者的法律效力位阶均高于部门规章《土地登记资料公开查询办法》，是上位法，且都属于后实施的新法。《物权法》第 18 条所称的"登记资料"也包括了土地登记原始资料。因此，根据上位法优于下位法，新法优于旧法，法院的判决是正确的。

❧ 本章小结

　　本章是房地产权属登记,主要介绍房地产权属登记的基本理论、登记机构、登记程序和登记信息查询等。这些是物权法学基本理论的延伸,是房地产法学的总论,是房地产权属的总纲。学生应当从国家治理体系现代化的高度,认识房地产登记机构统一的意义,理解房地产权属登记的社会价值。房地产权属变动原则上采取的是登记生效主义,例外采取的是登记对抗主义。房地产登记机构登记错误,应当承担国家赔偿责任。深入学习本章,应当系统复习物权法和国家赔偿法等相关内容。

❧ 技能训练

熟知房屋过户的程序

　　目的:使学生深刻认识到房屋过户的重要性,掌握房屋过户的基本技能。

　　要求一:房屋买卖过户,应当提交哪些材料?

　　要求二:房屋继承过户,应当提交哪些材料?

❧ 实践活动

调查房地产权属证书的记载内容

　　目的:使学生了解不同的房地产权属证书,进一步区分不动产权属证书和不动产登记簿。

　　内容:学生通过报纸、杂志或网络等方式,搜集各种房地产权属证书,包括集体土地所有权证书、房屋所有权证书、建设用地使用权证书、宅基地使用权证书、地役权证书和抵押权证书等。

　　要求:结合《不动产登记暂行条例》,通过实例调查,比较不动产权属证书的异同。

第三章

集体土地征收

❦ **学习目标**

　　知识目标：

　　理解土地征收理论

　　掌握土地征收程序

　　掌握土地征收补偿

　　能力目标：

　　了解集体土地征收的发展趋势

　　能解决集体土地征收的行政诉讼纠纷

　　能处理集体土地征收补偿款的分配纠纷

第一节　集体土地征收概述

❦ **案例导入**

钓鱼岛国有化闹剧的法律分析

　　钓鱼岛国有化论调是日本右翼势力最先抛出的，石原慎太郎作为关键人物在此闹剧中充当了关键角色。日本首相野田佳彦也公开表示支持并加入。购岛论直接导致了中日关系的急剧恶化。2012 年 9 月 10 日上午，日本政府举行内阁会议，决定用20.5 亿日元，从所谓"土地权所有者"手中将钓鱼岛、北小岛、南小岛购入，将其"国有化"；9 月 11 日与钓鱼岛所谓的"地权者"签订"买卖合约"。2012 年 9 月 12 日，日本政府正式宣布，已经完成了对钓鱼岛所谓"国有化"的"土地登记手续"。2012 年 10 月 16 日，中国军舰首次以距钓鱼岛80 千米的最近距离驶过钓鱼岛，日视为武力威胁。2012 年 12 月 12 日，中国首次在钓鱼岛海空开展立体巡航，明确不退让态度。

　　试从法律角度，分析钓鱼岛国有化。

一、集体土地所有权概述

我国《宪法》第 10 条第 2 款规定，农村和城市郊区的土地，除由法律规定属于国家所有的以外，属于集体所有；宅基地和自留地、自留山，也属于集体所有。我国《物权法》第 59 条规定，农民集体所有的不动产和动产，属于本集体成员集体所有。该条规定将宪法中的集体所有细化为集体成员集体所有，具有进步的历史意义。根据我国《物权法》第 60 条的规定，农民集体的土地可以是村农民集体所有，可以是村民小组集体所有，还可以是乡镇农民集体所有。

（一）集体土地所有权的类型

村民小组作为集体土地的主体，不能有效保护集体成员的权益。村民小组往往是人民公社时期生产大队所管辖的"生产队"。村民小组作为行政村的延伸，是我国最基层的行政编组，管辖的对象直接为农户。根据现行的法律规定，村民小组仅设小组长一名，缺乏有效管理机构。村民小组长代表村民小组，没有民主的决策机制和执行机制，不足以承担集体土地所有权主体的职责。

村民委员会行使村集体土地所有权具有合法性，但缺乏有效的监督机制。根据我国《物权法》第 60 条的规定，村农民集体所有的土地，可以由村集体经济组织或者村民委员会代表集体行使。村民委员会是村民自我管理、自我教育、自我服务的基层群众性自治组织，承担着部分政府职能。村民委员会一方面作为私权利的主体，另一方面又作为公权力的主体，不宜代表村集体行使所有权。村民委员会因各种因素，往往听从乡镇政府的指示，不保护甚至损害村民集体的权益。

乡镇政府作为集体土地所有权的行使主体，不具有合法性和正当性。从我国现行的法律规定看，乡镇政府作为集体所有权的行使主体不具有合法性。乡镇人民政府是国家最基层的行政机关，承担社会管理等职能。乡镇人民政府作为土地所有权的主体，必然追求经济利益的最大化。当乡镇政府的公共服务职能与经济管理职能相冲突时，就会出现公共权力滥用的风险，侵犯集体的合法权益。

（二）集体土地所有权主体的定位

首先，集体土地所有权主体与村委会的区分。村委会是村民自治组织，承担村集体的管理和服务，属于公法上的组织。而集体所有权是物权法上的概念，属于私法的范畴。村委会承担更多的行政事务，主要依附于基层政府组织。村委会只有村一级，而集体土地的所有权主体的三个层级，包括村民小组集体、村集体和乡镇集体。

其次，集体土地所有权主体与农村的集体经济组织的区分。农村集体经济组织主要指农业合作社或农业股份合作社，这是集体经济实现的方式。农村集体组织的构建是构建一个集体所有权的享有者和行使者，可以采取多种表达方式。农村集体经济组织的财产范围不限于土地，还包括房屋、生产资料等。集体土地所有权主体只享有集体土地的所有权，可能隶属于农村集体经济组织。

再次，集体土地所有权主体与集体成员的区分。集体成员应该享有集体土地的所有权，成员集体行使土地权利。《物权法》第 62 条规定，集体经济组织或者村民委员会、村民小组应当依照法律、行政法规以及章程、村规民约向本集体成员公布集体财产的状况。集体成员享有集体财产状况的知情权，这是集体成员享有监督权的一种体现。《物权法》第 63 条第 2 款规定，集体经济组织、村民委员会或者其负责人作出的决定，侵害集体成员合法权益的，受侵害的集体成员可以请求人民法院予以撤销。本条规定了成员的撤销权，即集体成员受侵害的保护请求权。集体成员享有的知情权和撤销权对集体权利的行使主体有监督作用。

(三) 集体土地权属争议

我国《土地管理法》第 16 条规定，土地所有权和使用权发生争议，由政府进行裁决，对行政裁决不服，可以向人民法院起诉。2003 年 2 月，国土资源部颁布的《土地权属争议调查处理办法》第 9 条对土地权属纠纷的处理程序予以细化。2011 年 5 月 9 日，最高人民法院通过了《关于审理涉及农村集体土地行政案件若干问题的规定》。

个人之间、个人与单位之间、单位与单位之间发生的争议案件，由争议土地所在地的县级国土资源行政主管部门调查处理。个人之间、个人与单位之间发生的争议案件，可以根据当事人的申请，由乡级人民政府受理和处理。设区的市、自治州国土资源行政主管部门调查处理下列争议案件：(1) 跨县级行政区域的；(2) 同级人民政府、上级国土资源行政主管部门交办或者有关部门转送的。申请调查处理土地权属争议的，应当符合下列条件：(1) 申请人与争议的土地有直接利害关系；(2) 有明确的请求处理对象、具体的处理请求和事实根据。当事人申请调查处理土地权属争议，应当提交书面申请书和有关证据材料，并按照被申请人数提交副本。申请书应当载明以下事项：(1) 申请人和被申请人的姓名或者名称、地址、邮政编码、法定代表人姓名和职务；(2) 请求的事项、事实和理由；(3) 证人的姓名、工作单位、住址、邮政编码。当事人可以委托代理人代为申请土地权属争议的调查处理。委托代理人申请的，应当提交授权委托书。授权委托书应当写明委托事项和权限。

国土资源行政主管部门提出调查处理意见后，应当在 5 个工作日内报送同级人民政府，由人民政府下达处理决定。国土资源行政主管部门的调查处理意见在报同级人民政府的同时，抄报上一级国土资源行政主管部门。当事人对人民政府作出的处理决定不服的，可以依法申请行政复议或者提起行政诉讼。在规定的时间内，当事人既不申请行政复议，也不提起行政诉讼的，处理决定即发生法律效力。生效的处理决定是土地登记的依据。土地权属纠纷不是通过民事诉讼的途径予以解决。土地所有权公有制的国情，决定土地权属争议具有极强的政治性和政策性。土地权属纠纷不能通过民事诉讼解决，与物权法的新规定相冲突。我国《物权法》第 33 条规定了物权确认请求权，利害关系人可以请求法院确认物权。第 19 条规定了更正登记请求权，利害关系人有权请求登记名义人同意更正登记。物权确认请求权和更正登记请求权属于私权，应当通过民事诉讼予以解决。

二、集体土地征收的基本理论

案例导入

德国皇帝与破磨坊

德国皇帝威廉一世曾在波茨坦建了一座离宫，有一座古老的磨坊就在这离宫的围墙外不远处。一次，威廉一世到波茨坦巡视，住进了离宫，登上高处远眺波茨坦市的全景，但许多景物都被那座磨坊挡住了。威廉一世大为扫兴，即命令随员去找磨坊主人，想买下这座磨坊后即行拆除。谁知磨坊主人却十分藐视这个皇帝，对前来洽谈的人员说："我这个磨坊代代相传，无法计算它的价值。"威廉一世听后勃然大怒，立即令人将磨坊拆毁。磨坊主人对此并不恐惧，一边袖手旁观任其拆毁，一边自言自语道："当皇帝的可以这样胡作非为，我们国家的法律还有什么用？"不久，即为此事向最高法院提起诉讼。最高法院根据德国的法律判决威廉一世重建磨坊，并赔偿磨坊主人的损失。威廉一世只得将已经拆毁了的磨坊重新修建起来。

（一）集体土地征收的法律规定

2004 年，我国《宪法》第 10 条第 3 款 "国家为了公共利益的需要，可以依照法律规定对土地实行征用"，修改为 "国家为了公共利益的需要，可以依照法律规定对土地实行征收或者征用并给予补偿"。《宪法》第 13 条 "国家保护公民的合法的收入、储蓄、房屋和其他合法财产的所有权。国家依照法律规定保护公民的私有财产的继承权"，修改为 "公民的合法的私有财产不受侵犯。国家依照法律规定保护公民的私有财产权和继承权"。《宪法》第 33 条增加 1 款，"国家尊重和保障人权"，作为第 3 款。《土地管理法》第 2 条第 4 款规定，国家为了公共利益的需要，可以依法对土地实行征收或者征用并给予补偿。《物权法》第 42 条第 1 款规定，为了公共利益的需要，依照法律规定的权限和程序可以征收集体所有的土地和单位、个人的房屋及其他不动产。

（二）集体土地征收的法律特征

征收是指征收主体国家基于公共利益需要，以行政权取得集体、个人财产所有权并给予适当补偿的行政行为。集体土地征收是指国家为公共利益的需要，通过法定程序，将原属于农民集体所有的土地征为国有的行为。集体土地征收具有如下法律特征：首先，土地征收具有法定性。根据行政合法性原则，必须符合法律和行政法规的规定，遵循一定的法律程序；其次，土地征收具有强制性。征收是国家强制取得他人土地所有权的行为，并不以取得被征地人的同意为必要条件。再次，土地征收具有公益性。即土地征收必须符合公共利益。共利益具有客观性，共物品和公共服务就是各国公认的公共利益最主要的现实的物质表现形式。公共利益因其自身的特性很难界定，但这个世界上我们界定不清的事情太多，完全无法界定的事情也太多，这样就说它们不存在的话，本身就不是一种科学的态度。公共利益就是社会上不确定多数人都能享有的利益，具有社会共享性和内涵开放性等。

（三）集体土地征收的社会价值

1986 年全国人大常委会通过的《土地管理法》，并没有对集体土地利用做出特别的限制。1994 年全国人大常委会通过的《城市房地产管理法》第 8 条规定，城市规划区内的集体所有的土地，经依法征用转为国有土地后，该幅国有土地的使用权方可有偿出让。1998 年修改后的《土地管理法》第 63 条规定，农民集体所有的土地的使用权不得出让、转让或者出租用于非农业建设。但是，符合土地利用总体规划并依法取得建设用地的企业，因破产、兼并等情形致使土地使用权依法转移的除外。

土地是不可再生的资源，是人类赖以生产和生活的基本条件。随着我国工业化和城镇化的快速发展，非农建设用地的需求越来越大，城市土地难以满足巨大的用地需求。我国建设用地除了国家公共基础设施建设用地外，主要集中在商业性房地产开发、企业及其他经济组织用地。在城市国有土地有限的情况下，征收集体土地便成为我国满足建设用地需求的唯一方式。因此，我国城市规划区范围内的土地征用必然包括公共利益性质的征地行为和非公共利益性质的征地行为。《土地管理法》第 2 条规定土地征用是为了公共利益的目的，但第 43 条又规定城市规划区内集体土地转为商业用地必须经过土地征收的程序，这就造成了法律适用中的两难。如果不严格限定公共利益的范围，则会引起土地征收权的滥用，农民的土地权益得不到保障。如果严格界定公共利益的范围，则一般企事业单位的建设用地使用权就无法获得，城市发展就受到局限。

严格限定土地征收公共利益的范围与土地市场快速增长的客观需求之间不可避免的出现矛盾，其结果是法律的妥协，法律的遵守让位于经济的发展。实践中，政府为了达到不违法的效果，把土地征收中的公共利益无限扩大化，以至于演变成经济发展就是公共利益。经济发展要求工业发展，工业发展就得征地建厂，因此征地建厂就是经济发展，就是公共利益。公开资料显示，我国 80% 的农用地被征用后转做房地产开发、高速公路修建等建设用地。这意味着，仅有 20% 的农用地被征收是因公共利益的需要。以非公共利益目的征收集体土地，这实质上是对农民私权的非法剥夺。对失地农民的补偿数额过少，严重影响着被征地农民未来的生活。失地农民寻找新的就业岗位困难重重，不能与城市居民一样获得社会保障，往往成为不同于城市居民的种地无田、就业无岗、社会保障无份的"三无"农民。

三、集体土地征收的发展趋势

2008 年 10 月，中共十七届三中全会审议通过的《关于推进农村改革发展若干重大问题的决定》提出，在土地利用规划确定的城镇建设用地范围外，经批准占用农村集体土地建设非公益性项目，允许农民依法通过多种方式参与开发经营并保障农民合法权益。2013 年 11 月，中共十八届三中全会审议通过的《关于全面深化改革若干重大问题的决定》提出，建立城乡统一的建设用地市场，在符合规划和用途管制前提下，允许农村集体经营性建设用地出让、租赁、入股，实行与国有土地同等入市、同权同价。2014 年中央一号文件《关于全面深化农村改革加快推进农业现代化的若干意见》规定，加快推进征地制度改革，缩小征地范围，规范征地程序，完善对被征地农民合理、规范、多元保障机制，保障农民公平分享土地增值收益。建立非公共利益利用集体土地机制，建立城乡一体的建设用地市场，不仅需要理论上的正当性，还需要立法依据。改革应当坚持法治理念，用立法引导改革。

（一）土地发展权理论

土地发展权是土地用途发生变化形成的土地增值权益，包括农用地变为非农用地的发展权、未利用土地变为农用地或建设用地的发展权、变更农用地利用方式的发展权、在建设用地上建设高层建筑的发展权等。土地发展权与土地所有权不一样，具有相当的独立性。对于土地发展权的归属，不同的国家基于不同的国情，采用不同的模式。

《土地管理法》采取了土地发展权国有化模式，引发了诸多的权利冲突。在目前政府征地权滥用的背景下，更应当强调农民集体理所当然享有土地的发展权。据此，农民集体的土地发展权是基于土地的所有权，从使用权和收益权中分离出来的，是通过改变土地用途而获取额外收益的权利。农村土地发展权是农民不可剥夺的权利，征地价格还应包含土地发展权的价格。根据我国现行法，国家垄断了土地一级市场，农村集体土地要改变使用方式，唯一的合法途径就是通过国家征用，再通过使用权转让的方式来满足非农建设的需要。这实际是对农民的土地发展权的剥夺。土地发展权是改变土地用途和提高土地利用度的权利，是农民应当充分享受土地的权益。农民集体拥有了土地发展权，就会在遵守国家土地规划的前提下，与非公共利益的需求方进行谈判，真正享有土地增值权益。

（二）宪法依据

2004年宪法修正案内蕴着现代宪政、民主、法治、人权等基本理念，是我国宪法发展史上又一个重要的里程碑。将尊重和保障人权写入宪法，把保护公民私有财产权以及土地征用补偿的条款写入宪法，为解决集体经济组织成员的权益提供了宪法的支撑。2004年宪法修正案是我国现行宪法最新的条文，代表相当时期国家立法的基本方向。没有特别修改的理由，应当保持宪法文本的稳定性，通过适当的解释宪法技术予以实现。

要在现行宪法的框架下解决非公共利益利用集体土地的制度需求。我国目前非公共利益征地行为大量存在，法律规定不明确并非问题的根源，严格限定公共利益的范围也不是解决问题的关键。解决问题的途径在于建立非公益用地制度，疏导非公共利益征地的社会需求。对此，大致有两种观点：一种观点认为，应当打破国有土地在一级市场的垄断，开放集体土地一级市场，给集体土地流通提供合法途径，这样非公益性用地可以通过集体土地流通市场来取得，而这种市场是独立于土地征收制度的，集体土地所有权性质不发生变化。另一种观点主张在土地征收制度内建立非公益性土地的征购制度，非公益性土地征购制度应当在现行的土地征用制度内构建，并相互融合，形成一个整体。

哪一种模式更适合我国的国情，受制于诸多因素。我国非公共利益用地制度改革的基本原则是，国家征用农村集体土地，不能直接获得经济利益，同时要充分保护农民的土地权益。目前，我国土地交易实行的是二级交易市场制度，即集体土地必须首先转化为国有，才可以进入土地市场，用于非农业用途。把国家的征地范围扩展到非公共利益，违背市场经济国家通行的一般原则，不可避免的导致政府对经济的不合理干预。政府的微观经济行为只应当限于提供公共物品的领域。同时，农民集体如果不能直接和非公共利益用地的需求者进行讨价还价，土地资源配置的效率无法实现。要充分尊重农民的土地权益，就要充分尊重农民的自主权，就要充分保护农民的土地发展权。从利益配置看，政府倾向于先将集体土地征收，然后转换土地的用途，选择第二种方案，农民集体倾向于利用自己的能力将土地的用途转变而不改变土地的所有权，选择第一种方案。非公共利益的需求方也倾向于采用这种方案，他们的选择空间更大。从立法政策导向看，应当选择第一种方案，打破过去以政府为主导的征地方式，通过市场机制配置土地资源，让农民作为土地的所有者分享工业化和城市化的成果。因此，第一种方案是在我国现有宪法的框架内，通过渐进式改革来实现，具有很大的可行性。

（三）物权法依据

物权法的社会政治原则是指物权制度的设计不能违反宪法所确立的社会政治原则。我国《物权法》第1条规定了立法目的，维护国家基本经济制度，维护社会主义市场经济秩序。《物权法》第3条规定了基本经济制度与社会主义市场经济原则，第4条规定了平等保护国家、集体和私人的物权原则。2006年12月，十届全国人大常委会第七次会议审议了物权法草案，增加了"保障所有市场主体的平等法律地位和发展权利"条款，也就是现行《物权法》第3条第3款的规定。坚持市场经济原则，坚持市场主体的平等法律地位和发展权利，是我国物权法重要的社会政治原则。

我国《物权法》不仅保护市场主体的平等权，而且保护发展权。平等是基础，发展是目的。没有平等关系，就没有民法。没有平等的财产关系，就没有物权法。国有所有的土地与集体所有的土地都属于私权利，应当具有同等的法律地位。在平等法律地位的基础上，还要谋求发展，实现实质的平等。1986年12月4日联合国大会通过的《发展权利宣言》，将发展权规定为集体和个人的一项神圣权利，人权法上的发展权由此产生和发展。面对日益紧缺的土地资源，城市化进程的加快，改变土地使用性质而产生的发展性利益越来越成为社会关注的热点，必须采取有效的方式进行处理，以协调不同社会利益者之间的利益关系，这就是土地发展权问题。土地用途管制促成了土地发展权的产生，土地发展权的设立有利于土地用途管制的实施。集体土地不仅可以作为农用地发展农业，而且还可以作为工业和商业用地。集体土地的发展权应当受到法律的保护，切实维护集体成员的权益。

我国《物权法》第3条第3款明确规定，国家实行社会主义市场经济，保障一切市场主体的平等法律地位和发展权利。物权保护平等原则是我国物权法的一个基本原则，是民法平等原则在物权法中的反映。国家土地所有权和集体土地所有权平等，就要求国家所有者和集体所有者都平等地对自己土地有占有、使用、收益和处分权利。在土地问题上，国家具有双重身份，既是土地的所有者，又是土地的管理者。作为管理者，国家应制定共同适用的行为规则。国有土地可以直接进入一级市场，而集体土地却不能，必须经过"征收"。从这个角度看非公共利益征地行为严重背离了物权平等的思想。农村集体土地与国有土地应当按照"同地、同价、同权"的原则，建构统一、开放、竞争、有序的城乡一体化的土地市场。

第二节　集体土地征收程序

案例导入

温家宝：2012 年制定出台农村集体土地征收补偿条例

2011 年 12 月 27 日召开的中央农村工作会议上就提出，要精心设计征地制度改革方案，加快开展相关工作，明年（2012 年）一定要出台相应法规。2012 年 2 月 15 日，温家宝主持召开国务院常务会议，明确将制定出台农村集体土地征收补偿条例列为今年改革的重点工作之一。2012 年 3 月 5 日，温家宝在政府工作报告中强调，认真搞好土地确权登记颁证，制定出台农村集体土地征收补偿条例，是 2012 年的主要任务之一。由于作为上位法的《土地管理法》至今没有修改，截至目前，农村集体土地征收补偿条例还在制定中。

试从现行《土地管理法》的缺陷出发，分析农村集体土地征收补偿条例出台的困境。

一、农用地转用审批程序

（一）土地利用规划

各级人民政府应当依据国民经济和社会发展规划、国土整治和资源环境保护的要求、土地供给能力以及各项建设对土地的需求，组织编制土地利用总体规划。土地利用总体规划的规划期限由国务院规定。下级土地利用总体规划应当依据上一级土地利用总体规划编制。地方各级人民政府编制的土地利用总体规划中的建设用地总量不得超过上一级土地利用总体规划确定的控制指标，耕地保有量不得低于上一级土地利用总体规划确定的控制指标。省、自治区、直辖市人民政府编制的土地利用总体规划，应当确保本行政区域内耕地总量不减少。土地利用总体规划按照下列原则编制：（1）严格保护基本农田，控制非农业建设占用农用地；（2）提高土地利用率；（3）统筹安排各类、各区域用地；（4）保护和改善生态环境，保障土地的可持续利用；（5）占用耕地与开发复垦耕地相平衡。县级土地利用总体规划应当划分土地利用区，明确土地用途。乡（镇）土地利用总体规划应当划分土地利用区，根据土地使用条件，确定每一块土地的用途，并予以公告。

各级人民政府应当加强土地利用计划管理，实行建设用地总量控制。土地利用年度计划，根据国民经济和社会发展计划、国家产业政策、土地利用总体规划以及建设用地和土地利用的实际状况编制。土地利用年度计划的编制审批程序与土地利用总体规划的编制审批程序相同，一经审批下达，必须严格执行。市、县人民政府按照土地利用年度计划拟订农用地转用方案、补充耕地方案、征收土地方案，分批次逐级上报有批准权的人民政府。

有批准权的人民政府土地行政主管部门对农用地转用方案、补充耕地方案、征收土地方案进行审查，提出审查意见，报有批准权的人民政府批准。

（二）农用地转用审批权限

建设占用土地，涉及农用地转为建设用地的，应当办理农用地转用审批手续。由国务院行使审批权的情形有：（1）省、自治区、直辖市人民政府批准的道路、管线工程和大型基础设施建设项目；（2）国务院批准的建设项目占用土地。由市、县政府行使审批权的情形是，在已经批准的土地利用总体规划内将农用地转为建设用地，由原批准土地利用总体规划的机关按土地利用年度计划分批次批准。在已批准的农用地转用范围内，市、县政府有权审批具体建设项目的用地。市、县政府审批权行使有两个法定条件：（1）存在一个已经过合法审批的、分批次的土地利用年度计划；（2）存在一个具体建设项目需要用地。除国务院和市、县政府审批的建设项目用地外，其他建设项目用地审批权由省级政府行使。

二、征地审批程序

集体土地征收审批的法律效果是改变所征收的土地所有权的性质，即从集体所有改变为国家所有。基于行政效率等因素的考虑，"征收审批"程序可以与"农用地转用审批"程序同时进行。根据所涉农用地的性质、面积，征收审批权分别授予国务院和省级政府行使。征收下列土地的，由国务院批准：（1）基本农田；（2）基本农田以外的耕地超过35公顷的；（3）其他土地超过70公顷的。征收其他土地的，由省、自治区、直辖市人民政府批准，并报国务院备案。省级政府的审批权限是征收35公顷以下的非基本农田的耕地和70公顷以下的其他土地。为了便于国务院宏观调控，法律同时要求省级政府应当将征收审批报国务院备案。在实践中，国务院的土地征收决定权实际上掌握在国土资源部手中。国土资源部《报国务院批准的建设用地审查办法》规定，建设用地经国务院批准后，由国土资源部负责办理建设用地批复文件，批复有关省、自治区、直辖市人民政府，并抄送国务院各有关部门，批复文件中注明"经国务院批准"字样。对省政府提交的征地申请不予批准的，由国土资源部行文将建设用地请示退回报文的省级人民政府，并报国务院备案。

案例导入

农民状告国土资源部一审败诉　法院认定批复合法

【案例简介】2001年9月，辽宁省国土资源厅向国土资源部提出《关于沈阳市城市建设用地的审查意见》。同年12月25日，国土资源部正式行文作出559号《关于沈阳市城市建设农用地转用和土地征用的批复》，批复中注明了"经国务院批准"字样。2002年1月，辽宁省人民政府根据559号批复下发了土地批件，将沈阳市于洪区下坎子村28.4723公顷土地批准为城市建设用地。于洪区人民政府先后两次发布征地公告、征地补偿安置方案及公告。史某某等7人对该方案中的地上物补偿标准不服，认为标准过低，侵害了他们的合法权益。

【法院判决】根据《报国务院批准的建设用地审查办法》的规定，建设用地经国务院批准后，由国土资源部负责办理建设用地批复文件，批复文件中注明"经国务院批准"字样。因此，北京市第一中级人民法院 12 月 9 日一审宣判："国土资源部批复行为合法。"

【分析说明】沈阳 7 名农民的目的并不在于挑战国土资源部的权威。正如农民代表史某某说的那样："打这起官司，目的是为了让他们告诉我们，谁管这事儿，到底是谁错了！"他们并不反对土地被征用，他们不满的只是自己的权益没有得到应有尊重和合理补偿。比如史某某有养殖基地总面积 1000 余平方米，并有 350 多平方米作业房屋，可是按当地政府发布的《征地补偿安置方案公告》，给他的补偿总额只有 4.91 万元，这让他难以接受。从法学原理讲，国务院不能将法律授予的征地审批权，再授予国土资源部。

三、征收集体土地公告程序

土地征收中的公告是县级以上政府向集体土地所有权人告知其所有的土地，经有权机关批准已被国家征收。《土地管理法》第 46 条第 1 款规定："国家征收土地的，依照法定程序批准后，由县级以上地方人民政府予以公告并组织实施。"《土地管理法实施条例》第 25 条规定："征用土地方案经依法批准后，由被征用土地所在地的市、县人民政府组织实施，并将批准征地机关、批准文号、征用土地的用途、范围、面积以及征地补偿标准、农业人员安置办法和办理征地补偿的期限等，在被征用土地所在地的乡（镇）、村予以公告。"

❧ 案例导入

征收集体土地公告不能偷工减料

【案例简介】原告石某某等 25 人系新昌县城关镇侯村村民。2005 年 11 月 30 日，浙江省人民政府批准征用包括新昌县城关镇侯村在内的建设用地。原告认为征用土地方案经依法批准后，新昌县人民政府未进行公告，也未组织实施。2007 年 8 月 15 日，原告向被告绍兴市人民政府提出行政复议申请，请求被告责令新昌县人民政府限期公告征用土地方案并组织实施。

【行政复议】被告立案受理并听取新昌县人民政府的答辩意见后，于 2007 年 10 月 12 日作出绍市府复决字〔2007〕27 号行政复议决定。认为：新昌县人民政府在浙江省人民政府批准浙江江南名茶市场建设用地项目后，已依法进行了公告并已组织实施了土地征收方案，符合《中华人民共和国土地管理法》第 46 条的规定，根据《中华人民共和国行政复议法实施条例》第 48 条第 1 款之规定驳回石某某、陈某某、俞某某等人的行政复议申请。原告不服该复议决定，向法院提起行政诉讼。请求撤销被告于 2007 年 10 月 12 日所作出的复议决定，并判令被告重新作出具体行政行为。

【行政诉讼】绍兴市中级人民法院认为：虽然，被告在法定期限内提供了新昌县人民政府于 2005 年 12 月 8 日制作的《新昌县人民政府征收土地公告》文本及公告张贴照片的复印件。但是该公告并未载明被征土地的批准时间、征地补偿标准、农业人员的安置途径及办理征地补偿登记的期限、地点等实质性内容，不符合上述规章的规定。庭审中原告对张贴地点提出了质疑，被告代理人解释张贴在被征土地现场，但该照片未能显示，且无其他证据相佐证。国土资源部的规章《征用土地公告办法》第3条规定：征用农民集体所有土地的，征用土地方案和征地补偿、安置方案应当在被征用土地所在地的村、组内以书面形式公告。即使涉案文本已在征用土地现场进行了张贴，也不符合上述《办法》的规定。故被告所辩称的征用土地公告已依法予以张贴的事实，证据不足。

四、集体土地征收补偿程序

（一）集体土地征收补偿登记

《土地管理法》第46条第2款规定，被征用土地的所有权人、使用权人应当在公告规定期限内，持土地权属证书到当地人民政府土地行政主管部门办理征地补偿登记。《土地管理法实施条例》将《土地管理法》中"到当地人民政府土地行政主管部门办理征地补偿登记"改为"到公告指定的人民政府土地行政主管部门办理征地补偿登记"。登记期限为公告规定的期限，因征地所涉的面积、人数等不同，法律不宜作出统一规定，所以，将登记期限的确定交由公告机关决定，可以兼顾行政效率与便民办事双重目的。

（二）集体土地征收补偿安置

征用农民集体所有土地的，征地补偿、安置方案应当在被征用土地所在地的村、组内以书面形式公告，其中征用乡（镇）农民集体所有土地的，在乡（镇）人民政府所在地进行公告。有关人民政府的国土房管部门会同有关部门根据批准的征用土地方案，在征用土地公告之日起45日内以被征用土地的所有权人为单位拟订征地补偿、安置方案并予以公告。被征地农村集体经济组织、农村村民或者其他权利人对征地补偿、安置方案有不同意见的或者要求举行听证会的，应当在征地补偿、安置方案公告之日起10个工作日内向有关人民政府国土房管行政主管部门提出。有关人民政府国土房管部门应当研究被征地农村集体经济组织、农村村民或者其他权利人对征地补偿、安置方案的不同意见。对当事人要求听证的，应当举行听证会。确需修改征地补偿、安置方案的，应当依照有关法律、法规和批准的征用土地方案进行修改。征地补偿、安置方案确定后，用地单位与被征用土地的农村集体经济组织和农民签订征地补偿、安置协议。区、县国土房管局应当依照征地补偿、安置方案向被征用土地的农村集体经济组织和农民支付土地补偿费、地上附着物和青苗补偿费。办理农转工手续，落实需要安置农业人口的安置途径，实施征地补偿、安置工作。

扩展阅读

集体土地征收条例第一问：征收什么？

农村土地的征收，其制度构成，至少包括四个方面：征收什么？为何征收？如何征收？如何补偿？其中，"征收什么"又是后三个问题的基础，征收的是所有权还是使用权，直接决定了不同的征收理由和程序，也决定了补偿的估价和分配。目前，集体土地征收引发的矛盾和纠纷已经非常严重。根据国家信访局统计，群众性上访事件 60%与土地有关，占社会上访总量的 40%，其中征地补偿纠纷又占土地纠纷的 84.7%，每年因为征地拆迁引发的纠纷在 400 万件左右。而与此同时，随着城市化建设的进展，土地征收的数量却有增无减，2005 年征收土地面积 445.4 万亩，2010 年就增加到 688.9 万亩，年均增幅超过 9%。保持 18 亿亩耕地红线的任务越来越艰巨。规范征收程序，实现国家和农民、城市和乡村、集体和个人之间的利益协调，提升耕地的保护水平，就变得迫在眉睫。

——摘自《中国经济时报》2012 年 2 月 22 日

第三节　集体土地征收补偿

案例导入

出嫁女能否获得征地补偿费

原告王某（女）系某村小组成员，于 2008 年 11 月底结婚出嫁到外村，但是户口一直未迁移。从 2006 年至 2008 年期间该村小组的土地被县政府征用用于建设工业园区，村小组得到了部分征地补偿费。由村小组决定将征地补偿费从 2009 年起陆续分给村民，每位村民大约分得征地补偿费合计 12000 元。而原告由于已经嫁到其他村，就没能得到相应的征地补偿费，于是原告王某于 2011 年 2 月 23 日将该村小组告上法庭，要求获得相应的补偿费 12000 元。

一、集体土地征收补偿的标准

（一）集体土地征收补偿的现行规定

征收土地的，按照被征收土地的原用途给予补偿。征收耕地的补偿费用包括土地补偿费、安置补助费以及地上附着物和青苗的补偿费。征收耕地的土地补偿费，为该耕地被征收前 3 年平均年产值的 6~10 倍。征收耕地的安置补助费，按照需要安置的农业人口数计算。需要安置的农业人口数，按照被征收的耕地数量除以征地前被征收单位平均每人占有耕地的数量计算。每一个需要安置的农业人口的安置补助费标准，为该耕地被征收前 3 年平均年产值的 4~6 倍。但是，每公顷被征收耕地的安置补助费，最高不得超过被征收前 3 年平均年产值的 15 倍。土地补偿费和安置补助费，尚不能使需要安置的农民保持原有生活水平的，经省、自治区、直辖市人民政府批准，可以增加安置补助费。但是，土地补偿费和安置补助费的总和不得超过土地被征收前 3 年平均年产值的 30 倍。国务院根据社会、经济发展水平，在特殊情况下，可以提高征收耕地的土地补偿费和安置补助费的标准。

（二）农民获得的补偿低

现行的土地征收补偿安置计算办法是产值倍数法，补偿标准的计算是基于农业用途的土地收益。这是计划经济时代的产物，是城乡分离格局的现象。这种产值计算法把农民还严格界定为农民，让失去地的农民还维持农民的身份。政府非公共利益征地行为，抑制农村居民财产性收入增长，已经成为农民贫困化的新根源。根据现行《土地管理法》第47条的规定，政府对土地补偿费和安置补助费的补偿的总额是土地被征收前3年平均年产值的10~30倍之间。假设每亩农地平均年产值为1000元，补偿费最多也才只有3万元。许多农民在土地被征收后，不仅仅意味着失去了生产资料和就业机会，还意味着失去了最低的生活保障。失地农民寻找新的就业岗位困难重重，不能与城市居民一样获得社会保障，往往成为不同于城市居民的种地无田、就业无岗、社会保障无份的"三无"农民。

（三）集体增值收益分配不合理

集体土地征收补偿标准低，土地增值收益分配不合理。1995年全国每公顷土地出让金纯收益为66.1万元，其中政府获得47.2万元，集体和农民获得18.9万元，政府与集体和农民的土地增值收益分配比为2.5：1。到了2005年，这个比例扩大到了9.7：1。有关部门调查表明，如果以成本价（征地价加各级政府收取的各类税费）为100%，农民只得到5%~10%，农村集体经济组织得到25%~30%，60%~70%为政府以及各级部门所得。2011年征地补偿约为103元/平方米，而土地出让均价约为943元/平方米，这意味着农民在土地收益中所获得的比例不到11%。

二、集体土地征收补偿金的分配

征收集体土地补偿金包括土地补偿费、安置补助费、地上附着物和青苗补偿费。土地补偿费归土地所有权人所有，地上附着物和青苗补偿费归地上附着物和青苗的所有者所有。征收土地的安置补助费必须专款专用，不得挪作他用。需要安置的人员由农村集体经济组织安置的，安置补助费支付给农村集体经济组织，由农村集体经济组织管理和使用；由其他单位安置的，安置补助费支付给安置单位；不需要统一安置的，安置补助费发放给被安置人员个人或者征得被安置人员同意后用于支付被安置人员的保险费用。集体土地征收补偿金的分配主要是指土地补偿费和土地安置费的分配。

（一）集体土地征收补偿金的分配原则

民主协商原则是农村集体土地征收补偿金分配的基本原则。农村集体土地征收补偿金的分配是农民集体解决农民集体内部权利义务的分配问题的具体实践，是村民自治的实际体现。制定征地补偿金分配方案是需要召开村民大会，经过民主讨论商定征地补偿金分配方案的。农村集体土地征收补偿金的分配是征地的一个重要环节，如果集体土地征收补偿金分配不合理、不公正，将会影响集体土地征收的顺利进行。

农村集体土地征收补偿金的分配应当经过民主决策程序。我国《物权法》第59条第2款规定："下列事项应当依照法定程序经本集体成员决定：（一）土地承包方案以及将土地发包给本集体以外的单位或者个人承包；（二）个别土地承包经营权人之间承包地的调整；（三）土地补偿费等费用的使用、分配办法；（四）集体出资的企业的所有权变动等事项；（五）法律规定的其他事项。"《村民委员会自治法》第 24 条规定："涉及村民利益的下列事项，经村民会议讨论决定方可办理：（一）本村享受误工补贴的人员及补贴标准；……（四）土地承包经营方案；（五）村集体经济项目的立项、承包方案；（六）宅基地的使用方案；……（八）以借贷、租赁或者其他方式处分村集体财产；（九）村民会议认为应当由村民会议讨论决定的涉及村民利益的其他事项。村民会议可以授权村民代表会议讨论决定前款规定的事项。"

违反民主决策是相对无效还是绝对无效，存在较大的争议。2004 年中共中央办公厅、国务院办公厅颁布的《关于健全和完善村务公开和民主管理制度的意见》规定，未经村民会议或村民代表会议讨论决定，任何组织或个人擅自以集体名义借贷、变更与处置村集体的土地、企业、设备、设施等，均为无效。《合同法解释（二）》第 14 条规定，《合同法》第五十二条第（五）项规定的"强制性规定"，是指效力性强制规定。2007 年最高人民法院《充分发挥民商事审判职能作用为构建社会主义和谐社会提供司法保障》中指出，只有违反法律和行政法规的强制性规定才能确认合同无效。而强制性规定又包括管理性规范和效力性规范。管理性规范是指法律及行政法规未明确规定违反此类规范将导致合同无效的规范。此类规范旨在管理和处罚违反规定的行为，但并不否认该行为在民商法上的效力。

从立法精神看，没有经过集体民主决议，土地补偿款分配方案不是绝对无效。《村民委员会自治法》第 28 条第 1 款规定，召开村民小组会议，应当有本村民小组 18 周岁以上的村民 2/3 以上，或者本村民小组 2/3 以上的户的代表参加，所作决定应当经到会人员的过半数同意。民主程序仅仅是目的，集体土地补偿款分配方案没有明显违法，法院就不能予以干涉。从另一方面看，即使通过了民主决议，如果侵犯了集体成员的利益，也可以请求法院撤销。《物权法》第 63 条第 2 款规定，集体经济组织、村民委员会或者其负责人作出的决定侵害集体成员合法权益的，受侵害的集体成员可以请求人民法院予以撤销。

（二）集体土地征收补偿金的分配比例

集体土地补偿金在集体经济组织与集体成员之间的分配，主要表现为二者之间留存比例的大小。有的把全部土地补偿金留归集体，发展集体经济和改善集体的公共服务。也有的将土地补偿金全部分给集体经济组织成员。还有的留存一部分做发展的公共基金，另一部分分给集体经济组织成员。土地补偿金全部留归村组集体管理和支配，理论上具有合理性。农村土地为集体所有，集体土地的收益权自然也应归于集体，土地补偿金理应归所有者所有。集体有着个人无法比拟的优势，土地补偿费被化整为零分配给个人后，不能够进行统一的经营管理。土地补偿费可以作为提供公共服务的资金，符合公共服务的特征。而实践中，土地补偿金全部分配到集体成员比较多。这样做的原因是村民对基层干部的不信任。集体土地征收补偿金往往数额巨大，如果不分配给村民，村民担心基层干部会利用手中的权力侵吞或挪用土地补偿费。

在全国没有统一规定的情况下，山西省等地作出了相对合理的规定，可以借鉴。《山西省征地补偿费分配使用办法》第 12 条规定，土地被全部征收，同时农村集体经济组织撤销建制的，土地补偿费 80% 分配给被征地农户；其余 20% 平均分配给征地补偿方案确定时，本集体经济组织依法享有土地承包经营权的成员。土地被全部征用的，其土地补偿费以不低于 80% 的比例支付给被征地农户，剩余部分留给村集体经济组织。第 13 条规定，确权确地到户的土地被部分征收或征用的，其土地补偿费以不低于 80% 的比例支付给被征地农户；其余 20% 留给村集体经济组织。未确权确地到户的土地被征收征用后，其土地补偿费和安置补助费以不低于 80% 的比例平均支付给征地补偿安置方案确定时，本集体经济组织依法享有土地承包经营权的成员；其余部分留给农村集体经济组织。

三、集体经济组织成员资格的认定

(一) 立法的空白

集体组织向组织成员分配补偿款时，还会遇到一个难题，就是集体组织成员资格的认定。根据《土地管理法》第 10 条，农村土地所有权可以是村集体经济组织所有，也可以是村民小组所有，还可以是乡镇集体经济组织所有。宅基地使用权是农村集体经济组织成员的权利，非成员不能申请宅基地使用权。如何认定农村集体经济组织成员，没有任何法律条文可参照，属于典型的法律漏洞。2005 年最高人民法院在起草《关于审理涉及农村土地承包纠纷适用法律问题的解释》时认为，农村集体经济组织成员资格问题事关广大农民的基本民事权利，根据《立法法》的相关规定，法律解释权在全国人大常委会，不宜通过司法解释对此重大事项进行规定。2007 年颁布的《物权法》第 59 条和第 63 条两次使用"集体成员"的概念，但没有进一步解释说明。全国人大常委会至今没有行使法律解释权，也很难行使法律解释权。因为农村集体经济组织成员资格的取得和丧失，是历史形成的非正式制度。农村集体经济组织是计划经济时期产生的概念，至今没有任何集体经济组织成立、变更和解散的法律制度。

(二) 法律漏洞的填补

为填补法律漏洞，实践中就采取了类推解释的方法，将农村集体经济组织成员的概念，转化为具有特定户籍的概念。户籍是国家对人口管理的正式法律制度，1958 年全国人大常委会通过的《户口登记条例》对户籍登记和变更做出了规定。因出生、出嫁、入赘、收养等原因，取得集体经济组织所在地的户籍，就取得了集体经济组织成员的资格。毕竟是类推适用，问题简化处理并不能得到民众的完全认同。不同农村集体经济组织的经济条件差异很大，经济发达的农村集体经济组织，为控制外来人口流入，形成了村籍制度。村籍是集体经济组织自行确立的成员资格认定的非正式制度，是在户籍的基础上，通过村规民约，增加了其他的衡量因素。《重庆市高级人民法院关于农村集体经济组织成员资格认定问题的会议纪要》第 1 条和《陕西省高级人民法院关于审理农村集体经济组织收益分配纠纷案件讨论会议纪要》第 3 条，在户籍标准之外，还规定了村庄实际生活标准和土地作为社会保障标准。2014 年 7 月，国务院出台的《关于进一步推进户籍制度改革的意见》，全面放开建制镇和小城市落户限制，建立城乡统一的户口登记制度，这给司法实践带来更大的挑战。

（三）实践中的案例

🧭 案例导入

小城镇落户，仍然可以分配征地补偿款

【案例简介】原告一家四口是被告亭洋村一组的村民。1996 年 1 月 5 日，原告代表全家承包了亭洋村一组的 1.54 亩土地，该土地承包关系得到厦门市同安区人民政府于 1998 年 12 月 31 日颁发的№066277 号《土地承包经营权证》的确认。2002 年 7 月 23 日，被告亭洋村村委会与厦门如意食品有限公司（以下简称如意食品公司）签订土地征用协议，由如意食品公司在向亭洋村村委会支付土地补偿款、安置款及青苗补偿款后，征用亭洋村的旱地 69.8 亩，其中包括原告承包的 1.16 亩土地。亭洋村一组在向承包土地被征用的各户村民发放土地补偿款时，不给原告一家发放。原告请求法院判令亭洋村一组和亭洋村村委会给原告支付土地征用补偿款、安置款共计 17400 元。

被告亭洋村一组辩称：原告一家四口原来虽是本组村民，并在本组承包过土地，但自 2002 年 1 月 21 日，原告一家已将户口迁出本村并转为非农户。其原承包的土地，已由本组按村规民约形成的惯例，重新调整给其他村民承包。本组土地被征用后，土地补偿款、安置款等，均已如数发放给相关农户。由于自 2002 年 1 月 21 日后，原告已不是本集体经济组织的成员，没有承包经营的土地被征用，故无权请求分配征地补偿款。原告即使仍持有前几年发放的《土地承包经营权证》，也改变不了这一事实，因此其诉讼请求应当驳回。

被告亭洋村村委会辩称：首先，支持亭洋村一组的答辩意见。其次，依照《中华人民共和国村民委员会组织法》第五条的规定，本村委会作为村农民集体所有土地的管理者，只是按照亭洋村一组大多数村民的意愿，履行与如意食品公司签订《土地征用协议》的手续而已。土地被征用后获得的土地补偿款，村委会已经全部交给亭洋村一组，由该组村民按照自主决策的方案全部分配。村委会没有截留这笔款项，谈不上与原告发生土地补偿款分配纠纷。原告将本村委会列为被告起诉，是错误的。请依法驳回原告的诉讼请求。

【法院判决】法院最终判决原告胜诉，两被告应当支付土地补偿款 17400 元。

【分析说明】农民到城市落户，是社会发展趋势，然而适合小城镇特点的社会保障制度，还在积极探索和建立中。依照《中华人民共和国土地管理法》第 14 条和《中华人民共和国农村土地承包法》第 26 条的规定，承包土地的农民到小城镇落户后，其土地承包经营权可以保留或者依法流转；该土地如果被征用，承包土地的农民有权获得征地补偿款。

🧭 本章小结

本章是集体土地征收，包括集体土地征收基本理论、征收程序和征收补偿等。集体土地征收涉及城乡二元的土地所有权结构，涉及立法权、行政权和司法权的合理配置，涉及

不同群体的利益平衡，需要精巧的制度安排。目前集体土地征收中的公权力色彩比较浓厚，对农民权益保护的力度不够，引发的群体性上访案件较多。学生应当结合中央最新文件，从统一城乡建设用地市场建立的角度，深入思考限缩集体土地征收范围的合理性，以及允许集体土地直接入市的可行性。

技能训练

掌握农村集体土地行政案件的基本技能

目的：使学生熟悉行政诉讼的基本技能，了解集体土地行政诉讼的特殊性。

内容：原告廖某某的房屋位于龙南县龙南镇龙洲村东胜围小组，2011 年被告龙南县人民政府批复同意建设县第一人民医院，廖某某的房屋被纳入该建设项目拆迁范围。就拆迁安置补偿事宜，龙南县人民政府工作人员多次与廖某某进行协商，但因意见分歧较大未达成协议。2013 年 2 月 27 日，龙南县国土及规划部门将廖某某的部分房屋认定为违章建筑，并下达自行拆除违建房屋的通知。同年 3 月，龙南县人民政府在未按照《行政强制法》的相关规定进行催告、未作出强制执行决定、未告知当事人诉权的情况下，组织相关部门对廖某某的违建房屋实施强制拆除，同时对拆迁范围内的合法房屋也进行了部分拆除，导致该房屋丧失正常使用功能。廖某某认为龙南县人民政府强制拆除其房屋和毁坏财产的行为严重侵犯其合法权益，遂于 2013 年 7 月向赣州市中级人民法院提起了行政诉讼，请求法院确认龙南县人民政府拆除其房屋的行政行为违法。

要求：结合上述案情，从廖某某的角度，写一份行政起诉状；或从龙南县人民政府的角度，写一份行政答辩状；或从法院的角度，写一份行政判决书。

实践活动

集体土地征收的个案调查

目的：使学生直观了解集体土地征收对农民的影响，知悉制度实施的具体状况。

内容：通过报纸、杂志、网络等方式，确定容易实地调研的一两个集体土地征收案例。学生分组，采取直接访谈和问卷调查等方式，了解集体土地征收的原因和补偿的标准等。

要求：提交书面的调研报告，开座谈会交流心得体会。

第四章

城市房屋征收补偿

学习目标

知识目标：

了解城市房屋征收补偿的历史演变

了解城市房屋征收补偿的基本程序

掌握城市房屋征收补偿的主要内容

能力目标：

理解公共利益在城市房屋征收补偿中的重要性

了解城市房屋征收决定的条件和程序

了解城市房屋征收补偿的原则、标准和范围

掌握城市房屋征收决定和补偿决定的司法救济

第一节　城市房屋征收补偿概述

案例导入

"重庆最牛钉子户"

2004 年，重庆甲房地产开发有限公司与重庆乙置业有限公司共同对九龙坡区某片区进行开发。至 2006 年 8 月，该片区 281 户中有 280 户接受了安置补偿方案，同意拆迁，但 17 号房屋业主杨某与开发商虽经多次协商却未能达成一致意见。2007 年 1 月 11 日，开发商向重庆市九龙坡区房管局申请行政裁决。房管局裁决被拆迁方在 15 日内自行搬迁并将房屋交由开发方拆除。但杨某并没有按该裁决书履行，房管局遂于 2007 年 2 月 1 日向九龙坡区人民法院申请法院强制拆迁。法院于 3 月 19 日举行听证会后作出《重庆市九龙坡区人民法院非诉行政执行裁定书》，裁定杨某在 2007 年 3 月 22 日前自行搬迁并将房屋交付拆迁人拆迁，逾期不履行，法院将依法强制执行。但杨某并没有履行该裁定，3 月 30 日，法院发出执行公告：责令被执行人杨某在 4 月 10 日前自行搬迁，若到期仍不履行，法院将择期依法实施强制拆除。4 月 2 日，开发商和被拆迁人杨某的代理人吴某在法院的主持下，最终达成异地产权调换安置的和解协议。至此备受关注的"重庆最牛钉子户"事件以和解的方式成功解决。

试从该案例中理解城市房屋征收拆迁法律的历史演变。

一、从《拆迁条例》到《征收条例》

（一）从《拆迁条例》到《征收条例》的转变

我国的城市房屋拆迁始于20世纪50年代，在计划经济体制下，城市房屋拆迁主要靠计划和行政命令。当时由于经济发展刚刚起步，城市土地资源不是十分紧缺，没有大规模的旧城改造，因而拆迁量比较小。到了20世纪90年代，我国进入大规模的城市发展和旧城改造时期，城市房屋所有权结构也经历着以公有房屋为主向私有房屋为主转轨的住房制度改革。随着城市建设的发展和住房制度改革的推进，房屋拆迁领域遇到的问题越来越多，拆迁纠纷也与日俱增。在此背景下，国务院于1991年3月22日制定并公布了《城市房屋拆迁管理条例》（以下简称《拆迁条例》）。这是我国第一部系统规范城市房屋拆迁行为的行政法规。

1994年我国正式开始城镇住房制度改革，《城市房地产管理法》也于当年出台，由此拉开了房地产市场化序幕。与此同时，中国开始推行分税制改革，地方政府开始逐渐倚重土地财政。从1998年7月1日起，我国实行住宅商品化，标志着我国正式告别运行了几十年的实物型福利分房制度，商业性房地产开发成为城市建设的主导。1991年《拆迁条例》的一些规定已经明显不能适应新的形势和需要。

2001年6月7日，国务院常务会议通过了对《拆迁条例》的修改，并于当年7月1日起实施。但是修改后的条例，仍然没有区分公益拆迁和商业拆迁，其运作模式依然是建设单位向政府申请拆迁许可，获批后实施拆迁，发生纠纷由政府裁决；被拆迁人拒绝拆迁的，由政府实行强制拆迁。随着我国市场经济体制改革的逐步深化以及人们对私权重视程度的提高，2001年《拆迁条例》中补偿条款的缺陷逐渐暴露了出来，并引发不少社会矛盾。随着拆迁过程中矛盾的日趋尖锐，群体事件、恶性事件时有发生。

2004年修正后的《宪法》第13条首次规定，国家为了公共利益的需要，可以依照法律规定对公民的私有财产实行征收或者征用并给予补偿。随后在2004年修改的《土地管理法》、2007年出台的《物权法》和2007年修改的《城市房地产管理法》中都做出了类似规定，由于2001年《拆迁条例》与《宪法》、《物权法》和《房地产管理法》等上位法有关征收的规定严重冲突，立法依据明显不足，因此被废止或被修改也就是不可避免的。

为解决上述问题，在有关土地房屋征收法律暂时难以出台的情况下，2007年8月30日，第十届全国人大常委会第二十九次会议审议并通过了《全国人民代表大会常务委员会关于修改〈中华人民共和国城市房地产管理法〉的决定》，授权国务院就征收国有土地上单位、个人的房屋与拆迁补偿制定行政法规。2010年1月29日和12月15日，国务院法制办两次就条例公开征求意见。2011年1月19日，《国有土地上房屋征收与补偿条例》

（以下简称《征收条例》）获得通过，《拆迁条例》同时废止。《征收条例》最显著的特点就是将"拆迁"变为"征收"，取消了拆迁许可程序，建立了公共利益前提下的城市房屋征收与补偿程序。

（二）对《征收条例》与《拆迁条例》的比较

严格地讲，"拆迁"二字并非一个法律概念，与征收具有较大的区别。征收是指国家为了公共利益将房屋所有权人或者他物权人的私人财产权强制性地转让给国家，是物权变动的一种特殊形式。拆迁是指建设单位根据建设规划要求和政府批准，依法拆除建设用地范围内的房屋和附属物，安置该范围内的单位和居民的行为。

征收是具有公法性质的行为，其主体只能是国家，因此是一种行政法律关系。《征收条例》调整的是政府（征收人）与被征收人的关系。市、县级人民政府在公共利益的前提下作出征收决定，与被征收人协商补偿事项，协商不成的，由市、县级人民政府作出补偿决定，"先补偿、后搬迁"。搬迁后，国家再处分房屋所有权、土地使用权，可自行或授权相关主体拆除房屋、使用土地。

拆迁主要是开发商行为，本质上是一种民事法律关系。《拆迁条例》调整的是政府、拆迁人（建设单位）、被拆迁人的关系。政府与拆迁人的关系是行政许可关系，拆迁人与被拆迁人是平等主体间的民事法律关系。拆迁人可以不顾被拆迁人的意思，径行取得房屋拆迁许可证。拆迁人取得拆迁许可证后再与被拆迁人协商拆迁补偿安置方案，协商不成的，由一方申请裁决，在裁决生效后，"人搬迁，房拆除"。

（三）《征收条例》的主要特点

第一，《征收条例》的适用范围是，为了公共利益的需要，征收国有土地上单位、个人的房屋的。《征收条例》规定房屋征收必须是"保障国家安全、促进国民经济和社会发展等公共利益的需要"，并对公共利益范围采取了列举式的规定。

第二，《征收条例》规定的主体包括征收决定主体、征收部门、征收实施单位和被征收人。征收决定主体指市、县级人民政府，征收部门指市、县级人民政府确定的组织实施房屋征收与补偿工作的部门，被征收人指被征收房屋所有权人。房屋征收部门可以委托房屋征收实施单位，承担房屋征收与补偿的具体工作。

第三，《征收条例》规定的征收启动条件是，房屋征收应当符合国民经济和社会发展规划、土地利用总体规划、城乡规划和专项规划；保障性安居工程建设、旧城区改建，应当纳入市、县级国民经济和社会发展年度计划。

第四，《征收条例》规定的决定程序是，房屋征收部门拟定征收补偿方案，报征收决定主体。征收决定主体组织有关部门对征收补偿方案进行论证并予以公布，征求公众意见；按照有关规定进行社会稳定风险评估；房屋征收决定涉及被征收人数量较多的，应当经政府常委会讨论决定。市、县级人民政府作出房屋征收决定并及时公告。

第五，《征收条例》对补偿标准的规定比较具体。明确了补偿项目，并规定对被征收人给予补助和奖励；有关房地产价格评估的条款较多，包括估价机构产生方式、估价规则以及估价结果异议处理等内容；对因征收房屋造成停产停业损失的补偿，根据房屋被征收前的效益、停产停业期限等因素确定；被征收人可以选择货币补偿，也可以选择房屋产权调换。

第六，《征收条例》规定的纠纷解决机制是，房屋征收部门与被征收人在征收补偿方案确定的签约期限内达不成补偿协议的，由房屋征收部门报请房屋征收决定主体作出补偿决定，并在房屋征收范围内予以公告。被征收人在法定期限内不申请行政复议或者不提起行政诉讼，在补偿决定规定的期限内又不搬迁的，由征收决定主体依法申请人民法院强制执行。

二、《征收条例》的制度创新

2011 年颁布的《征收条例》中关于房屋征收的规定在许多方面都取得了重大的进步，比如明确界定了公共利益的内容，补偿主体的重新界定，补偿标准的细化，补偿程序的改进和法律责任的强化等。

（一）对公共利益的范围予以明确界定

我国 2004 年宪法修正案规定，为保护公民个人合法的私有财产，只能基于"公共利益"的需要并依照法律程序进行征收或者征用。《土地管理法》、《房地产管理法》和《物权法》对此都加以重申。但是，何谓公共利益，《宪法》和《物权法》等均未作规定，《征收条例》以概括、列举加兜底的方式对公共利益进行了明确，这是一个立法的重大完善。《征收条例》第 8 条规定，公共利益包括以下几个方面：（1）国防和外交的需要；（2）由政府组织实施的能源、交通、水利等基础设施建设的需要；（3）由政府组织实施的科技、教育、文化、卫生、体育、环境和资源保护、防灾减灾、文物保护、社会福利、市政公用等公共事业的需要；（4）由政府组织实施的保障性安居工程建设的需要；（5）由政府依照城乡规划法有关规定组织实施的对危房集中、基础设施落后等地段进行旧城区改建的需要；（6）法律、行政法规规定的其他公共利益的需要。由于公共利益的抽象性和不确定性，该条第六款为公共利益的未尽情形预留了足够的发展空间。

（二）将征收与补偿主体确定为市、县级人民政府

在原《拆迁条例》中，政府的房屋拆迁管理部门对城市房屋拆迁工作只实施监督管理，一旦拆迁决定做出，政府将退出拆迁执行过程，将拆迁和补偿等诸多敏感的问题交由开发商和被拆迁人协商解决。拆迁和补偿主体是依法取得房屋拆迁许可证、实施拆迁的开发商，拆迁法律关系主要产生于开发商和被拆迁人之间。同时，由于拆迁采取行政许可方式，由政府给开发商颁发拆迁许可证，拆迁补偿协议一旦不能达成，政府会以中立的第三方的名义对他们之间的争议做出有利于开发商的行政裁决。《征收条例》针对《拆迁条例》在主体上的缺陷做出了大的修改。一是规定市、县级以上地方人民政府为征收与补偿主体，征收法律关系应产生于政府和被征收人之间，政府作为当事人一方，不再作为中立的第三方，因而不具有行政裁决权，政府可以确定房屋征收部门负责组织进行房屋征收与补偿工作。二是规定禁止建设单位参与搬迁活动，禁止任何单位和个人采取暴力、威胁或者中断供水、供热、供气、供电和道路通行等非法方式迫使被征收人搬迁。

（三）在征收和补偿程序上的明显改进

原《拆迁条例》规定，房屋拆迁管理部门颁发拆迁许可证，拆迁程序是由拆迁房屋的单位启动，实施房屋拆迁。当拆迁发生纠纷时，政府可以通过行政权力裁定强拆，赋予了政府部门过多的自由裁量权。此外，房屋拆迁过程是征收、补偿、搬迁、救济等一系列活动的结合，原《拆迁条例》对这些环节缺乏严密、有效的程序监督，行政腐败时有发生。新《征收条例》对此进行了诸多创新，主要体现在：第一，征收程序由政府直接启动，由政府做出房屋征收决定，政府确定的房屋征收部门负责组织实施房屋征收与补偿工作。第二，规定了因公共利益实施征收前公共利益的认定。第三，规定了补偿方案制定程序。第四，明确了征收决定程序。房屋征收决定作出前，应当进行社会稳定风险评估，征收费用补偿应足额到位。当房屋征收决定涉及被征收人数量较多的，应当经政府常务会议讨论决定。第五，修改了强制搬迁程序。第六，完善了救济途径。被征收人对市、县级人民政府作出的房屋征收决定不服的，可以依法申请行政复议，也可以依法提起行政诉讼。

（四）在补偿标准的细化和补偿公平性上的创新

因征收与拆迁所引发的各种矛盾，主要出现在征收补偿的标准和补偿的公平性方面。《征收条例》在这些方面做出了重大创新：

第一，是提高被征收房屋的补偿标准。《征收条例》规定，对被征收房屋价值的补偿，不得低于房屋征收决定公告之日被征收房屋类似房地产的市场价格。此外，《征收条例》要求房屋征收补偿的费用应"专户存储、专款专用"。

第二，是规范了征收补偿的范围。《征收条例》规定，作出房屋征收决定的市、县级人民政府对被征收人给予的补偿包括：被征收房屋价值的补偿；因征收房屋造成的搬迁、临时安置的补偿；因征收房屋造成的停产停业损失的补偿。市、县级人民政府还应当制定补助和奖励办法，对被征收人给予补助和奖励。

第三，补偿费明确由政府发放。

第四，确定了"先补偿后搬迁"的原则。无论是自愿搬迁还是强制搬迁，补偿都应该是先于搬迁到位的。

第五，对符合条件的被征收人优先给予住房保障。《征收条例》规定，征收个人住宅，被征收人符合住房保障条件的，作出房屋征收决定的市、县级人民政府应当优先给予住房保障。

（五）对征收与补偿过程中法律责任的强化

原《拆迁条例》仅对拆迁人擅自拆迁、诈取拆迁许可证、未按核定的拆迁范围实施拆迁、委托不具有拆迁资格的单位实施拆迁、擅自延长拆迁期限的行为作出了处罚规定。刑事责任也只规定了一种情形，即县级以上地方人民政府不符合规定核发房屋拆迁许可证以及其他批准文件、或者不履行监管职责、不查处违法行为的主管人员和其他直接责任人员"情节严重，致使公共财产、国家和人民利益遭受重大损失，构成犯罪的，依法追究刑事责任。"新的《征收条例》增加了应承担刑事责任的情形。一是，增加了任何单位或个人暴力迫使被征收人搬迁可能被追究刑事责任。二是，增加了以暴力、威胁等方法阻碍正当的征收补偿工作的可能被追究刑事责任。三是，增加了房地产价格评估机构或者房地产估价师出具虚假或者有重大差错的评估报告、构成犯罪的可能被追究刑事责任。承担责任的主体不再只是负责拆迁监管的行政机关直接责任人，被征收人、评估机构、挪用专款的人在构成犯罪时都将承担刑事责任；承担责任的方式不再只是行政罚款，而是民事、行政、刑事责任的共同规制。

三、《征收条例》的基本原则与主体制度

（一）《征收条例》的基本原则

《征收条例》第3条明确规定，房屋征收与补偿应当遵循决策民主、程序正当、结果公开的原则。这是房屋征收与补偿的基本原则。

1. 决策民主原则

决策民主是指决策行为依照规定的程序、规则和方式，保证决策广泛吸取各方意见，集中各方智慧，符合本地实际，反映客观规律的制度设计和程序安排。目前，我国各级政府已经建立健全公众参与、专家咨询和政府决定相结合的决策机制。政府在制定国民经济和社会发展规划、土地利用总体规划、城乡规划和专项规划时，应当广泛征求社会公众意见，经过科学论证。政府应当组织有关部门对征收补偿方案进行论证并予以公布，征求公众意见。因旧城区改建需要征收房屋，多数被征收人认为征收补偿方案不符合本条例规定的，政府应当组织由被征收人和公众代表参加的听证会，并根据听证会情况修改方案。房屋征收评估办法在制定过程中，应当向社会公开征求意见。

2. 程序正当原则

程序正当是指行政主体实施行政行为必须依照法律规定的程序。具体来说主要包括：行政行为原则上要公开；依法履行法定程序；严格执行回避制度。政府作出房屋征收决定前，应当进行社会稳定风险评估；房屋征收决定涉及被征收人数量较多的，应当经政府常务会议讨论决定。市、县级人民政府有关部门对征收补偿方案征求公众意见的，征求意见期限不得少于30日。被征收人对市、县级人民政府作出的房屋征收决定不服的，可以依法申请行政复议，也可以依法提起行政诉讼。被征收人对补偿决定不服的，可以依法申请行政复议，也可以依法提起行政诉讼。房地产价格评估机构应当独立、客观、公正地开展房屋征收评估工作，任何单位和个人不得干预。

3. 结果公开原则

结果公开是指行政行为的结果应当向社会公众公布。即"行政机关在实施行政行为时，除涉及国家机密、商业秘密或者个人隐私外，应当一律向行政相对人和社会公开。"在房屋征收与补偿过程中，结果公开是指征收决定和补偿情况应当向社会或者利害关系人公开。政府应当组织有关部门对征收补偿方案进行论证并予以公布，征求公众意见。市、县级人民政府应当将征求意见情况和根据公众意见修改的情况及时公布。房屋征收部门对房屋情况调查登记后，调查结果应当在房屋征收范围内向被征收人公布。市、县级人民政

府作出房屋征收决定后应当及时公告。房屋征收部门应当依法建立房屋征收补偿档案，并将分户补偿情况在房屋征收范围内向被征收人公布。审计机关应当加强对征收补偿费用管理和使用情况的监督，并公布审计结果。

（二）《征收条例》的主体制度

1. 征收决定主体

《征收条例》第4条对原《拆迁条例》第4条作了原则性的重大修改，规定：市、县级人民政府负责本行政区域的房屋征收与补偿工作。因此，只有市、县级人民政府才能依法作出征收决定。这里的"市级"人民政府主要包括除直辖市以外的设区的市、直辖市所辖区、自治州人民政府；"县级"人民政府，主要包括不设区的市、市辖区（直辖市所辖区除外）、县、自治县人民政府等。

《征收条例》第4条对"市、县级人民政府"即征收决定主体的职责作了一般性的要求，结合该条规定以及条例中的其他规定，主要职责大致为六项：（1）基于公共利益的需要，作出房屋征收决定；（2）组织有关部门对征收补偿方案进行论证，并予以公布，征求公众意见；（3）将征求意见情况及根据公众意见修改的情况及时公布，适时组织听证会，并根据听证会情况修改方案；（4）进行社会稳定风险评估，征收决定涉及人数较多的，应当经政府常务会议讨论决定；（5）作出房屋征收决定后及时公告，做好征收与补偿的解释、宣传工作；（6）对违反城乡规划进行建设的行为，依法予以处理。

2. 房屋征收部门

房屋征收部门，是指依照法律规定，由市、县级人民政府确定的，代表政府组织实施相应行政区域内房屋征收与补偿工作的政府有关部门。《征收条例》第4条规定，市、县级人民政府确定一个房屋征收部门具体确定房屋征收的组织实施征收与补偿工作。该实施主体可以是政府的所属部门，如房管局、建设局、城乡规划局、房产与土地管理局、国土资源与城乡建设局等，也可以是政府明确授权的专门机构和组织，其权限可以由地方政府或者权力机关根据本地情况具体设定，如将原市、县级人民政府设立的城市拆迁管理办公室更名为"房屋征收与补偿中心"或者"房屋征收与补偿办公室"等。

《征收条例》将原《拆迁条例》征收部门的职责由征收的"管理"转为"实施"——代表政府以征收人的名义直接面对被征收人，组织实施房屋征收与补偿工作。其在征收程序中主要职责有：（1）委托房屋征收实施单位承担房屋征收的具体工作，负责监督实施单位在委托房屋内的行为并对其后果承担法律责任；（2）拟定征收补偿方案，报市、县级人民政府；（3）做好征收宣传、解释工作；（4）对房屋范围内的房屋组织调查登记，并向被征收人公布调查结果。

3. 房屋征收实施单位

房屋征收实施单位，是指接受房屋征收部门委托，承担房屋征收与补偿工作，不以营利为目的的法人或组织。由于房屋征收部门作为政府管理部门，人员有限，不可能直接从事征收补偿活动，因此，《征收条例》第5条规定，房屋征收部门可以委托房屋征收实施单位，承担房屋征收与补偿的具体工作。房屋征收实施单位受房屋征收部门的委托，以房屋征收部门的名义实施征收与补偿，相关的法律后果由房屋征收部门承担，且房屋征收实施单位不得以营利为目的，房屋征收部门要加强对房屋征收实施单位的监督与管理。

需要注意的是：（1）这里的委托不是必须的，委托属行政委托，可以书面形式作出委托书或签订委托协议；（2）被委托的实施单位既可以是政府部门及其下属二级单位，也可以是乡镇人民政府及管委会，还可以是非营利的中介组织，但不能委托给建设单位、与房屋拆迁有利害关系的部门和以营利为目的的拆迁公司、企业等；（3）房屋征收实施单位不需要有专门的房屋征收资质；（4）不得以营利为目的；（5）征收部门对实施单位在委托范围内的行为负责监督，并对其行为的后果承担责任。

第二节　房屋征收决定

案例导入

湖南嘉禾强拆事件

2003 年 7 月，湖南省嘉禾县启动珠泉商贸城项目。县政府积极出手相助此项"商业性建设"项目，在开工仪式上打出了"谁不顾嘉禾的面子，谁就被摘帽子，谁工作通不开面子，谁就要换位子。""谁影响嘉禾一阵子，我就影响他一辈子"等标语为拆迁工作"助威"。8 月 7 日，嘉禾县委、县政府办联合下发"嘉办字〔2003〕136 号文"，要求全县党政机关和企事业单位工作人员，做好珠泉商贸城拆迁对象中自己亲属的"四包"工作。所谓"四包"是指包在规定期限内完成拆迁补偿评估工作、签订好补偿协议、腾房并交付各种证件、包协助做好妥善安置工作，不无理取闹、寻衅滋事，不参与集体上访和联名告状。不能认真落实"四包"责任者，将实行"两停"处理——暂停原单位工作、停发工资。"对纵容、默许亲属拒不拆迁、寻衅滋事、阻挠工作的，将开除或下放到边远地区工作。"在拆迁过程中，居民陆水德等拆迁户从自家楼上投掷石头以抵制强拆，最终被逮捕，事件被媒体曝光后，陆水德等被释放并获得国家赔偿。在"两停"政策的影响下，因家属拒绝在拆迁同意书上签字，导致 11 名公务人员被调离工作单位。

——《湖南嘉禾县政府：谁影响发展，我影响他一辈子》，载《新京报》2004 年 5 月 26 日。

试结合《征收条例》的有关规定，论证公共利益需要在房屋征收补偿中的必要性，并说明政府在房屋征收拆迁中的角色和定位。

一、公共利益

（一）公共利益的界定

1. 公共利益界定的意义

在市民社会，公民的财产权只要在不损害社会公共利益的界限之内，都应当是受到绝对保护，神圣不可侵犯的。国家只有在为了维护社会公共利益的前提下，才能对公民的财产权进行限制或者剥夺。我国城市房屋征收的实质是一种政府对私有房屋所有权的强制剥夺，这种剥夺公民财产权的行为必须受到严格限制，否则私权便随时有被"践踏"的风险。这里所说的严格限制，指的就是只有在为了维护公共利益的情况下，政府才能动用征收权。美国宪法第 5 修正案规定，非经正当法律程序，不得剥夺任何人的生命、自由或财产；非有公正补偿，私有财产不得征为公用。德国《基本法》第 14 条第 3 款规定："剥夺所有权只有为公共福利的目的才能被允许。"我国《宪法》第 10 条亦规定"国家为了公共利益的需要，可以依照法律规定对土地实行征收或者征用并给予补偿。"由此可见，"公共利益"这一前提条件是为了对强大的公权力进行限制，避免公权力肆意侵蚀私权。因此，在城市房屋征收中对公共利益进行界定，对于保护被征收人的合法利益十分关键。

2. 对于公共利益的理解

公共利益是与私人利益相对的，按照美国学者亨廷顿的看法，由于研究方法的不同，对于"公共利益"的理解也不同，主要表现为三种理解：一是公共利益被等同于某些抽象的、重要的理想化的价值和规范，如自然法、正义和正当理性等；二是公共利益被看做是某个特定的个人、群体、阶级或多数人的利益；三是公共利益被认为是个人之间或群体之间竞争的结果。我国台湾学者陈新民曾指出："公益的概念，无法给予一个放之四海而皆准的绝对适用之定义。公益最大的特色，即在内容的不确定性，亦即公益的受益人及利益的抽象性。"

公共利益概念属于典型的不确定法律概念，这种不确定性主要表现在两个方面。第一，利益内容的不确定性。公共利益的内容受到社会客观状况的影响，随国家经济、社会和文化的发展而变化。而且利益内容本身是一个价值判断的范畴，具有很强的主观性，不同的人对社会公共利益的判断可能是因人而异的。尤其在现代社会中利益的公共性质和私人性质经常夹杂在一起，从而使利益的公共部分难以认定。第二，受益对象的不确定性。公共利益的受益对象是公共主体（公众或大众）。公共的概念是相对于私人而言的，一般来说是指利益效果所及的不特定的多数人。此处不特定的多数人不必是社会全体成员，也可能只是某一个阶层或群体。公共利益的不确定性也决定了公共利益的开放性、发展性和广泛性，也增加了公共利益界定的难度。

3. 公共利益界定的方式

各国和地区法律对公共利益的界定，概括来讲有三种模式：

第一种是概括式，即概括的规定征收必须出于公共利益的目的。例如美国宪法第 5 修正案对征收权作了规定，要求为了"公共使用"（public use）才能进行征收。该条款主要目的是防止征收权被行政权而不是立法权所滥用。最高法院在涉及"公共用途"判例中明确表示：法院必须尊重国会对有关征收是否符合公共目的之判断。1984 年最高法院确立了"米德基夫标准"，即只要征收权的行使和可见的公共目的的理性相关，法院就必须判决征收符合公用目的。

第二种是列举式，即具体的列举公共利益的各种类型。例如，日本《土地征收法》第 3 条对征收需要符合的公共利益类型进行了详细的列举，包括公路建设、停车场建设、公共汽车客运设施、河川拦河坝、运河用设施、航标以及水路测量标志、轨道设施、农作物保护、农地改造与综合开发等农用设施、石油管道设施、港湾设施、供水设施、公用下水道设施、国家或地方公共团体建设的办公场所等 35 类。

第三种是综合式，既具体的列举公共利益的各种类型，又设定一个公共利益的兜底条款。例如，我国台湾地区 2002 年施行的"土地征收条例"第 3 条规定：国家因公益需要办下列各项事业，得征收私有土地；征收的范围应以事业所必需为限，具体包括：国防事业、公用事业、交通事业、公共卫生及环境保护事业、水利事业、教育、学术及文化事业、社会福利事业、国营事业、政府机关、地方自治机关及其他公共建筑、其他依法得征收土地之事业。

4. 我国《征收条例》对公共利益的界定

我国《征收条例》第 8 条对"公共利益"采取了概括、列举加兜底的方式，对征收房屋的条件作出了界定：一是概括规定，房屋征收必须符合公共利益的目的，即"为了保障国家安全、促进国民经济和社会发展等公共利益的需要"。二是列举五种具体情形：即（1）国防和外交的需要；（2）由政府组织实施的能源、交通、水利等基础设施建设的需要；（3）由政府组织实施的科技、教育、文化、卫生、体育、环境和资源保护、文物保护、社会福利、市政公用等公共事业的需要；（4）由政府组织实施的保障性安居工程建设的需要；（5）由政府依照城乡规划法有关规定组织实施的对危房集中、基础设施落后等地段进行旧城区改建的需要。三是兜底条款，即法律、行政法规规定的其他公共利益的需要。弥补因列举不周延可能存在的遗漏。另外，上述列举情形仅为必要条件，还需有"确需征收房屋"这一充分条件。即如果不采取征收方式，就无法实现上述目的。

第一，国防和外交的需要。国防是指国家为防备和抵抗侵略，制止武装颠覆，保卫国家的主权、统一、领土完整和安全所进行的军事活动，以及与军事有关的政治、经济、外交、科技、教育等方面的活动，是国家生存与发展的安全保障，这里所称国防的需要主要是指国防设施建设的需要；外交是一个国家在国际关系方面的活动，此处所称外交的需要主要是指使领馆建设的需要。

第二，由政府组织实施的能源、交通、水利等基础设施建设的需要。基础设施是指为社会生产和居民生活提供公共服务的工程设施，是用于保证国家或地区社会经济活动正常进行的公共服务系统。能源、交通、水利等基础设施包括石油天然气设施、煤炭设施、电力设施、水利设施、铁路交通设施、公路交通设施、水路交通设施、民用机场设施等。由政府组织实施的项目并不限于政府直接实施或者独立投资的项目，也包括政府主导、市场化运作的项目。

第三，由政府组织实施的科技、教育、文化、卫生、体育、环境和资源保护、防灾减灾、文物保护、社会福利、市政公用等公共事业的需要。公共事业是指面向社会，以满足社会公共需要为基本目标、直接或者间接提供公共服务的社会活动。公共产品的提供方式主要有公共提供、市场提供和混合提供三种基本方式。公共事业与公益事业不同。公益事业是指非营利的救助灾害、救济贫困、扶助残疾人等困难的社会群体和个人的活动。公共事业比公益事业的范围要广，不排除具有营利性的项目。

第四，由政府组织实施的保障性安居工程建设的需要。保障性安居工程大致包括三类：第一类是城市和国有工矿棚户区改造，以及林区、垦区棚户区改造；第二类是廉租住房、经济适用住房、限价商品住房、公共租赁住房等；第三类是农村危房改造。国有土地上房屋征收一般只涉及前两类。

第五，由政府依照城乡规划法有关规定组织实施的对危房集中、基础设施落后等地段进行旧城区改建的需要。《城乡规划法》第 31 条规定，旧城区的改建，应当保护历史文化遗产和传统风貌，合理确定拆迁和建设规模，有计划地对危房集中、基础设施落后等地段进行改建。根据该条规定，由政府依照城乡规划法有关规定组织实施的对危房集中、基础设施落后等地段进行旧城区改建的需要属于公共利益的需要。

第六，法律、行政法规规定的其他公共利益的需要。现行法律如《土地管理法》、《城市房地产管理法》、《公益事业捐赠法》、《招标投标法》、《信托法》、《测绘法》、《海域使用管理法》等涉及公共利益，但都没有明确界定"公共利益"。将来法律、行政法规还可以规定除前五项以外的其他公共利益的需要。

（二）各类规划与公共利益之间的关系

根据《征收条例》第 9 条的规定，《征收条例》第 8 条规定的确需征收房屋的各项建设活动除本身具有公共利益外，还应当符合国民经济和社会发展规划、土地利用总体规划、城乡规划和专项规划。并要求制定国民经济和社会发展规划、土地利用总体规划、城乡规划和专项规划时，应当广泛征求社会公众意见，经过科学论证。保障性安居工程建设、旧城区改建还应当纳入市、县级国民经济和社会发展年度计划，经市、县级人民代表大会审议通过。《征收条例》第 9 条规定的符合国家和各地方政府多个层面、多个类别的规划要求，可以称为"合规划性"条款。"合规划性"条款与"公共利益"条款是对确需征收房屋的各项建设项目的"双重限制"。公共利益侧重于建设项目是否具有正当性的微观和内在限制；"合规划性"条款侧重于建设项目是否具有合法性的宏观和外在控制，具有一定的计划性，在一定程度上约束政府随意或者随时利用公共利益作出征收决定。《征收条例》为了保证其所列举的各类公共利益能够有比较普遍的民意基础，规定拟使用被征收房屋相关土地的建设活动必须符合相应规划。但是这并不意味着只要是规划内的建设项目需要都可以征收房屋。符合规划是认定公共利益需要的必要条件，而非充分条件，不能把规划范围内的建设项目等同于公共利益需要的建设项目。

二、征收补偿方案

（一）征收补偿方案的含义

征收补偿方案，是指由房屋征收部门拟定，经市、县级人民政府批准公布的，有关房屋征收补偿的主要计划和基本安排。征收补偿方案一般应当包括建设项目的基本情况，房屋征收的具体地址范围，征收实施的具体时间阶段，本次征收将采取的补偿方式，当事人选择补偿方式的方案，补偿和奖励方法，用于产权调换房屋的地点和面积，搬迁过渡方式和过渡权限，对补偿方案提出异议的渠道和途径。征收补偿方案一旦实施会直接影响到被征收人的利益，是征收补偿过程中的重要文件资料。市、县级人民政府应当组织有关部门论证征收补偿方案，并通过公布征收补偿方案以征求公众意见。

（二）征收补偿方案的制定程序

第一，房屋征收部门拟定征收补偿方案。这个阶段主要体现的是房屋征收部门的意见，此时的方案仅是一个初步方案，是否能够实施还需要一系列的论证、征求意见和修改。

第二，报请市、县级人民政府对征收补偿方案并征求意见。房屋征收部门将拟定的初步征收补偿方案呈报市、县级人民政府，市、县级人民政府应当组织有关部门对方案进行论证。

第三，公布初步的征收补偿方案并征求意见。在征收补偿方案经市、县级人民政府有关部门进行论证后、予以公布、征求公众的意见，特别是被征收人的意见。征求意见期限不得少于 30 日。

第四，法定情形下启动的听证程序。因旧城区改建需要征收房屋，多数被征收人认为征收补偿方案不符合《征收条例》规定的，市、县级人民政府应当组织由被征收人和公众代表参加的听证会。听证会在修改旧城区改建的征收补偿方案中至少有以下作用：一是有利于促进征收补偿方案行政决策的科学性和合法性；二是有利于加强公众对征收补偿工作的监督；三是有利于加强政府和被征收人之间的协调和沟通，从而缓解和降低征收矛盾、提高征收效率和政府公正形象。

第五，将征求意见情况和根据公众意见修改的情况及时公布。市、县级人民政府在征求意见后，应当将征求意见情况和根据公众意见修改的情况及时公布，此时公布的房屋征收补偿方案为最终方案，具有行政决定的法律效力。

三、房屋征收决定

（一）社会稳定风险评估

《征收条例》第 12 条第 1 款规定，市、县级人民政府作出房屋征收决定前，应当按照有关规定进行社会稳定风险评估；房屋征收决定涉及被征收人数量较多的，应当经政府常务会议讨论决定。社会稳定风险评估，是指在国家机关系统范围内与人民群众利益密切相关的重大决策、重要政策、重大改革措施、重大工程建设项目、与社会公共秩序相关的重大活动等重大事项在制定出台、组织实施或者审批审核前，对可能影响社会稳定的因素开展系统的调查，科学的预测、分析和评估，制定风险应对策略和预案。其基本目的是为有效规避、预防、控制重大事项实施过程中可能产生的社会稳定风险，为更好地确保重大事项顺利实施。

社会稳定风险评估作为征收程序的一项必要程序，主要评估如下内容：一是合法性。房屋征收决定事项是否符合党的政策和国家法律、行政法规和政府规章及政府的各项规划；二是合理性。房屋征收是否符合征收区域大多数群众的利益需求，是否得到大多数群众的理解和支持；三是前提条件。房屋征收是否经过严格的审查报批程序和周密的可行性研究论证，时机是否成熟；四是环保问题。房屋征收是否会产生环境污染，是否具有相关部门的环评；五是社会治安。房屋征收是否会引发较大的不稳定事件，是否制定相应的应急处置预案；六是可行性。房屋征收可能涉及全方位的可行性研究，对交通、通信、消防、社保、卫生、供水、供电、供热、供气和文物保护等方面都要进行评估。

房屋征收决定涉及被征收人数量较多的，应当经政府常务会议讨论决定。对于房屋征收决定涉及被征收人"数量较多"如何判断，法规或者规章都尚未量化，需要结合被征收人数与市、县级人口总量的比例或被征收人数与被征收项目所在的街道、办事处人口数量的比例加以判断。总之，各地方政府应当根据具体情况并结合社会稳定风险评估结果通过政府的规范性文件来界定"数量较多"的"量"。经市、县级人民政府常务会议讨论决定是否（或者如何）对国有土地上房屋实施征收是政府决策程序。由于房屋征收工作涉及广大公众的根本利益，涉及社会稳定，涉及城市工业化和城镇化的进程，还有就是常务会议的讨论程序可以预防或者落实将可能出现的征收责任的追究。因此，其依法应经政府常务会议讨论决定。

相关事例

"什邡事件"

"什邡事件"是 2012 年 7 月 1 日起发生在中国四川省什邡市的一宗群体性事件。起因系什邡市动工建设"宏达钼铜多金属资源深加工综合利用项目"，这个项目被曝有极大的负面环境影响，导致大量群众集会游行，以示抗议。什邡市政府当局派出大量警察、武警、特警官兵前来维稳的行动，引起了严重的警民冲突，并导致多人受伤，当局已经决定停止建设此项目，并否认有人在事件中死亡。7 月 3 日，什邡公安局发出措辞严厉的通告，其勒令"凡煽动、策划、组织非法集会游行示威活动或打砸抢的人员，三天内到公安机关投案自首"。7 月 4 日凌晨，四川省什邡市人民政府新闻办公室发布通告，称为平息事件，公安机关依法对 27 名涉嫌违法犯罪人员予以强制带离。事后，什邡市政府表示将不再建设钼铜项目。

——《四川什邡群体性事件已妥善处理，刑拘 3 人无死亡》，载《山东商报》2012 年 7 月 6 日。

（二）补偿费用足额到位

《征收条例》第 12 条第 2 款规定，市、县级人民政府作出房屋征收决定前，征收补偿费用应当足额到位、专户存储、专款专用。为了避免《拆迁条例》时期的征收补偿款不能及时、足额发放到被征收人手中或者被各级政府部门克扣，或者政府从用地人手中得到土地出让金之后才支付被征收人补偿款的情况发生，《征收条例》作出了补偿款先到位再作征收决定的规定。第一，足额到位。足额的前提是对房屋征收的各项补偿费、补助费及其他费用作一科学估算，根据估值算出预算，再根据预算足额配套，并落实到位。第二，专户存储。征收补偿费用不仅要足额到位，还要求专户存储，不得存入市、县级人民政府的基本账户或者其他账户，以避免征收补偿款被挪用。第三，专款专用。征收补偿款只能用于征收补偿项目，不得以任何形式挪用、截留、私分或者变相私分。

（三）作出征收决定并发布公告

1. 房屋征收决定

房屋征收决定，是指市、县级人民政府依照法律规定的条件和程序作出的对被征收人的房屋予以征收的决定。房屋征收决定，性质上属于行政决定，是一种具体行政行为。作出房屋征收决定的条件主要包括：（1）为了公共利益需要确需进行征收；（2）制定了征收补偿方案；（3）征收费用足额到位、专户存储、专款专用。从《征收条例》的规定来看，作出房屋征收决定主要包括的程序有：（1）房屋征收部门拟定征收补偿方案；（2）市、县级人民政府组织论证房屋征收补偿方案并予以公布，征求公众意见；（3）市、县级人民政府及时公布征求意见情况和根据公众意见修改的情况；（4）市、县级人民政府组织由被征收人和公众代表参加的听证会，并根据听证会情况修改方案；（5）进行社会稳定风险评估；（6）经过政府常务会议讨论；（7）市、县级人民政府作出房屋征收决定后应当及时公告。

2. 房屋征收决定公告

房屋征收决定作出后，还需要履行一定的公告程序，方可对利害关系人产生法律效力。依照《征收条例》第13条，市县级人民政府作出房屋征收决定后，应当及时公告。公告应当载明征收补偿方案和行政复议、行政诉讼权利等事项。市、县级人民政府及房屋征收部门应当做好房屋征收与补偿的宣传、解释工作。房屋被依法征收的，国有土地使用权同时收回。

根据《物权法》第28条规定，因人民法院、仲裁委员会的法律文书或者人民政府的征收决定等，导致物权设立、变更、转让或者消灭的，自法律文书或者人民政府的征收决定等生效时发生效力。因此，市、县级人民政府作出的房屋征收决定生效时，房屋的所有权发生转移。房屋被依法征收的，国有土地使用权同时收回。而房屋征收决定的生效与否，则取决于其是否符合上述法律规定的条件和程序。

3. 房屋征收决定的可救济性

作出房屋征收决定尽管是为了公共利益的需要，但会直接影响到房屋被征收人的合法权益。为了督促市、县级人民政府在作出房屋征收决定时依法行政，保证房屋征收依法有序实施，同时保障被征收人的合法权益，必须给予被征收人相应的救济途径。房屋征收决定性质上属于具体行政行为，根据《征收条例》第14条规定，被征收人对市、县级人民政府作出的房屋征收决定不服的，可以依法申请行政复议，也可以依法提起行政诉讼。

征收决定具有可救济性，即可诉性，这是毫无疑问的。但是，在实践中，当事人对房屋征收公告行为不服，通过上访、申诉、申请行政复议或者提起行政诉讼的方式寻求法律救济。这些涉及征收公告的可诉性问题。我们认为，如果公告不是具体行政行为，则必然会收到行政机关的征收决定通知书，被征收人可以征收决定通知书来寻求司法救济；如果没有收到征收决定通知书，则征收公告本身就是具体行政行为，具有可诉性。

四、征收范围调查登记

（一）房屋征收范围的含义

房屋征收范围，是指房屋征收决定以及征收补偿方案中规定的纳入征收的房屋范围，它要解决的是对哪些范围内的房屋进行征收的问题。房屋征收范围划定了房屋征收部门可以征收的房屋范围，明确了可以得到补偿的征收范围，确定了房屋征收调查登记工作的范围。实践中，一般都是通过划定各个方向界址的方式对应予征收的房屋范围进行界定。

（二）房屋征收调查登记

房屋征收调查登记，是指房屋征收部门对房屋征收范围内房屋的权属、区位、用途、建筑面积的情况组织人员进行调查，并进行登记记录。《征收条例》第15条规定，房屋征收部门应当对被征收范围内的房屋进行调查登记，并要求被征收人予以配合，并在征收范围内对被征收人公布。被征收房屋的调查登记制度是房地产价格评估的依据，是补偿与安置的前提条件，也是签订补偿协议的必要准备。其主要内容包括：

1. 调查登记工作的主体和相关单位

组织开展征收房屋调查登记工作的主体是房屋征收部门，参与或者配合开展调查登记工作的单位可能还包括被征房屋范围内的街道办事处、居民委员会、受委托的房屋征收实施单位、受委托的社会风险稳定评估机构和受委托的房地产价格评估机构。

2. 调查登记工作的主要内容

征收部门和征收实施单位主要针对以下情况进行调查登记：

第一，权属。权属是指房屋的归属问题。为了确保房屋征收的顺利实施，应当调查清楚房屋产权人的详细情况，如房屋是否为共有、有无产权证、是否为合法房产、是否存在产权或者使用权的争议、是否为继承的房产并进行了分割，等等。对于权属不清的，依照《征收条例》第26条的规定，由房屋征收部门报请作出房屋征收决定的市、县级人民政府依照征收条例的规定，按照征收补偿方案作出补偿决定，并在房屋征收范围内予以公告。

第二，房屋区位。区位是指房屋的地理位置。即房屋距离城市中心的远近，距离重要场所（如车站、医院、学校、商场）的远近，因为房地产位置的不可移动性，区位对房地产的价值有着决定性的影响。同样两间面积、楼层、新旧程度等相同的房屋，所处的区位不同，其房屋评估价格将会有很大的不同。因此，征收决定作出前应当对房屋区位做详细的调查登记。

第三，用途。用途是指被征房屋房产证上载明的用途，房产证未标明用途的以产权档案中记录的用途为准，产权档案也未记录用途的以实际用途为准。用途不同则补偿额度也不同，如住宅用房与营业用房的补偿标准就不同，因为营业用房的补偿除了房屋价值外，还要补偿其停产停业期间的损失。并且不同的营业用房其停产停业期间的损失也可能有很大的不同。

第四，建筑面积。建筑面积是房屋估价需考虑的必不可少的且最重要的因素之一，因为建筑面积最直接决定房屋价值的大小，补偿额的多少。建筑面积，可以分为建筑物整栋面积、单元面积、套内面积。但决定征收补偿额多少的是建筑物套内面积和分摊的公有面积。

第五，其他情形。涉及的是被征收房屋的新旧程度、楼层、朝向、房屋结构、周围环境等。房屋征收部门工作人员有义务对被征收房屋进行实地勘查，做好记录，拍摄反映房屋外观和内部状况的图片、影像，并经调查人员及被征收人签字确认，作为将来评估、补偿或者争议解决的依据。

3. 被征收人的配合义务

房屋征收部门对征收范围内房屋的情况进行调查登记时，被征收人应当予以配合。被征收人如不履行配合义务，将使征收部门无法调查清楚房屋的真实情况，进而无法评估房屋价格。出现这种情况，在行政诉讼中，如被征收人因一般过失不履行配合义务的，由被征收人对房屋情况承担举证责任，如举证不能，由被征收人承担不利后果。如被征收人因重大过失或故意不履行配合义务的，法院应当不采信被征收人的相关举证。

（三）征收范围补偿限制

1. 对不当增加补偿费用行为的处理

《征收条例》第 16 条规定，房屋征收范围确定后，不得在房屋征收范围内实施新建、扩建、改建房屋和改变房屋用途等不当增加补偿费用的行为；违反规定实施的，不予补偿。房屋征收部门应当将前款所列事项书面通知有关部门暂停办理相关手续。暂停办理相关手续的书面通知应当载明暂停期限。暂停期限最长不得超过 1 年。房屋征收范围确定后，被征收人不得实施不当增加补偿费用的行为。不当增加补偿费用的行为包括新建、扩建、改建房屋、改变房屋用途、不当迁入户口或者分户等。如果违反规定实施了不当增加补偿费用的行为，则对此不予补偿。

2. 对未经登记建筑的调查、认定和处理

《征收条例》第 24 条第 2 款规定，市、县级人民政府作出房屋征收决定前，应当组织有关部门依法对征收范围内未经登记的建筑进行调查、认定和处理。对认定为合法建筑和未超过批准期限的临时建筑的，应当给予补偿；对认定为违法建筑和超过批准期限的临时建筑的，不予补偿。

未经登记的建筑既可能是合法建筑，也可能是违法建筑。合法建筑，是指依照建筑法等有关法律法规规定，在事前已向建设、土地、规划等主管部门申请取得必要权证，或者事后补办必要权证而建造或者使用的建筑物和构筑物。违法建筑，是指未经建设、土地、规划等主管部门批准，未领取建设工程规划许可证、临时建设工程规划许可证等必要权证，擅自建筑的建筑物和构筑物。临时建筑是指单位或个人因生产、生活需要临时搭建的、结构简易并在规定期限内必须拆除的建筑物、构筑物或其他设施。根据《城乡规划法》第 44 条的规定，在城市、镇规划区内进行临时建设的，应当经城市、县人民政府城乡规划主管部门批准。临时建设影响近期建设规划或者控制性详细规划的实施以及交通、市容、安全等的，不得批准。临时建设应当在批准的使用期限内自行拆除。《征收条例》明确规定政府职能部门要加强对未经登记建筑的调查、认定和处理。作出房屋征收决定前，应当组织有关部门依法对征收范围内未经登记的建筑进行调查。对认定为合法建筑和未超过批准期限的临时建筑的，应当给予补偿；对认定为违法建筑和超过批准期限的临时建筑的，依法不予补偿。

第三节　房屋征收补偿

案例导入

长春市强拆事件

2008 年，长春市某房地产开发有限公司取得长春市长久家苑棚户区改造项目开发权。该公司共与 731 户居民签订拆迁补偿安置协议，尚有 182 户居民未签协议。2009 年以来，该公司多次采取中断供水、供热、供气、供电和向楼道堆倒垃圾等方式逼迫被拆迁人搬迁。未签协议中的 171 户居民因无法忍受断电、停暖等搬离原住地，有 11 户居民仍坚持在原住地。2011 年 3 月 26 日 21 时，开发商与其委托的某拆迁公司组织雇佣数百人、18 台钩机进入拆除现场，并向雇佣人员当场发放现金 6 万余元。雇佣人员随后采取破坏门窗、投掷砖块、将人强行拖出等暴力手段对多栋楼房进行了强行拆除，致使未及时撤离的被拆迁人刘某（女，48 岁）被埋。刘在 1 个多小时内 4 次用手机打 110 报警，并多次向其亲属求救。其亲属和群众也多次报警并向市长公开电话求助，但无人到现场制止。民警 50 分钟后才到达现场，刘某亲属随后也赶到现场并要求在场民警救人，民警轻信强拆人员"楼内无人"的说法，并未采取救助措施。非法暴利拆除行为直至 27 日 4 时许才结束。28 日下午，市公安局组织人员将刘某挖出，此时刘某已窒息死亡。

——《长春市朝阳区区长因暴力拆迁致伤致死被撤职》，载《法制日报》2011 年 9 月 9 日。

试结合《征收条例》的相关规定，理解征收补偿纠纷的解决机制。

一、征收补偿的原则和标准

房屋征收补偿是指征收主体在基于公共利益的需要而对国有土地上的房屋进行征收时，依据被征收房屋的地理位置、建筑面积、建筑材料、房屋用途等因素，通过专业的房地产价格评估机构进行价格评估后，对被征收人按照法律的规定给予补偿。

（一）征收补偿的原则

征收补偿的原则，关系到征收补偿标准、范围、方式的确定，在征收补偿制度中居于重要地位。当今各国的补偿原则主要有"公平补偿原则"、"适当补偿原则"、"完全补偿原则"等。我国《宪法》和《物权法》对征收补偿的原则未作规定，《土地管理法》规定的是"适当补偿"，《城市房地产管理法》规定的是"相应补偿"，《城市私有房屋管理条例》用的是"合理的补偿"。《征收条例》第 2 条规定，为了公共利益的需要，征收国有土地上单位、个人的房屋，应当对被征收房屋所有权人给予公平补偿。由此确立了房屋征收的公平补偿原则。

《征收条例》中的许多规定都体现了公平补偿原则。首先，《征收条例》明确规定了房屋征收补偿的范围包括被征收房屋的价值、搬迁费、临时安置费和停产停业损失，同时还可以根据实际情况给予被征收人补助和奖励，对符合住房保障性条件的公民，政府同时还应当优先给予住房保障。其次，《征收条例》中规定对被征收房屋价值的补偿，不得低于房屋征收决定公告之日被征收房屋类似房地产的市场价格。这种规定可以确保被征收人用这笔补偿费在市场上能买到相同区域的房屋。再次，《征收条例》明确规定补偿的结果公平公正，要求征收部门必须依照相关法规建立相应的征收补偿档案并将补偿情况公布。这项规定力图在程序上显示补偿的透明性和公开性，有利于房屋征收工作的开展。最后，《征收条例》规定要先补偿后搬迁，补偿费用专户存储并专款专用。该条例第 28 条还规定行政机关申请法院采取强制执行手段的时候，申请书应当附具补偿金额和专户存储账号，产权调换房屋和周转用房的地点和面积等材料。

（二）征收补偿的标准

1. 被征收房屋类似房地产的市场价格

《征收条例》第 19 条规定，对被征收房屋价值的补偿不得低于房屋征收决定公告之日被征收房屋类似房地产的市场价格。被征收房屋的价值，由具有相应资质的房地产价格评估机构按照房屋征收评估办法评估确定。

"被征收房屋类似房地产"是指与被征收房屋的区位、用途、权利性质、档次、新旧程度、规模、建筑结构等相同或者相似的房地产。"被征收房屋类似房地产的市场价格"是指被征收房屋的类似房地产在评估时点的平均交易价格。确定被征收房屋类似房地产的市场价格，应当剔除偶然的和不正常的因素。

2. 房地产价格评估机构

《征收条例》第 20 条规定，房地产价格评估机构由被征收人协商选定；协商不成的，通过多数决定、随机选定等方式确定，具体办法由省、自治区、直辖市制定。房地产价格评估机构应当独立、客观、公正地开展房屋征收评估工作，任何单位和个人不得干预。

2011 年 6 月我国住房和城乡建设部颁布了《关于印发〈国有土地上的房屋征收评估办法〉的通知》。关于评估机构如何选择，该《评估办法》第 4 条规定，房地产价格评估机构由被征收人在规定时间内协商选定；在规定时间内协商不成的，由房屋征收部门通过组织被征收人按照少数服从多数的原则投票决定，或者采取摇号、抽签等随机方式确定。具体办法由省、自治区、直辖市制定；房地产价格评估机构不得采取迎合征收当事人不当要求、虚假宣传、恶意低收费等不正当手段承揽房屋征收评估业务。

3. 对被征收房屋评估价值有异议的处理

《征收条例》第 19 条规定，对评估确定的被征收房屋价值有异议的，可以向房地产价格评估机构申请复核评估。对复核结果有异议的，可以向房地产价格评估专家委员会申请鉴定。房屋征收评估办法由国务院住房城乡建设主管部门制定，制定过程中，应当向社会公开征求意见。

虽然房地产价格评估机构应当独立、客观、公正地开展房屋征收评估工作,任何单位和个人不得干预。但由于受各种主客观因素的影响,房屋征收部门或者被征收人可能会对评估确定的被征收房屋价值有异议,此时应当先向房地产价格评估机构申请复核评估。对复核结果有异议的,可以向房地产价格评估专家委员会申请鉴定。对鉴定结果仍有异议的,可以依法向人民法院提起诉讼。

二、征收补偿的范围和方式

(一)征收补偿的范围

《征收条例》第17条明确了补偿主体是作出房屋征收决定的市、县级人民政府,对被征收人给予的补偿包括:(1)被征收房屋价值的补偿;(2)因征收房屋造成的搬迁、临时安置的补偿;(3)因征收房屋造成的停产停业损失的补偿。对被征收房屋的补偿不仅包括直接财产损失的补偿,即对被征收房屋及其附属物的补偿,还包括间接财产损失即因征收房屋造成的搬迁、临时安置的补偿以及征收房屋造成的停产停业损失的补偿。

1. 被征收房屋价值

被征收房屋价值,是指被征收的建筑物及其占用范围内的建设用地使用权和其他不动产的价值。其范围应当包括建筑物本身价值、附属的不动产价值以及土地使用权价值三部分,此处的建筑物及其附属物仅指合法建筑和未超过批准期限的临时建筑,对认定为违法建筑和超过批准期限的临时建筑,由于法律规定不予补偿,因而不在补偿的范围之内。对被征收房屋价值的补偿,不得低于房屋征收决定公告之日被征收房屋类似房地产的市场价格。被征收房屋的价值,由具有相应资质的房地产价格评估机构按照房屋征收评估办法评估确定。

2. 搬迁费及临时安置费

搬迁费,是指被征收房屋被拆除后,被征收人就地安置或异地安置时,因搬迁相关物品所需支出的合理费用。对于搬迁费的计算标准,由省、自治区、直辖市人民政府规定。通常的做法是按照被征收房屋面积每平方米多少元计算。临时安置费,是指因征收导致被征收人无房居住、使用,在搬迁至征收人安置的新房前,被征收人自己找房过渡的,征收人补偿的过渡费用。因征收人延长过渡期的,应当自逾期之日起增加临时安置补助费。对于临时安置费的计算方法,通常是按照被征收房屋面积每平方米每月多少元计算,个别地方按人口计算。

3. 停产停业损失

停产停业损失,是指因房屋征收而造成被征收人生产经营活动暂停或者终止而产生的损失。停产停业损失发生于经营性房屋被征收时,由于房屋征收造成了被征收人于原址上无法继续从事生产经营活动,致使其通过生产经营活动能够获取的可得利益损失,因而征收人应当对停产停业损失依法给予补偿。对因征收房屋造成停产停业损失的补偿,根据房屋被征收前的效益、停产停业期限等因素确定。具体办法由省、自治区、直辖市制定。

根据《征收条例》的规定,作出房屋征收决定的市、县级人民政府应当制定补助和奖励办法,对被征收人给予补助和奖励。征收个人住宅,被征收人符合住房保障条件的,作出房屋征收决定的市、县级人民政府应当优先给予住房保障。具体办法由省、自治区、直辖市制定。以上被征收房屋价值补偿款、搬迁费及临时安置费、停产停业损失补偿、补助费和奖励费以及住房保障，共同构成了房屋征收补偿的全部内容。

（二）征收补偿的方式

《征收条例》第 21 条规定，被征收人可以选择货币补偿，也可以选择房屋产权调换。被征收人选择房屋产权调换的，市、县级人民政府应当提供用于产权调换的房屋，并与被征收人计算、结清被征收房屋价值与用于产权调换房屋价值的差价。因旧城区改建征收个人住宅，被征收人选择在改建地段进行房屋产权调换的，作出房屋征收决定的市、县级人民政府应当提供改建地段或者就近地段的房屋。

1. 货币补偿

货币补偿，是指以人民币为计价货币单位的金钱补偿。征收人不向被征收户提供地理位置优越的定向安置用房，也不发放政策性住房指标，仅向被征收人发放安置补偿款与各项补助费，由被征收人用发放的综合安置补偿款购买商品房或二手房的安置方式。货币补偿的办法是根据被征收房屋的区位、用途、建筑面积等因素，以房地产市场评估的办法确定。

2. 产权调换

产权调换，是指房屋征收人用自己建造或者购买的房屋与被征收人的房屋进行产权调换，并按被征收房屋的评估价和调换房屋的价格（通常是经适房或两限房的价格）进行差价结算的补偿方式。当被征收人选择房屋产权调换的补偿方式时，市、县级人民政府应当提供用于产权调换的房屋。在进行房屋产权调换时，应当对用于调换的房屋进行价值评估。

根据《征收条例》的规定，被征收人可以选择货币补偿，也可以选择房屋产权调换。在法理解释上，被征收人也可以选择货币补偿与房屋产权调换相结合的补偿方式。被征收人选定补偿方式后，应与房屋征收部门在补偿协议中予以明确规定。

三、征收补偿协议

（一）补偿协议的涵义和性质

《征收条例》第 25 条规定，房屋征收部门与被征收人依照本条例的规定，就补偿方式、补偿金额和支付期限、用于产权调换房屋的地点和面积、搬迁费、临时安置费或者周转用房、停产停业损失、搬迁期限、过渡方式和过渡期限等事项，订立补偿协议。补偿协议订立后，一方当事人不履行补偿协议约定的义务的，另一方当事人可以依法提起诉讼。

征收补偿协议，是指房屋征收部门与被征收人之间就征收房屋问题达成的补偿协议。征收补偿协议法律关系的双方当事人，包括房屋征收部门和被征收人。尤其需要强调的是，补偿协议的一方主体是市、县级人民政府确定的房屋征收部门，而非做出征收决定的市、县级人民政府本身。

房屋征收补偿协议属于民事合同还是行政合同，目前尚有争议。就《征收条例》的规定来看，并未明确补偿协议的性质问题，对不履行协议产生的纠纷性质，也未明确规定属于行政诉讼，还是民事诉讼。在传统的拆迁法律关系中，最高人民法院在《关于受理房屋拆迁、补偿、安置等案件问题的批复》中，对达成拆迁补偿协议后一方反悔引发的诉讼，明确规定属于民事诉讼。有人认为，该司法解释虽然是针对《征收条例》施行前的司法实践做出的，但该司法解释所依据的法理及定性在征收条例》施行后，仍可继续使用。因此，当事人因违反房屋征收补偿协议而提起的诉讼，应当属民事诉讼而非行政诉讼。

本书认为，《拆迁条例》存续期间，房屋拆迁补偿协议纠纷是拆迁人与被拆迁人平等主体之间的纠纷，自然应当按照民事案件受理。《征收条例》重新界定了房屋征收补偿法律关系的主体，市、县级人民政府及其房屋征收部门成为一方当事人，房屋征收补偿协议在性质上属于行政合同。根据《最高人民法院关于规范行政案件案由的通知》（法发〔2004〕2号）的规定，"诉××（行政主体）不履行行政合同义务"已被明确列为一类行政案件案由。因此，当事人因违反房屋征收补偿协议而产生的诉讼应当按照行政诉讼受理。

（二）补偿协议的内容

根据《征收条例》第25条规定，补偿方式、补偿金额和支付期限、用于产权调换房屋的地点和面积、搬迁费、临时安置费或者周转用房、停产停业损失、搬迁期限、过渡方式和过渡期限等事项，都属于补偿协议应当协商和约定的内容。

第一，补偿方式。房屋征收的补偿方式有两种：一是货币补偿，二是产权调换。货币补偿包括被征收房屋价值的补偿、搬迁费补偿、临时安置费补偿、停产停业损失补偿、补助和奖励等。产权调换是指由房屋征收部门向被征收人提供用于产权调换的房屋，经计算结清被征收房屋与用于产权调换房屋价值的差价后，不在给予被征收人以货币补偿的方式。

第二，补偿金额和支付期限。被征收人选择货币补偿的，协议应当明确补偿的具体金额。补偿金额应分项计算，原则上，补偿协议还应当就各项补偿金额的计算标准和计算方式作出约定。支付期限是房屋征收部门向被征收人支付金钱数额的期限。补偿费用原则上应当一次性支付，但若当事人约定分期支付的，应当明确每次支付的具体数额和具体日期。

第三，用于产权调换房屋的地点和面积。被征收人选择产权调换的，协议应当明确调换房屋的具体地理位置、小区名称、门牌号码以及房屋的建筑面积等内容，确保调换的房屋是确定的、唯一的、无争议的。房屋的面积应当明确是建筑面积还是使用面积，标明公摊面积的具体数字。

第四，搬迁费、临时安置费或者周转用房。搬迁费、临时安置费的具体标准通常在征收补偿方案中均有原则规定。搬迁费、临时安置费的具体金额应当结合被征收房屋的面积、性质等因素综合考虑，协商确定。房屋征收部门为被征收人提供周转用房的，应当明确周转用房的具体位置、小区名称、门牌号码等具体信息。

第五，停产停业损失。征收经营性房屋造成停产停业损失的，应当结合房屋被征收前的效益、停产停业期限等因素支付停产停业损失补偿。具体办法由省、自治区、直辖市制定。

第六，搬迁期限、过渡方式和过渡期限。搬迁期限是被征收人从被征收房屋中迁出的期间。过渡方式和过渡期限属于征收搬迁之后至正式补偿安置到位的中间阶段，政府及其职能部门应当对被征收人做出的合理安排。

第七，其他事项。除上述条例规定的事项外，当事人之间还可以协商约定补偿协议的其他内容，如补助和奖励、不履行补偿协议的违约金、纠纷解决方式等。

（三）违反补偿协议的法律后果

当事人一方不履行补偿协议约定的义务或者履行义务不符合约定的，应当承担继续履行、采取补救措施或者赔偿损失等违约责任。当事人也可以约定一方违约时应当根据违约情况向对方支付一定的违约金。房屋征收部门不依约支付补偿金额，不依约提供用于产权调换的房屋或不依约提供周转用房的，被征收人可以要求其承担继续履行的违约责任。被征收人不依约搬迁的，房屋征收部门也可以请求其承担继续履行的违约责任。当房屋征收部门提供的用于产权调换的房屋或者周转用房不符合约定的地点、面积、质量状况等，被征收人可要求房屋征收部门采取补救措施。房屋征收部门违约造成被征收人财产损失的，被征收人可以要求其承担赔偿损失的违约责任。当被征收人违约造成房屋征收部门不当增加履行费用的，房屋征收部门也可以要求被征收人赔偿损失。如果当事人之间约定了违约金责任，任何一方违约，都应当向对方支付约定的违约金。

四、征收补偿决定

（一）补偿决定的含义

补偿决定，是指由市、县级人民政府依照《征收条例》的规定，按照既定的征收补偿方案做出的有关补偿事项的行政决定。补偿决定是一项具体行政行为，作出补偿决定的主体是市、县级人民政府，行政相对人是被征收人。补偿决定体现了国有土地上房屋征收的行政强制性。补偿决定虽然也是以征收补偿为内容，但与补偿协议在性质上不完全相同。补偿决定的补偿内容由做出补偿决定的市、县级人民政府单方面决定，而补偿协议的内容由房屋征收部门和被征收人协商约定。因此在性质上，补偿决定属于普通行政行为，而补偿协议则是行政合同。

（二）补偿决定作出的条件和程序

1. 补偿决定作出的条件

根据《征收条例》第 26 条的规定，以下两种情形，市、县级人民政府应当依法作出补偿决定：一是房屋征收部门与被征收人在征收补偿方案确定的签约期限内达不成补偿协议的；二是被征收房屋所有权人不明确的。立法高度重视被征收人的参与和尊重被征收人的意愿，把达成补偿协议作为解决房屋征收问题的首选方式。然而，补偿协议作为一种行政合同，毕竟需要双方当事人意思表示达成一致。当被征收房屋所有权人不明确时，被征收人无法确定；或者房屋征收部门与被征收人无法就补偿协议达成一致；或者被征收人与房屋征收部门可能就补偿事项达成协议，但补偿协议的签订可能过于迟延，无法保证后续征收工作的顺利进行。在此情形下，补偿决定的作出就非常必要。

2. 补偿决定作出的程序

根据《征收条例》第 26 条的规定，市、县级人民政府作出补偿决定应当符合以下程序要求：（1）调查搜集证据弄清被征收人合法财产程序。房屋征收部门应当对被征收人房屋现场状况进行调查登记，并可以通过拍照录像等手段固定证据，为协商和作出补偿决定准备充分的事实根据和相关证据。（2）征收补偿协商程序。房屋征收部门在征收决定作出后应当与被征收人协商补偿事项。未经协商程序或者补偿方案确定的签约期限尚未届满，不得报请市县级人民政府作出征收补偿决定。（3）报请程序。房屋征收部门与被征收人协商不成、补偿方案确定的签约期限届满，房屋征收部门向作出房屋征收决定的市、县级人民政府报请作出补偿决定。（4）审核决定程序。市、县级人民政府收到报请材料后，应当交政府法制部门进行审核。政府法制部门经过审查后，拿出拟处理意见，报请市、县级人民政府审批。（5）送达和公告程序。市、县级人民政府作出补偿决定后，应在房屋征收范围内予以公告。征收补偿决定应当依法送达被征收人。未经送达，征收补偿决定不对被征收人产生法律效力。（6）法律救济程序。征收补偿决定是市、县级人民政府对被征收人单方作出的具有强制补偿内容的具体行政行为，被征收人对补偿决定不服的，可以依法申请行政复议或者提起行政诉讼。

（三）补偿决定的效力

补偿决定一经作出并送达被征收人，就产生如下法律效力：第一，被征收房屋的所有权发生转移。根据《物权法》第 28 条的规定，被征收房屋的产权在补偿决定送达被征收人之日发生变更，由被征收人的财产转变为征收人市、县级人民政府的财产。第二，被征收人对补偿决定不服的，可以在收到补偿决定书之日起 60 日内，向上一级人民政府申请行政复议。也可以在收到补偿决定书之日起 3 个月内直接向人民法院提起行政诉讼。第三，被征收人在法定期限内不申请行政复议或者不提起行政诉讼，在补偿决定规定的期限内又不搬迁的，作出房屋征收决定的市、县级人民政府可以依法申请人民法院强制执行。

五、自行搬迁与强制搬迁

（一）先补偿、后搬迁

《征收条例》第 27 条第 1 款规定，实施房屋征收应当先补偿、后搬迁。"先补偿、后搬迁"能够有效保障被征收人的合法权益，防止因房屋征收行为而受到侵害。根据《征收条例》的相关规定，"先补偿"体现在：市、县级人民政府作出房屋征收决定前，征收补偿费用应当足额到位、专户存储、专款专用；市、县级人民政府作出房屋征收决定后，房屋征收部门拟定征收补偿方案，报市、县级人民政府；房屋征收部门与被征收人依照《征收条例》的规定，就补偿方式、补偿金额和支付期限、用于产权调换房屋的地点和面积、搬迁费、临时安置费或者周转用房、停产停业损失、搬迁期限、过渡方式和过渡期限等事项，订立补偿协议。"后搬迁"体现在：只有在相关补偿得到妥善处理和安排的前提下，被征收人才承担在补偿协议约定或者补偿决定确定的搬迁期限内完成搬迁的义务。

（二）禁止暴力搬迁

暴力搬迁，是指负责搬迁的单位为完成搬迁任务，指使本单位工作人员或者雇佣非本单位人员、社会闲散人员，采用威胁、恐吓、殴打、故意毁坏财物、非法拘禁等违法手段，强迫居民签订补偿协议或者对房屋进行非法强制拆除。此类以暴力手段介入房屋征收补偿的违法行为，不但直接侵犯了公民的人身及财产权利，而且扰乱了社会治安秩序，影响了人民群众安全和政府形象。因此，《征收条例》第 27 条第 3 款明确规定，任何单位和个人不得采取暴力、威胁或者违反规定中断供水、供热、供气、供电和道路通行等非法方式迫使被征收人搬迁。禁止建设单位参与搬迁活动。对于暴力搬迁行为，要综合考虑事件的起因、具体情节等多种因素，按照违法行为所触犯的法律法规，严格依法处理，追究相应的法律责任。

（三）自行搬迁

自行搬迁，是指作出房屋征收决定的市、县级人民政府对被征收人给予补偿后，被征收人在补偿协议约定或者补偿决定确定的搬迁期限内自动地实施搬迁。被征收人自行搬迁既不会制造不必要的矛盾，又可以最大限度保障被征收人的财产权益。在房屋征收实践中，自行搬迁是最理想的搬迁方式。因此，能够说服被征收人自行搬迁的，不得采取强制搬迁措施。自行搬迁包括两种：一种是被征收人自觉履行补偿协议约定的搬迁义务而作出的自行搬迁；另一种是被征收人自觉履行补偿决定规定的搬迁义务而作出的自行搬迁。在要求被征收人自行搬迁时，要给被征收人足够的搬迁时间。在搬迁过程中，如果有正当理由被征收人提出延长搬迁时间，房屋征收部门应当允许。

（四）强制搬迁

强制搬迁，是指被征收人未履行自行搬迁义务，由人民法院通过采取强制执行措施而实施的搬迁。为保障房屋征收工作的顺利进行和公共利益的最终实现，强制搬迁是必不可少的搬迁方式。强制搬迁包括两种：一种是被征收人不履行补偿协议约定的搬迁义务而由人民法院实施的强制搬迁；另一种是被征收人不履行补偿决定规定的搬迁义务而由人民法院实施的强制搬迁。在被征收人与房屋征收部门达成补偿协议后，被征收人一方不履行补偿协议，房屋征收部门提起诉讼并经人民法院审理，由被征收人依照补偿协议约定的搬迁期限自动履行搬迁义务或者由人民法院强制执行。被征收人与房屋征收部门在补偿方案确定的签约期限达不成补偿协议，被征收人在法定期限内不申请行政复议或者不提起行政诉讼，在补偿决定规定的期限内又不搬迁的，由作出房屋征收决定的市、县级人民政府依法申请人民法院强制执行。强制执行申请书应当附具补偿金额和专户存储账号、产权调换房屋和周转用房的地点和面积等材料。

🕮 本章小结

本章是城市房屋征收补偿，主要介绍我国城市房屋从拆迁到征收的历史演变、房屋征收与补偿的基本原则和主体制度、城市房屋征收决定作出的前提和程序、被征收人对房屋征收决定的司法救济、城市房屋征收补偿的范围和程序、征收补偿协议的内容、被征收人对征收补偿决定的司法救济等内容。主要明确城市房屋征收的前提是公共利益的需要，房屋征收法律关系是一种行政强制关系；城市房屋征收需要严格遵循正当法律程序，房屋征收补偿的基本原则是公平补偿；征收补偿协议是一种行政合同关系；征收补偿决定是一种行政强制决定，对房屋征收决定、征收补偿协议和征收补偿决定都可以寻求法律救济。

🕮 技能训练

熟知城市房屋征收补偿的程序

目的：使学生深刻认识到征收补偿程序的重要性，掌握征收补偿的司法救济途径。

要求一：掌握城市房屋征收决定作出的前提条件。

要求二：熟悉城市房屋征收补偿的范围和内容。

要求三：掌握城市房屋征收补偿的司法救济途径。

🕮 实践活动

调查房屋征收补偿法律纠纷的具体处理

目的：使学生了解城市房屋征收补偿的程序和内容，从而对公平补偿原则有深刻的理解。

内容：学生通过报纸、杂志或网络等方式，搜集各种征收补偿纠纷的案例，对补偿主体、补偿原则、补偿内容、补偿标准、补偿方式、住房保障、征收评估、补偿协议与补偿决定、搬迁等内容有比较深入的认识和了解。

要求：结合《国有土地上房屋征收与补偿条例》，通过案例分析，理论联系实际、掌握相关法律纠纷的具体处理。

第五章

建设用地使用权

知识目标：

了解建设用地使用权划拨的历史发展

理解建设用地使用权流转的程序和合作开发的方式

掌握建设用地使用权出让、流转的方式

能力目标：

了解建设用地使用权划拨的适用范围及其流转的特殊性

理解建设用地使用权出让合同的基本内容

掌握建设用地使用权转让的具体条件

第一节　建设用地使用权出让

案例导入

工业用地能否进行商品房开发

2012 年 12 月，某市国土资源局与甲公司签订《国有建设用地使用权出让合同》，约定：宗地出让面积 53328 平方米（80 亩）；出让宗地用途为工业用地；出让年限为 50 年；出让金总额为 1900 万元，于本合同签订之日起 30 日内缴纳。某市国土资源局于甲公司缴清全部出让金的当日将出让宗地交付给甲公司。甲公司在开发建设中，未经批准，擅自将工业用地改为住宅用地进行房地产开发。某市国土资源局发现后，要求甲公司不得擅自改变土地用途，但甲公司对某市国土资源局的要求不予理睬，2007 年 3 月，甲公司在该土地上建成 200 套商品房，并对外出售。

请思考：甲公司在工业用地上进行商品房开发的行为属何种性质行为？某市国土资源局依法可以采取何种法律措施？

一、建设用地使用权出让概述

(一) 建设用地使用权出让的概念

根据我国《土地管理法》的规定，建设用地使用权人依法对国家所有的土地上建造建筑物、构筑物及其附属设施的权利，为建设用地使用权。建设用地使用权可以在土地的地表、地上或者地下分别设立。建设用地使用权出让，是指国家将建设用地使用权在一定年限内出让给土地使用者，由土地使用者向国家支付建设用地使用权出让金的法律行为。

(二) 建设用地使用权出让的法律特征

1. 建设用地使用权出让的主体仅限于国家土地管理部门

国家是国有土地的所有权人，建设用地使用权出让中的出让方只能是国家。根据《城市房地产管理法》第 15 条第 2 款的规定，国有土地使用权出让合同由市、县人民政府土地管理部门与土地使用者签订。这表明，只有市、县人民政府土地管理部门才有权作为国有土地所有者的代表出让土地使用权。

2. 出让的土地的所有权属于国家

《物权法》第 235 条规定，建设用地使用权人依法对国家所有的土地享有占有、使用和收益的权利，有权利用该土地建造建筑物、构筑物及其附属设施。因此，出让方的建设用地使用权项下的土地，其所有权属于国家。依照《城市房地产管理法》第 9 条的规定，城市规划区内的集体土地，经依法征用转为国有土地后，该幅国有土地的使用权方可有偿出让。

3. 建设用地使用权出让的标的是有一定使用年限的国有土地

建设用地使用权出让的标的是有一定使用年限的国有土地。我国实行土地公有制(体现为国有土地所有权、农村集体土地所有权两种土地所有权形式)，任何组织和个人不得侵占、买卖或者以其他形式非法转让土地。土地所有权的主体仅限于国家和农村集体经济组织，其他任何人、任何组织不得拥有土地所有权，但土地使用权可以依照法律的规定转让。目前只有国有土地使用权可以依法出让，作为建设用地使用权出让标的的，只能是国有土地。同时，依据《中华人民共和国国有土地使用权出让和转让暂行条例》第 12 条的规定，建设用地使用权又是有期限的，最长不超过 70 年，因此建设用地使用权出让的标的是一定使用年限的国有土地。

4. 建设用地使用权出让是要式法律行为

建设用地使用权出让，应当签订书面的《国有建设用地使用权出让合同》。为规范国有建设用地使用权出让合同管理，国土资源部、国家工商行政管理总局于 2008 年 4 月 29 日联合发布了《国有建设用地使用权出让合同 (示范文本)》(GF—2008—2601)。

5. 建设用地使用权出让行为受到严格的法律规制

土地使用权出让由市、县人民政府有计划、有步骤地进行。出让的每幅地块、用途、年限和其他条件，由市、县人民政府土地管理部门会同城市规划、建设、房产管理部门共同拟定方案，按照国务院规定，报经有批准权的人民政府批准后，由市、县人民政府土地管理部门实施。同时，对建设用地使用权出让方式，法律也作出了特定的规定，并对出让价格等实施底线实施控制。

二、建设用地使用权出让合同

（一）建设用地使用权出让合同概述

建设用地使用权出让合同，是指市、县人民政府土地管理部门代表国家（出让人）与土地使用者（受让人）就特定地块的土地使用权出让事宜所达成的、明确相互间权利义务关系的书面协议。建设用地使用权的出让合同具有如下特征：

1. 建设用地使用权出让合同为民事合同

建设用地使用权的出让主体虽然为国家，但根据《城镇国有土地使用权出让和转让暂行条例》第 11 条的规定，土地使用权出让合同应当按照平等、自愿、有偿的原则，由市、县人民政府土地管理部门与土地使用者签订。建设用地使用权出让合同中，政府作为出让人，与用地人即合同中的受让人地位平等，只有双方意思表示一致，出让合同才能成立。政府虽在合同中表达国家意志，但国家意志在合同中仅仅是土地所有人的意志，对他方并不具有强制性。没有受让人的同意，国家的单方意志不能成立合同，也不能对他人产生约束力。出让合同确定的是平等的民事主体之间的权利义务关系，是由出让人和受让人在充分协商的基础上共同签订的。当事人任何一方违背土地使用权出让合同约定的义务，都要承担相应的法律责任。所以，土地使用权出让合同是一种民事合同。

2. 建设用地使用权出让合同为双务、有偿、要式合同

建设用地使用权出让坚持有偿原则，为加强对出让金的管理，国家对建设用地使用权出让时土地出让金的价格进行干预，要求其不得低于特定的标准；同时，支付土地出让金也是受让人的主要合同义务，因此，建设用地使用权出让合同为有偿合同。

在建设用地使用权出让合同中，受让人的义务是支付土地出让金，并依法、依据合同约定使用土地使用权，出让人的义务则是按照出让合同的约定交付土地。这两种义务具有对应性，《城市房地产管理法》第 17 条规定，土地使用者按照出让合同约定支付土地使用权出让金的，市、县人民政府土地管理部门必须按照出让合同约定，提供出让的土地；未按照出让合同约定提供出让的土地的，土地使用者有权解除合同，由土地管理部门返还土地使用权出让金，土地使用者还可以请求违约赔偿。故建设用地使用权出让合同为双务合同。

《城镇国有土地使用权出让和转让暂行条例》第 8 条第 2 款规定，土地使用权出让应当签订出让合同。《城市房地产管理法》第 14 规定了出让合同应当具备的条款。因此，建设用地使用权出让合同为要式合同。

3. 建设用地使用权出让合同的内容、履行受国家法律严格规制

建设用地使用权出让合同本质上是民事合同，但作为国家管理土地一级市场的载体，建设用地使用权出让合同不可避免地要受到国家法律严格规制。根据《城乡规划法》第 38 条、第 39 条的规定，在城市、镇规划区内以出让方式提供国有土地使用权的，在国有土地使用权出让前，城市、县人民政府城乡规划主管部门应当依据控制性详细规划，提出

出让地块的位置、使用性质、开发强度等规划条件，作为国有土地使用权出让合同的组成部分。未确定规划条件的地块，不得出让国有土地使用权。规划条件未纳入国有土地使用权出让合同的，该国有土地使用权出让合同无效；对未取得建设用地规划许可证的建设单位批准用地的，由县级以上人民政府撤销有关批准文件。在土地使用过程中，土地使用人必须按照合同的约定使用土地，土地使用者需要改变土地使用权出让合同规定的土地用途的，应当征得出让方同意并经土地管理部门和城市规划部门批准，依照本章的有关规定重新签订土地使用权出让合同，调整土地使用权出让金，并办理登记。

（二）建设用地使用权出让合同的订立

1. 建设用地使用权出让合同订立的前提

根据《城市房地产管理法》的有关规定，土地使用权出让合同的订立必须符合如下前提条件：一是必须有可供出让的国有土地，在城市规划区内的集体土地须经依法征收转为国有土地后方可出让；二是必须符合土地利用总体规划、城市规划和年度建设用地规划；三是必须经有批准权的行政管理机关审批，方能由土地管理部门实施出让。

2. 建设用地使用权出让合同的主要条款

建设用地使用权出让合同的标的额较大，其履行涉及多方利益，为规范建设用地使用权出让行为，减少纠纷，对建设用地使用权出让合同，土地管理部门一般采用格式文本。格式文本合同包括如下条款：出让人与受让人的一般信息、总则、出让土地的交付与出让价款的缴纳、土地开发建设与利用、国有建设用地使用权转让出租抵押、期限届满、不可抗力、违约责任、适用法律和争议解决、附则等。

（三）出让人与受让人的权利与义务

根据《城市房地产管理法》的规定，建设用地使用权出让合同的出让方与受让方享有以下权利，承担以下义务。

1. 出让人的权利与义务

出让人享有的权利主要有两项：一是受让人在签订土地使用权出让合同后，有权要求出让人在规定期限内支付全部土地使用权出让金。二是受让人未按土地使用权出让合同规定的期限和条件开发、利用土地的，土地管理部门有权予以纠正，情节严重的，有权无偿收回土地使用权。

出让人应履行的义务主要有：第一，按照土地使用权出让合同的规定提供出让的土地使用权；第二，向受让人提供该土地的有关资料。

2. 受让人的权利与义务

受让人享有以下权利：第一，要求出让方交付土地并取得对土地使用权的占有；第二，对土地占有、使用与收益，并依法处分建设用地使用权。

受让人应履行的义务主要有以下三项：第一，在规定期限内支付全部土地使用权出让金；第二，依土地使用权出让合同的规定和城市规划的要求开发、利用土地；第三，不得擅自变更土地使用权出让合同约定的土地用途，并按照合同的约定完成开发、建设活动。

（四）建设用地使用权出让合同的变更、解除与合同到期

1. 建设用地使用权出让合同的变更

建设用地使用权出让合同的变更，主要是土地用途的变化。土地使用者在《国有建设用地使用权出让合同》生效后，如需要改变建设用地使用权出让合同约定的土地用途的，受让人可以申请变更出让合同规定的土地用途。《城镇国有土地使用权出让和转让暂行条例》第18条规定，土地使用者需要改变土地使用权出让合同规定的土地用途的，应当征得出让方同意并经土地管理部门和城市规划部门批准，依照本章的有关规定重新签订土地使用权出让合同，调整土地使用权出让金，并办理登记。

据此，建设用地使用权出让合同变更的具体程序为：第一，土地使用者向出让土地所在地的市、县人民政府土地管理部门、城市规划部门提出改变出让土地用途的申请。第二，市、县人民政府土地管理部门、城市规划部门审查同意改变出让土地用途的申请。第三，出让人和受让人签订建设用地使用权出让合同变更协议，或者重新签订建设用地使用权出让合同，并相应调整建设用地使用权出让金。第四，办理土地使用权变更登记。

2. 建设用地使用权出让合同的单方解除

建设用地使用权出让合同的单方解除，是指在合同生效之后未全部履行之前，基于法定的原因出让人、受让人一方以其意思表示，使当事人之间的合同关系提前消灭的行为。

出让人可以基于下列原因单方解除合同：（1）受让方未依约交付土地出让金。《城镇国有土地使用权出让和转让暂行条例》第14条规定，土地使用者应当在签订土地使用权出让合同后六十日内，支付全部土地使用权出让金。逾期未全部支付的，出让方有权解除合同，并可请求违约赔偿。（2）未在规定时间内进行土地的开发利用。根据《城市房地产管理法》第26条的规定，以出让方式取得土地使用权进行房地产开发的，必须按照建设用地使用权出让合同约定的土地用途、动工开发期限开发土地。满二年未动工开发的，可以无偿收回土地使用权。（3）擅自改变土地用途。《最高人民法院关于审理涉及国有土地使用权合同纠纷案件适用法律问题的解释》第6条规定，受让方擅自改变土地使用权出让合同约定的土地用途，出让方请求解除合同的，应予支持。（4）基于公众利益的需要，提前回收土地使用权。《城市房地产管理法》第20条规定，国家对土地使用者依法取得的土地使用权，在出让合同约定的使用年限届满前不收回；在特殊情况下，根据社会公共利益的需要，可以依照法律程序提前收回，并根据土地使用者使用土地的实际年限和开发土地的实际情况给予相应的补偿。

如出让人未依法交付土地使用权，受让人有权解除合同。《最高人民法院关于审理涉及国有土地使用权合同纠纷案件适用法律问题的解释》第4条规定，土地使用权出让合同的出让方因未办理土地使用权出让批准手续而不能交付土地，受让方请求解除合同的，应予支持。

3. 建设用地使用权出让合同到期

建设用地使用权是一种有期限的他物权，一旦出让合同约定的使用年限届满，受让人所享有的建设用地使用权即告终止。《城市房地产管理法》第22条第2款规定，土地使用权出让合同约定的使用年限届满，土地使用者未申请续期或者虽申请续期但依照前款规

定未获批准的，土地使用权由国家无偿收回。对于住宅用地，《物权法》则有不同于《城市房地产管理法》的规定，该法第 149 条第 1 款规定，住宅建设用地使用权期间届满的，自动续期。

三、建设用地使用权的出让方式

《城市房地产管理法》第 13 条规定，土地使用权出让，可以采取拍卖、招标或者双方协议的方式。但对采取招拍挂的方式出让土地使用权做出了变通规定，"商业、旅游、娱乐和豪华住宅用地，有条件的，必须采取拍卖、招标方式；没有条件的，不能采取拍卖、招标方式的，可以采取双方协议的方式"。《物权法》则不同，其第 137 条明确规定"工业、商业、旅游、娱乐和商品住宅等经营性用地以及同一土地有两个以上意向用地者的，应当采取招标、拍卖等公开竞价的方式出让"，进一步规范了土地使用权出让的方式。实践中，协议出让因其的非公开性，适用范围越来越窄。依据《招标拍卖挂牌出让国有建设用地使用权规定》的规定，建设用地使用权公开出让方式主要为招标、拍卖、挂牌。

1. 招标出让

招标出让国有建设用地使用权，是指市、县人民政府国土资源行政主管部门（以下简称出让人）发布招标公告，邀请特定或者不特定的自然人、法人和其他组织参加国有建设用地使用权投标，根据投标结果确定国有建设用地使用权人的行为。

依据我国《招投标法的规定》，招标的程序为：第一，发布招标公告，寻找符合条件的潜在投标人；第二，潜在的投标人现场或非现场的投标；第三，组织人员进行评标，确定中标者；第四，公布中标者。

招标出让土地使用权，引进了市场机制，有利于投标人之间的竞争。招标出让的竞争，是一种暗中的竞争，不同于拍卖出让的公开竞争。

2. 拍卖出让

拍卖出让国有建设用地使用权，是指出让人发布拍卖公告，由竞买人在指定时间、地点进行公开竞价，根据出价结果确定国有建设用地使用权人的行为。这种方式可以使国家获得较高的土地使用费，但对竞买者的开发能力、资质信誉方面的审查控制比较薄弱，因而适用于要求不高的中小型房地产开发项目和已经开发成熟的商业性用地使用权的出让。

按照我国《拍卖法》的规定，拍卖会依照下列程序进行：

（1）主持人点算竞买人。

（2）主持人介绍拍卖宗地的面积、界址、空间范围、现状、用途、使用年限、规划指标要求、开工和竣工时间以及其他有关事项。

（3）主持人宣布起叫价、增价规则和增价幅度。没有底价的，应当明确提示。拍卖主持人在拍卖中可以根据竞买人竞价情况调整拍卖增价幅度。

（4）主持人报出起叫价。

（5）竞买人举牌应价或者报价。

（6）主持人确认该应价或者报价后继续竞价。

（7）主持人连续 3 次宣布同一应价或者报价而没有再应价或者报价的，主持人落槌表示拍卖成交。

（8）主持人宣布最高应价或者报价者为竞得人。竞买人的最高应价或者报价未达到底价时，主持人应当终止拍卖。

3. 挂牌出让

挂牌出让国有建设用地使用权，是指出让人发布挂牌公告，按公告规定的期限将拟出让宗地的交易条件在指定的土地交易场所挂牌公布，接受竞买人的报价申请并更新挂牌价格，根据挂牌期限截止时的出价结果或者现场竞价结果确定国有建设用地使用权人的行为。

挂牌依照以下程序进行：

（1）发布挂牌公告。出让人至少在挂牌开始日前20天发布挂牌公告，公布挂牌出让宗地的基本情况和挂牌时间、地点。

（2）出售挂牌文件。在挂牌公告规定时间内出售挂牌文件，并组织现场踏勘。

（3）受理竞买申请。在挂牌公告规定的时间内，竞买人持相关资料办理竞买申请。

（4）审查挂牌资格。根据挂牌文件要求，对竞买人的竞买资格进行审查。

（5）挂牌。在挂牌公告规定的时间和交易场所，出让人将宗地的地块情况、最新报价情况等信息挂牌公告，并不断接受新的报价、更新显示挂牌报价。

（6）揭牌。在挂牌公告规定的截止时间确定竞买人，竞得人与出让人签订成交确认书，同时缴纳定金。

（7）公布成交结果。出让人将挂牌出让结果在土地有形市场或者指定的场所、媒介公布。竞得人还应按照成交确认书约定的时间，与出让人签订《国有土地使用权出让合同》。

4. 协议出让

建设用地使用权出让除上述三种方式之外，也可以协议出让。协议出让国有土地使用权，是指国家以协议方式将国有土地使用权在一定年限内出让给土地使用者，由土地使用者向国家支付土地使用权出让金的行为。出让国有土地使用权，除依照法律、法规和规章的规定应当采用招标、拍卖或者挂牌方式外，还可采取协议方式。

按照《协议出让国有土地使用权规范》相关规定，协议出让国有土地使用权范围主要包括以下几种情况：（1）商业、旅游、娱乐和商品住宅等各类经营性用地以外用途的土地，其供地计划公布后同一宗地只有一个意向用地者的；（2）原划拨、承租土地使用权人申请办理协议出让，经依法批准，可以采取协议方式，但《国有土地划拨决定书》、《国有土地租赁合同》、法律、法规、行政规定等明确应当收回土地使用权重新公开出让的除外；（3）划拨土地使用权转让申请办理协议出让，经依法批准，可以采取协议方式，但《国有土地划拨决定书》、法律、法规、行政规定等明确应当收回土地使用权重新公开出让的除外；（4）出让土地使用权人申请续期，经审查准予续期的，可以采用协议方式；（5）法律、法规、行政规定明确可以协议出让的其他情形。

四、建设用地使用权的出让期限

建设用地使用权的出让期限指受让人依法对国有土地所享有的占有、使用、收益和处分的最长时间限制。每一地块的具体出让年限，应由出让方和受让方在签订合同时确定，可低于法律规定的最高年限，不可高于法律规定的最高年限。建设用地使用权的出让期限的年限过短，对受让方不具有吸引力；年限过长，则会影响国家收益。

根据《中华人民共和国城镇国有土地使用权出让和转让暂行条例》规定，土地使用权出让最高年限按下列用途确定：住宅用地的土地使用年限为 70 年；工业用地的土地使用年限为 50 年；教育、科技、文化、卫生、体育等公益事业性用地的土地使用年限为 50 年；商业、旅游、娱乐用地的土地使用年限为 40 年；综合或者其他用地的土地使用年限为 50 年。

第二节　建设用地使用权划拨

案例导入

划拨建设用地使用权能否转让

2012 年 10 月 26 日，甲物资流通中心（以下简称"物流中心"）与乙民办中学签订了土地使用权转让合同，约定乙民办中学向甲物资流通中心转让国有划拨土地 29 亩，总价款 675 万元。合同签订后，乙民办中学向其所在市土地管理局递交请示，请求批准，未获批。2013 年 5 月 7 日，甲物资流通中心按照合同的约定支付了首笔转让款 310 万元，但乙民办中学无法依据合同的约定把该建设用地使用权登记到甲物资流通中心名下。双方因此发生纠纷，甲物资流通中心起诉乙民办中学，要求其履行登记义务，并追究其违约责任；乙民办中学则主张合同无效。

请问：土地使用权转让合同是否有效？

一、建设用地使用权划拨概述

（一）建设用地使用权划拨的概念

按照《城市房地产管理法》第 23 条第 1 款的规定，土地使用权划拨，是指县级以上人民政府依法批准，在土地使用者缴纳补偿、安置等费用后将该幅土地交付其使用，或者将土地使用权无偿交付给土地使用者使用的行为。

（二）建设用地使用权划拨的特征

建设用地使用权划拨与出让并不相同，其有如下法律特征。

1. 公益目的

划拨土地使用权只适用于公益事业或国家重点工程项目，是为公众利益而由国家无偿授予建设用地使用权。《城市房地产管理法》第 23 条明确只有下列建设用地才可以适用划拨方式取得土地使用权：（1）国家机关用地和军事用地；（2）城市基础设施用地和公益事业用地；（3）国家重点扶持的能源、交通、水利等项目用地；（4）法律、行政法规规定的其他用地。从上述规定来看，我国已经将划拨土地使用权定位在公益事业和国家重点工程建设上，至于"法律、行政法规规定的其他用地"，是为保证法律稳定性而进行的技术操作，国土资源部通过《划拨用地目录》的方式，把划拨用地的范围限定在"公众利益"的范围之内。

2. 行政行为性

《城市房地产管理法》第22条规定，"土地使用权划拨，是指县级以上人民政府依法批准，在土地使用者缴纳补偿、安置等费用后将该幅土地交付其使用，或者将土地使用权无偿交付给土地使用者使用的行为。"这明确地界定了划拨行为的行政行为性质，划拨不是通过民事合同，以有偿的取得土地使用权，而是县级以上政府的依法批准行为，属于具体行政行为。

3. 无偿性

划拨土地使用权直接由政府的批准行为产生，在交纳征用补偿安置费后即可取得土地使用权，不需要向国家交纳出让金和签订任何合同，只是需要进行登记以确定土地使用权的范围并表明取得划拨土地使用权。依据《城市房地产管理法》第23条的规定，划拨土地使用权取得有两种方式：（1）县级以上人民政府在土地使用者缴纳补偿、安置等费用后将该幅土地交付其使用；（2）县级以上人民政府直接将土地使用权无偿交付给土地使用者使用。应当说明的是，申请人取得划拨土地使用权有时需要缴纳补偿、安置等费用，但这些费用或补偿是对土地所有权人或原有的土地使用权人因土地使用权发生移转所受到损失的一种补偿，不是取得建设用地使用权的对价。

4. 无期限性

《城市房地产管理法》第22条规定，依照本法规定以划拨方式取得土地使用权的，除法律、行政法规另有规定外，没有使用期限的限制。因此，除法律、行政法规另有规定外，划拨土地使用权，以划拨方式取得的建设用地使用权没有使用期限的限制。应当指出，这并不意味着使用者取得的建设用地使用权可以永久存续，依据《城市房地产管理法》第58条的规定，因单位撤销、迁移等原因，停止使用原划拨的国有土地或公路、铁路、机场、矿场等经核准报废等原因，有关人民政府土地行政主管部门报经原批准用地的人民政府或者有批准权的人民政府批准，可以收回划拨的国有建设用地使用权。

5. 权利的不完全性

出让方式获得的建设用地使用权，建设用地使用权人在法律范围内可以自由的在土地使用权期限内出租、转让、抵押，不受限制。但划拨方式获得的建设用地使用权，按照《划拨土地使用权管理暂行办法》第6条的规定，经市、县人民政府土地管理部门批准，其土地使用权可以转让、出租、抵押，但应向当地市、县人民政府交付土地使用权出让金或者以转让、出租、抵押所获收益抵交土地使用权出让金。因而其是不完全的用益物权。

（三）建设用地使用权划拨与出让的区别

虽然划拨与出让都是获得建设用地使用权的方式，但二者存在以下不同：

第一，行为性质和取得建设用地使用权的方式不同。建设用地使用权划拨行为是一种行政行为，采取行政审批方式，而建设用地使用权出让则是一种民事合同行为，采取招标、拍卖、挂牌和协议等交易方式。

第二，是否有对价关系不同。在建设用地使用权划拨关系中，土地使用者有时需要支付补偿等费用，但并不向划拨者（国家）支付对价；而在建设用地使用权出让关系中，受让人须支付土地出让金作为对价。

第三，使用期限不同。以划拨方式取得建设用地使用权的，除法律、行政法规另有规定外，没有使用期限的限制；而出让方式取得的建设用地使用权，根据用地性质的不同，法律设定了最高用地年限，且建设用地使用权出让合同也事先明确了使用期限。

第四，可交易性不同。出让方式获得的建设用地使用权可直接进入房地产市场交易；而划拨建设用地使用权在随同地上附着物转让前，须经审批并补办出让等手续。

二、建设用地使用权划拨的历史发展

在新中国的土地管理史上，第一次提及与划拨有关的法规是1958年出台的《国家建设征用土地办法》。该文件规定，用地单位在支付了征地补偿费用等资金后，可由县级以上人民政府批准"核拨"土地。1982年的《国家建设征用土地条例》和1986年的《土地管理法》规定，征地申请经批准后，由所在地的县、市土地管理机关批准划拨土地。

1990年，我国开始实行土地有偿使用，《城镇国有土地使用权出让和转让暂行条例》规定，划拨土地使用权是指土地使用者通过各种方式依法无偿取得的土地使用权，土地使用应按规定缴纳土地使用税。1992年国家土地管理局发布的《划拨土地使用权管理暂行办法》规定，划拨土地使用权是指土地使用者通过除出让土地使用权以外的其他各种方式依法取得的国有土地使用权，划拨土地使用权转让、出租、抵押需向当地市、县人民政府支付土地使用权出让金或者以转让、出租、抵押所获收益抵交土地使用权出让金。

1994年国家颁布的《城市房地产管理法》规定，土地使用权划拨是指县级以上人民政府依法批准，在土地使用者缴纳补偿、安置等费用后将该幅土地交付其使用，或者将土地使用权无偿交付给土地使用者使用的行为。1999年颁布实施的《土地管理法》基本上沿袭了《房地产管理法》关于划拨用地的规定。这两部法律奠定了我国现阶段划拨土地使用权的制度基础，其确立了土地使用权的取得，以有偿的出让方式为主，以无偿划拨为例外的土地使用权取得体系，并严格把无偿划拨限制在国家机关用地、军事用地、城市基础设施用地和公益事业用地、国家重点扶持的能源、交通、水利等项目用地范围之内。

为进一步规范划拨行为，限制以划拨方式取得土地使用权的范围，2001年10月20日，国土资源部以第9号令的方式，颁布了新的《划拨用地目录》，限定19种情形可以以划拨方式取得建设用地使用权。

三、建设用地使用权划拨的适用范围

《城市房地产管理法》第23条规定，下列建设用地的土地使用权，确属必需的，可以由县级以上人民政府依法批准划拨：（1）国家机关用地和军事用地；（2）城市基础设施用地和公益事业用地；（3）国家重点扶持的能源、交通、水利等项目用地；（4）法律、行政法规规定的其他用地。

为进一步规范划拨行为，2001 年国土资源部颁布《划拨用地目录》。依据该目录，下列 19 种项目用地可以申请划拨取得建设用地使用权：（1）党政机关和人民团体用地；（2）军事用地；（3）城市基础设施用地；（4）非营利性邮政设施用地；（5）非营利性教育设施用地；（6）公益性科研机构用地；（7）非营利性体育设施用地；（8）非营利性公共文化设施用地；（9）非营利性医疗卫生设施用地；（10）非营利性社会福利设施用地；（11）石油天然气设施用地；（12）煤炭设施用地；（13）电力设施用地；（14）水利设施用地；（15）铁路交通设施用地；（16）公路交通设施用地；（17）水路交通设施用地；（18）民用机场设施用地；（19）特殊用地，即监狱、劳教所、戒毒所、看守所、治安拘留所、收容教育所用地。

四、建设用地使用权划拨的审批程序

按照《土地管理法》及其实施条例的规定，建设用地使用权划拨的审批程序如下：

1. 用地人申请

由建设用地单位持经批准的设计任务书或初步设计、年度基建计划等有关文件向拟划拨土地所在地县级以上人民政府土地管理部门提出建设用地申请。

2. 审核

由县级以上人民政府土地管理部门对建设用地进行审核，划定用地范围，组织商定用地补偿、安置或者拆迁安置方案。

3. 批准

由县级以上地方人民政府土地管理部门按规定权限报县级以上人民政府批准。经批准后，由土地所在地的县级以上人民政府发给建设用地批准书。

土地使用权的具体审批权限为：

（1）划拨耕地 1000 亩以上，其他土地 2000 亩以上的，由国务院批准。其他土地 2000 亩以上，包括一个建设项目同时划拨耕地 1000 亩以上和其他土地 1000 亩以上，合计为 2000 亩以上。

（2）划拨耕地 1000 亩以下，3 亩以上，其他土地 2000 亩以下、10 亩以上，由省、自治区、直辖市人民政府，或省辖市、自治州、直辖市的区县人民政府审批。具体审批权限由省、自治区、直辖市人民代表大会常务委员会决定。

（3）划拨耕地 3 亩以下，其他土地 10 亩以下的，由县级人民政府批准。其他土地 10 亩以下包括一个建设项目同时划拨耕地 3 亩以下和其他土地 10 亩以下合计为 3 亩以上 10 亩以下。

4. 划拨

有批准权的人民政府批准建设用地申请后，应颁发建设用地批准书。在完成拆迁安置补偿等工作后，由用地所在地的县级以上地方人民政府土地管理部门根据批准用地文件所确定的用地面积和范围，分批或一次性划拨建设用地。

5. 登记、发证

我国《物权法》第 139 条规定，设立建设用地使用权的，应当向登记机构申请建设用地使用权登记。建设用地使用权自登记时设立。登记机构应当向建设用地使用权人发放

建设用地使用权证书。建设项目竣工后，由县级以上地方人民政府土地管理部门核查实际用地，经认可后，办理土地登记手续，核发国有土地使用证。

土地使用权划拨完成以上法定程序后，土地使用者取得了国有土地使用证，即取得了划拨土地使用权。

第三节　建设用地使用权流转

案例导入

划拨建设用地使用权进行合作开发需要批准

1995 年上海甲（集团）有限公司通过政府审批，取得柳营路 45 弄地块规划许可证、划拨使用国有土地的通知、建设用地许可证、房屋拆迁许可证，并凭此与上海乙高科技房地产开发有限公司进行洽谈合作开发。1995 年 12 月 28 日上海乙高科技房地产开发有限公司与上海甲（集团）有限公司签订了《柳营路 45 弄地块危棚简屋合作改建协议书》一份，协议约定：双方合作对柳营路 45 弄地块危棚屋进行投资，拟建 2 幢高层和 8 幢多层住宅，乙高科技房地产开发有限公司负责全部建房资金，以及工程建设等。甲（集团）有限公司负责配合动拆迁，并尽快负责办理好开发地块与区各有关部门的申办手续和施工执照等许可证。甲（集团）有限公司在本协议项下总计 48000 平方米中可得 4000 平方米高层住宅和补偿金 150 万元。协议签订后，乙高科技房地产开发有限公司全面参与该基地的改建工程，于 1997 年年底建成 8 幢多层，2 幢高层基础，投入近 1 个亿。但由于该地块是划拨土地，故未能办理出售房许可证。

问：本合作改建协议的性质如何？该合同是否有效？

一、建设用地使用权流转概述

《城镇国有土地使用权出让和转让暂行条例》第 19 条规定，土地使用权转让是指土地使用者将土地使用权再转让的行为，包括出售、交换和赠与。我国《物权法》第 143 条规定，建设用地使用权人有权将建设用地使用权转让、互换、出资、赠与或者抵押，但法律另有规定的除外。该条实际上界定了建设用地使用权人就建设用地所享有的处分权，不但包括转让、赠与、互换，还包括出资、抵押。实际上，从《城镇国有土地使用权出让和转让暂行条例》第 28 条规定来看，建设用地使用权还可以出租。这完整的构建了建设用地使用权人对建设用地使用权的处分类型，统一称为建设用地使用权流转。

建设用地使用权流转，有以下特征：

1. 要式性

《城镇国有土地使用权出让和转让暂行条例》第 20 条规定，土地使用权转让应当签订转让合同。该法第 29 条规定，土地使用权出租，出租人与承租人应当签订租赁合同。租赁合同不得违背国家法律、法规和土地使用权出让合同的规定。同时，对于所有的流转方式，法律均要求办理变更登记。

2. 受土地使用权期间的限制

建设用地使用权的流转，是对建设用地使用权处分的结果。因建设用地使用权是有期限的权利，因而其流转后，权利的取得人所取得的建设用地使用权，也是有期限的，具体来说，就是建设用地使用权的剩余期间。

二、建设用地使用权转让

（一）建设用地使用权转让概述

建设用地使用权转让是指土地使用者将土地使用权再转让的行为，包括出售、交换和赠与。我国《物权法》第143条规定，建设用地使用权人有权将建设用地使用权转让、互换、出资、赠与或者抵押，但法律另有规定的除外。该条中的转让，仅指建设用地使用权权属的有偿出售，是一种狭义的转让概念。本书所称的建设用地使用权转让，采取广义的概念，包括土地使用权出售之外的交换、赠与行为。建设用地使用权转让与出让并不相同。

1. 主体不同

出让的主体是国有土地所有者，即国家，具体由法律授权的县以上人民政府予以实施；而转让的主体，是取得国有土地使用权的土地使用者，是与出让人相对应的受让者，包括法人、自然人或其他组织。

2. 行为性质与方式不同

从行为性质上来看，根据物权理论，建设用地使用权出让，是用益物权这种他物权的设定行为；建设用地使用权转让，则是在他物权设定后的他物权转移。

从行为方式来看，出让包括协议、招标、拍卖、挂牌四种方式，且以公开的方式为主；但转让则包括出售、交换和赠与，具体采取何种形式，法律不做强制性的要求。

3. 转移条件与程序不同

建设用地使用权出让，除了出让前须经规划部门批准外，并无其他条件无限制，只要签订出让合同，缴纳出让金，即可办证。转让则有条件限制，按照《城市房地产管理法》第39条的规定，需取得土地使用权证书，并完成投资的20%。

4. 交易市场不同

建设用地使用权出让，是在土地的一级市场进行的，即国家作为国有土地所有者的交易市场；建设用地使用权转让，是在土地的二级市场进行的，即符合法定条件的自由转让。

（二）建设用地使用权转让的前置条件

《城市房地产转让管理规定》第10条规定，以出让方式取得土地使用权的，转让房地产时，应当符合下列条件：（1）按照出让合同约定已经支付全部土地使用权出让金，并取得土地使用权证书；（2）按照出让合同约定进行投资开发，属于房屋建设工程的，应完成开发投资总额的百分之二十五以上；属于成片开发土地的，依照规划对土地进行开发建设，完成供排水、供电、供热、道路交通、通信等市政基础设施、公用设施的建设，达到场地平整，形成工业用地或者其他建设用地条件。《房地产管理法》第39条也做出了基本相同的规定。

实践中，存在未完成投资开发即进行房地产转让的行为，该种行为的效力如何，存在争议。根据《最高人民法院关于土地转让方未按规定完成土地的开发投资即签订土地使用权转让合同的效力问题的答复》认为：根据《中华人民共和国城市房地产管理法》第38条（《房地产管理法》修订后，该第38条变更为第39条）的规定，以出让方式取得土地使用权的，转让房地产时，应当符合两个条件：（一）按照出让合同约定已经支付全部土地使用权出让金，并取得土地使用权证书；（二）按照出让合同约定进行投资开发，属于房屋建设工程的，完成开发投资总额的百分之二十五以上。因此，未同时具备上述两个条件，而进行转让的，其转让合同无效。以出让方式取得土地使用权后转让房地产的，转让方已经支付全部土地使用权出让金，并且转让方和受让方前后投资达到完成开发投资总额的百分之二十五以上，已经办理了登记手续，或者虽然没有办理登记手续，但当地有关主管部门同意补办土地使用权转让手续的，转让合同可以认定有效。

划拨土地使用权原则上不得转让，但经过市、县人民政府土地管理部门和房产管理部门审批，符合下列条件的，划拨土地使用权及地上建筑物，可以转让：（1）土地使用者为公司、企业、其他经济组织和个人；（2）领有国有土地使用证；（3）具有地上建筑物、其他附着物合法的产权证明；（4）依照关于建设用地使用权出让的规定签订土地使用权出让合同，向当地市、县人民政府补交土地使用权出让金或者以转让、出租、抵押所获效益抵交土地使用权出让金。

（三）建设用地使用权转让登记

建设用地使用权转让登记，是指建设用地使用权在发生转让后，依法向县级及以上人民政府国土资源行政主管部门提出申请，由该土地登记部门把建设用地使用权权属变更登记于登记簿并予以公示的行为。按照我国《物权法》第145条的规定，建设用地使用权转让、互换、出资或者赠与的，应当向登记机构申请变更登记。因此，建设用地使用权转让，应当进行权属变更登记。

建设用地使用权转让登记，需要履行以下程序：

（1）申请登记。即双方当事人应持原土地权利证书、土地使用权发生转移的相关证明材料，申请建设用地使用权变更登记。委托代理人申请土地登记的，还应当提交授权委托书和代理人身份证明。

（2）受理。对于当事人的申请，国土资源管理部门认为属于本机关管辖且申请材料齐全、符合法定形式，或者申请人按照要求提交全部补正申请材料的，应当受理土地登记申请。

（3）审查。国土资源行政主管部门应当对受理的土地登记申请进行审查。国土资源行政主管部门受理土地登记申请后，认为必要的，可以就有关登记事项向申请人询问，也可以对申请登记的土地进行实地查看。国土资源行政主管部门应当自受理土地登记申请之日起二十日内，办结土地登记审查手续。特殊情况需要延期的，经国土资源行政主管部门负责人批准后，可以延长十日。

（4）变更登记。国土资源行政主管部门在审查后认为符合法定的变更的条件的，予以办理变更登记。建设用地使用权转让登记，是建设用地使用权转让双方应当履行的义务。未进行变更登记的，不影响转让合同的效力，当事人请求确认转让合同无效的，人民法院不予以支持；但未进行登记，依照我国《物权法》第139条的规定，受让方不享有建设用地使用权，但受让人有权要求转让人为其办理变更登记手续。

（四）建设用地使用权转让的法律效力

建设用地使用权转让进行变更登记后，发生如下法律效力：

1. 建设用地使用权出让合同所载明的权利义务一并转移

《城镇国有土地使用权出让和转让暂行条例》第21条规定，土地使用权转让时，土地使用权出让合同和登记文件中所载明的权利、义务随之转移。可见，建设用地使用权转让后，转让合同中的受让人代替原出让合同中受让人，享有出让合同中的权利，履行出让合同中的义务，出让合同的权利义务发生了概括转移。

2. 地上建筑物、构筑物一并移转

《城镇国有土地使用权出让和转让暂行条例》第23条规定，土地使用权转让时，其地上建筑物、其他附着物所有权随之转移。《物权法》第146条也规定，建设用地使用权转让、互换、出资或者赠与的，附着于该土地上的建筑物、构筑物及其附属设施一并处分。

3. 一地数卖的处理

实践中，存在着转让人先后与数个受让人签订转让合同的情形，在数个受让合同均有效的情况下，究竟应该由哪一个受让人取得建设用地使用权，则存在争议。《最高人民法院关于审理涉及国有土地使用权合同纠纷案件适用法律问题的解释》第10条规定，土地使用权人作为转让方就同一出让土地使用权订立数个转让合同，在转让合同有效的情况下，受让方均要求履行合同的，按照以下情形分别处理：（1）已经办理土地使用权变更登记手续的受让方，请求转让方履行交付土地等合同义务的，应予支持；（2）均未办理土地使用权变更登记手续，已先行合法占有投资开发土地的受让方请求转让方履行土地使用权变更登记等合同义务的，应予支持；（3）均未办理土地使用权变更登记手续，又未合法占有投资开发土地，先行支付土地转让款的受让方请求转让方履行交付土地和办理土地使用权变更登记等合同义务的，应予支持；（4）合同均未履行，依法成立在先的合同受让方请求履行合同的，应予支持。其同时规定，未能取得土地使用权的受让方请求解除合同、赔偿损失的，按照我国《合同法》的有关规定处理。

三、建设用地使用权抵押

（一）建设用地使用权抵押概述

建设用地使用权抵押是指为担保债务的履行，抵押人不转移土地的占有，将建设用地使用权抵押给债权人，并约定当债务人不履行到期债务时债权人有权就建设用地使用权做出处分并优先受偿。作为担保物权的一种，除具有一般担保物权的特征外，建设用地使用权抵押还具有如下特征：

第一，建设用地使用权抵押的客体是土地使用权。建设用地使用权抵押的标的不是土地所有权，也不是其他有体物，而是一种设定于土地这种不动产上的权利，即建设用地使用权。第二，建设用地使用权抵押无需移转占有。建设用地使用权抵押，需要办理抵押登记手续，但抵押权人不占有土地使用权，土地使用权仍由抵押人占有、使用与收益，但建设用地使用权的处分权受到限制，抵押人处分建设用地使用权，需要抵押权人同意。第三，建设用地使用权抵押必须办理抵押登记方可设立。动产抵押权的设立，可以不办理登记，农村土地承包经营权作为抵押标的设定抵押权时，可以不办理抵押登记，只不过不办理抵押登记，抵押权的效力不得对抗第三人。但建设用地使用权抵押必须办理抵押登记，否则抵押权无法设立。

（二）建设用地使用权抵押的设立

按照我国《物权法》第185条的规定，设立抵押权，当事人应当采取书面形式订立抵押合同。按照该法第187条的规定，以建设用地使用权设定抵押的，应当办理抵押登记。抵押权自登记时设立。因此，建设用地使用权抵押的设立，需要签订书面的抵押合同，并办理抵押权登记。

1. 建设用地使用权抵押合同

建设用地使用权抵押合同是为确保债权人的债权，由抵押人与抵押权人签订的以建设用地使用权设定抵押，当债务人不履行义务时，由债权人处分抵押的建设用地使用权，从而优先受偿的一种担保合同。

建设用地使用权抵押合同一般包括下列条款：（1）被担保债权的种类和数额；（2）债务人履行债务的期限；（3）抵押财产的名称、数量、质量、状况、所在地、所有权归属或者使用权归属；（4）担保的范围。在抵押合同中，抵押权人在债务履行期届满前，不得与抵押人约定债务人不履行到期债务时抵押财产归债权人所有。

建设用地使用权抵押合同的当事人为抵押人与抵押权人。抵押人可以是债务人，也可以是债权债务关系之外的第三人，但需对建设用地使用权具有处分权，如果建设用地使用权权属已经发生争议、被查封等，则不得予以抵押。还需要注意，国有企业作为抵押人，其抵押建设用地使用权，需遵守国有资产管理法律的限制。抵押权人同时也是债权债务关系中的债权人，对抵押权人的资格一般无特殊限制。

2. 建设用地使用权抵押登记

建设用地使用权抵押登记，是抵押人与抵押权人签订抵押合同后，依法向县级及以上人民政府国土资源行政主管部门提出申请，由该土地登记部门把建设用地使用权抵押行为登记于登记簿并予以公示的行为。

建设用地使用权抵押登记的程序如下：（1）申请。即抵押人与抵押权人一同持土地权利证书、主债权债务合同、抵押合同以及相关证明材料，申请土地使用权抵押登记；（2）受理。申请材料齐全、符合法定形式，或者申请人按照要求提交全部补正申请材料的，应当受理土地登记申请。如申请登记的土地不在本登记辖区内，应当当场作出不予受理的决定；如果申请材料不齐全或者不符合法定形式的，应当当场或者在五日内一次告知申请人需要补正的全部内容；（3）审查。国土资源行政主管部门应当对受理的土地登记申请进行审查，必要的，可以就有关登记事项向申请人询问，也可以对申请抵押登记的土地进行实地查看。认为符合条件的，应当予以办理抵押登记。

3. 不予办理抵押登记的建设用地使用权

按照《土地登记办法》第18条的规定，有下列情形之一的，不予登记：（1）土地权属有争议的；（2）土地违法违规行为尚未处理或者正在处理的；（3）未依法足额缴纳土地有偿使用费和其他税费的；（4）申请登记的土地权利超过规定期限的；（5）其他依法不予登记的。

不予登记的，国土资源管理部门应当书面告知申请人不予登记的理由。

（三）建设用地使用权抵押的效力

1. 对抵押标的的效力

建设用地使用权抵押后，对建设用地使用权的效力如下：（1）依据物权法的规定，地上建筑物随之一并抵押；（2）债务人不履行债务致使建设用地使用权被人民法院依法扣押的，自扣押之日起抵押权人有权收取建设用地使用权出租等产生的法定孳息。

2. 对抵押人的效力

建设用地使用权抵押后，对抵押人有如下效力：（1）抵押人仍享有占有、使用、收益的权利，但不得损害抵押权人的抵押权；（2）对建设用地使用权予以出租或在建设用地使用权上设定新的抵押权；（3）未经抵押权人许可，不得转让抵押物；（4）妥善保管抵押物，不得以自己的行为减损抵押物的价值。

3. 对抵押权人的效力

建设用地使用权抵押后，对抵押权人有如下效力：（1）建设用地使用权的价值保全权，即在抵押人的行为足以使抵押物的价值减少时，抵押权人有权要求抵押人停止其行为；抵押物价值减少时，抵押权人有权要求抵押人恢复抵押物的价值，或提供与减少的价值相当的担保；抵押人对抵押物价值的减少无过错的，抵押权人有权在抵押人因损害而得到的赔偿范围内要求提供担保；（2）对建设用地使用权处分及优先受偿权，即在债权到清偿期而未受到清偿或约定的条件出现时，债权人有权将建设用地使用权进行处分，并优先受偿。

（四）划拨建设用地使用权抵押

划拨土地使用权原则上不得抵押，但经过市、县人民政府土地管理部门和房产管理部门批，符合下列条件的，划拨土地使用权及地上建筑物可以抵押：（1）土地使用者为公司、企业、其他经济组织和个人；（2）领有国有土地使用证；（3）具有地上建筑物、其他附着物合法的产权证明；（4）依照关于建设用地使用权出让的规定签订土地使用权出让合同，向当地市、县人民政府补交土地使用权出让金或者以转让、出租、抵押所获效益抵交土地使用权出让金。

按照担保法司法解释的规定，对于抵押的划拨土地使用权及地上建筑物处分所得价款，应先行补缴土地出让金，剩余部分债权人方可优先受偿。

四、建设用地使用权合作开发

（一）建设用地使用权合作开发概述

《最高人民法院关于审理涉及国有土地使用权纠纷案件适用法律问题的解释》第14条规定，本解释所称的合作开发房地产合同，是指当事人订立的以提供出让土地使用权、资金等作为共同投资，共享利润、共担风险合作开发房地产为基本内容的协议。因此，建设用地使用权合作开发是指当事人双方提供出让的土地使用权、资金等作为共同投资，以共享收益、共担风险的房地产开发行为。

建设用地使用权合作开发具有如下特征。

1. 建设用地使用权合作开发是一种合伙性质的行为

合作开发的各方需共同投入资金、土地使用权等作为投资，并共同经营合作开发的项目，按照约定或法定的比例承担合作开发的风险。按照《最高人民法院关于审理涉及国有土地使用权纠纷案件适用法律问题的解释》的规定，违反风险共担的合作开发，均不作为真正的合作开发对待，而是按照租赁合同、借款合同、建设用地使用权转让合同来定性。

2. 建设用地使用权合作开发是房地产开发行为

建设用地使用权人取得建设用地使用权，其目的是在土地上建造房屋等建筑物、构筑物，这是设定该类用益物权的目的。因此，建设用地使用权合作开发合作开发实际上利用建设用地使用权进行房屋等建筑物、构筑物的建设，即房地产开发。它与合作进行土地整理有显著的区别。

（二）建设用地使用权合作开发合同有效的条件

建设用地使用权合作开发合同有效，除需具备一般的合同有效条件之外，还需要具备以下条件：

1. 合作开发一方有开发资质

为保证房地产开发的工程质量，房地产开发市场实行资质管理制度，所有的开发企业必须具备特定的开发资质。《最高人民法院关于审理涉及国有土地使用权纠纷案件适用法律问题的解释》第15条规定，合作开发房地产合同的当事人一方具备房地产开发经营资质的，应当认定合同有效，当事人双方均不具备房地产开发经营资质的，应当认定合同无效。

为补正该类合同的效力，该解释第15条第2款又规定，起诉前当事人一方已经取得房地产开发经营资质或者已依法合作成立具有房地产开发经营资质的房地产开发企业的，应当认定合同有效。

2. 合作开发合同的各方需共担风险

建设用地使用权合作开发本质上是一种合伙行为，需要各方共担风险，因此不符合风险共担机制的合作开发合同，是无效的合作开发合同，应按其他合同类型来对待。《最高人民法院关于审理涉及国有土地使用权纠纷案件适用法律问题的解释》第24条、第25

条、第 26 条、第 27 条分别规定，合作开发房地产合同约定提供土地使用权的当事人不承担经营风险，只收取固定利益的，应当认定为土地使用权转让合同；合作开发房地产合同约定提供资金的当事人不承担经营风险，只分配固定数量房屋的，应当认定为房屋买卖合同；合作开发房地产合同约定提供资金的当事人不承担经营风险，只收取固定数额货币的，应当认定为借款合同；合作开发房地产合同约定提供资金的当事人不承担经营风险，只以租赁或者其他形式使用房屋的，应当认定为房屋租赁合同。

3. 以划拨建设用地使用权进行合作开发需要获得批准

《最高人民法院关于审理涉及国有土地使用权纠纷案件适用法律问题的解释》第 16 条规定，土地使用权人未经有批准权的人民政府批准，以划拨土地使用权作为投资与他人订立合同合作开发房地产的，应当认定合同无效。但起诉前已经办理批准手续的，应当认定合同有效。

（三）建设用地使用权合作开发合同无效的处理

对合作开发合同的无效，应根据过错的主观因素，区分下列不同情况分别处理。资金尚未投入实际建设的，以土地使用权作为出资一方将对方投入的资金予以返还，并支付同期同类银行贷款的利息。资金已转化为在建中的建筑物，并有一定增值的，可以在返回投资款的同时，按照当地房地产业的利润情况，由以土地使用权作为投资的一方给予对方相应比例的经济补偿。房屋已建成的，可将约定出资方应得的房产份额按现行市价估值或者出资方实际出资占房屋造价的比例，认定出资方的经济损失，由以土地使用权作为投资的一方给予补偿。

（四）建设用地使用权合作开发的利润分配

为维护房地产开发的秩序，也是为了贯彻非法利益不予保护的原则，《最高人民法院关于审理涉及国有土地使用权纠纷案件适用法律问题的解释》第 19 条规定，下列情形主张利润分配的，法院不予处理：（1）依法需经批准的房地产建设项目未经有批准权的人民政府主管部门批准；（2）房地产建设项目未取得建设工程规划许可证；（2）擅自变更建设工程规划。

在允许进行利润分配的情况下，最高法院的司法解释确定了过错责任原则与投资比例原则的利润分配模式。该解释第 18 条规定，房屋实际建筑面积少于合作开发房地产合同的约定，对房屋实际建筑面积的分配比例，当事人协商不成的，按照当事人的过错确定；因不可归责于当事人的事由或者当事人过错无法确定的，按照约定的利润分配比例确定。第 22 条规定，合作开发房地产合同约定仅以投资数额确定利润分配比例，当事人未足额交纳出资的，按照当事人的实际投资比例分配利润。

五、建设用地使用权出租

（一）建设用地使用权出租概述

建设用地使用权出租是指建设用地使用权人作为出租人将土地使用权随同地上建筑

物、其他附着物租赁给承租人使用，由承租人向出租人支付租金的行为。建设用地使用权出租与国有土地使用权租赁有显著的不同。

1. 出租主体不同

国有土地租赁的出租主体是土地所有者，即国有土地所有人。建设用地使用权出租是从国有土地所有人那里通过出让、划拨等方式取得土地使用权的自然人、法人或其他组织。

2. 权益内容不同

国有土地租赁，承租人取得承租土地使用权。承租人在按规定支付土地租金并完成开发建设后，经土地行政主管部门同意或根据租赁合同约定，可将承租土地使用权转租、转让或抵押。建设用地使用权承租人的权利是建立在出租人与国土资源管理部门的出让合同、国有土地租赁合同的基础上的，其权利不可能超越出让合同、国有土地租赁合同中出租人在该类合同中的权益，且承租人不得对该类权益抵押或转让。

3. 建设用地使用权出租需房地一并租赁

按照《城镇国有土地使用权出让和转让暂行条例》第 17 条的规定，出租人将土地使用权随同地上建筑物、其他附着物租赁给承租人使用，且未按土地使用权出让合同规定的期限和条件投资开发、利用土地的，土地使用权不得出租。因此，建设用地使用权出租需房地一并租赁，不得单独出租土地使用权。

（二）建设用地使用权出租的特别规定

1. 出租人的规定

建设用地使用权出租的出租人需是按照出让方式取得土地使用权的受让人。以划拨方式取得土地使用权的，需要经过土地管理部门的批准，并向划拨机关缴纳土地出让金或以出租的租金抵缴土地出让金。

2. 出租的土地使用权的规定

建设用地使用权不得单独出租，且未按土地使用权出让合同规定的期限和条件投资开发、利用土地的，土地使用权也不得出租。

3. 出租登记

《城镇国有土地使用权出让和转让暂行条例》第 31 条规定，土地使用权和地上建筑物、其他附着物出租，出租人应当依照规定办理登记。但建设用地使用权出租未进行登记的。不影响租赁合同的效力，不过不得对抗善意第三人。

（三）建设用地使用权出租的效力

因建设用地使用权出租是房地一并出租，建设用地使用权出租具有如下特殊的效力：

1. 买卖不破租赁

建设用地使用权连同地上建筑物一并转让或抵押的，建设用地使用权承租人的权利不受影响。我国《物权法》第 190 条规定，订立抵押合同前抵押财产已出租的，原租赁关系不受该抵押权的影响。抵押权设立后抵押财产出租的，该租赁关系不得对抗已登记的抵押权。我国《合同法》第 229 条规定，租赁物在租赁期间发生所有权变动的，不影响租赁合同的效力。

2. 继续承租权与承租人的优先购买权

如在租赁期间内承租人死亡的，按照我国《合同法》第 234 条的规定，与其生前共同居住的人可以按照原租赁合同租赁该房屋。

如出租人转让土地使用权及地上建筑物的，承租人有优先购买权。我国《合同法》第 230 条规定，出租人出卖租赁房屋的，应当在出卖之前的合理期限内通知承租人，承租人享有以同等条件优先购买的权利。

本章小结

本章主要介绍建设用地使用权的出让、划拨、转让、抵押、合作开发和租赁，全景式地阐述了建设用地使用权在土地一级市场、二级市场的流转。我国建设用地使用权的取得有多种方式，最常见的是出让方式取得建设用地使用权，学生在学习时需要与以划拨的方式取得建设用地使用权区分的开来。在建设用地使用权的流转中，难点是建设用地使用权的合作开发与抵押，其中涉及较多的法律实务问题，本章相关内容对这些法律实务进行了阐述。学生在学习建设用地使用权的流转时，要结合不同的流转方式，采取对比的方法来进行。

本章的建设用地使用权仅限于城镇国有建设用地使用权，不涉及集体土地上设立的宅基地使用权等用益物权。

技能训练

比较建设用地使用权转让合同的优劣

目的：使学生学会收集格式或其他已有的合同文本，并结合所学习的建设用地使用权法律知识，分析各文本的优劣，培养学生资料收集、分析比较能力及法律运用能力。

要求一：通过多种途径收集建设用地使用权转让合同文本，分析这些文本的基本内容。

要求二：结合所学习的建设用地使用权转让法律知识，分析各文本的优劣。

实践活动

建设用地使用权抵押合同起草

目的：使学生掌握建设用地使用权抵押合同起草的基本流程和合同要点，学会运用法律知识解决实际问题的能力。

基本情况：甲公司为一家经批准设立的小额贷款公司，从事小额贷款业务。其贷款品种中有抵押担保贷款类型。现该公司总经理李某要求你起草一份建设用地使用权抵押合同，以满足公司贷款业务开展的需要。

要求：（1）你起草合同的身份为公司的法律顾问；（2）合同要求条款完备、逻辑严谨；（3）合同可以防范相应的法律风险，并充分保护公司的合法权益。

第六章

建设工程合同

🦅 学习目标

知识目标：

了解建设工程合同的特点及主要内容

了解建设工程合同示范文本的重要作用及主要条款

掌握建设工程合同效力的认定和处理

掌握建设工程合同容易发生争议的条款及争议解决的方式

能力目标：

知道建设工程合同在建设工程中的重要性

了解建设工程合同在签订和履行过程中容易发生纠纷的情形

掌握建设工程合同实务中解决纠纷的方法

第一节　建设工程合同概述

🦅 案例导入

《建设工程施工合同（示范文本）》——不可或缺的范本

住房和城乡建设部、国家工商管理总局于 2013 年颁布了 2013 年版的《建设工程施工合同（示范文本）》（GF—2013-0201），该范本 2013 年 7 月 1 日开始执行。《建设工程施工合同（示范文本）》虽然不是强制性规范，不具有强制执行的效力，但其在建设工程领域已经被广泛的采用，对规范和指导建设工程合同的签订、履行及争议的解决，起到了不可或缺的作用。

从 20 世纪 80 年代开始，我国的房地产业就逐步进入了市场化的轨道，随后步入了快速发展的时期，建筑业也成为我国的支柱产业。建筑业的快速发展也使建设工程领域出现了各种矛盾和问题，为了规范建筑市场各方的行为，使建筑市场健康发展，国家建设主管部门开始了建设工程合同示范文本的制定工作。住建部、国家工商总局曾经于 2001 年和 2009 年颁布过两个示范文本，这两个示范文本是在当时的社会和经济条件下制定的。随着我国房地产市场的繁荣以及国际建筑市场的发展，1999 年版的示范文本越来越不适应新形势的需要。2013 年版的《建设工程施工合同》示范文本（GF—2013-0201）是在对1999 年版的《建设工程施工合同》示范文本进行修订后颁布的。

2013 年版的《建设工程施工合同》示范文本（GF—2013-0201）适应当前新的市场形势和法律法规的需要，对不适应现行法律法规、司法解释和建设工程市场需求的内容作了全面的修改，并完善和增加了监理、索赔、争议解决、计价方式、工程结算等新的内容，使该文本对合同双方权利义务约定的更加完善、明确、具体，在工程建设领域得到了广泛使用，取得了良好的规范和指引作用。该文本的使用可以节约签约的谈判时间、明确合同双方的权利义务、平衡各方的利益、有效预防和解决争议的发生。

一、建设工程合同概述

（一）建设工程合同概念

建设工程合同，是指承包人进行工程建设，发包人支付价款的合同。建设工程合同包括工程勘察、设计、施工合同。建设工程合同在广义上属承揽合同，是特殊的承揽合同。对于建设工程合同没有规定的内容，适用承揽合同的相关规定。

（二）建设工程合同的特征

建设工程合同是有名合同、要式合同。我国《合同法》第 16 章定义了建设工程合同，第 269 条对建设工程合同的内涵与外延做出了明确界定，因此建设工程合同是有名合同；我国《合同法》第 270 条规定建设工程合同应当采用书面形式，因此建设工程合同又是要式合同。

建设工程合同的主体需要法定的资质。建设工程合同的主体是有限制的，承包人只能是具有从事勘察、设计、施工、安装等资格的人。承包人未取得建筑施工企业资质或者超越资质等级的，或没有资质的实际施工人借用有资质的建筑施工企业名义的，建设工程施工合同无效。但承包人在建设工程竣工前取得相应资质等级的，应当认定合同有效。

建设工程合同组成具有复杂性。建设工程合同不是一个单一的合同文件，而是由一系列文件组成。2013 版的《建设工程施工合同（示范文本）》由合同协议书、通用合同条款和专用合同条款三部分组成。除此之外招投标文件、补充协议、合同附件等也是建设工程合同的重要组成部分。建设工程施工合同包括以下内容：（1）协议书；（2）中标通知书（如果有）；（3）投标函及其附录（如果有）；（4）专用合同条款及其附件；（5）通用合同条款；（6）技术标准和要求；（7）图纸；（8）已标价工程量清单或预算书；（9）其他合同文件；（10）附件。

建设工程合同的签约程序法定。建设工程合同的签订大部分都需要进行招投标。列入招标范围的工程必须进行招标后方可依法签订合同，应当招标而未招标或者中标无效的，将导致合同无效。招标人和中标人签署的协议，不得背离招投标文件实质性内容。

二、建设工程施工合同的主体

建设工程施工合同的主体是发包人和承包人。发包人又称业主或者建设单位，是指与承包人签订合同协议书的当事人及取得该当事人资格的合法继承人。承包人又称施工人，是指与发包人签订合同协议书的，具有相应工程施工承包资质的当事人及取得该当事人资格的合法继承人。

（一）发包人的义务

（1）办理进行工程建设的相关手续和文件。进行工程建设需要办理国有土地使用证、建设工程规划许可证、建设工程施工许可证等相关文件，这些都需要发包方在开工前完成，没有这些手续不能施工或者需要停工补办。

（2）按合同约定支付预付款。建设工程施工合同一般都会约定建设单位在施工方进场前支付一定的预付款，作为前期施工的费用，建设单位不按约定支付预付款，施工人可以拒绝施工。

（3）按照合同约定提供场地、设备、材料、资金和技术资料。

（4）组织工程验收。隐蔽工程在隐蔽以前，发包人接到承包人的通知后应及时检查；建设工程竣工后，发包人应当根据施工图纸、施工验收规范和质量检验标准及时进行验收。建设工程经验收合格后，方可进入到下一个施工环节，或者交付使用；未经验收或者验收不合格的，不得交付使用。

（5）接受建设工程并且按照约定支付工程价款。工程款包括进度款和结算款，一般都在建设工程施工合同中有明确约定。建筑工程完成并经验收合格，发包人应当及时接受并支付工程价款。发包人未按约定支付价款的，经承包人催告后在合理期限内仍未支付的，承包人可以根据我国《合同法》第286条行使优先权，以工程折价或者拍卖的价款优先受偿。

（二）承包人的义务

（1）按照合同约定及时组织人员进场施工。承包人进场施工一般就是建设工程建设工期的起算时间，承包人前期拖延进场，会影响工程的进度，承包人为了避免延误工期受到处罚或者承担违约责任，一般会在后期赶工期，导致过程出现质量问题。

（2）严格按照发包人提供的设计文件和施工图纸施工。发包人提供的设计文件和施工图纸是建设工程施工的主要依据，承包人应严格按照工程设计图纸、施工技术标准和施工合同进行施工。遇到问题需要变更设计的应及时向发包方或者监理人汇报，不得擅自修改工程设计。

（3）对建筑材料、建筑构配件、设备和商品混凝土进行检验，未经检验或者检验不合格的，不得使用。因施工人原因致使建设工程质量不符合约定的，应当在合理期限内无偿修理或者返工、改建。

（4）接受发包人和监理人的管理和监督。发包人及监理人在不妨碍承包人正常作业的情况下，可以随时对作业进度和工程质量进行检查。对发包人及监理人正常的检查监督工作，承包人应当积极支持和配合。

（5）按约定完成并交付合格工程。获得合格的建设工程是发包人的缔约目的，也是承包人取得工程款的前提。承包人应该在约定的期限内完成符合质量要求的建设工程并按约定将工程移交给发包人，因承包人原因致使建设工程质量不符合约定的，发包人有权要求施工人在合理期限内无偿修理或者返工、改建。承包人逾期交付工程或者交付的工程不合格的，施工人应当承担违约责任。

（6）保修和损害赔偿责任。建设工程实行质量保修制度，建筑工程竣工验收后，在保修范围和保修期限内出现质量问题的，承包人应当及时履行保修义务，因承包人原因致使建设工程在合理使用期限内造成人身和财产损害的，承包人应当承担赔偿责任。

三、建设工程施工合同的主要内容

（一）建设工程合同的组成

建设工程施工合同由合同协议书、通用合同条款和专用合同条款三部分组成。合同协议书主要包括工程概况、合同工期、质量标准、签约合同价和合同价格形式、项目经理、合同文件构成、承诺以及合同生效条件等重要内容，集中约定了合同当事人基本的合同权利义务。

通用合同条款是合同当事人根据《中华人民共和国建筑法》、《中华人民共和国合同法》等法律法规的规定，就工程建设的实施及相关事项，对合同当事人的权利义务作出的原则性约定。通用合同条款主要包括一般约定、发包人、承包人、监理人、工程质量、安全文明施工与环境保护、工期和进度、材料与设备、试验与检验、变更、价格调整、合同价格、计量与支付、验收和工程试车、竣工结算、缺陷责任与保修、违约、不可抗力、保险、索赔和争议解决。前述条款安排既考虑了现行法律法规对工程建设的有关要求，也考虑了建设工程施工管理的特殊需要。

专用合同条款是对通用合同条款原则性约定的细化、完善、补充、修改或另行约定的条款。合同当事人可以根据不同建设工程的特点及具体情况，通过双方的谈判、协商对相应的专用合同条款进行修改补充。在使用专用合同条款时，应注意以下事项：（1）专用合同条款的编号应与相应的通用合同条款的编号一致；（2）合同当事人可以通过对专用合同条款的修改，满足具体建设工程的特殊要求，避免直接修改通用合同条款；（3）在专用合同条款中有横道线的地方，合同当事人可针对相应的通用合同条款进行细化、完善、补充、修改或另行约定。如无细化、完善、补充、修改或另行约定，则填写"无"或画"/"。

（二）建设工程施工合同的主要条款

1. 当事人条款

合同应明确发包人与承包人的名称、法定代表人、工商登记号、住所及联系方式等基本情况，承包人应具备与合同工程相对应的施工企业资质等级。

2. 工程概况

该条款主要用于明确合同所指向的建设工程的项目名称、施工现场的位置、施工界区、工程立项批准文号、资金来源、工程内容和范围等内容。

3. 工期和进度条款

该条约定计划开工日期、计划竣工日期和工期总日历天数，一般情况下，计划竣工日期和计划开工日期之间的日历天数与工期总日历天数是一致的，如果两者出现不一致的情况，则应当按照工期总日历天数认定合同工期。

承包人应在合同约定的期限内向监理人提交详细的施工组织设计，并由监理人报送发包人，发包人和监理人应在约定期限内确认或提出修改意见。对发包人和监理人提出的合理意见和要求，承包人应自费修改完善。根据工程实际情况需要修改施工组织设计的，承包人应向发包人和监理人提交修改后的施工组织设计。

承包人应按照约定提交详细的施工进度计划，施工进度计划的编制应当符合国家法律规定和一般工程实践惯例，施工进度计划经发包人批准后实施。施工进度计划是控制工程进度的依据，发包人和监理人有权按照施工进度计划检查工程进度情况。

4. 监理人条款

工程实行监理的，发包人和承包人应在专用合同条款中明确监理人的监理内容及监理权限等事项。监理人应当根据发包人授权及法律规定，代表发包人对工程施工相关事项进行检查、查验、审核、验收，并签发相关指示，但监理人无权修改合同，且无权减轻或免除合同约定的承包人的任何责任与义务。

5. 质量条款

工程质量标准必须符合现行国家有关工程施工质量验收规范和标准的要求。对于工程质量的特殊标准或要求合同当事人还可以在专用合同条款中约定。

6. 价格条款

单价合同是指合同当事人约定以工程量清单及其综合单价进行合同价格计算、调整和确认的建设工程施工合同，在约定的范围内合同单价不作调整。总价合同是指合同当事人约定以施工图、已标价工程量清单或预算书及有关条件进行合同价格计算、调整和确认的建设工程施工合同，在约定的范围内合同总价不作调整。合同当事人可在专用合同条款中约定其他合同价格形式。

预付款支付按照专用合同条款约定执行。进度款应根据工程的进度，按约定的期限或阶段内支付。结算款在工程竣工结算后支付。

7. 验收和工程试车条款

工程验收分为分部分项工程验收和竣工验收。第一，分部分项工程验收。分部分项工程质量应符合国家有关工程施工验收规范、标准及合同约定，承包人应按照施工组织设计的要求完成分部分项工程施工。分部分项工程未经验收的，不得进入下一道工序施工。第二，竣工验收，工程达到合同约定的竣工验收的条件后，承包人可以申请竣工验收，发包人应按约定的程序进行竣工验收。工程经竣工验收合格的，以承包人提交竣工验收申请报告之日为实际竣工日期。工程需要试车的，除专用合同条款另有约定外，试车内容应与承包人承包范围相一致，试车费用由承包人承担。

8. 竣工结算条款

承包人在工程竣工验收合格后应按合同约定向发包人和监理人提交竣工结算申请单，并提交完整的结算资料，有关竣工结算申请单的资料清单和份数等要求由合同当事人在专用合同条款中约定。监理人应在收到竣工结算申请单后应按约定完成核查并报送发包人。发包人应在收到监理人提交的经审核的竣工结算申请单后按约定期限完成审批，并由监理人向承包人签发经发包人签认的竣工付款证书。发包人应在签发竣工付款证书后的约定时间内完成对承包人的竣工付款。

9. 缺陷责任与保修条款

在工程移交发包人后，因承包人原因产生的质量缺陷，承包人应承担质量缺陷责任和保修义务。缺陷责任期届满，承包人仍应按合同约定的工程各部位保修年限承担保修义务。

10. 违约责任条款

（1）发包人违约的责任。在合同履行过程中发生了合同约定的违约情形，属于发包人违约的，发包人应承担因其违约给承包人增加的费用和（或）延误的工期，并支付承包人合理的利润。合同当事人可在专用合同条款中另行约定发包人违约责任的承担方式和计算方法。因发包人违约导致承包人解除合同的，发包人应承担由此增加的费用，并支付承包人合理的利润。

（2）承包人违约的责任。承包人应承担因其违约行为而增加的费用和（或）延误的工期。合同当事人可在专用合同条款中另行约定承包人违约责任的承担方式和计算方法。

11. 索赔条款

首先，承包人的索赔。根据合同约定，承包人认为有权得到追加付款和（或）延长工期的，应按约定程序向发包人提出索赔。监理人应在收到索赔报告后约定期限内完成审查并报送发包人。监理人对索赔报告存在异议的，有权要求承包人提交全部原始记录副本；发包人应在监理人收到索赔报告或有关索赔的进一步证明材料后在约定期限内，由监理人向承包人出具经发包人签认的索赔处理结果。

其次，发包人的索赔。根据合同约定，发包人认为有权得到赔付金额和（或）延长缺陷责任期的，监理人应向承包人发出通知并附有详细的证明。发包人应在知道或应当知道索赔事件发生后在约定期限内通过监理人向承包人提出索赔意向通知书，发包人未在前述约定期限内发出索赔意向通知书的，丧失要求赔付金额和（或）延长缺陷责任期的权利。发包人应在发出索赔意向通知书后在约定期限内，通过监理人向承包人正式递交索赔报告。承包人收到发包人提交的索赔报告后，应及时审查索赔报告的内容、查验发包人证明材料；在约定期限内，将索赔处理结果答复发包人。承包人接受索赔处理结果的，发包人可从应支付给承包人的合同价款中扣除赔付的金额或延长缺陷责任期；发包人不接受索赔处理结果的，按有关争议约定处理。

12. 争议解决条款

合同当事人可以就争议自行和解，自行和解达成协议的经双方签字并盖章后作为合同补充文件，双方均应遵照执行。因合同及合同有关事项产生的争议，合同当事人可以约定向约定的仲裁委员会申请仲裁或者向有管辖权的人民法院起诉方式解决争议。

第二节 建设工程合同的订立

案例导入

"黑合同"无效，应以"白合同"作为结算工程款的依据

【案例简介】上海某医院需要建一幢楼，通过招投标方式，确定上海某建筑公司中标，双方根据招投标文件签订了建设工程施工合同，并备案。施工合同约定，合同总价款为7000万元人民币，在工程竣工验收后支付工程总价款的95%，保修金为5%，保修期满后付清，工期为一年半。备案的施工合同签订后，医院又与施工单位签订补充协议，约定合同总价下浮8%，竣工验收后支付工程总价款的80%，余款在两年内付清，工期为一年三个月。补充协议未进行备案。

一年零四个月后，工程竣工并验收合格，但医院仅支付了4000万元工程款。剩余工程款经施工单位多次催要，医院均未支付。施工单位无奈诉至法院，要求医院按备案合同约定支付剩余工程款2935万元（其中增加工程的价款为300万元，7300×0.95-4000）。医院辩称，双方是按照补充协议履行的，依照补充协议的约定，目前仅需要支付1392万元【（7000×0.92+300）×0.8】。并且，施工单位拖延工期一个月，按约定应该承担5%的违约金322万元。

【法院判决】法院判决医院按备案合同的约定向施工单位支付工程款2935万元，并驳回医院要求施工单位承担工期延误违约金的请求。

【分析说明】经过备案的施工合同是双方根据招投标文件内容确定的，双方应该切实履行。补充协议虽然被双方所实际履行，但补充协议未经备案，违背我国招投标法规定，应属无效。

一、建设工程合同的类型

（一）工程勘察合同、工程设计合同、工程施工合同

建设工程勘察合同是承包方进行工程勘察，发包人支付价款的合同，建设工程勘察合同的标的是为建设工程需要而作的勘察成果。为了确保工程勘察的质量，勘察合同的承包方必须是经国家或省级主管机关批准，持有《勘察许可证》，具有法人资格的勘察单位。建设工程勘察合同必须符合国家规定的基本建设程序，违反国家规定的建设程序的勘察合同是无效合同。

建设工程设计合同是承包方进行工程设计，委托方支付价款的合同。建设工程设计合同的标的为建设工程需要而作的设计成果。建设工程设计合同的承包方必须是经国家或省级主要机关批准，持有《设计许可证》，具有法人资格的设计单位。

建设工程施工合同是承包方进行工程施工，发包人支付价款的合同。建设工程施工合

同的发包方可以是法人，也可以是依法成立的其他组织或公民，而承包方必须是法人，并且需要具备相应的资质等级。

（二）总承包合同、承包合同、专业分包合同、劳务分包合同

总承包合同，是指发包人将整个建设工程承包给一个总承包人而订立的建设工程合同。

承包合同，是指总承包人就工程勘察、设计、施工分别与勘察人、设计人、施工人订立的勘察、设计、施工承包合同。

专业分包合同，是指施工总承包人将其所承包工程中的专业工程发包给具有相应资质的其他建筑企业完成的合同。

劳务分包合同，是指施工总承包人或者专业承包人将其承包工程中的劳务作业发包给劳务分包企业的合同。

二、建设工程合同的签订程序

（一）必须进行招标工程的范围

我国《招标投标法》第3条规定，在中华人民共和国境内进行下列工程建设项目包括项目的勘察、设计、施工、监理以及与工程建设有关的重要设备、材料等的采购，必须进行招标：（1）大型基础设施、公用事业等关系社会公共利益、公众安全的项目；（2）全部或者部分使用国有资金投资或者国家融资的项目；（3）使用国际组织或者外国政府贷款、援助资金的项目。

（二）建设工程招投标程序

建设工程的招标是要约邀请，是指发包方就拟建的工程发布通告，希望符合条件的承包单位参加竞争，就该项目向发包方投标，发包方通过法定程序按照一定的原则和标准从中选择符合发包方要求条件的投标人来完成工程建设任务，并通过法定程序签订建设工程合同。建筑工程投标是指取得特定资质的具有投标资格的建筑项目承包单位，按照招标文件的要求，在规定的时间内向招标单位填报投标书，争取中标的法律行为。

开标由招标人主持，邀请所有投标人参加。由招标人或其推选的代表检查投标文件的密封情况，也可由招标人委托的公证机构进行检查并公证。经确认无误后，由有关工作人员当众拆封，宣读投标人名称、投标价格和投标文件的其他主要内容。招标人在招标文件要求提交投标文件的截止时间前收到的所有投标文件，开标时都应当当众予以拆封、宣读。开标过程应当记录，并存档备查。

评标由招标人依法组建的评标委员会负责。依法必须进行招标的项目，其评标委员会由招标人的代表和有关技术、经济等方面的专家组成，成员人数为五人以上单数，其中技术、经济等方面的专家不得少于成员总数的三分之二。评标委员会应当按照招标文件确定的评标标准和方法，对投标文件进行评审和比较；设有标底的，应当参考标底。评标委员会完成评标后，应当向招标人提出书面评标报告，并推荐合格的中标候选人。

招标人根据评标委员会提出的书面评标报告和推荐的中标候选人确定中标人。招标人

也可以授权评标委员会直接确定中标人。中标人确定后，招标人应当向中标人发出中标通知书，并同时将中标结果通知所有未中标的投标人。中标通知书对招标人和中标人具有法律效力。

（三）建设工程合同的签订和备案

我国《招标投标法》第 46 条规定，招标人和中标人应当自中标通知书发出之日起 30 日内，按照招标文件和中标人的投标文件订立书面合同。招标人和中标人不得再行订立背离合同实质性内容的其他协议。该合同需要向相关部门备案，作为双方履行权利和义务的根据，并且以该合同结算工程款、确定工程质量、解决合同履行过程中发生的纠纷。招标人和中标人可以在合同履行过程中根据实际情况签订补充协议，但如果另行订立协议与备案合同实质性内容相矛盾的，属于无效协议。

三、建设工程中的"黑白合同"

有些工程项目的招投标双方在签订中标的工程合同之前或者之后，还会另外再签订一份和招投标内容不一致的合同，作为双方结算的依据。按招投标要求签订的经过备案的合同习惯上称之为"白合同"，双方另外签订的未经过备案的合同，称为"黑合同"。"黑白合同"在当前的建设工程领域比较常见，发包方和承包方经常会因为"黑白合同"产生纠纷。"黑白合同"的存在违背了我国《招标投标法》确定的公开、公平、公正的原则，使招投标流于形式，形同虚设，使公开招标失去意义，严重侵害了其他投标人的利益，也严重损害了公共利益。"黑白合同"极易造成工程质量隐患、拖欠工程款等纠纷，最终也会损害合同双方的合法权益。

原则上认定"黑合同"为无效合同。我国《合同法》第 52 条第 5 项规定，违反法律、行政法规的强制性规定的合同无效。我国《招标投标法》第 46 条第 1 款规定，招标人和中标人应当自中标通知书发出之日起 30 日内，按照招标文件和中标人的投标文件订立书面合同。招标人和中标人不得再行订立背离合同实质性内容的其他协议。订立"黑合同"的双方当事人，违反了我国《招标投标法》第 46 条的强制性规定，所签订的"黑合同"应认定为无效合同。

一般认定"白合同"为有效合同。"白合同"是指发标人和中标人经过招投标程序后签订经过备案的合同。该合同是经过法定程序签订的，没有合同无效的情况下，应当然的确认该合同的效力。《建设工程施工合同解释》第 21 条规定，当事人就同一建设工程另行订立的建设工程合同与经过备案的中标合同实质性内容不一致的，应当以备案的中标合同作为结算工程款的根据。该解释明确规定了在"黑白合同"发生冲突时，以"白合同"作为结算依据，确定了"白合同"的效力。

招标方和中标方恶意串标签订的"白合同"和"黑合同"均应认定为无效合同。当事人通过串标、低于成本价中标等违法进行招投标，"白合同"也应该认定为无效合同，我国《招标投标法》第 53 条规定，投标人互相串通或者与招标人串通投标的，投标人以向招标人或者评标委员会成员行贿的手段谋取中标的，所签订的合同无效。因此，当事人违法进行招投标，又另行订立建设工程施工合同的，不论中标合同是否经过备案登记，两份合同均为无效。

典型案例

恶意串标："黑白合同"均无效，应按实际履行的合同结算工程款

【案例简介】2003 年 9 月 28 日，某房地产公司与某建筑公司签订建设工程补充协议一份，约定由某建筑公司承建某房地产公司的建设工程。该协议约定工程造价为 3289 万元，本协议作为合同文本的补充条件，与合同具有同等法律效力。原招投标文件、中标通知书与合同文本及本补充协议有抵触的，以合同文本及本补充协议为准，当合同文本与本补充协议有抵触的，以本补充协议为准。2003 年 11 月，某房地产公司发布招标文件。应某房地产公司的邀请，某建筑公司作为投标人参加了投标，并以总造价下浮 5.25% 中标。2003 年 12 月 28 日，双方订立建设工程施工合同一份，工程造价为 4837 万元，合同工期是 2003 年 12 月 28 日至 2004 年 10 月 28 日，总日历天数为 300 天。并明确双方于 2003 年 9 月 28 日签订的补充协议作为建设工程施工合同文本的补充内容，其法律效力大于合同文本。

后某建筑公司依约施工，工程也竣工验收。2008 年 5 月 18 日某建筑公司向法院起诉，要求按照招投标合同结算工程款，工程造价为 4837 万元，某房地产公司已支付 3289 万元，尚有 1548 万元没有支付，请求某房地产公司立即支付。某房地产公司则要求按照招投标合同进行结算。

【法院判决】应当按照补充协议作为结算依据，对某房地产公司要求按照招投标合同进行结算的请求不予支持。

【分析说明】最高人民法院《关于审理建设工程施工合同纠纷案件适用法律问题的解释》（以下简称《解释》）第 21 条的规定，以中标合同作为工程价款的结算依据，其前提是招投标必须是在合法的情况下进行，中标合同必须是有效合同。本案中所涉及的"黑合同"和"白合同"均是双方恶意串通的结果，均应当认定无效。因此本案不应按照《解释》第 21 条的规定，以中标合同作为工程价款的结算依据。结合双方当事人的约定，可以认定双方在实际履行过程中，实际是按照补充协议而非招投标合同，因此按照双方当事人的真实意思表示和实际履行的情况，应当按照补充协议作为结算依据。

讨论：1. 本案法院依据双方实际履行的合同作为结算依据是否正确？

2. 在"黑白合同"均无效的情况下，如何结算工程款？

第三节　建设工程合同的效力

案例导入

工程质量合格，建设工程施工合同无效也可以获得工程款

近年来，我国建筑业在快速发展的同时，也出现了一些问题，如工程非法转包、违法

分包、无资质的企业挂靠有资质的企业承包工程等屡见不鲜，导致工程质量得不到保障，拖欠工程款和农民工工资问题屡屡发生，以致每年都有农民工跳楼讨薪的事件发生。为了妥善解决上述问题，最高人民法院《关于审理建设工程施工合同纠纷案件适用法律问题的解释》第 2 条规定"建设工程施工合同无效，但建设工程经竣工验收合格，承包人请求参照合同约定支付工程价款的，应予支持"。该规定一方面突出了工程质量的重要性，另一方面保证了实际施工人的利益，重点是保护农民工的利益。

试讨论无效建设工程合同中的利益衡量。

一、建设工程的资质管理

（一）房地产开发企业的资质要求

《城市房地产管理法》第 29 条规定，房地产开发企业是以营利为目的，从事房地产开发和经营的企业。设立房地产开发企业，应当具备下列条件：（1）有自己的名称和组织机构；（2）有固定的经营场所；（3）有符合国务院规定的注册资本；（4）有足够的专业技术人员；（5）法律、行政法规规定的其他条件。建设部于 2000 年颁布《房地产开发企业资质管理规定》，按自有流动资金与注册资本数量、专业技术人员数量与资质、开发经历、已开发竣工房屋面积等条件将房地产开发企业划分为四级。一级资质的房地产开发企业承担房地产项目的建设规模不受限制，可以在全国范围承揽房地产开发项目。二级资质及二级资质以下的房地产开发企业可以承担建筑面积 25 万平方米以下的开发建设项目，承担业务的具体范围由省、自治区、直辖市人民政府建设行政主管部门确定。由此可见，国家对房地产开发行业实行的是严格的资格准入制度。

（二）建设工程承包企业的资质要求

建设工程的承包人包括工程勘察单位、设计单位及施工单位，我国现行法律法规对这类主体的资质要求比对发包人的要求更为严格。我国《建筑法》第 12 条规定，从事建筑活动的建筑施工企业、勘察单位、设计单位和工程监理单位，应当具备下列条件：（1）有符合国家规定的注册资本；（2）有与其从事的建筑活动相适应的具有法定执业资格的专业技术人员；（3）有从事相关建筑活动所应有的技术装备；（4）法律、行政法规规定的其他条件。第 13 条规定，应按建筑企业的注册资本、专业技术人员、技术装备和已完成的工程业绩划分为不同的资质等级，在取得相应资质证书后，方可在资质等级许可的范围内从事建筑活动。住建部《建筑业企业资质标准》、《建设工程勘察设计企业资质管理规定》等行政规章对施工单位、设计单位、勘察单位和监理单位的资质管理进行详细规定，其中工程勘察资质分为工程勘察综合资质、工程勘察专业资质、工程勘察劳务资质；工程设计资质分为工程设计综合资质、工程设计行业资质、工程设计专项资质；施工企业资质分为施工总承包、专业承包和劳务分包三个序列，各自评定不同等级，相应资质的企业只能在其资质许可的业务范围内承揽工程业务。

对工程承包人违反资质条件所签订的建设工程合同，依法应当认定无效。禁止建筑施工企业超越本企业资质等级许可的业务范围或者以任何形式用其他建筑施工企业的名义承揽工程。禁止建筑施工企业以任何形式允许其他单位或者个人使用本企业的资质证书、营业执照，以本企业的名义承揽工程。由此可见国家在建筑施工市场管理方面的严格立场。

二、建设工程的非法转包和违法分包

（一）建设工程转包的认定

建设工程转包，是指承包单位承包建设工程后，不履行合同约定的义务，将其承包的全部建设工程转给他人或者将其承包的全部建设工程肢解以后以分包的名义分别转给其他单位承包的行为。

我国《合同法》第272条规定，承包人不得将其承包的全部建设工程转包给第三人或者将其承包的全部建设工程肢解以后以分包的名义分别转包给第三人。住建部颁布的《建筑工程施工转包违法分包等违法行为认定查处管理办法（试行）》第7条规定了建设工程转包的具体情形：（1）施工单位将其承包的全部工程转给其他单位或个人施工的；（2）施工总承包单位或专业承包单位将其承包的全部工程肢解以后，以分包的名义分别转给其他单位或个人施工的；（3）施工总承包单位或专业承包单位未在施工现场设立项目管理机构或未派驻项目负责人、技术负责人、质量管理负责人、安全管理负责人等主要管理人员，不履行管理义务，未对该工程的施工活动进行组织管理的；（4）施工总承包单位或专业承包单位不履行管理义务，只向实际施工单位收取费用，主要建筑材料、构配件及工程设备的采购由其他单位或个人实施的；（5）劳务分包单位承包的范围是施工总承包单位或专业承包单位承包的全部工程，劳务分包单位计取的是除上缴给施工总承包单位或专业承包单位"管理费"之外的全部工程价款的；（6）施工总承包单位或专业承包单位通过采取合作、联营、个人承包等形式或名义，直接或变相的将其承包的全部工程转给其他单位或个人施工的；（7）法律法规规定的其他转包行为。该办法为转包工程的认定提供了依据。

（二）建设工程违法分包的认定

建设工程违法分包，是指承包方承包工程后违反法律法规规定或者施工合同关于工程分包的约定，把单位工程或分部分项工程分包给其他单位或个人施工的行为。禁止承包单位将其承包的全部建筑工程肢解以后以分包的名义分别转包给他人。

《建筑工程施工转包违法分包等违法行为认定查处管理办法（试行）》第9条规定了建设工程违法分包的具体情形：（1）施工单位将工程分包给个人的；（2）施工单位将工程分包给不具备相应资质或安全生产许可的单位的；（3）施工合同中没有约定，又未经建设单位认可，施工单位将其承包的部分工程交由其他单位施工的；（4）施工总承包单位将房屋建筑工程的主体结构的施工分包给其他单位的，钢结构工程除外；（5）专业分包单位将其承包的专业工程中非劳务作业部分再分包的；（6）劳务分包单位将其承包的劳务再分包的；（7）劳务分包单位除计取劳务作业费用外，还计取主要建筑材料款、周转材料款和大中型施工机械设备费用的；（8）法律法规规定的其他违法分包行为。

三、建设工程合同无效的法律后果

（一）建设工程施工合同无效的情形

我国《合同法》第52条规定下列五种情形的合同无效：（1）一方以欺诈、胁迫的手段订立合同、损害国家利益的，合同无效；（2）恶意串通、损害国家、集体或者第三人利益的合同无效；（3）以合法形式掩盖非法目的的合同无效；（4）损害社会公共利益的合同无效；（5）违反法律、行政法规的强制性规定合同无效。

除了我国《合同法》规定的上述情形之外，《最高人民法院关于审理建设工程施工合同纠纷案件适用法律问题的解释》第一条又列举了建设工程施工合同无效的五种情形：（1）承包人未取得建筑施工企业资质或者超越资质等级的；（2）没有资质的实际施工人借用有资质的建筑施工企业名义的；（3）建设工程必须进行招标而未招标或者中标无效；（4）承包人非法转包建设工程的；（5）承包人违法分包建设工程的。

（二）建设工程合同被确认无效后的处理方法

我国《合同法》第58条规定，合同无效或者被撤销后，因该合同取得的财产，应当予以返还；不能返还或者没有必要返还的，应当折价补偿。有过错的一方应当赔偿对方因此所受到的损失，双方都有过错的，应当各自承担相应的责任。我国《合同法》第59条规定，当事人恶意串通，损害国家、集体或者第三人利益的，因此取得的财产收归国家所有或者返还集体、第三人。

建设工程施工合同与其他合同相比具有特殊性，建设工程合同的实际履行过程，即为承包人通过自己的劳动与建筑材料相结合并转化为建筑物的过程。即便建设工程合同无效，建筑物已经建成，不可能通过返还财产或者折价补偿的方式恢复原状。《最高人民法院关于审理建设工程施工合同纠纷案件适用法律问题的解释》把建设工程施工合同被确认无效后区分为建设工程质量合格和质量不合格两种情况进行处理。

《最高人民法院关于审理建设工程施工合同纠纷案件适用法律问题的解释》第2条规定，建设工程施工合同无效，但建设工程经竣工验收合格，承包人请求参照合同约定支付工程价款的，应予支持。根据该条规定，被确认无效的建设工程合同获得工程款是附有条件的。首先是工程质量合格，质量是建设工程的生命所在，建设工程作为不动产，其建设和使用具有长期性，往往关系到国家利益和社会利益，关系到人民群众的生命财产安全。国家采取各种措施规范建筑市场和建设行为，其目的也主要是保障建设工程的质量。其次是"参照合同约定支付工程价款"，而非"按照"合同约定支付工程价款，也就是说支付的工程款，不一定是合同约定的金额或者是按合同约定的方式计算的金额，可能是通过其他标准支付的金额，这也是无效合同和有效合同的重要区别。

建设工程施工合同无效，对经竣工验收不合格的建设工程发包方有权要求承包方进行修复，承包方拒绝修复的，发包方可以不支付工程款。经承包方修复后，仍验收不合格的，发包方不支付工程款，修复的费用也应由承包方承担。如果建设工程施工合同无效，且建设工程经竣工验收不合格，但是修复后的建设工程经竣工验收合格的，发包人请求承包人承担修复费用的，法院应予支持。建设工程施工合同无效，对于因建设工程不合格造成的损失，有过错的一方应当赔偿对方因此所受到的损失，发包人与承包人都有过错的，应当各自承担相应的责任。在超越资质等级的建设工程施工合同无效的场合下，如果承包人签约之时超越资质等级许可的业务范围签订建设工程施工合同，但是在建设工程竣工前取得相应资质等级，当事人请求按照无效合同处理的，法院不予支持。

第四节　建设工程合同的履行

案例导入

建设工程优先受偿权效力优于抵押权

【案情介绍】2005 年 1 月 12 日，蚌埠市某建筑公司（以下简称建筑公司）与蚌埠市某房地产开发公司（以下简称房产公司）签订一份《建设施工工程承包合同》。双方在合同中约定建筑公司承建房产公司开发的新新花园小区，工程款预算 1056.65 万元。合同签订后，建筑公司立即组织施工。2006 年 8 月 20 日，建筑公司将经竣工验收合格的商品房交付给房产公司。并向房产公司提交了该商品房的《工程结算书》及相关资料。2006 年 8 月 22 日，房产公司委托蚌埠市××审计事务所，对建筑公司提交的《工程结算书》及相关资料进行审计。审计结果是，减去被告已给付的工程款、提供的原材料、管理费及水电费等，房产公司尚应给付建筑公司工程款 650 万元。

2006 年 9 月 30 日，房产公司因资金短缺，向银行借款 800 万元，并将其开发的新新花园小区为该笔借款设置了抵押。建筑公司催收工程余款 650 万元未果，于 2006 年 12 月向法院提起诉讼。（1）要求被告给付工程余款 650 万元及其逾期付款的利息；（2）要求对被告开发的新新花园小区商品房拍卖的价款享有优先受偿权。

【法院判决】法院支持了建筑公司的诉讼请求，确认建筑公司对房地产开发公司开发建设的新新花园小区商品房拍卖的价款享有优先受偿权。

【分析说明】建设工程款优先受偿权是承包人的一种法定的权利，该权利的取得基于承包人为建设工程的增值付出了对价，并由法律明确规定而赋予承包人的特殊权利。不动产的抵押权由双方约定并经过登记而设定，在建设工程款优先受偿权和抵押权发生冲突时，法律和司法解释都明确规定了建设工程款优先受偿权优于抵押权。

建设工程施工合同一经签订，双方就应该切实履行。建设工程的质量、工期和工程款条款是建设工程施工合同的重要内容，也是最容易发生争议和纠纷的部分。

一、建设工程的质量

建设工程质量纠纷可以发生在建设工程履行的任何一个阶段，有的发生在施工过程中，有的发生在交付过程中，有的发生在交付之后的保修期内。从发生的原因看，有的是发包人原因造成的，有的是承包人原因造成的，有的是实际施工人原因造成的，有的是设计人的过错，有的是监理人的过错，有的还可能是各方的混合过程造成的。

（一）承包方的质量责任

承包方是建设工程的建造者，对整个工程建设过程的每个环节都有指挥、调度和掌控的能力，应对工程的施工质量负责。在现实中，很多工程质量问题都与建设施工有关，小到墙面开裂、管道漏水，大到主体、地基缺陷，都与工程施工息息相关。建设工程单位应本着"百年大计、质量第一"的原则和精神，严把质量关，做好工程施工的各项质量控制和管理工作。

建筑施工企业必须按照工程设计图纸和施工技术标准施工，不得偷工减料。如果因建筑施工企业偷工减料造成质量不合格，建筑施工企业应该承担责任。在施工过程中承包方应按照合同的约定，根据国家标准或者行业标准对发包方提供的上述材料和设备进行检验。施工单位对发包方提供的建筑材料、建筑构配件、设备和商品混凝土，未经检验或者检验不合格而使用的，要承担过错责任。

承包方在施工过程中擅自修改工程设计或者发现设计文件和图纸有错误未及时向发包方提出书面意见的，要承担相应的过错责任。工程施工图纸是建设工程施工的主要依据，也是划分设计和施工单位责任的依据。一般情况下，施工单位都会按图纸施工，如果因为设计错误的原因导致工程质量问题，由设计方承担责任，承包方不承担责任。但如果承包人不按图纸施工或者未经原设计单位同意擅自修改工程设计，因此导致的工程质量问题，承包方要承担责任。如果承包方在施工过程中发现设计文件存在错误，应及时向设计单位及发包方提出，要求做相应的修改，以避免不必要的损失和质量问题。

隐蔽工程在隐蔽前，承包方因未通知发包方而导致的建设工程质量问题承包方应承担责任。隐蔽工程是指在施工过程中，某一道工序完成的工程实物，被后一道工序形成的工程实物所覆盖，而且不可以逆向作业，前者就称为隐蔽工程。如果隐蔽工程在隐蔽之前不做好质量检查工作，在隐蔽之后，其工程质量是很难检验的。隐蔽工程在隐蔽之前，承包方应通知发包方，如果未通知导致的建设工程质量问题，承包方应承担责任。

我国《合同法》第281条规定，因施工人的原因致使建设工程质量不符合约定的，发包人有权要求施工人在合理期限内无偿修理或者返工、改建。经过修理或者返工、改建后，造成逾期交付的，施工人应当承担违约责任。我国《合同法》第282条规定，因承包人的原因致使建设工程在合理使用期限内造成人身和财产损害的，承包人应当承担损害赔偿责任。《最高人民法院关于审理建设工程施工合同纠纷案件适用法律问题的解释》第11条规定，因承包人的过错造成建设工程质量不符合约定，承包人拒绝修理、返工或者改建，发包人请求减少支付工程价款的，应予支持。

（二）发包方的质量责任

建设工程质量的责任一般由承包方承担，在发包方对建设工程质量问题存有过错的情况下，发包方也应承担相应的过错责任。我国《建筑法》第54条规定，建设单位不得以任何理由要求建筑设计单位或者建筑施工企业在工程设计或者施工作业中，违反法律、行政法规和建筑工程质量标准、安全标准，降低工程质量。建筑设计单位和建筑施工企业对建设单位违反前款规定提出的降低工程质量的要求，应当予以拒绝。

发包方对工程质量问题存在过错的，应承担相应责任。我国《合同法》第283条规定，发包人未按照约定的时间和要求提供原材料、设备、场地、资金、技术资料的，承包人可以顺延工程日期，并有权要求赔偿停工、窝工等损失。发包方应该提供符合合同约定的施工图纸、技术资料、建筑材料、建筑设备，如果发包方提供资料、设备和材料不符合合同的约定或者不符合国家的强制性要求，导致建设工程质量问题的，发包方应该承担相应的责任。《最高人民法院关于审理建设工程施工合同纠纷案件适用法律问题的解释》第12条规定，发包人具有下列情形之一，造成建设工程质量缺陷的，应当承担过错责任：（1）提供的设计有缺陷；（2）提供或者指定购买的建筑材料、建筑构配件、设备不符合强制性标准；（3）直接指定分包人分包专业工程。

发包方擅自使用未经竣工验收合格的建设工程的，应承担工程质量责任。建筑工程竣工经验收合格后，方可交付使用；未经验收或者验收不合格的，不得交付使用。《最高人民法院关于审理建设工程施工合同纠纷案件适用法律问题的解释》第13条规定，建设工程未经竣工验收，发包人擅自使用后，又以使用部分质量不符合约定为由主张权利的，不予支持。

二、建设工程的工期

（一）开工日期

开工日期是承包人按合同约定进场开始施工的日期。开工日期包括计划开工日期和实际开工日期，计划开工日期是指合同协议书约定的开工日期。实际开工日期是指监理人按照合同约定发出的符合法律规定的开工通知书中载明的开工日期。

不计算在工期的情况包括以下几种：

（1）没有办理施工许可证的，补办许可证的时间不应该计算在工期内。我国《建筑法》第7条规定："建筑工程开工前，建设单位应当按照国家有关规定向工程所在地县级以上人民政府建设行政主管部门申请领取施工许可证；但是，国务院建设行政主管部门确定的限额以下的小型工程除外"。发包方应该依法申请领取施工许可证，否则承包方将无法施工。因为发包方在事前没有领取施工许可证而事后补办的，延误的时间不应计算在工期内。

（2）如果是发包方的原因，平整场地的时间不应计算在约定的工期内；如果是承包方的原因，平整场地的时间应该计算在约定的工期内。

（3）拆迁补偿不到位导致工程不能正常开工的，延误的工期不计算在约定工期内。预付款不到位导致过程不能正常开工的，应该在预付款支付后按约定的期限计算工期。在工程开工前，发包方应该按约定预付工程款，如果发包方不能按约定支付预付工程款，导致不能正常开工的，工期应该发包方预付款支付后，按约定的条件计算开工日期。机器设备未按时到位导致过程不能正常开工的，开工日期应按机器设备进场后计算。如果是发包方的原因导致设备不能按时进场，如果是承包方原因导致机器设备不能进场施工的，开工日期按照合同约定的开工日期计算。

（二）竣工日期

竣工日期是指承包方完成工程施工，并经过验收合格的日期。竣工日期包括计划竣工日期和实际竣工日期。计划竣工日期是指合同协议书约定的竣工日期。工程经竣工验收合格的，以承包人提交竣工验收申请报告之日为实际竣工日期，并在工程接收证书中载明。因发包人原因，未在监理人收到承包人提交的竣工验收申请报告时确定的期限内完成竣工验收，或完成竣工验收不予签发工程接收证书的，以提交竣工验收申请报告的日期为实际竣工日期。工程未经竣工验收，发包人擅自使用的，以转移占有工程之日为实际竣工日期。

（三）工期顺延

工期顺延是指在施工过程中，由于发包方的原因或其他不可归责于承包人的原因，导致施工不能正常进行，停止施工的时间不计入合同约定的工期内，合同约定的工期按实际误工的天数向后推延。

工期顺延的原因一般包括以下几个方面：（1）发包方未按合同约定支付工程预付款或者进度款；（2）发包方未按要求提供施工条件或者施工图纸；（3）设计变更或者工程量增加；（4）因工程质量发生争议，需要对工程质量进行鉴定，鉴定期间为顺延工期期间；（5）不可抗力；（6）非因承包方的原因停水停电导致工程停止施工。顺延的工期不计入建设工程合同约定的工期内。

《合同法》第284条规定，因发包人的原因致使工程中途停建、缓建的，发包人应当采取措施弥补或者减少损失，赔偿承包人因此造成的停工、窝工、倒运、机械设备调迁、材料和构件积压等损失和实际费用。对于工期顺延造成的损失，发包方首先要采取措施，弥补或者减少损失。其次还要赔偿承包人因此造成的停工、窝工、倒运、机械设备调迁、材料和构件积压等损失和实际费用。

三、建设工程的价款

（一）预付款

承包方和发包方在建设工程施工合同中往往会约定，在建设工程开工前由发包方预付一定数量的款项给承包方，该款项即是工程预付款。根据《建设工程价款结算暂行办法》，包工包料工程的预付款按合同约定拨付，原则上预付比例不低于合同金额的10%，不高于合同金额的30%。在具备施工条件的前提下，发包人应在双方签订合同后的一个月内或不迟于约定的开工日期前的7天内预付工程款。发包人不按约定预付，承包人应在预付时间到期后10天内向发包人发出要求预付的通知。发包人收到通知后仍不按要求预付，承包人可在发出通知14天后停止施工，发包人应从约定应付之日起向承包人支付应付款的利息，并承担违约责任。预付的工程款必须在合同中约定抵扣方式，并在工程进度款中进行抵扣。

（二）进度款

进度款是指发包方和承包方在建设工程施工合同中约定在建设合同施工期间按照完成工程的情况分阶段或者分期支付给承包方的一种工程施工款。进度款的支付方法包括以下几种：一是按阶段支付，比如地基工程完工、主体结构封顶、内外装修完毕、工程全部竣工等不同阶段；二是按照已经完成的工程量支付，比如按照当月已完工程量支付、按当季已完工程量支付等。三是按照已完成工程量和阶段混合支付。

承包人应当按照合同约定的方法和时间，向发包人提交已完工程量的报告。发包人接到报告后在约定期限内核实已完工程量，并在约定期限内通知承包人，承包人应提供条件并派人参加核实的，承包人收到通知后不参加核实的，以发包人核实的工程量作为工程价款支付的依据。发包人不按约定时间通知承包人，致使承包人未能参加核实的，核实结果无效。发包人收到承包人报告后约定期限内未核实完工程量，从约定期限期满次日起，承包人报告的工程量即视为被确认，作为工程价款支付的依据。双方合同另有约定的，按合同执行。

根据确定的工程计量结果，承包人向发包人提出支付工程进度款申请，在约定期限内，发包人应按约定的比例向承包人支付工程进度款。按约定时间发包人应扣回的预付款，与工程进度款同期结算抵扣。发包人超过约定的支付时间不支付工程进度款，承包人应及时向发包人发出要求付款的通知。发包人收到承包人通知后仍不能按要求付款，可与承包人协商签订延期付款协议，经承包人同意后可延期支付。发包人不按合同约定支付工程进度款，双方又未达成延期付款协议，导致施工无法进行，承包人可停止施工，由发包人承担违约责任。

（三）竣工结算款

竣工结算款，是在工程完工经验收合格后发包方和承包方按照合同约定对建设工程价款进行的结算，由发包方支付给承包方的款项。工程竣工结算分为单位工程竣工结算、单项工程竣工结算和建设项目竣工总结算。

单位工程竣工结算由承包人编制，发包人审查；实行总承包的工程，由具体承包人编制，在总包人审查的基础上，发包人审查。单项工程竣工结算或建设项目竣工总结算由总（承）包人编制，发包人可直接进行审查，也可以委托具有相应资质的工程造价咨询机构进行审查。政府投资项目，由同级财政部门审查。单项工程竣工结算或建设项目竣工总结算经发、承包人签字盖章后有效。承包人应在合同约定期限内完成项目竣工结算编制工作，未在规定期限内完成的并且提不出正当理由延期的，责任自负。

单项工程竣工后，承包人应在提交竣工验收报告的同时，向发包人递交竣工结算报告及完整的结算资料，发包人应按规定时限进行核对（审查）并提出审查意见。发包方收到承包方递交的竣工结算报告及完整的结算资料后，应在规定的期限（合同约定有期限的，从其约定）进行核实，给予确认或者提出修改意见。发包人根据确认的竣工结算报告向承包人支付工程竣工结算价款，保留5%左右的质量保证（保修）金，待工程交付使用一年质保期到期后清算（合同另有约定的，从其约定），质保期内如有返修，发生费用应在质量保证（保修）金内扣除。

四、承包人的建设工程优先受偿权

我国《合同法》第 286 条规定，发包人未按照约定支付价款的，承包人可以催告发包人在合理期限内支付价款。发包人逾期不支付的，除按照建设工程的性质不宜折价、拍卖的以外，承包人可以与发包人协议将该工程折价，也可以申请人民法院将该工程依法拍卖。建设工程的价款就该工程折价或者拍卖的价款优先受偿。该条对建设工程优先受偿权提出的主体、时间、期限、程序等做出了规定，最高人民法院《关于建设工程价款优先受偿权问题的批复》进一步对建设工程优先受偿权的性质、期限、范围做出了明确规范。

（一）建设工程优先权的主体

根据我国《合同法》第 286 条的规定，建设工程优先权的主体是承包方，实务中承包人可以是总承包方、分包方、实际施工人等。

总承包方或者承包方直接从发包方手中承接建设工程，和承包方签订建设工程合同，如果发包方拖欠工程款，总承包方（承包方）可以直接依据我国《合同法》第 286 条的规定向发包方主张建设工程款优先权。

根据我国《合同法》第 272 条的规定，总承包人或者施工承包人经发包人同意可以将自己承包的部分工作交由第三人完成。分包一般包括专业分包和劳务分包，由于分包方没有和发包方建立直接的工程承包合同关系，根据合同相对性的原理，分包方无权向发包方直接主张工程价款优先权。但如果承包人怠于行使优先权侵害到分包方的利益，分包方可以依照我国《合同法》第 73 条的规定向发包方主张代位权。

实际施工人主要是指转包合同、违法分包合同的承包方，转包合同、违法分包合同均是无效合同。根据合同相对性原理，实际施工人不能向发包方直接主张工程价款优先权，但建设工程价款优先受偿的设立实际上并不是附着于合同之上，而是基于建设行为本身的特殊性，其立法目的是解决农民工工资拖欠问题。建设工程价款优先受偿权并非基于双方的合同约定，而是法律直接规定的，因此实际施工人可以在发包方未支付的工程价款范围内主张建设工程价款优先受偿权。

（二）建设工程价款优先受偿权的提出需要符合法定的程序

建设工程承包人行使优先权的期限为 6 个月，自建设工程竣工之日或者建设工程合同约定的竣工之日起计算。该 6 个月是除斥期间，承包人一旦超过了上述 6 个月的期限就视为放弃了此项优先权。发包人拖欠工程款，承包人需要先对发包人进行催告，发包人仍不支付工程款的，承包人才能主张优先权。承包人可以和发包人协议将工程折价，也可以申请法院将该工程拍卖。

（三）建设工程价款优先受偿权的范围

建设工程价款包括承包人为建设工程应当支付的工作人员报酬、材料款等实际支出的费用，不包括承包人因发包人违约所造成的损失。建设工程的承包人的优先受偿权优于抵押权。消费者交付购买商品房的全部或者大部分款项后，承包人就该商品房享有的工程价款优先受偿权不得对抗买受人。如果消费者已得到了该商品房的产权，建设工程价款优先受偿权指向的应当是建设工程，也就是说当建设工程所有权属于发包人所有的话，承包人能对建设工程行使优先权，但如果消费者已经得到了产权，也就是说建设工程已经不属于发包人了，承包人不能对建设工程行使优先权。

本章小结

建设工程合同是房地产建设中的重要文件，对于规范承包方和发包方的权利和义务、预防和解决建设工程中的纠纷和矛盾具有不可替代的作用。建设工程合同最主要的内容表现在质量、工期和工程款等方面，发包人进行工程建设的目的是要在约定的期限内获得质量合格的建设工程，承包方承包工程的目的是要获得工程款。因此建设工程合同在签订的时候就要有目的地对质量、工期、工程款等做出具体细致的约定，一旦发生争议，无论是通过协商还是通过诉讼解决，双方签订的建设工程合同都是最为重要的依据。在建设工程合同签订及履行过程中还涉及建设工程管理、监督、合同的效力、争议解决等问题，同样都需要在建设工程合同中进行约定。

技能训练

解决房地产建设过程中的合同纠纷

目的：使学生在司法实务中体会建设工程合同的重要性。通过纠纷的解决，提高学生解决建设工程合同纠纷的能力。

要求一：讨论建设工程施工合同的效力，对于无效合同应该如何处理？

要求二：讨论《建设工程施工合同（示范文本）》的作用，该文本的广泛采用的价值和意义？

要求三：讨论建设工程质量对工程价款的影响，对于建设工程质量不合格的工程如何处理？经过维修合格的，如何支付工程款？对于承包人拒绝维修的，又发包人另行承包给他人维修的，如何支付工程款？

要求四：讨论建设工程的优先权和抵押权的关系。优先权属于什么性质的权利？和其他权利相比较其效力大小。

实践活动

调查建设工程履行中容易发生纠纷的环节和方面

目的：使学生了解建设工程合同在签订和履行过程中哪些方面和哪些环节容易发生纠纷，在实务中提高预防和解决纠纷的能力。

内容：通过报纸、杂志、网络及和律师、法官交流的方式，搜集 10 个相关的建设工程合同的案例，收集 10 个建设单位和承包人签订的《建设工程施工合同》。

　　要求：通过接触承办法官、承办律师和阅读相关案例，对建设工程合同纠纷的诉讼解决有初步的了解。

第七章

商品房买卖

学习目标

知识目标：

了解商品房买卖的概念、特征和类型

掌握商品房买卖法律制度的主要内容

能力目标：

了解商品房买卖各种风险的预防方法

掌握商品房买卖合同纠纷的解决途径

第一节　商品房买卖的概述

案例导入

商品房的由来

新中国成立后，我国城镇住房制度长期是以国家统包、无偿分配、低租金、无期限使用为特点。伴随着市场经济体制的逐步确立，这种住房分配制度暴露出了许多弊端。深圳作为改革开放的前沿阵地，诞生出中国商品房的最早雏形。1980 年，原深圳市房地产管理局副局长骆锦星从计委主任那里领到了一个任务，要在一年时间内，建成 2 万平方米的干部宿舍楼。当时省委领导叫大家想办法，要走政策边缘，他就想了一个变通的法子，叫补偿贸易——深圳这边出土地，找港商出钱合作建房，利润双方分成。当时首个来深圳投资的香港妙丽集团老板刘天就，听说了"补偿贸易"政策，主动要求合作建房，最后按照 85% 和 15% 分成。双方拟了一份两页多纸的"补偿贸易"合同，而不是房地产合同。深圳特区房地产公司与港商刘天就合作建设中国的第一个商品房小区——东湖丽苑，不久后便正式开工。

——摘自《中国最早的商品房 30 年前诞生于深圳》，载南方网，2010 年 3 月 19 日

一、商品房买卖概述

商品房是指由房地产开发企业综合开发，建成后用于出售、出租的住宅、商业用房以及其他建筑物。福利性保障房多属于非商品房，如 20 世纪七八十年代的单位福利分房、农村自住建房、回迁房、经济适用房、单位集资建房等。房地产开发企业将尚未建成或者已经竣工的房屋向社会销售，转移在建或已建商品房所有权和相关权利予买受人，买受人支付价款，被称为一手房买卖。对于买受人再次专卖的房屋，即称二手房买卖。

商品房买卖合同作为不动产买卖合同的主要类型，具有如下法律特征：第一，标的物在法律上呈现出复杂的形态。交易的房屋既可能是已建好的房屋，也可能是尚未竣工的房屋，而且还包括建筑物和小区的公用设施、设备的所有权或使用权。第二，标的物所有权的转移以登记为成立条件。我国《合同法》第 133 条规定，标的物的所有权自标的物交付时起转移，但法律另有规定或者当事人另有约定的除外。我国《物权法》第 9 条规定，不动产物权的设立、变更、转让和消灭，经依法登记，发生效力；未经登记，不发生效力，但法律另有规定的除外。第三，行政干预较强。由于房地产价值巨大，对国计民生影响很大，行政监管相对较为严格。

二、商品房买卖的形式

商品房买卖分为商品房现售和商品房预售两种。商品房现售是指房地产开发企业将竣工验收合格的商品房出售给买受人，并由买受人支付房价款的行为，也称现房买卖。商品房预售是指房地产开发企业将正在建设中的商品房预先出售给买受人，并由买受人支付定金或者房价款的行为，也称期房买卖。

（一）商品房现售

商品房现售应当具有以下条件：（1）现售商品房的房地产开发企业应当具有企业法人营业执照和房地产开发企业资质证书。主要为了确保房地产开发企业的主体资格合法。（2）取得国有土地使用权证书。主要为了确保现售商品房的用地合法。（3）持有建设工程规划许可证和施工许可证。主要为了确保现售商品房规划、建设手续合法。（4）已通过竣工验收。主要为了确保现售商品房符合工程建设质量标准。（5）拆迁安置已经落实。主要为了保障被拆迁人的合法权益。（6）供水、供电、供热、燃气、通信等配套基础设施具备交付使用条件，其他配套基础设施和公共设施具备交付使用条件或者已确定施工进度和交付日期。主要为了确保现售商品房达到基本使用条件。（7）物业服务方案已经落实。主要为了避免商品房销售后产生纠纷，同时物业服务也是买受人决定是否购买商品房的因素之一。

（二）商品房预售

商品房预售是房地产开发经营企业将正在建设而尚未竣工的房屋，预先出售给承购方，承购方交付定金或购房款，并在未来确定的日期将预售房屋交付给承购方的一种法律行为。香港立信置业公司于 1954 年最先推出楼宇"分层售卖、分期付款"。由于房屋尚在施工便被"拆零砸碎"，分期分批地预售给广大投资者，如落英片片坠落，故商品房预售又被称为"卖楼花"。

　　根据《城市商品房预售管理暂行办法》，商品房预售条件包括：（1）预售方应当符合法律规定的资格条件。《城市房地产管理法》第 29 条规定，房地产开发企业应当有自己的名称和组织机构；有固定的经营场所；有符合国务院规定的注册资本；有足够的专业技术人员；法律、行政法规规定的其他条件。（2）工程建设已基本落实。要有合法取得土地使用权的证明文件；要获得建筑物规划设计方案的批准文件持有建设工程规划许可证；已获得施工许可证，有施工合同以及有关施工进度的说明；要做好建造房屋的场地准备工作，即所谓的"七通一平"。（3）有商品房预售方案。预售方案应当说明预售商品房的位置、面积、竣工交付的日期等内容，并应当附预售商品房分层平面图。（4）按提供预售的商品房计算，投入开发建设的资金达到工程建设总投资 25%以上，并已经确定施工进度和开工、竣工交付日期。开工、竣工日期由建设单位采取招投标方式，或通过与施工单位协商一致的方式作出。（5）向县级以上人民政府房地产管理部门办理预售登记，取得商品房预售许可证明。

第二节　商品房买卖合同的订立

案例导入

商品房预售合同，还是商品房预约合同？

　　2013 年 5 月 30 日，原告谢运红（乙方）与被告文睿公司（甲方）签订了《文睿天地定房协议》，该协议载明"甲方在永川何梗镇开发建设的'文睿天地'小区规划建设手续已获永川区相关部门审批，目前已经正式开工，但未取得《商品房预售许可证》，该情况乙方已完全知悉。乙方为选择到满意的户型并获得正式开盘时的优惠条件，自愿向甲方缴纳房屋定金"。同时该协议约定：1. 房屋坐落为×栋×单元 10 楼 1 号房，建筑面积约106.98 平方米，具体位置、户型和交房标准见附件（房屋的编号在预售许可证中可能会发生变化，签订正式销售合同时以本协议附图的位置为准）；2. 双方约定以建筑面积计算价格，本套房屋折后总价为 200000 元；3. 定金的交纳方式，（一）选择一次性付款的，签订本协议时应一次性交纳总房款的 100%即 200000 元，乙方选择第（一）种付款方式；4. 签订本协议时，房屋的面积以相关部门批准的设计面积为准，交房时以办理产权登记面积为准，房屋的位置和单价不变，总房款多退少补；5. 当甲方取得《商品房预售许可证》时，按照本协议中乙方所留的电话号码（或地址）通知乙方，乙方应于 15 日内到售房部签订《商品房销（预）售合同》约定条款，并缴纳购房相关税费及代收费用给甲方，超过 15 日后甲方可自行销售该房屋；6. 甲方现暂定于 2013 年 12 月 30 日前将验收合格的商品房交付乙方，最终交房时间以《商品房销（预）售合同》约定为准；7. 本确认书一式贰份，甲乙双方各壹份，签字盖章后生效，具有同等法律效力。

　　2013 年 5 月 30 日，原告谢运红通过中国银行向×××029300×××的账号转账

50000 元。同年 5 月 31 日，原告谢运红再次通过中国银行向该账号转账 140000 元。2013 年 5 月 30 日，被告文睿公司向原告谢运红出具收据一张，该收据载明交款单位为谢运红，人民币贰拾万元，收款事由为房款。

【法院判决】

关于原、被告所签订的《文睿天地定房协议》是商品房预售合同还是商品房预约合同的问题。《最高人民法院关于审理商品房买卖合同纠纷案件适用法律若干问题的解释》第 5 条规定，商品房的认购、订购、预订等协议具备《商品房销售管理办法》第 16 条规定的商品房买卖合同的主要内容，并且出卖人已经按照约定收受购房款的，该协议应当认定为商品房买卖合同。《商品房销售管理办法》第 16 条规定，商品房销售时，房地产开发企业和买受人应当订立书面商品房买卖合同。商品房买卖合同应当明确以下主要内容：（一）当事人名称或者姓名和住所；（二）商品房基本状况；（三）商品房的销售方式；（四）商品房价款的确定方式及总价款、付款方式、付款时间；（五）交付使用条件及日期；（六）装饰、设备标准承诺；（七）供水、供电、供热、燃气、通信、道路、绿化等配套基础设施和公共设施的交付承诺和有关权益、责任；（八）公共配套建筑的产权归属；（九）面积差异的处理方式；（十）办理产权登记有关事宜；（十一）解决争议的方法；（十二）违约责任；（十三）双方约定的其他事项。

本案中，原告谢运红与被告文睿公司签订的《文睿天地定房协议》，是双方当事人的真实意思表示，且不违反法律、行政法规的强制性规定，该合同合法有效，双方均应按照合同约定享受权利并承担义务。因该协议没有对涉案房屋的交付条件和日期等主要内容加以约定，只明确约定了签订商品房预售合同的条件，且签订该协议时，被告文睿公司尚未取得《商品房预售许可证》，不具备预售条件，双方是通过预约合同的方式将未来交易已达成共识的内容固定下来，即双方签订的是商品房预约合同，而非商品房买卖合同，因此该约定不直接产生房屋买卖的法律后果，故对原告谢运红要求被告文睿公司交付房屋并办理产权登记的请求，本院不予支持。

——摘自重庆市长寿区人民法院（2014）长法民初字第 03025 号民事判决书

一、购房过程中的预约合同

根据法律规定，商品房预售需具备相应条件。房地产开发商为了及早回笼资金、锁定购房者，往往会在取得预售许可证前，以认购、会员等方式进行预约销售，这便产生了商品预约合同。预约合同是相对于本约合同而言的。它是指在订立合同条件尚未成熟的情况下，当事人双方不愿意失去交易机会而进行预约的合意。这种意思表示是真实的，在经济活动中大量存在。为此，最高人民法院在 2012 年 3 月 31 日公布、7 月 1 日实施的《关于审理买卖合同纠纷案件适用法律问题的解释》中明确提出了预约合同的概念和处理规则。这一司法解释的出台，对于预约合同的认定和法律适用具有指导意义。

预约合同是相对于本约的分类，预约合同中双方的主要权利、义务是在将来一定的期限内签订本约合同。具体到商品房买卖合同的本约主要是约定商品的位置、楼宇号、面积、单价、付款方式、交房条件及期限等具有买卖合同特色的内容。如果将商品房预售合同看成预约合同，一方面预售方与预购方必须在将来再订立一个商品房买卖合同；另一方面在一方当事人违反商品房预售合同时，对方只能要求其承担不订立合同的责任，而不能要求其承担违反合同的违约责任。因此，商品房预售合同与商品房预约合同不同。

区分预约、本约的实际意义在于二者约定内容不同，违约救济不同。当事人签订认购书、订购书、预订书、意向书、备忘录等预约合同，约定在将来一定期限内订立买卖合同，一方不履行订立买卖合同的义务，对方请求其承担预约合同违约责任或者要求解除预约合同并主张损害赔偿的，人民法院应予支持。买卖合同当事人一方违约造成对方损失，对方对损失的发生也有过错，违约方主张扣减相应的损失赔偿额的，人民法院应予支持。买卖合同当事人一方因对方违约而获有利益，违约方主张从损失赔偿额中扣除该部分利益的，人民法院应予支持。

二、商品房买卖合同的主要条款

我国《合同法》第 12 条规定，合同的内容由当事人约定，一般包括以下条款：（1）当事人的名称或者姓名和住所；（2）标的；（3）数量；（4）质量；（5）价款或者报酬；（6）履行期限、地点和方式；（7）违约责任；（8）解决争议的方法。当事人可以参照各类合同的示范文本订立合同。据此，商品房买卖合同应当包括如下条款：

（一）合同双方当事人

合同是平等主体的自然人、法人、其他组织之间设立、变更、终止民事权利义务关系的协议。当事人是商品房买卖合同的必备条款。应尽量明确双方当事人的姓名（名称）、住址（住所）、通讯地址、联系电话等。如果有代理人，还要明确代理人的相关信息。

（二）标的

标的是合同当事人权利、义务所指向的对象，在商品房买卖合同中的标的就是房屋。应明确商品房的坐落位置和面积，其中应明确套内建筑面积、公共部位和公用房屋分摊建筑面积；房屋是现房还是期房；由于房地产市场具有较强的市场管理性，应尽量明确商品所占用的土地性质、建设工程规划许可、商品房预售许可等相关权属及行政审批情况。

（三）房屋的价款、付款方式和时间

房屋的价款主要是按照双方约定的单价和面积来计算总价。双方房屋价款、税、费的付款期限及每次付款金额应予以约定。商品房买卖中很多人会选择分期付款，但分期付款会受金融机构审批的影响，对此问题应约定一个附条件条款。如果根据买方的申请贷款资料不能获得金融机构贷款审批，应采用另一种付款方式或解除合同等。

（四）交房期限

交房期限条款是约定卖方在什么期限以前向买方交付房屋。该条款一般包括两方面的内容：一卖方何时向买方交付房屋；二卖方在什么期限内提供完善的房屋登记文件。当事人对合同的效力可以约定附期限。附生效期限的合同，自期限届至时生效。附终止期限的

合同，自期限届满时失效。出卖人迟延交付房屋或者买受人迟延支付购房款，经催告后在三个月的合理期限内仍未履行，当事人一方请求解除合同的，应予支持，但当事人另有约定的除外。

（五）违约责任

违约责任是违反合同当事人应承担的法律责任。约定双方的违约责任会督促当事人自觉而适当的履行合同，保护守约方的合法权益，对维护合同的法律权威起着十分重要的作用。当事人一方不履行合同义务或者履行合同义务不符合约定的，应当承担继续履行、采取补救措施或者赔偿损失等违约责任。当事人一方明确表示或者以自己的行为表明不履行合同义务的，对方可以在履行期限届满之前要求其承担违约责任。当事人一方不履行合同义务或者履行合同义务不符合约定的，在履行义务或者采取补救措施后，对方还有其他损失的，应当赔偿损失。当事人一方不履行合同义务或者履行合同义务不符合约定，给对方造成损失的，损失赔偿额应当相当于因违约所造成的损失，包括合同履行后可以获得的利益，但不得超过违反合同一方订立合同时预见到或者应当预见到的因违反合同可能造成的损失。

（六）合同双方认为应当约定的其他事项

如房屋的保修责任、物业管理等。

三、售楼宣传资料的效力

开发商在商品房销售中一般都会以一种或多种方式进行广告宣传。常见的方式有售楼广告、售楼书、沙盘等。很多买房者正是因为受这些宣传资料的吸引才决定购买房屋，但当房屋交付时发现与当初的宣传资料不相符，因此发生纠纷。

对此类纠纷的处理，首先需要明确开发商的售楼宣传在法律上是什么性质？如果是要约，则要约生效后对要约人及受要约人都具有法律效力，如果是要约邀请，则只是邀请或者引诱他人向自己发出订立合同的要约的意思表示，不具有法律效力。我国《合同法》第15条规定，要约邀请是希望他人向自己发出要约的意思表示，寄送的价目表、拍卖公告、招股说明书、商业广告等为要约邀请。因此，开发商的广告宣传一般被视为要约邀请，不具有法律效力。如开发商在广告中声称的"理想居所"、"置业首选旺地"、"升值潜力不可限量"等，没有具体、明确的质量指标，属于正常的"商业吹嘘"，也无从追究其责任。但是我国《合同法》第15条第2款同时明确规定，商业广告的内容符合要约规定的，视为要约。根据我国《合同法》第14条的规定，宣传广告中的内容符合这样两个特点：一是内容具体确定；二是表明经受要约人承诺，要约人即受该意思表示约束。

《最高人民法院关于审理商品房买卖合同纠纷案件适用法律若干问题的解释》对此予以进一步明确，其中第3条规定，商品房的销售广告和宣传资料为要约邀请，但是出卖人就商品房开发规划范围内的房屋及相关设施所作的说明和允诺具体确定，并对商品房买卖合同的订立以及房屋价格的确定有重大影响的，应当视为要约。该说明和允诺即使未载入商品房买卖合同，亦应当视为合同内容，当事人违反的，应当承担违约责任。如果在开发商的广告宣传中有关承诺，如关于装修、小区配套设施、房屋设计、小区绿化率等方面的描绘和赠送面积、家电等承诺，符合要约特点时，可认为是要约。

第三节 商品房买卖合同的履行

🔖 案例导入

婚前一方按揭购房，婚后共同还贷，离婚时如何处理？

2006 年，上海姑娘小方遇到了小自己 4 岁的福建男子小伟，同年 10 月，两人登记结婚。2007 年，他们的女儿出生。婚后，他们一直住在福建漳州的一处宿舍内，小伟的工资收入维持家庭生活，小方在家抚养女儿、承担家务。然而，由于性格和文化背景的差异，两人之间产生了隔阂，感情急剧降温。2008 年 11 月，双方经法院调解离婚。按照离婚协议约定，女儿随小方生活，但协议未提及财产分割问题。离婚后，小方携女回沪生活，不料却遭遇了一场官司。原来，两人结婚以前，小方于 2004 年购买了位于闵行区的一套房屋，并将房产租了出去。小伟认为，婚姻存续期间，他替小方还了房贷，因此小方要返还这笔钱并分享租金收益。此外，小方还要返还男方家人给她的数码相机、金戒指、钻戒等。因此，小伟要求判令小方支付 9 万元及数码相机等物。

请结合《最高人民法院关于适用〈中华人民共和国婚姻法〉若干问题的解释（三）》，讨论婚前按揭房在离婚时如何处理。

一、商品房面积的计算

商品房的面积从不同角度划分可分为合同约定面积、产权登记面积、套内面积、建筑面积、公共房屋与公共房屋分摊面积。根据《商品房销售面积计算及公用建筑面积分摊规则》以及《关于房屋建筑面积计算与房屋权属登记有关问题的通知》的规定，应当计算为公共面积的包括：（1）电梯井、楼梯间、垃圾道、变电室、设备间、公共门厅和过道、地下室、值班警卫室以及其他功能上为整栋建筑服务的公共用房和管理用房建筑面积。（2）套（单元）与公用建筑空间之间的分隔墙以及外墙（包括山墙）墙体水平投影面积的一半。（3）外墙墙体。同一楼层外墙，既有主墙，又有玻璃幕墙的，以主墙为准计算建筑面积，墙厚按主墙体厚度计算。各楼层墙体厚度不同时，分层分别计算。金属幕墙及其他材料幕墙，参照玻璃幕墙的有关规定处理。（4）斜面结构屋顶。房屋屋顶为斜面结构（坡屋顶）的，层高（高度）2.20 米以上的部位计算建筑面积。（5）不规则围护物。阳台、挑廊、架空通廊的外围水平投影超过其底板外沿的，以底板水平投影计算建筑面积。（6）变形缝。与室内任意一边相通，具备房屋的一般条件，并能正常利用的伸缩缝、沉降缝应计算建筑面积。（7）非垂直墙体。对倾斜、弧状等非垂直墙体的房屋，层高（高度）2.20 米以上的部位计算建筑面积。房屋墙体向外倾斜，超出底板外沿的，以底板投影计算建筑面积。

不应当计算为公共建筑面积的包括：（1）凡已作为独立使用空间销售或出租的地下室、车棚等，不应计入公用建筑面积部分。（2）作为人防工程的地下室也不计入公用建筑面积。（3）楼梯下方空间。楼梯已计算建筑面积的，其下方空间不论是否利用均不再计算建筑面积。（4）公共通道。临街楼房、挑廊下的底层作为公共道路街巷通行的，不论其是否有柱，是否有维护结构，均不计算建筑面积。（4）与室内不相通的类似于阳台、挑廊、檐廊的建筑，不计算建筑面积。

根据当事人选择的计价方式，双方可以约定按照建筑面积或者套内建筑面积为依据进行面积确认和面积差异的处理。根据《最高人民法院关于审理商品房买卖合同纠纷案件适用法律若干问题的解释》第14条规定，出卖人交付使用的房屋套内建筑面积或者建筑面积与商品房买卖合同约定面积不符，合同有约定的，按照约定处理；合同没有约定或者约定不明确的，按照以下原则处理：（1）面积误差比绝对值在3%以内（含3%），按照合同约定的价格据实结算，买受人请求解除合同的，不予支持；（2）面积误差比绝对值超出3%，买受人请求解除合同、返还已付购房款及利息的，应予支持。买受人同意继续履行合同，房屋实际面积大于合同约定面积的，面积误差比在3%以内（含3%）部分的房价款由买受人按照约定的价格补足，面积误差比超出3%部分的房价款由出卖人承担，所有权归买受人；房屋实际面积小于合同约定面积的，面积误差比在3%以内（含3%）部分的房价款及利息由出卖人返还买受人，面积误差比超过3%部分的房价款由出卖人双倍返还买受人。面积误差比的计算方式为：面积误差比＝（产权登记面积−合同约定面积）/合同约定面积×100%。因设计变更造成面积差异，双方不解除合同的，应当签署补充协议。

二、商品房的质量

商品房买卖合同中一般并没有明确约定房屋质量的标准，为了保护购房人的利益，法律规定了强制性的标准。如开发商不得将工程质量不合格或配套不完善的房屋交付使用，住宅小区需经国家相关部门综合验收合格后才能交付使用。商品房交付使用时，开发商应向购房人出示住宅质量保证书和住宅使用说明书，承担商品房保修及维修责任。若开发商交付的商品房及其配套设备、设施或居住环境不符合法律规定或合同约定的质量标准的，难免发生纠纷。

（一）商品房质量纠纷的类型

第一，开发商交付使用的商品房主体质量不合格。商品房主体质量不合格，法律规定不得交付使用。现实中确定有主体不合格的房子，验收为合格并交付使用的情况。此时开发商不仅是违反合同责任的问题了，而是要承担产品缺陷责任。购房人如果认为房屋主体质量不合格，首先应该向工程质量监督单位申请重新核验。经核验确属主体结构质量不合格的，根据《城市房地产开发经营管理条例》第32条和《最高人民法院关于审理商品房买卖合同纠纷案件适用法律若干问题的解释》第12条的规定，购房者有权退房，解除商品房买卖合同，并要求开发商赔偿损失。

第二，购房者所购房屋主体质量合格，但房屋其他质量问题严重影响正常居住使用。

这种情况下，如果房屋已经验收合格并交付使用，则开发商应当承担违约责任。因为购房者订立合同的目的是购买使用功能正常的房屋，开发商交付的房屋不能让购房人实现这一目的，购房人则可以请求解除合同和赔偿损失。"严重影响正常居住使用"一般是指购房者所购买的房屋出现严重质量问题，且该质量问题通过修复等亦无法保证购房者人身、财产安全和正常居住使用的情形。比如，一位老人在购买预售房屋时，看到房间有向阳的窗户而订购，但在合同履行过程中因设计变更而取消了该窗户的设计，房地产商并未在设计变更后及时通知买受人，买受人是否可以以此为由拒绝接受房屋呢？法律对此规定不明确，实践中的追索阳光权的情况屡有发生。

第三，购房者所购买的房屋存在质量问题，但尚未达到"严重影响正常居住使用"这一严重程度。在这种情况下，开发商轻微违约，没有达到根本违约的程度，购房者不能要求解除合同进行退房。在保修期内，开发商应当承担修复责任，如开发商拒绝修复或者在合理期限内拖延修复的，购房者可以自行或者委托他人修复，修复费用及修复期间造成的其他损失由开发商承担。

（二）商品房质量纠纷的解决困境

第一，业主没有一定的知识能力和文化程度，且在房地产专业知识方面处于绝对劣势，造成小业主举证难。处于较低层次的购房者，往往对于房屋质量问题不能作出准确的判断。不论是经济实力还是专业技术水平方面，业主与房地产开发商间均有较大的差距。第二，业主取证难。建筑质量的鉴定需要专门的知识和仪器，非专业人员即使有较高的文化水平也不能作出准确判断。涉及商品房质量问题的诉讼多会出现一个专门机构鉴定的问题。民事诉讼法要求原告举证，而预付鉴定机构的相关费用，限制了业主全面取证的能力。第三，开发商实力强、影响大，鉴定结果公正性难以保障。发生房屋质量诉讼需要鉴定，如原、被告双方未能对鉴定机构的选择达成一致，则由法院出面委托鉴定。从理论上讲，法院委托的鉴定属于司法鉴定，应该具有公正性。但在现实的房地产市场中，房地产开发商经常能够接触到各类鉴定机构，甚至保持着密切的业务联系，导致公正性难以保障。

三、商品房的交付

商品房的交付，即指房地产开发企业依据相应法律规定以及相关商品房买卖合同或商品房预售合同的约定，将符合交付使用条件的房屋按期向商品房买受人交付，商品房买受人检验商品房并接受房屋的行为。

（一）商品房交付的标准

依据《最高人民法院关于审理商品房买卖合同纠纷案件适用法律若干问题的解释》的规定："对房屋的转移占有，视为房屋的交付使用，但当事人另有约定的除外。房屋毁损、灭失的风险，在交付使用前由出卖人承担，交付使用后由商品房买受人承担；商品房买受人接到出卖人的书面交房通知，无正当理由拒绝接收的，房屋毁损、灭失的风险自书面交房通知确定的交付使用之日起由商品房买受人承担，但法律另有规定或者当事人另有约定的除外。"据此,对于房屋的转移占有,视为房屋的交付使用,除非合同当事人对商品房的交付要件作出其他具体明确的约定。因此,在实践中,"领钥匙"等方式可以视作对房屋的交付使用。

目前国家发布的合同范本中仅规定了以下几个标准:(1)该商品房经验收合格。(2)该商品房经综合验收合格。(3)该商品房经分期综合验收合格。(4)该商品房取得商品住宅交付使用批准文件。(5)合同约定的商品房建设工程竣工验收合格,并向建设行政主管部门报送备案材料,取得建设行政主管部门竣工备案表。如果当事人约定的交房条件是第1种,那么以开发商是否取得当地建设管理机构发出的竣工验收备案证为标准。如果当事人约定的交房条件是第2种、第3种或第4种,则都以开发商是否取得当地房地产开发管理机构发出的房地产开发经营或项目交付使用许可证书为标准。开发商在合同约定的交房时间取得了备案证或相应的证书,就具备了合同约定的交付条件。

(二) 商品房交付的实践问题

第一,商品房的交付期限。一般的商品房买卖合同都会约定出卖人应当在某年某月某日之前,依照国家和地方政府的规定或者合同的约定向买受人交付房屋。这种约定实质是对商品房交付时间的约定,还可以同时约定交付时房屋需得到的条件成就。

第二,逾期交付房屋的违约责任。一般可以规定逾期程度及逾期的处理方式,包括合同的解除及违约金的计算方法等。买卖合同当事人一方以对方违约为由主张支付违约金,对方以合同不成立、合同未生效、合同无效或者不构成违约等为由进行免责抗辩而未主张调整过高的违约金的,人民法院应当就法院若不支持免责抗辩,当事人是否需要主张调整违约金进行释明。一审法院认为免责抗辩成立且未予释明,二审法院认为应当判决支付违约金的,可以直接释明并改判。买卖合同约定的定金不足以弥补一方违约造成的损失,对方请求赔偿超过定金部分的损失的,人民法院可以并处,但定金和损失赔偿的数额总和不应高于因违约造成的损失。

第三,房屋的交接。商品房达到交付条件后,出卖人应当书面通知买受人办理交付手续,双方进行验收交接时出卖人应当出示合同约定交付时应当具备的证明文件,并签署房屋交接单。所购买房屋为住宅的,出卖人还应当提供《住宅质量保证书》和《住宅使用说明书》。出卖人不出示证明文件或者出示证明文件不齐全,买受人有权拒绝交接,由此产生的延期交付责任由出卖人承担,买受人不支付物业费。

第四,装修装饰、设备标准、基础设施、公共配套建筑的正常使用等。比如:外墙、内墙、顶棚、地面、门窗、厨房、卫生间、阳台、电梯、水、电、气、暖、道路、电话网络预留接口等。当事人应当按照约定全面履行自己的义务。当事人应当遵循诚实信用原则,根据合同的性质、目的和交易习惯履行通知、协助、保密等义务。合同生效后,当事人就质量、价款或者报酬、履行地点等内容没有约定或者约定不明确的,可以协议补充;不能达成补充协议的,按照合同有关条款或者交易习惯确定。

四、一房多卖的处理

在商品房买卖合同签订后又将同一商品房出卖,导致买受人不能按照约定取得房屋的，俗称为"一房多卖"。主要表现为商品房买卖合同订立后，出卖人未告知买受人又将该房屋抵押给第三人；出卖人又将该房屋出卖给第三人；故意隐瞒没有取得商品房预售许可证明的事实或者提供虚假商品房预售许可证明；故意隐瞒所售房屋已经抵押的事实；故意隐瞒所售房屋已经出卖给第三人或者为拆迁补偿安置房屋的事实；买受人以出卖人与第三人恶意串通，另行订立商品房买卖合同并将房屋交付使用，导致其无法取得房屋等的情形。

（一）动产一物二卖的现行法规定

《最高人民法院关于审理买卖合同纠纷案件适用法律问题的解释》第9条规定，出卖人就同一普通动产订立多重买卖合同，在买卖合同均有效的情况下，买受人均要求实际履行合同的，应当按照以下情形分别处理：（1）先行受领交付的买受人请求确认所有权已经转移的，人民法院应予支持；（2）均未受领交付，先行支付价款的买受人请求出卖人履行交付标的物等合同义务的，人民法院应予支持；（3）均未受领交付，也未支付价款，依法成立在先合同的买受人请求出卖人履行交付标的物等合同义务的，人民法院应予支持。

《最高人民法院关于审理买卖合同纠纷案件适用法律问题的解释》第10条规定，出卖人就同一船舶、航空器、机动车等特殊动产订立多重买卖合同，在买卖合同均有效的情况下，买受人均要求实际履行合同的，应当按照以下情形分别处理：（1）先行受领交付的买受人请求出卖人履行办理所有权转移登记手续等合同义务的，人民法院应予支持；（2）均未受领交付，先行办理所有权转移登记手续的买受人请求出卖人履行交付标的物等合同义务的，人民法院应予支持；（3）均未受领交付，也未办理所有权转移登记手续，依法成立在先合同的买受人请求出卖人履行交付标的物和办理所有权转移登记手续等合同义务的，人民法院应予支持；（4）出卖人将标的物交付给买受人之一，又为其他买受人办理所有权转移登记，已受领交付的买受人请求将标的物所有权登记在自己名下的，人民法院应予支持。"

（二）一房多卖的法律后果

根据最高人民法院《关于审理商品房买卖合同纠纷案件适用法律若干问题的解释》第8~10条规定，"一房多卖"主要会产生以下法律后果：

第一，已经办理过户手续的购房人获得商品房的所有权。商品房作为不动产，其所有权的转移必须登记，而且是以登记为生效要件。凡是办理的过户登记的购房人已经合法取得了该商品房的所有权，其他购房人不能对其主张权利。当然，如果办理过户手续的购房人是与房屋出卖人恶意勾结，签订房屋买卖合同并过户的，其他购房人可以主张商品房买卖合同无效，因该合同取得的房屋应当返还。

第二，未办理过户登记的其他购房人依法可以追究商品房出卖人的违约责任。未办理所有权过户手续的商品房买卖，仅仅使买卖合同发生法律效力，但房屋的所有权并没有转移。所以，商品房买卖合同订立后，出卖人又将该房屋出卖给第三人。导致原商品房买卖合同目的不能实现、无法取得房屋的购房人以及出卖人故意隐瞒所售房屋已经出卖给第三人或者为拆迁补偿安置房屋的事实，导致后来签订商品房买卖合同目的不能实现，不能取得房屋的购房人，均可以要求商品房出卖人承担违约责任，包括返还已付购房款和利息、赔偿损失，并可以请求出卖人承担不超过已付购房款一倍的赔偿责任。

（三）一房多卖的所有权归属

第一，已经办理商品房过户登记手续的买受人的房屋所有权要求应予支持。根据我国《物权法》第 9 条第 1 款规定，不动产物权的设立、变更、转让和消灭，经依法登记，发生效力；未经登记，不发生效力，但法律另有规定的除外。这说明，在商品房买卖合同合法有效的前提下，只有所售房屋经过登记，房屋所有权才发生流转。所以，数个买受人中，谁办理了商品房过户登记手续，法律就认定谁取得了该房屋的所有权。

第二，数个买受人均未办理商品房过户登记手续的，支持已经办理商品房预告登记手续的房屋所有权人的要求。我国《物权法》第 20 条第 1 款规定，当事人签订买卖房屋或者其他不动产物权的协议，为保障将来实现物权，按照约定可以向登记机构申请预告登记。预告登记后，未经预告登记的权利人同意，处理该不动产的，不发生物权效力。这说明，不动产预告登记具有公示与公信效力，能够维护交易安全和正常的交易秩序，应予依法支持，以确保依法办理了房屋预告登记手续的商品房买卖合同的完全履行。

第三，既未办理产权登记，又未办理预告登记的，已先行合法占有争议房屋的买受人的房屋权属要求应得到支持。虽然我国《物权法》规定，商品房的所有权转移以办理产权登记过户为标准，交付使用并不具有所有权转移的意义，但是，房屋的转移占有与交付使用，仍然具有明显的公示与公信的现实作用。根据《关于审理商品房买卖合同纠纷案件适用法律若干问题的解释》第 11 条规定，已先行合法占有争议房屋的买受人已经开始承担合同标的物毁损、灭失的风险。双方当事人一般在合同约定以出卖人交钥匙的时间，作为其向买受人交付使用房屋的时间，并以此开始风险的转移承担。

第四，既未办理商品房过户登记手续和预告登记手续，又未合法占有争议房屋的，先行支付房屋价款的买受人的房屋所有权要求应予支持。已经先行支付房屋价款，履行了自己的合同义务的买受人，要求对方当事人相应履行合同义务的要求，理应得到支持。这样才能最大限度地维护正常的市场秩序，维护合同当事人的合法利益。

第五，如果上述情况均未发生，则签约在先的买受人的房屋所有权要求应该得到支持。签约在先的合同成立在先，相对于签约在后的合同，签约在先的合同的标的毫无瑕疵。根据公平、诚实信用的民事行为的基本原则，签约在先的买受人的所有权要求理应得到优先保护。

五、商品房买卖中的善意取得

我国《物权法》第 106 条规定，无处分权人将不动产或者动产转让给受让人的，所有权人有权追回；除法律另有规定外，符合下列情形的，受让人取得该不动产或者动产的所有权：（1）受让人受让该不动产或者动产时是善意的；（2）以合理的价格转让；（3）转让的不动产或者动产依照法律规定应当登记的已经登记，不需要登记的已经交付给受让人。受让人依照前款规定取得不动产或者动产的所有权的，原所有权人有权向无处分权人请求赔偿损失。当事人善意取得其他物权的，参照前两款规定。

《最高人民法院关于适用〈中华人民共和国婚姻法〉若干问题的解释（三）》规定，夫妻一方婚前签订不动产买卖合同，以个人财产支付首付款并在银行贷款，婚后用夫妻共同财产还贷，不动产登记于首付款支付方名下的，离婚时该不动产由双方协议处理。依前款规定不能达成协议的，人民法院可以判决该不动产归产权登记一方，尚未归还的贷款为产权登记一方的个人债务。双方婚后共同还贷支付的款项及其相对应财产增值部分，离婚时应根据我国《婚姻法》第39条第1款规定的原则，由产权登记一方对另一方进行补偿。一方未经另一方同意出售夫妻共同共有的房屋，第三人善意购买、支付合理对价并办理产权登记手续，另一方主张追回该房屋的，人民法院不予支持。夫妻一方擅自处分共同共有的房屋造成另一方损失，离婚时另一方请求赔偿损失的，人民法院应予支持。

案例导入

【案情简介】2010年10月20日，刘某与李某签订《房屋买卖合同》约定，刘某购买李某名下的某市某区幸福花园1号楼3单元1802房屋（以下简称案涉1802房屋），买卖价款220万元；刘某于合同签订后30日内将购房款付至第三方托管单位辉煌担保贷款公司；上述房屋买卖价款付清后5日内，李某协助刘某办理案涉1802房屋的权属变更登记手续。合同还对各自的违约责任进行了约定。

2010年11月20日，刘某将220万元购房款一次性支付至辉煌担保贷款公司账户内。后刘某请求李某协助办理案涉1802房屋的权属变更登记手续，李某以其妻子陈某不同意出售该房屋及不予协助办理房屋权属变更登记为由，拒绝为刘某办理房屋产权证变更手续。后刘某找到李某之妻陈某协商房屋权属变更过户手续。陈某表示，其从未同意李某出售夫妻共同房屋，也从来没有签署过同意出售的证明，李某在出售案涉1802房屋时未经过其同意，违反了法律规定，故不同意协助办理该房屋的权属变更登记手续。刘某与李某、陈某多次协商办理案涉1802房屋权属变更登记手续，均未达成一致意见。

【双方争议】2011年6月，刘某起诉至法院称，其购买案涉1802房屋是善意，在签订该房屋的买卖合同时，陈某向中介公司出具了同意出售共有房屋的证明，且其购买该房屋是基于市场价格，并且还高于周边同类型房屋的价格；另外，如果其不能购买该房屋，则由于限购政策导致其无法再购买房屋。故请求法院判令强制李某、陈某履行《房屋买卖合同》，由李某、陈某协助办理案涉1802房屋的权属变更登记手续。

李某辩称，其在出售案涉1802房屋时确实未经过其妻子陈某的同意，而其所出具的陈某同意出售的证明是房屋中介机构的某员工代替所签。在陈某不同意履行《房屋买卖合同》的情况下，请求法院驳回刘某的诉讼请求。

陈某辩称，其与李某是夫妻，案涉1802房屋是双方共同财产，按照法律规定，出售该共有房屋，应征得夫妻双方的明确同意。李某在出售该房屋时并未征得其同意，故其不同意李某出售案涉1802房屋，请求驳回刘某的诉讼请求。

一审法院又查明，陈某与李某是夫妻，二人于2002年共同出资购买了案涉1802房屋，该房屋登记在李某名下。在《夫妻同意出售房屋证明》上的"陈某"签名是中介公司的某员工代签。刘某对于陈某姓名系代签的事实并不知情。案涉1802房屋在2010年10

月出售时的市场价约为 210 万元。

【法院裁判】法院经审理认为，刘某与李某签订《房屋买卖合同》时，刘某基于信赖李某是案涉 1802 房屋国有土地使用权证及房屋产权证上的登记权利人，且在签订《房屋买卖合同》时李某的配偶陈某也出具同意销售的证明，故其信赖李某有权处分案涉 1802 房屋，对此没有任何过错。而经查明，刘某所购买的案涉 1802 房屋在签时同周边同类型房屋的出售价格是一致的，且略高于周边同类型房屋的价格，因此并不存在刘某同李某串通损害陈某利益的情形存在。基于此，在李某作为该房屋的登记权利人同刘某签订《房屋买卖合同》时，刘某是善意的，且合同所约定的对价也是合理的，故《房屋买卖合同》是李某与刘某的真实意思表示，且不违反法律、行政法规的强制性规定，合法有效。

至于刘某请求李某、陈某继续履行合同的诉讼请求，经查明，李某在出售案涉 1802 房屋时，是伪造了陈某的签名，而在本案诉讼过程中，陈某明确表示不同意出售案涉 1802 房屋，根据我国《物权法》第 97 条 "处分共有的不动产或者动产以及对共有的不动产或者动产作重大修缮的，应当经占份额 2/3 以上的按份共有人或者全体共同共有人同意，但共有人之间另有约定的除外" 的规定，在陈某作为案涉 1802 房屋共同共有权人的情况下，要想继续履行《房屋买卖合同》，实现该共有房屋的物权变动，必须取得该房屋共有权利人陈某的同意。鉴于陈某在本案中明确表示不同意出售案涉 1802 房屋，故刘某主张继续履行合同的诉讼请求，不符合上述《物权法》规定的条件，不予支持。

至于在合同有效且不能履行情况下刘某的权益保护问题，刘某可以变更诉讼请求，要求解除合同并请求房屋出卖人李某承担违约责任，对此，在法院已经向刘某明确释明其可变更诉讼请求的情况下，刘某仍坚持其原来的诉讼请求，拒绝变更诉讼请求，故对刘某在本案中要求李某、陈某继续履行案涉《房屋买卖合同》、协助办理房屋权属变更登记的诉讼请求，予以驳回。

——摘自最高人民法院民一庭主办的《民事审判指导与参考》2014 年第 1 期

本章小结

本章是商品房买卖合同，主要介绍商品房买卖概述、商品房买卖合同的订立和履行等，要求学生掌握商品房买卖法律制度的主要内容，掌握商品房买卖合同订立和履行中各种纠纷的解决路径，了解商品房买卖中各种风险的预防方法。商品房买卖合同纠纷的处理，应当首先明确合同是否成立，然后判断合同是否有效。合同不成立，被确认无效，或被撤销，当事人应当承担缔约过失责任。合同有效，当事人违反合同义务的，应当承担违约责任。商品房买卖在整合房地产法学中具有核心的地位，学生应当结合《合同法》的基本原理，深入细致学习。

技能训练

熟知商品房买卖纠纷处理的特殊规则

目的：使学生深刻认识到房屋买卖纠纷与货物买卖纠纷的差异。

要求一：讨论商品房预售合同在我国现阶段的意义。

要求二：讨论商品房交付与货物交付的异同。

✎ 实践活动

查看商品房买卖合同范本

目的：调查不同商品房买卖合同范本，了解各种交易风险。

内容：学生通过深入房地产开发企业和房地产中介机构等，搜集各种商品房买卖合同，讨论相关的争议条款。

要求：结合《合同法》、《最高人民法院关于审理商品房买卖合同纠纷案件适用法律若干问题的解释》和《最高人民法院关于审理买卖合同纠纷案件适用法律问题的解释》等相关法律法规及规章的规定，走访调查，理论联系实际，掌握商品房买卖合同草拟的基本知识，能够对具体的合同文本提出建设性的修改意见。

业主建筑物区分所有权

知识目标：

了解建筑物区分所有权的概念及特征

掌握建筑物区分所有权的组成及相关法律规定

能力目标：

理解业主共有关系的性质

了解业主自治的相关程序及规则

掌握专有权、共有权及管理权的内涵及区别

第一节　业主建筑物区分所有权概述

🦅 **案例导入**

卫生间移至卧室导致漏水，谁之责?

原告余某某诉称，原被告是上下楼层邻居，2012 年 9 月起被告开始装修住房。同年 11 月，原告发现自己卫生间上方有漏水现象，多次与被告交涉未果。被告装修房屋时将卫生间内的卫生洁具，移到该卫生间的左侧卧室内，并在该房内安装了台盆、便盆、浴缸等物品。2013 年 2 月，原告以被告装修改变房屋性质，将卫生间置于楼下卧室之上及存在漏水问题为由，诉至法院要求被告恢复原状。

试从建筑物区分所有权的相关法律规定出发，谈谈你对被告行为的认识。

一、共有概述

(一) 共有的内涵

共有是指两个或两个以上的民事主体对某一特定的独立物，共同平等地享有所有权，或者按照各自的份额享有所有权的一种法律制度。根据一物一权原则，共有物虽为两个以上民事主体所共有，但该物上的所有权仍然是完整的一个，各共有人的权利及于共有物的全部。共有人在共有物分割前，无法就共有物的任何一部分主张独立的所有权。

（二）共有的类型

1. 按份共有

按份共有是指两个或两个以上共有人按照各自的份额，分别对其共有财产享有权利和承担义务的一种共有关系。我国《民法通则》第 78 条第 2 款规定，按份共有人按各自的份额，对共有财产分享权利，分担义务。按份共有的特征有：（1）份额由共有人事先约定，或按出资比例确定，份额不明确时，推定为均等；（2）对共有财产的管理，由共有人协商进行，意见不一致时，按多数份额的意见进行管理，但不得损害其他人的利益；（3）对共有财产除协商处分外，各共有人对自己的份额进行分出、转让时，其他共有人有优先购买权；（4）在共有财产受到侵害时，每一共有人都有权请求返还原物、排除妨碍和赔偿损失，以维护共有的权益。

2. 共同共有

共同共有是指两个以上具有共同关系的民事主体，对共有物不分份额，平等地享有权利，平等地承担义务的一种共有。共同共有关系主要有夫妻共有、家庭共有、共同继承（继承开始后遗产分割前各继承人、受遗赠人之间的财产共有关系）、合伙共有，以及合伙与企业之间的联营等。共同共有的特征有：（1）共同共有的基础是共同关系，在共同关系存续期间，任何共有人都不能要求分割共有物；（2）共同共有人对共有物有平等的所有权，经平等协商进行管理、支配和处分；（3）共同共有人对共有物平等地承担义务，对外就共有物负连带责任；（4）在共同关系终止，共有物分割时，应平等协商，确定各自的份额。

二、业主建筑物区分所有权的概念及产生

（一）业主建筑物区分所有权的概念

业主建筑物区分所有权，又称建筑物区分所有权、区分所有权，是指业主作为权利人对于一栋建筑物中住宅、经营性用房等自己专有部分享有的单独所有权，对专有部分以外的共有部分享有的共有权，以及因该共有关系而产生的共同管理权的一种复合权利。我国《物权法》第 70 条规定，业主对建筑物内的住宅、经营性住房等专有部分享有所有权，对专有部分以外的共有部分享有共有和共同管理的权利。

（二）业主建筑物区分所有权的产生

商品经济的极大发展，城市人口急剧增加，使得居住问题日趋突出。建筑面积的增长需求和土地面积的有限性之间的矛盾，促使建筑物不断向高层高空发展。然而，由于个人财力有限，一栋高层建筑通常情况下不可能为一人或数人所有，只能分割为一个个不同的相对独立的部分而为众多的业主所有，建筑物区分所有权就应运而生。我国《物权法》

采用的概念是"业主的建筑物区分所有权"。加上"业主的"三个字，是因为"业主"二字的含义已经为人们所熟悉，为了便于人们理解，故将建筑物区分所有权之前加了"业主的"三个字。

三、建筑物区分所有权的特征

（一）多重性

建筑物区分所有权的主体集专有权人、共有权人、管理团体成员三种身份于一体。专有权是共有权和管理权的基础，共有权和管理权依附于专有权而存在，只有享有专有部分的所有权，才能对共有部分享有共有权，也才能基于成员身份对共有部分享有管理权。权利人取得了专有权也就自然取得共有权和管理权。业主转让其专有部分时，共有权和管理权当然一并转让。建筑物区分所有权的权利主体身份具有多重性，与其他不动产所有权有明显区别。

（二）整体性

建筑物区分所有权的客体包括建筑物的专有部分和共有部分。从表面上看，建筑物区分所有权的各组成权利都有各自的客体。专有权的客体为建筑材料组成的四周上下封闭的、在构造和使用上具有独立性和经济价值的建筑空间。共有权的客体为建筑物及附属物中的共有部分。成员权的客体为建筑物区分所有权人作为管理团体成员所为的行为。但实质上，建筑物区分所有权是建立在建筑物整体上的一种所有权形式，是由专有权、共有权和管理权三种权利有机组成的一个不可分割的整体，而非简单相加。因此，建筑物区分所有权的权利客体具有整体性。

（三）复杂性

建筑物区分所有权的内容具有复杂性。一方面，建筑物区分所有权既有就其独有部分享有的专有权，又有对共有部分享有的共有权，还有作为成员享有的管理权，是三种权利的有机结合，本身具有多样性。另一方面，建筑物区分所有权包含三方面的法律关系，一是权利主体作为专有权人的权利义务关系；二是权利主体作为共有权人的权利义务关系；三是权利主体作为管理团体成员的权利义务关系。这三种权利义务关系不是完全独立的，而是经常交织在一起。

第二节 专 有 权

案例导入

业主如何规范行使建筑物专有部分所有权

业主谢某购买了某小区临街一栋住宅楼一楼的一套住房。谢某拿到房子之后，将其一楼临街的一侧墙体拆除，并在墙体外通向道路的小区绿地上修建了楼梯，将自己的房屋改成小饭馆。物业公司要求谢某恢复原状，停止营业，均未奏效。其他业主对此很有意见，纷纷要求物业公司强行关闭这家小饭馆，否则就不再缴纳物业费。而谢某也振振有词："我办理了营业执照，属于合法经营！"。

试对案例中谢某破墙开店行为的性质进行分析。

建筑物区分所有权的专有权，是指权利人享有的以区分所以建筑物的独立建筑空间为标的物的专有所有权。我国《物权法》第71条规定，业主对其建筑物专有部分享有占有、使用、收益和处分的权利。

一、专有权的客体

业主专有权的客体，即专有部分，是指在构造上及使用上可以独立，且可单独作为所有权标的物的建筑部分。专有部分必须具备如下条件：（1）必须具有构造上的独立性，即被区分的部分在建筑物的构造上，可以加以区分，并与建筑物的其他部分隔离。（2）必须具有使用上的独立性，即被区分的部分，可以为居住、工作或其他目的而使用。其主要界定标准，应为该区分的部分有无独立的出入门户。（3）该被区分的部分必须能够登记成为特定业主所有权的客体。

关于建筑空间的界定，即划分专有部分之间、专有部分与共有部分之间以及专有部分与建筑物外部之间的界限，学术理论上存在空间说、壁心说、最后粉刷表层说以及壁心和最后粉刷表层混合说。本书认为，壁心和最后粉刷表层混合说较为科学合理。因为空间说虽然符合专有部分的实际状况，反映了建筑物区分所有权的外部特征，但由于把墙壁、地板、天花板等分界物视为共有部分。若依此理论，则区分所有权人欲粉刷墙壁或打钉子、甚或在地板上铺地砖，均应取得其他所有人的同意，如此必然给区分所有权人的生活带来不便，也与社会现实不符。壁心说虽然符合交易习惯，但在分界壁内往往埋设着维持整栋建筑物正常使用所必需的各种管线，如果可以由区分所有权人自由使用或变更，则必然有损整栋建筑物的维护与管理，进而损害其他区分所有权人的权益，显然不妥。最后粉刷表层说虽然弥补了空间说和壁心说的不足，但却忽视了当前区分所有建筑物以壁心为权利界线的交易习惯。

二、专有权的内容

（一）专有权人的权利

专有权人的权利主要是在法律、法规和管理规约的范围内，对其专有部分行使占有、使用、收益和处分的积极权能，以及排除他人非法干涉的消极权能。如对专有的住宅、经营性用房可以直接占有、使用，实现居住或营业的目的，也可以依法出租或出借，或者依法设定负担，还可以依法处分将专有部分出售给他人。专有部分作为所有人享有单独所有权的部分，在权能上与一般的不动产所有权基本相同。然而，专有权的行使必须正当且符合交易习惯，如行使处分权能时，不能将专有部分和共有部分进行人为分离，应尊重建筑物区分所有权的整体性，将专有部分和共有部分一并处分。我国《物权法》第 72 条第 2 款规定，业主转让建筑物内的住宅、经营性用房，其对建筑物共有部分享有的共有和共同管理的权利一并转让。

（二）专有权人的义务

专有权人的义务主要包括：（1）尊重建筑物区分所有权的性质及专有部分的自身性质和用途，按照本来的用途使用专有部分，不得损害其他业主的合法权益。（2）对专有部分的维修和改良必须正当，不得危及建筑物的安全，不得有损建筑物的外观，不得妨碍建筑物整体的正常使用以及违反其他区分所有权人的共同利益。（3）容忍他人行使专有权的义务，即业主都有行使专有权的权利，当业主正当使用、维修、改良其专有部分时，其他业主有容忍义务，不得阻碍和妨害。如业主因维修、改良其专有部分或设置管线，必须进入另一业主的专有部分时，该专有部分的所有权人无正当理由不得拒绝。

案例导入

业主私自开设窗户被判侵权

【案情简介】家住某小区 7 幢 302 室的王某在对新房进行装修时，为改善其客厅的采光条件，便在客厅朝南的外墙小阳台旁又自行开设了一扇 1.5 米×1.2 米的塑钢窗户。楼下住户刘某见状后，即以王某擅自在楼房外墙开设窗户对其居住造成安全隐患为由，要求王某立即将开设的窗户拆除并恢复原状。在多次协调未果的情况下，刘某一纸诉状将王某告上了法庭。在诉讼过程中，法院委托有资质的房屋安全鉴定机构对王某在外墙所开设的窗户进行鉴定。鉴定结论是，302 室在外墙所开设的 1.5 米×1.2 米的塑钢窗户，未对整幢楼房的主体造成明显的结构性损坏，目前暂不影响居住和使用安全。

【法院判决】法院认定被告擅自在其居室外墙壁开设窗户的行为，构成对原告的侵权，遂判决被告拆除开设的窗户并恢复原状。

【法理评析】该案在审理过程中有两种不同的观点：一种观点认为，原、被告属同幢异产的相邻各方，理应按照有利生产、方便生活、团结互助、公平合理的精神，正确处理好相邻关系。被告虽然自行开设了窗户，但并未对原告的居住安全构成妨碍，故应驳回原告的诉讼请求；另一种观点认为，被告擅自在外墙开设窗户的行为，构成对原告的侵权，依法应判令被告拆除开设的窗户并恢复原状。

我国《物权法》规定，业主行使专有权不得危及建筑物的安全，不得损害其他业主的合法权益。建设部《城市异产毗连房屋管理规定》第 8 条规定，一方所有人如需改变共有部位的外形或结构时，除须经城市规划部门批准外，还须征得其他所有人的书面同意。本案中，被告在其居室的外墙壁开设窗户的行为，从形式上看似乎是被告在正常行使其专有权，且该窗户的开设暂未对原告的居住安全构成妨碍。但是，由于建筑物外墙作为建筑物的基本构造部分，属于业主共有部分，被告擅自开设窗户，既未经城市规划建设部门的批准，又未征得其他业主共有人（原告）的书面同意。尽管该窗户的开设未对整幢楼房的主体造成明显的结构性损坏，且目前暂不影响居住和使用安全，但被告的行为已经构成对原告及其他业主共有权的侵害，故其依法应承担排除妨碍、恢复原状的民事责任。

三、住宅改变为经营性用房

住宅改变为经营性用房，会带来一系列的问题和弊端。例如，造成来往小区外来人员过多、杂乱，干扰业主的正常生活，造成邻里不和，引发社会矛盾。造成小区车位、电梯、水、电等公共设施使用的紧张。造成楼板的承重力过大，增加了小区不安全、不安定的因素。妨碍城市规划目标的实现，将原本规划用来居住的住宅大量改为经营性用房，用于商业目的，会造成该地区交通拥堵、人满为患。大量的"住改商"还会造成社会治安、消防安全、食品卫生、环境保护等领域监管压力增大、隐患增多。

我国《物权法》第77条规定，业主不得违反法律、法规以及管理规约，将住宅改变为经营性用房。业主将住宅改变为经营性用房的，除遵守法律、法规以及管理规约外，应当经有利害关系的业主同意。根据我国《民法通则》第83条，不动产的相邻各方在使用不动产时，应按照有利生产、方便生活、团结互助、公平合理的精神，正确妥善处理好相邻关系，给相邻方造成妨碍或损失的，应当承担相应的民事责任。虽然我国《物权法》和《民法通则》都没有禁止"住改商"，但都进行了一定的限制。首先，法律、法规及管理规约没有相应的禁止性规定，也就是法律、法规和管理规约是有权禁止"住改商"的。其次，"住改商"必须经有利害关系的业主同意，有利害关系的业主不仅指同栋楼房的其他业主，也包括其他楼房里受到影响的业主。

我国《物权法》采取的策略，是将这一问题交给有利害关系的业主来决定。一般来说，业主能普遍接受居住区内开设烟酒店、复印店、广告公司等，但不同意开办宠物店、歌厅、酒吧、饭店、钢琴培训班等有气味、有噪声等影响居住环境的公司。我国《物权法》将住宅能否改为经营性用房问题，交给当事人来处理的方式，既体现了对当事人权利的尊重，也有利于经济发展和促进就业。

国家工商行政管理总局《关于住所（经营场所）登记有关问题的通知》（工商企字〔2007〕236号）中规定"企业（公司）、个体工商户在设立（开业）或住所（经营场所）变更登记时，将住宅改变为经营性用房的，除提交住所使用证明外，还应当提交下列材料：一是《住所（经营场所）登记表》；二是住所（经营场所）所在地居民委员会或业主委员会出具的有利害关系的业主同意将住宅改变为经营性用房的证明文件。"该条规定了"住改商"的程序，使其具有了可操作性，将《物权法》赋予公民改变房屋性质的权利交由所在地居民委员会或业主委员会出具有利害关系的业主同意将住宅改变为经营性用房的证明文件，既维护了想改变住宅性质的业主权利，又赋予周边业主一定的同意权和否决权，起到了平衡利害关系双方权益的作用。业主将住宅改变为经营性用房，本栋建筑物内的其他业主，应当认定为我国《物权法》第77条所称"有利害关系的业主"。建筑区划内，本栋建筑物之外的业主，主张与自己有利害关系的，应证明其房屋价值、生活质量受到或者可能受到不利影响。

业主利用住宅进行经营时，不得损害公共利益。一是装修房屋时，要确保住宅楼的整体结构不被破坏，不能随意拆改承重墙，私改电线和燃气线路等，从而影响房屋安全。二是经营项目应有所选择，避免乱扔垃圾、夜间营业，影响环境卫生。三是在住宅小区内从事经营活动，要避免声、光、电、气、电波等不可量物对小区的居住环境以及居民身体健康造成影响。四是在住宅小区内经营尽量不占用业主共有部分，以免影响到其他业主的公共利益，否则应另行支付所占用公共部分的物业费。

案例导入

"住改商"需经有利害关系的业主同意

【案情简介】2011 年，郑某将房屋出租给通信公司作机房，用于放置光纤传输机柜作为数据传输汇聚节点。同一小区内、本栋居民楼的张某起诉郑某和通信公司，要求恢复原状。

【案例分析】我国《物权法》第 77 条规定，业主不得违反法律、法规以及管理规约，将住宅改变为经营性用房。业主将住宅改变为经营性用房的，除遵守法律、法规以及管理规约外，应当经有利害关系的业主同意。最高人民法院《关于审理建筑物区分所有权纠纷案件具体应用法律若干问题的解释》第 10 条第 1 款规定，业主将住宅改变为经营性用房，未按照我国《物权法》第 77 条的规定经有利害关系的业主同意，有利害关系的业主请求排除妨害、消除危险、恢复原状或者赔偿损失的，人民法院应予支持；第 16 条第 1 款规定，建筑物区分所有权纠纷涉及专有部分的承租人、借用人等物业使用人的，参照本解释处理。故通信公司租赁郑某房屋用于放置光纤传输机柜作为数据传输汇聚节点的行为，属于将住宅改变为经营性用房，应承担与业主相同的法定义务，应经有利害关系的业主张某同意。

最高人民法院《关于审理建筑物区分所有权纠纷案件具体应用法律若干问题的解释》第 11 条规定，业主将住宅改变为经营性用房，本栋建筑物内的其他业主，应当认定为《物权法》第 77 条所称"有利害关系的业主"。建筑区划内，本栋建筑物之外的业主，主张与自己有利害关系的，应证明其房屋价值、生活质量受到或者可能受到不利影响。故张某作为本栋建筑物内的业主，无需举证证明其房屋价值、生活质量受到或可能受到不利影响，即可认定为有利害关系的业主。判决郑某、通信公司拆除案涉设备，恢复房屋住宅用途。

将住宅改变为经营性用房，即可认定该改变行为影响了业主的安宁生活。房屋使用人将住宅改变为经营性用房，应承担与业主相同的法定义务，除遵守法律、法规和管理规约外，还应经有利害关系的业主同意。

第三节 共 有 权

案例导入

利用建筑物外墙打广告，需经全体业主同意

家住重庆南岸区南城大道 227 号大楼的刘女士一搬进新居后便遇上了一桩烦心事。原

来，在2003年5月购买这幢楼房底层开设营业门市的重庆麦克医药股份有限公司（简称麦克公司），将一块印有"麦克医药"字样、面积约160平方米的广告牌悬置到大楼左、右侧的外墙上，且广告牌的支撑铁柱恰恰靠近刘女士所住的四楼。每天在巨幅广告牌下生活，令一直担心安全隐患的刘女士寝食难安。看到满街高楼上的各色广告，刘女士不知道近邻麦克公司的行为是否侵权。向律师咨询后，刘女士向法院递交了起诉书，刘女士以被告麦克公司擅自利用建筑物外墙设立广告牌，既有严重安全隐患，又侵犯了共有人利益为由，要求判令被告排除妨害、恢复原状、赔偿损失。

法院审理后认为，原、被告双方皆为南岸区南城大道227号业主。这幢大楼外墙属于全体业主共同共有，即大楼的全体业主对外墙享有共同的权利和义务，任一共同共有人利用该外墙须经其他共有人同意，任一共同共有人对损害该外墙的行为都有权加以制止。本案被告擅自设立广告牌的行为损害了原告的利益，原告有权加以制止。对原告要求判令被告排除妨碍、恢复原状的请求应予支持。

——《不经全体业主同意利用建筑物外墙打广告，重庆南岸区法院判决属侵权行为》，载《人民法院报》2006年5月21日。

一、共有部分

（一）共有部分概述

共有部分，是指区分所有的建筑物内构成不同专有空间的共同材料或结构由两个以上的区分所有人共同使用的部分，以及不属于专有部分的建筑物及其附属物。主要包括：（1）建筑物的基本构造部分，如支柱建筑物顶、外墙、地基等；（2）建筑物的共有部分及附属物，如楼梯、走廊、门厅管道设备；（3）仅为部分所有人共有的部分，如各层之间的楼板、相邻墙壁等。

我国《物权法》第73条和第74条规定了建筑区划内共有的范围，即：建筑区划内的道路、绿地、其他公共场所、公用设施和物业服务用房等，属于业主共有，但属于城镇公共道路、城镇公共绿地或明示属于个人的除外；建筑区划内，规划用于停放汽车的车位、车库应当首先满足业主的需要，其归属由当事人通过出售、附赠或者出租等方式约定，占用业主共有的道路或其他场地用于停放汽车的车位，属于业主共有。应当注意的是，绿地和道路是作为土地上的附着物归业主所有，而非是土地归业主所有。

一般而言，共有部位是指住宅主体承重结构部位（包括基础、内外承重墙体、柱、梁、楼板等）、户外墙面、屋顶、天井、门厅、楼梯、楼梯间、走廊、通道、垃圾道、等。公用设施设备是指建设费用已经摊入房屋销售价格的共用的给水排水设备（包括上下水管道、水箱、水塔、加压水泵、落水管）、暖气设施、燃气设施、电梯、天线、锅炉、供电设备（供电线路、公用照明、路灯）、空调设备、各种配备线、消防设施、绿地、道路、沟、渠、池、井、非经营性停车场车库、公益性文体设施和共用设施设备使用的房屋等。

（二）共有部分的特征

1. 不可分割性

根据区分所有建筑物的使用目的，共有部分具有不可分割性，否则，不成其为共有。但区分所有建筑物已完成区分所有人的使用目的的除外；

2. 从属性

鉴于区分所有建筑物的专有部分与共有部分在物理上具有不可分的统一结构体关系，区分所有人取得专有部分所有权，必须附带取得共有部分所有权，以获得使用上的方便。因此，共有部分具有从属性，任何移转专有部分的行为，均推定移转了整个区分所有权。

案例导入

私自拆改共有部分，政府许可也不能成为免责理由

【案情简介】 某栋楼底层为商业用房，产权属某实业公司所有。二至六层为住宅，由钟某等19户业主使用，部分产权属某房产公司所有，部分由住户按房改政策购买。后该实业公司将底层部分的填充墙拆除，地面部分下挖至0.9~1.2米深，欲增建夹层，引起与原告住户和房产公司的纠纷。被告实业公司委托该市房屋安全鉴定处（下称安鉴处）就其在该楼底层增设夹层进行鉴定，结论为：夹层施工对主体未造成明显的结构性损坏，目前不影响居住和使用安全，且按持证设计单位出具的正规施工图，能满足安全使用要求。该市建设委员会抗震办经审核同意被告在该楼底层增建夹层，公安局消防部门经审核，同意被告按所报图纸进行施工。

原告向人民法院诉称：被告大规模拆改主体结构，房屋装修加大荷载，造成楼上住房墙体严重开裂，水管漏水，既严重影响了楼上住户的居住安全，也严重侵犯了产权人的合法权益，要求被告恢复房屋原有的主体结构，拆除夹层，将下挖的部分恢复原状，并对受损的给排水系统及主体结构的基础框架柱采取补救加固措施。被告辩称：该楼底层房屋产权属其所有，其根据使用需要，对自己的房屋进行装修改造，并委托有资质的设计单位进行设计，设计方案经建委、规划局审核批准，安鉴处亦作出鉴定认可，是按法定程序进行的合法行为，应驳回原告的诉讼请求。

案件审理中，被告取得市规划局颁发的准予在室内加一层夹层的建设工程规划许可证。法院委托安鉴处对原告的住房损坏情况进行鉴定，结论为：原告住房出现的问题，并非被告底层增建夹层造成的；建议被告对底层公共部分大平台楼梯间的墙体裂缝部位用高标号水泥砂浆粉刷，对地梁露筋部位做好保护层。

【法院判决】 法院判决：一、被告实业公司对该楼底层公共部位大平台楼梯间墙体裂缝部位用高标号水泥砂浆粉刷，对地梁露筋部位做好保护层，疏通下水管道。由原告房产公司和被告实业公司共同委托监理部门负责现场监理，监理费用由被告实业公司负担。二、被告实业公司于本判决生效之日起六十日内拆除底层房屋的夹层，将下挖的部分恢复原状，由原告房产公司、钟某等19人及被告实业公司共同委托监理部门负责施工现场监理，监理费用由被告实业公司负担。

【分析评价】本案被告借享有所有权的底层房屋及其与地下部分直接相连的便利，开掘建筑物的地下部分，在专有部分内增建夹层扩大使用空间。被告的行为虽得到相关政府部门的批准，并经鉴定对建筑物的整体安全尚不构成危害，但根据建筑物区分所有权的法律规定，其行为已构成侵权。

被告的专有部分范围是墙壁、地板和天花板之间所围成的建筑空间，不及于地板以下的基础，被告开挖的部位属共有部分。共有部分属全体业主共有，被告对该共有部分的改建或使用需经全体业主同意，否则构成对其他业主共有权的侵害。即使不影响建筑物的安全，政府部门的许可也不能成为被告的免责理由。

业主对专有部分的利用包括装修或必要的改良，不得损害其他业主的共同利益。因为区分所有中的专有部分仍是整个建筑物的组成部分，其中支撑整个建筑物存在的基础、梁、柱、外墙壁等不可缺少的构成部分仍属共有部分，业主不能像对单一所有权的建筑物那样任意拆改或损害。

二、共有权的内容

业主的共有权，是指业主依照法律、法规或者管理规约的规定，对建筑物的共有部分所享有的占有、使用和收益的权利。《物权法》明确规定，业主对建筑物专有部分以外的共有部分，享有权利，承担义务；不得以放弃权利不履行义务。可见，业主对建筑物之共有部分享有共有权，且共有权利与共有义务是不可分割的。按照产生的依据不同，可以将业主的共有权分为法定共有权和约定共有权，前者是根据法律、法规规定产生的共有权，后者则是根据管理规约产生的共有权。业主共有权的内容即共有权人的权利和义务。

（一）共有权人的权利

第一，共用部分的使用权。各区分所有人对整个建筑物的共用设施部分，都有按照该设施的作用和性能进行使用的权利，该使用权原则上不因单独所有权的大小而有大小之别，例如乘坐电梯、经过走廊、上下楼梯等。

第二，共有部分的收益权。各区分所有人按其单独所有权占整个建筑的比例，对建筑物的共用部分所生利益享有收益权。

第三，共有部分的改良的权利。在不违反建筑法、城市规划法、环境保护法等公法强制性规定的前提下，各区分所有人可以通过一定的方式行使共同意志，对建筑物的共用部分进行修缮改良。

第四，共有部分的排除妨害的权利。第三人或某个区分所有人在对建筑物的共用部分使用时违反通常的使用方法或损坏共用部分或对他人的共有权形成妨碍时，任何区分所有人均有权制止、排除妨害。

与其他所有权不同，共有权仅有三项权能：使用权、收益权、和处分权，而没有占有权。所谓使用权是指各区分所有权人对共有部分依其设置目的及通常使用方法享有正当使用的权利，包括共同使用与轮流使用。所谓收益权是指收取共有部分的天然孳息及法定孳息的权利。对于共有部分所产生的收益，除业主间另有约定外，应当由业主按其专有部分的比例收取。所谓处分权，包括事实上的处分和法律上的处分。对于事实上的处分，如对共有部分及其相关设施的拆除，应由业主大会决定。对于法律上的处分，如业主处分共有部分时，应随同专有部分同时进行。

（二）共有权人的义务

业主就共有部分承担下列义务：（1）依共用部分本来的用途和通常的使用方法进行使用；（2）各区分所有人对共用的门厅、屋顶、楼道、楼梯、地基等共有、共用的部分应共同合理使用，任何一方不得多占、独占、各所有人另有约定的除外；（3）未经其他所有人同意或业主会议决议通过，不得改变共有部分的外形或结构；（4）各所有人及全体业主使用共用部分不得违反法律强制性规定；（5）分担建筑物共用部分、共用设施的管理、维护、修缮费用。分担的原则一般是在所涉及的该共用部分范围内，各区分所有人按其专有部分在该范围内所占的比例分担。

三、某些特定共有部分的权属及利用

建筑区划内的道路、绿地、其他公共场所、公用设施和物业服务用房等，属于业主共有，但属于城镇公共道路、城镇公共绿地或明示属于个人的除外。建筑区划内的道路和绿地原则上属于业主共有，除非在规划上是属于城镇的公共道路或公共绿地，以及建筑物在建设时已经规划为特定专有部分附属的道路和绿地，且在销售时已经明确列入该专有部分的买卖合同中，即属于该特定业主所专有。

建筑区划内，规划用于停放汽车的车位、车库应当首先满足业主的需要，其归属由当事人通过出售、附赠或者出租等方式约定，占用业主共有的道路或其他场地用于停放汽车的车位，属于业主共有。根据该规定，规划的车位和车库开发商可以出售、附赠或出租给业主，而占用业主共有的道路或其他场地的车位，则属于业主共有。

现实中，房地产开发商一般是将地下车库、车位或者附属于建筑物并已成为建筑物组成部分的地上车库、车位出售给业主，还有一些价格较高的高档住宅小区以附赠的形式将车库或车位赠与购买住房的业主。对于剩余的未销售完的车库车位，有些开放商会委托物业服务公司将之出租给需要的业主，以达到物尽其用的目的。而地面上的车位则属于占用业主共有的道路或其他场地的车位，按照物权法的规定应当属于业主共有，这些车位的使用应由业主共同决定，或者出租给需要的业主，或者仅收取一定的管理费用。业主共有的车位收取的租金，应首先用于车位的维护、管理等，余额应由业主大会决定其用途。

规划上专属于特定房屋，且建设单位销售时已经根据规划列入该特定房屋买卖合同中的露台、屋顶平台等，应为该专有部分的组成部分，属于特定业主专有的露台和屋顶平台。除此之外的露台、屋顶平台应当认定为属于业主共有。建筑物的外墙，应属于业主共有的部分，由业主大会决定其用途，可以出租给需要做广告的商家以赚取租金收益，也可以用于做公益广告，还可以出于建筑物美观和品位的考虑而禁止做广告用途。外墙租金收益的分配可以参照业主共有的车位租金的使用用途。

第四节　管　理　权

案例导入

业主委员会索要小区管理权被驳回

美林小区共有一百余户居民，被告王某是原开发商聘请的工作人员。后开发商授权王某全权负责该小区所有物业管理工作，并将小区部分物业用房无偿供被告王某使用。期间，小区成立业主委员会。业主委员会成立后小区内垃圾无人清运，有关部门安排被告王某按年收取垃圾清运费，负责清运小区的垃圾。王某一直占有该小区共有配套的部分物业管理用房，是实际上的小区物业管理人员。业主委员会诉请未召开业主大会也未经业主大会授权。

法院审理后认为，业主有权选聘和解聘物业服务企业或其他管理人，业主选聘和解聘物业服务企业或其他管理人应当经专有部分占建筑物总面积 2/3 以上的业主且占总人数 2/3 以上的业主同意。被告王某为原开发商聘用的前期物业管理人员，业主委员会诉请更换物业管理人员，未经达到法定人数业主同意，程序不合法律规定，故依法驳回了业主委员会的诉讼请求。

一、管理权概述

业主管理权的行使，必须遵守我国《物权法》及相关法律、法规或者建筑区划管理规约的规定，可以自行管理建筑物及其附属设施，也可以委托物业服务企业或其他管理人管理。业主行使管理权的主要形式有设立业主大会，选举业主委员会和更换业主委员会成员，制定或修改业主大会议事规则和建筑物及其附属设施的管理规约，选聘、解聘及监督物业服务企业或其他管理人，筹集和使用建筑物及其附属设施的维修资金，改建和重建建筑物及其附属设施等。

（一）业主的权利

1. 设立业主大会和选举业主委员会的权利

我国《物权法》规定，业主可以设立业主大会，选举业主委员会。地方人民政府有关部门应当对设立业主大会和选举业主委员会给予指导和协助。

2. 重大事项表决权

根据《物权法》的规定，下列事项由业主共同决定：（1）制定和修改业主大会议事规则；（2）制定和修改建筑物及其附属设施的管理规约；（3）选举业主委员会或者更换业主委员会成员；（4）选聘和解聘物业服务企业或者其他管理人；（5）筹集和使用建筑物及其附属设施的维修资金；（6）改建、重建建筑物及其附属设施；（7）有关共有和管理权利的其他重大事项，如共同费用的分担比例、区分所有权的强制出让、请求正当管理共同事务、请求收取共有部分应得利益等。其中，决定上述第五项和第六项的事项，应当经专有部分占建筑物总面积的 2/3 以上的业主且占总人数 2/3 以上的业主同意。决定其他事项，应当经专有部分占建筑总面积过半数的业主且占总人数过半数的业主同意。

3. 请求权

业主管理权中的请求权包括撤销业主大会或业主委员会决定的请求权、共有资金分配请求权、建筑物收益分配请求权以及诉讼请求权。我国《物权法》规定，业主大会或者业主委员会作出的决定侵害业主合法权益的，受侵害的业主可以请求人民法院予以撤销。建筑物以及附属设施的维修资金，属于业主共有。经业主共同决定，可以用于电梯、水箱等共有部分的维修。建筑物以及附属设施的费用分摊、收益分配等事项，有约定的，按照约定；没有约定或者约定不明确的，按照业主专有部分占建筑物总面积的比例确定。此外，业主对侵害自己合法权益的行为，可以依法向人民法院提起诉讼。

4. 其他管理权

主要包括知情权、自主管理权、委托管理权、更换管理人权和监督权等。我国《物权法》规定，建筑物及其附属设施的维修资金的筹集、使用情况应当公布。业主可以自行管理建筑物及其附属设施，也可以委托物业服务企业或者其他管理人管理。对建设单位聘请的物业服务企业或者其他管理人，业主有权依法更换。物业服务企业或者其他管理人根据业主的委托管理建筑区划内的建筑物及其附属设施，并接受业主的监督。

(二) 业主的义务

1. 遵守法律、法规和管理规约的义务

我国《物权法》规定，业主应当遵守法律、法规以及管理规约。不得进行任意弃置垃圾、排放污染物或者噪声、违反规定饲养动物、违章搭建、侵占通道、拒付物业费等损害他人合法权益的行为。如果有上述行为，业主大会和业主委员会有权依照法律、法规和管理规约，要求行为人停止侵害、消除危险、排除妨害、赔偿损失。业主不得违反法律、法规以及管理规约，将住宅改变为经营性用房。业主将住宅改变为经营性用房的，除遵守法律、法规以及管理规约外，应当经有利害关系的业主同意。

2. 执行业主大会或者业主委员会决定的义务

我国《物权法》规定，业主大会或者业主委员会的决定，对业主具有约束力。

3. 其他管理义务

如服从管理人管理的义务、支付共同费用的义务等。

二、业主自治

(一) 业主自治的内涵

业主自治是业主享有和行使管理权的理论基础。业主自治是指在物业管理区域内的全体业主，基于建筑物区分所有权，依据法律法规的规定和民主原则建立自治组织、确立自治规范，管理本区域内的物业的一种基层治理模式。业主自治是由于建筑物区分所有权制度的确立和发展才成为必要。多层建筑或居住小区的共用部位和共用设施的产权由多个业主共有，但各业主的要求各异，从而容易引起各种纠纷。为了统一意见、便于管理，业主组成管理团体委托其他组织或者自行对小区共用部位和共用设施设备的维护、公共环境、公共秩序等事项进行自治管理。只有业主真正实现自治，物业管理活动才能真正为业主服务，体现业主的利益，从根本上实现物业管理制度的目的。

（二）业主自治的特征

业主自治是基于建筑物区分所有权而产生。业主自治借鉴了国家管理的模式，将所有权和管理权分离，由物业管理企业受聘管理业主享有所有权的物业。业主自治具有公益性，业主行使自治权的目的是为了维护其居住小区的公共利益。这种公共性决定了自治权的设定与行使必须以保障和增进物业区域内的公益为目标。

（三）业主自治对物业管理的重要性

首先，业主自治是物业管理的基础。建筑物区分所有权的产生和广大居民社区自治意识的觉醒产生了现在的物业管理制度。所有权是绝对权，它排除了非所有权人对物的干预。无论物业管理企业还是政府都无权干预所有权人对房屋的处分，但是其他业主却有权干预业主对房屋共用部分的处分，而这种干预也只能要求该业主不得损害其他业主的利益。因此，涉及共有部分或共用部分而产生的物业管理问题只有业主才有最终的发言权，而物业管理企业只能在业主的授权范围内开展服务活动。所以，物业管理的基础是业主自治；

其次，行使业主自治管理权利对于维护物业所有权人和使用权人权益、规范住宅物业管理有重要意义。无论是物业管理企业还是其他当事人都有可能出于自身的利益作出对业主不利行为，这就使得行使业主自治管理权利更具有现实意义。

三、业主大会和业主委员会

（一）业主大会

1. 业主大会概述

业主大会和业主委员会是业主行使管理权的具体组织形式。业主大会由物业管理区域内的全体业主组成，维护物业区域内全体业主共同利益，行使业主对物业的管理自治权的业主自治机构，是业主团体的最高意思机关。每一名业主都当然地成为大会成员，业主大会是业主行使其管理权的最基本的方式。凡涉及建筑物和业主利益的重大事项都应由业主大会决定。

物业管理区域内全体业主组成业主大会。业主大会应当代表和维护物业管理区域内全体业主在物业管理活动中的合法权益。同一个物业管理区域内的业主，应当在物业所在地的区、县人民政府房地产行政主管部门或者街道办事处、乡镇人民政府的指导下成立业主大会，并选举产生业主委员会。但是，只有一个业主的，或者业主人数较少且经全体业主一致同意，决定不成立业主大会的，由业主共同履行业主大会、业主委员会职责。

2. 业主大会议事规则

业主大会会议分为定期会议和临时会议两种，会议召开应当于 15 日以前通知全体业主。业主大会定期会议应当按照业主大会议事规则的规定由业主委员会组织召开。20% 以上业主提议的、发生重大事故或者紧急事件需要及时处理的，以及业主大会议事规则或者业主公约规定的其他情况发生时，业主委员会应当组织召开临时业主大会。发生应当召开业主大会临时会议的情况，而业主委员会不履行组织职责的，区、县人民政府房地产行政主管部门应当责令业主委员会限期召开。

对于投票权的计算，我国采取的是建筑面积加人数的做法，对于筹集和使用专项维修资金和改建、重建建筑物及其附属设施，应当经专有部分占建筑物总面积 2/3 以上的业主且占总人数 2/3 以上的业主同意；制定和修改业主大会议事规则、制定和修改管理规约、选举业主委员会或者更换业主委员会成员、选聘和解聘物业服务企业等事项，应当经专有部分占建筑物总面积过半数的业主且占总人数过半数的业主同意。业主大会或者业主委员会的决定，对业主具有约束力。业主大会或者业主委员会作出的决定侵害业主合法权益的，受侵害的业主可以请求人民法院予以撤销。

3. 业主大会的职责

业主大会履行下列职责：（1）制定、修改管理规约和业主大会议事规则；（2）选举、更换业主委员会委员，监督业主委员会的工作；（3）选聘、解聘物业管理企业；（4）决定专项维修资金使用、续筹方案，并监督实施；（5）制定、修改物业管理区域内物业共用部位和共用设施设备的使用、公共秩序和环境卫生的维护等方面的规章制度；（6）法律、法规或者业主大会议事规则规定的其他有关物业管理的职责。

（二）业主委员会

1. 业主委员会概述

业主大会由全体业主组成，是业主行使管理权的基本方式。业主委员会是由业主大会选举产生，并经房地产行政主管部门登记，在物业管理中代表和维护全体业主合法权益的组织，是业主大会的常设机构和执行机构。业主委员会应当自选举产生之日起 30 日内，向物业所在地的区、县人民政府房地产行政主管部门和街道办事处、乡镇人民政府备案。

2. 业主委员会委员

业主委员会的委员应当是业主大会选举出来的业主。业主委员会委员应当符合下列条件：（1）本物业管理区域内具有完全民事行为能力的业主；（2）遵守国家有关法律、法规；（3）遵守业主大会议事规则、业主公约，模范履行业主义务；（4）热心公益事业，责任心强，公正廉洁，具有社会公信力；（5）具有一定组织能力；（6）具备必要的工作时间。

业主委员会委员有下列情形之一的，经业主大会会议通过，终止其业主委员会委员资格：（1）因物业转让、灭失等原因不再是业主的；（2）无故缺席业主委员会会议连续 3 次以上的；（3）因疾病等原因丧失履行职责能力的；（4）有犯罪行为的；（5）以书面形式向业主大会提出辞呈的；（6）拒不履行业主义务的；（7）其他原因不宜担任业主委员会委员的。

业主委员会的组成和委员的任期，应当由业主大会决定。目前业主自治水平不高的情况下，应当设定较短的任期，使得更多的业主有机会参与物业管理实践，提高其自治水平。

3. 业主委员会职责

业主委员会的职责非常广泛，但是涉及业主重大利益的事项，应由业主大会决定。业主委员会的职责主要有：（1）召集业主大会会议，报告物业管理的实施情况；（2）代表业主与业主大会选聘的物业管理企业签订物业服务合同；（3）及时了解业主、物业使用人的意见和建议，监督和协助物业管理企业履行物业服务合同；（4）监督业主公约的实施；（5）共用部分的清洁、维护、修缮及一般改良；（6）业主共同事务的建议；（7）业主和专有部分占有人违规行为的制止；（8）区分所有建筑物及其周围环境的维护；（9）收益及其他经费的收支、保管及使用；（10）业主大会决议的执行；（11）管理规约、会议记录等文件的保管；（12）管理服务人的委任、雇佣及其监督；（13）会计报告、结算报告及其他管理事项的提出及公告；（14）业主大会赋予的其他职责。

业主大会、业主委员会应当依法履行职责，不得作出与物业管理无关的决定，不得从事与物业管理无关的活动。业主大会、业主委员会作出的决定违反法律、法规的，物业所在地的区、县人民政府房地产行政主管部门，应当责令限期改正或者撤销其决定，并通告全体业主。

4. 业主委员会会议及议事规则

经 1/3 以上业主委员会委员提议或者业主委员会主任认为有必要的，应当及时召开业主委员会会议。业主委员会会议应当作书面记录，由出席会议的委员签字后存档。业主委员会会议应当有过半数委员出席，作出决定必须经全体委员人数半数以上同意。业主委员会的决定应当以书面形式在物业管理区域内及时公告。委员会任期届满 2 个月前，应当召开业主大会会议进行业主委员会的换届选举；逾期未换届的，房地产行政主管部门可以指派工作人员指导其换届工作。原业主委员会应当在其任期届满之日起 10 日内，将其保管的档案资料、印章及其他属于业主大会所有的财物移交新一届业主委员会，并办理好交接手续。

本章小结

本章是业主的建筑物区分所有权，主要介绍建筑物区分所有权的概念、特征、建筑物区分所有权的内容，主要包括专有权、共有权和管理权。这三种权利是相对独立而又不可分离的权利，区分所有人可以分别行使对专有部分的权利，对共同部分行使共用权，对管理建筑物行使成员权利。作为构成建筑物区分所有权的复合要素，区分建筑物所有权的结构中，专有权占主导地位，共有权居从属地位，成员权处于附属地位。实践中，因建筑物区分所有权发生的纠纷比比皆是，严重影响邻里关系的和睦和社会的谐和发展。因此，对建筑物所有权进行规制，对权利人的行为引导，提高全民守法的意识，是维护邻里团结，构建和谐社会的重要保障。

技能训练

规范专有权、共有权的正确行使

目的：使学生深刻认识到专有权和共有权人的权利和义务。

要求一：熟知《物权法》关于业主的建筑物区分所有权的规定。

要求二：明确业主对自己的房地产的哪些部分享有专有权和共有权。

实践活动

调查业主自治的实际执行情况

目的：通过调查不同性质的小区业主自治的实际执行情况，了解业主自治的权利和程序。

内容：学生通过深入居民小区、社区管委会、媒体报道等途径，搜集调查业主自治的基本情况，对业主大会、业主委员会的成立和职权有大致的了解。

要求：结合《物权法》、《物业管理条例》等相关法律法规和规章的规定，走访调查，理论联系实际，掌握相关业主自治的基本规则。

第九章

房地产物业管理

🏷 学习目标

知识目标：

知道物业管理的内容

了解物业管理法律关系的要素

知道物业服务企业的选聘程序

能力目标：

理解物业服务合同的内容和效力

掌握业主的义务

掌握物业公司的义务

能界定物业管理法律关系中的责任

第一节　物业管理概述

🏷 案例导入

现代物业制度的起源

19世纪60年代，英国随着工业革命的发展，大量农村人口涌入城市，城区住房空前紧张。一些房屋建造商修建一批简易住宅，以低廉价格租给工人居住，但由于设施简陋、环境恶劣而经常发生租户拖欠租金情况。有位名叫奥克维亚·希尔（Octavia Hill）的女士，为管理其名下的物业制订了规范的管理办法，要求租户严格遵守。这在改善租户居住环境的同时，也提高了业主租金收益，形成良性循环，遂开现代物业管理之先河。

一、物业及物业管理

（一）物业的概念

"物业"一词译自英语 property 或 estate，由中国香港传入中国内地、沿海，其含义为财产、资产、地产、房地产、产业等。物业是指已建成并投入使用的房屋建筑及其附属的设施、设备和场地。物业可大可小，同一宗物业，往往分属一个或多个产权者所有。

（二）物业的构成

物业一般由四部分构成：第一，建筑地块，指物业所占用的场地。第二，建筑物本体，包括建筑物自用部分和共用部分。第三，配套附属设施，包括自用设备如建筑物内部业主自用的门窗、水电管道，以及共用设备如全体业主共同使用的相关设施。第四，配套公共设施，指全体业主共有共用的设施，如道路、草坪、停车场（库）等。

（三）物业的分类

物业包含多种业态，如办公楼宇、商业大厦、住宅小区、工业园区、酒店、厂房仓库等物业形式。住宅物业是最为常见的物业形态，也是相关物业法律规范调整的重点内容。根据使用功能的不同，物业可分为四类：（1）居住物业。如住宅小区、住宅楼、公寓、别墅等。（2）工业物业。如工业厂房、仓库等。（3）商业物业。如写字楼、商业中心、酒店、商场等。（4）特殊物业。如机场、车站、医院、学校等。

（四）物业管理的概念

2007年修订后的《物业管理条例》第2条规定，物业管理是指业主通过选聘物业服务企业，由业主和物业服务企业按照物业服务合同约定，对房屋及配套的设施设备和相关场地进行维修、养护、管理，维护物业管理区域内的环境卫生和相关秩序的活动。基于建筑物区分所有权，物业管理按照管理对象权属不同，可以分为专有部分管理和共有部分管理，也就是广义的物业管理。专有部分管理一般由业主独立行使，以不妨碍相邻权为限，其他业主无权干涉。狭义上的物业管理是指业主对共有部分的管理，也就是我们通常讲的物业管理。

（五）物业管理的性质

物业管理是与房地产综合开发相配套的综合性管理，是与产权多元化格局相衔接的统一管理，是与市场经济体制相适应的社会化、专业化、企业化、经营型的管理。物业管理的客体是物业，服务对象是人，是集管理、经营、服务为一体的有偿劳动。因此，物业管理属于第三产业，是一种服务性行业。物业管理的性质也比较明确，主要是"服务性"的，寓管理、经营于服务之中。在计划经济体制下，住宅基本由政府投资建设，房地产管理由政府机构负责，行使业主和管理者双重权利，业主处于被动接受管理状态，行政管理色彩浓厚。市场经济体制建立后，房屋管理体制发生重大变化，更加注重业主的主体地位，行政管理的色彩迅速淡化，业主自治管理成为物业管理的常态。在立法层面上，国务院2007年颁布的《物业管理条例》将此前"物业管理合同"用语改称为"物业服务合同"。后来出台的《物权法》直接使用了"物业服务"的法律概念，最高人民法院在随后的司法解释中也完全延续了这一表述。物业管理多是指称业主对物业的管理权利和义务，物业服务多是指称受委托物业公司向业主提供的服务。

（六）物业管理的基本特征

1. 社会集成化

物业管理的社会化是指将分散的社会分工集中起来统一管理。房屋管理、水电供给、清洁卫生、保安巡逻、园林绿化等过去都是由多个部门多头、多家管理，改为物业管理企业统一管理。充分发挥住宅小区与各类房屋的综合效益和整体功能，实现社会效益、经济效益和环境效益的统一。物业所有权、使用权与物业经营管理的分离，是物业管理社会化的必要前提。现代化大生产的社会专业分工，是实现物业管理社会化的必要条件。

2. 专业科学化

物业管理的专业化，是指由专门的物业管理企业通过委托合同的签订，按照产权人和使用人的意志与要求去实施专业化管理。物业管理企业有专业的人员配备，有专门的组织机构，有专门的管理工具和设备，有科学、规范的管理措施和工作程序，运用现代管理科学和先进的维修、养护技术实施专业化管理。

3. 企业经营化

物业管理企业化的核心是按照现代企业制度，组建物业管理企业，使其真正成为相对独立的经济实体，成为自主经营、自负盈亏的商品的生产者和经营者。物业管理的属性是经营性，所提供的商品是劳务和服务。物业管理企业的服务性质是有偿的，即推行有偿服务，合理收费。

（七）物业管理的模式

物业管理的模式包括自行管理和委托管理两种。业主可以自行管理建筑物及其附属设施，也可以委托物业服务企业或者其他管理人管理。自行管理是指业主直接组织实施物业管理，没有委托物业服务企业进行物业管理事务。委托管理是指业主将物业管理的执行事务交由专门的物业服务机构，业主仅仅通过业主大会行使管理权。两者的主要区别在于业主是否直接组织实施物业管理。从物业发展趋势来看，随着社会分工的细化，在商品化、社会化的居住小区，物业管理往往涉及众多繁杂事务，由业主组织和实施具体的管理事务困难很大，采用委托管理模式是绝大多数物业管理的首选。

二、物业管理法律关系

（一）物业管理法律关系概述

物业管理法律关系是法律关系的一种，是指物业管理关系中的当事人在物业管理活动中所形成的具体权利和义务关系。物业管理法律关系由主体、客体、内容三要素组成。

现代物业管理是复杂的系统工程，涉及的法律关系错综复杂，主要包括民事法律关系和行政法律关系。物业管理民事法律关系是指物业管理活动中业主、使用人、开发商、物业服务企业、其他专业服务机构围绕物业服务合同而产生的一系列民事法律关系，如业主之间的相邻权关系、业主与物业服务企业之间的委托关系等。物业管理行政法律关系是指物业管理活动中相关政府机构与有关当事人发生的管理与被管理、服从与被服从、监督与被监督的关系，如行政部门与开发商、物业服务企业、业主之间形成的管理关系。

（二）物业管理法律关系主体

物业管理法律关系的主体是指物业管理法律关系中权利的享有者和义务的承担者。如业主、使用人、物业服务公司、政府行政管理部门等。

业主是房屋的所有权人，是物业管理法律关系中的重要主体。由于现代建筑存在着复杂的异产毗连关系，各业主的权利形态一般表现为建筑物区分所有权。在物业管理法律关系中，业主大会及其执行机构——业主委员会成为代表全体业主的法律关系主体。业主的权利和义务，需要通过召开业主大会、选举业主委员会实施自治管理的形式来实现。

使用人也称非业主使用人，是指物业的承租人和其他实际使用物业的人。使用人不是物业区域的建筑物区分所有权人，不具有成员权，一般不能参加业主大会与业主委员会。使用人与业主有直接的法律关系，与开发商、物业服务企业没有直接的法律关系。为约束使用人独立存在的地位，使用人在物业管理中的权利和义务不仅受其与业主的法律关系的制约，而且受相关法律法规及管理规约的制约。物业使用人在物业管理活动中的权利和义务由业主和物业使用人约定，但不得违反法律、法规和业主公约的有关规定。

案例导入

业主与房屋承租人约定由承租人交纳物业费是否有效？

2009年12月3日，某宾馆从某房地产开发商处租用了其综合楼三层房屋，租赁双方约定由某宾馆与物业服务单位签订物业服务合同并承担物业费。物业公司为该小区提供了物业服务，但双方并未签订书面服务合同。随后，该宾馆以没有与物业公司签订合同为由一直拖欠物业费，物业公司将某宾馆起诉至法院要求支付物业费及违约金。

【法院判决】

一审法院认为，根据《物业管理条例》第42条规定，业主与物业使用人约定由物业使用人交纳物业服务费的，从其约定，业主负连带交纳责任。"某物业公司为宾馆提供了物业服务，该宾馆已经享受了该项服务，应当交纳物业费，判决某宾馆支付物业公司物业费，并以双方无书面合同为由驳回物业公司关于违约金的请求。二审法院调解结案，某宾馆同意支付物业费。

开发商即房地产开发企业，是指以营利为目的，从事房地产开发和经营的企业。开发商作为物业的投资建设单位，原始取得物业所有权，在物业销售前，是物业唯一的所有权人，也称大业主（在房地产二级、三级市场上的物业购买人为小业主）。

物业服务企业是指按照物业服务合同的约定，专门进行房屋及配套的设施设备和相关场地的维修、养护、管理，维护物业管理区域内的环境卫生和秩序，为业主和使用人提供服务的企业。从事物业管理活动的企业应当具有独立的法人资格，自主经营，独立核算，自负盈亏，独立承担民事责任。物业服务企业除须经过工商行政管理部门核准登记并颁发营业执照外，还须经政府房地产行政主管部门审核资质。

为维护物业管理的规范、有序运作，保护物业管理法律关系各主体的合法权益，政府行政管理部门如房地产行政主管部门、建设行政主管部门以及公安、消防、环保等政府有关部门，就要介入物业管理活动中，对物业管理法律关系各主体进行指导、监督，行使行政权。国务院建设行政主管部门负责全国物业管理活动的监督管理工作。县级以上地方人民政府房地产行政主管部门负责本行政区域内物业管理活动的监督管理工作。对物业管理区域内违反有关治安、环保、物业装饰装修和使用等方面法律、法规规定的行为，物业服务企业应当制止，并及时向有关行政管理部门报告。有关行政管理部门在接到物业服务企业的报告后，应当依法对违法行为予以制止或者依法处理。

（三）物业管理法律关系的客体

物业管理法律关系的客体是指物业管理法律关系主体的权利义务共同指向的对象，包括物、行为和非物质财富。

第一，物。物是指物业，是指纳入物业管理范畴的各类建筑主体及其附属设施、共用设备和场地，这是主要的、基本的客体。

第二，行为。行为是指物业管理法律关系主体各方行使权利和履行义务的活动，包括作为和不作为。作为是指主体积极实施的某种行为，如物业服务公司履约进行的保安、保洁等活动；不作为是指主体消极不实施的某种行为，如物业服务公司不能擅自改变物业用房用途。

第三，非物质财富。非物质财富是指物业管理中产生的荣誉、发明专利等精神文化财富。如小区的荣誉称号和管理方案、规划设计等。

（四）物业管理法律关系的内容

物业管理法律关系的内容，是指物业管理法律关系主体所享有的权利和承担的义务。物业管理法律关系主要包括以下内容：一是业主、非业主使用人的权利与义务；二是业主大会、业主委员会的权利与义务；三是物业管理公司依据物业管理合同的规定所享有的权利和所承担的义务；四是开发商在物业管理活动中的权利与义务；五是政府及其相关部门的职权与职责；六是物业管理协会的基本权利义务。

物业管理权利既可以表现为享有权利的人有权做出一定的行为，也可以表现为享有权利的人有权要求他人做出一定的行为。前者如物业的所有权人或使用人可以合法使用物业及其附属配套设施、场地等；后者如业主可以要求物业服务企业提供规定或约定的有关服务。

物业管理义务可以表现为义务主体必须按照权利主体的要求做出一定的行为，如业主须按时交纳物业管理费，物业服务企业应按合同要求提供保洁服务等；或表现为义务主体必须约束一定的行为，如业主的装修活动不得损害房屋结构，物业服务企业不得违规收费等。

物业管理法律关系内容的权利和义务是密不可分的，二者相互依存、相互联系。权利和义务也是相对的，没有无义务的权利，也没有无权利的义务，一个主体享有某项权利的同时，也必定要承担相应的义务。如业主和使用人在享有物业装修权利的同时，又必须承担不得损害房屋结构、不得影响他人休息的义务。

三、物业服务企业

（一）概述

物业服务企业是专门从事地上永久性建筑物、附属设备、各项设施及相关场地和周围环境的专业化管理，为业主和非业主使用人提供良好的生活或工作环境，具有独立法人资格的经济实体，多以物业服务公司形式存在。作为独立的企业法人，物业服务企业必须有明确的经营宗旨和经行业主管部门认可的管理章程，能够独立承担民事和经济法律责任。物业服务企业须自主经营、自负盈亏、自我约束、自我发展。

（二）特点

物业服务企业提供的物业管理具有服务性，因而物业服务企业隶属于第三产业。物业服务企业具有以下特点：（1）物业服务企业是独立的企业法人。《物业管理条例》第32条规定："从事物业管理活动的企业应当具有独立的法人资格"。物业服务企业的主要标志是，拥有一定的资金和设备，具有法人地位，能够独立完成物业的管理与服务工作，自主经营，独立核算，以自己的名义享有民事权利，承担民事责任等。（2）物业服务企业属于服务性企业。物业服务企业作为非生产性企业，主要是通过对物业的维修养护、清洁卫生以及直接为业主和租户提供服务来达到自己的工作目标。物业服务企业的主要职能是通过对物业的管理和提供的多种服务，为业主和租户创造一个舒适、方便、安全的工作和居住环境。（3）物业服务企业在某种程度上承担着某些行政管理的特殊职能。由于我国城市建设管理体制正处于改革发展中，物业服务企业在向业主和租户提供服务的同时，也承担了部分政府有关部门对城市管理的职能，例如维护小区内市政设施等。

（三）分类

物业服务企业按存在形式划分，有独立的物业服务企业和附属于房地产开发企业的物业服务企业两类，这两类企业都比较普遍。前者的独立性和专业化程度一般都比较高；而后者的发展程度则明显参差不齐，有的只是管理上属于房地产企业开发的特定项目，有的已发展成独立化、专业化和社会化的物业服务企业。目前，在物业建设和管理的衔接上出现的众多问题，很大一部分原因就在于房地产开发商与物业服务公司属于"一家人"、"父子兵"，鉴于这种建、管不分的问题，《物业管理条例》明确规定了从事物业服务的企业必须是独立的法人。

物业服务企业按服务范围划分，有综合性物业服务企业和专门性物业服务企业两类。前者提供全方位、综合性的管理与服务，包括对物业产权产籍管理、维修与养护以及为住户提供各种服务；后者就物业管理的某一部分内容实行专业化管理，如专门的装修公司、维修公司、清洗公司、保安公司等。

物业服务企业划分为一级、二级、三级三个资质，不同级别的企业从事相应的物业服务项目。国务院建设主管部门负责一级物业服务企业资质证书的颁发和管理。省、自治区人民政府建设主管部门负责二级物业服务企业资质证书的颁发和管理，直辖市人民政府房地产主管部门负责二级和三级物业服务企业资质证书的颁发和管理，并接受国务院建设主管部门的指导和监督。设区的市人民政府房地产主管部门负责三级物业服务企业资质证书的颁发和管理，并接受省、自治区人民政府建设主管部门的指导和监督。

第二节　物业服务合同的订立

案例导入

物业公司是否应对业主停放在小区内的车辆受损承担责任？

业主岳某与某物业公司签订物业服务合同，约定："保证停车有序，24小时设专人看管；有发生紧急情况预案。夜间19点至次日7点对服务范围内重点时段、进行不少于6次的巡逻和防范检查。小区出入口昼夜有专人值守。"2008年3月9日凌晨，岳某停在个人专用停车位上的汽车被旁边垃圾桶内的火苗引燃（小区外来人员点燃了垃圾桶内纸箱），造成严重损坏，岳某起诉至法院要求物业公司赔偿。

【法院判决】

一审法院判决物业服务公司支付车辆维修费，二审法院维持原判。

【分析评价】

根据物业服务合同约定，物业服务公司应当妥善保护业主的合法财产不受侵害。火灾虽是他人纵火引起，但物业公司未尽到合同约定的安全保障义务，在火灾发生后不及时灭火，违反了合同约定，应当承担赔偿责任。

一、概述

（一）物业服务合同概念

通常认为，物业服务合同是指全体业主出面或者业主委员会根据业主大会相关决议出面，与选聘的物业服务企业签订的合同。广义的物业服务合同包括前期物业服务合同和普通物业服务合同，在没有特殊说明的情况下，物业服务合同仅指狭义的普通物业服务合同。

（二）物业服务合同特征

物业服务合同是特殊的委托合同。我国《合同法》第396条规定："委托合同是委托人和受托人约定，由受托人处理委托人事务的合同。"物业服务合同是业主与物业服务企业约定，委托其对物业进行管理、向业主提供服务的合同。物业服务合同产生的基础在于业主大会、业主委员会的委托，但其与一般的委托合同又存在差异，基于社会秩序稳定的考量，委托方和受托方均不能随意解除合同。在物业服务合同的履行过程中，无论是物业公司，还是业主、业主大会、业主委员会，均不得以不信任为由擅自解除物业服务合同，只有在符合法律规定或合同约定的解除条件时，才可依法解除物业服务合同。

物业服务合同是以劳务为标的的合同。物业服务企业的义务是提供合同约定的劳务服务，如房屋维修、设备保养、治安保卫、清洁卫生等。物业服务合同与涉及劳务提供的承揽合同存在本质不同，区别在于承揽人提供劳务的同时需要承担工作中的风险，如承揽人未完成工作，则不得请求报酬；而物业服务合同以特定劳务为内容，只要物业服务企业完成了约定的服务行为，即视为合同履行到位，不用承担其他风险。

物业服务合同是有偿合同、双务合同、要式合同。作为一种企业经营组织，物业服务企业向业主提供物业服务后，有权要求业主按照一定标准支付相关费用。物业服务合同是有偿合同。根据物业服务合同的内容，业主、业主大会、业主委员会和物业服务企业都既享有权利，又履行义务，因此物业服务合同是双务合同。物业服务合同因其服务综合事务涉及面广且利益关系相当重大，合同履行期也相对较长，无论前期物业服务合同还是业主大会选聘物业公司后的服务合同，均应以书面形式订立，因此其为要式合同。

物业服务合同按照企业服务提供的所在阶段不同，可以分为前期物业服务合同和普通物业服务合同。前者是指在物业销售前，由建设单位与其选聘的物业服务企业签订的合同，后者是指在建设单位销售并交付的物业达到一定数量时，依法成立业主委员会，由业主委员会与业主大会选聘的物业公司签订的合同。前期物业服务合同在业主委员会与物业服务企业签订的物业服务合同生效时终止。

二、建设单位选聘物业服务企业

物业建成后，就需要开始对相关的建筑物和设施进行前期管理，随着业主的入住，清洁、安保、停车等相关服务也必须完备。在现实生活中的实际情况是，业主们不是同一时间整体入住，在初期甚至开发商在房屋销售过程中的相当长的一段时间内，无法选出符合法律规定的业主大会和业主委员会，也就不能选出合适的物业服务企业，并与其签订合同。在业主、业主大会选聘物业服务企业之前，建设单位选聘物业服务企业的，应当签订书面的前期物业服务合同。

（一）前期物业服务合同的内容

前期物业服务合同基于产生背景的过渡性，因此在具备普通物业服务合同内容的同时，也具有自身特殊内容。主要包括管理机构的设立和人员的配备；物业服务企业对房屋进行接管验收；制定和公布管理制度；对业主入住进行管理，又称为"进户管理"；建立健全物业管理档案资料。档案资料包括业主的资料和物业的资料；装修搬迁管理；在前期物业服务协议终止时，如果原服务企业不再进行管理，必须与业主委员会选聘的物业服务企业移交手续，物业移交手续须经业主委员会确认。

（二）前期物业服务合同的效力

前期物业服务合同签订的主体是建设单位与物业服务企业，基于合同的相对性原理，业主不是合同主体，物业服务合同只能对建设单位和物业服务企业产生效力，不能约束作为"第三人"的业主。这样无疑对建设单位是不公平的，这将导致业主在享受物业服务而由开发商承担管理费用的局面。因此，由建设单位作为合同当事人出面签订的前期物业服务合同对后来的业主之所以能够产生约束力，根源在于其他业主对前期物业服务合同的概括承受。也就是说，前期物业服务合同是与房屋绑定在一起的，业主在购买物业的同时，也就必须接受开发商代为签订的前期物业服务合同。建设单位与物业买受人签订的买卖合同应当包含前期物业服务合同约定的内容。开发商销售房屋时，应当向业主明示前期物业服务合同，并加以说明。作为业主，则应当履行建设单位签订的物业服务合同，服从物业服务企业的管理。如果对物业服务企业不满意，可待业主大会成立后，依照法定程序对建设单位选聘的物业服务企业进行更换。

案例导入

【案情简介】开发商订立的前期物业服务合同对业主有约束力吗？

吕某某购买了某开发商开发的北京市丰台区某住宅小区的房屋，开发商向其明示了与甲物业公司签订的前期物业服务合同。随后，甲物业公司依约为该小区提供前期物业服务，而吕某某拖欠物业公司两个年度的物业费。该物业公司遂将吕某某诉至法院，吕某某辩称，前期物业服务合同是开发商与甲物业公司签订，自己并非合同当事人，不应当交纳物业费。

【法院判决】

吕某某应当向甲物业公司支付两个年度的物业费。

【分析评价】

吕某某虽不是前期物业合同的直接相对方，但该合同是开发商为了小区的整体利益，并按照相应程序选任制定的，同时也向吕某某进行了明示，所以该合同对吕某某有效，其应交纳物业费。

(三) 前期物业服务企业的选聘

在旧有的"谁开发，谁管理"的物业管理模式下，缺乏明确的交接验收手续，因此在建设单位前期开发过程中往往遗留了大量问题。为根除这一痼疾，现行物业管理采用物业服务招标投标模式，初步厘清了物业建设和管理的界限。国家提倡建设单位按照房地产开发与物业管理相分离的原则，通过招投标的方式选聘具有相应资质的物业服务企业。住宅物业的建设单位，应当通过招投标的方式选聘具有相应资质的物业服务企业；投标人少于3个或者住宅物业规模较小的，经物业所在地的区、县人民政府房地产行政主管部门批准，可以采用协议方式选聘具有相应资质的物业服务企业。

(四) 前期物业服务合同的终止

前期物业服务合同是一种附终止条件的合同。前期物业服务合同可以约定期限；但是，期限未满、业主委员会与物业服务企业签订的物业服务合同生效的，前期物业服务合同终止。因此，前期物业服务合同终止有两种情形：一是建设单位与物业服务企业签订的合同期限届满自动终止。二是上述合同期限尚未届满，业主成立业主委员会后选聘的新的物业服务企业，进入正常的物业管理阶段，则前期物业服务自动终止，终止时间以业主委员会与物业服务企业签订的物业服务合同生效时间为准。

（五）前期物业服务费用的分担

前期物业服务的期限从物业出售直至业主委员会选聘物业服务机构或合同约定期限届满时终止，这期间开发商从事相关管理或委托物业服务企业进行前期工作，这期间的费用均由开发商承担。原因在于此时业主尚未入住，无需承担物业服务费用。在物业交付业主使用后，相关费用则由业主承担。已竣工但尚未出售或者尚未交给物业买受人的物业，物业服务费用由建设单位交纳。

三、业主选聘物业服务企业

为了防止前期物业服务关系对业主的束缚，我国《物权法》和《物业管理条例》规定了业主有权选聘新的物业服务企业，重新确立新的物业服务关系。

（一）选聘程序

业主选聘物业服务企业必须遵循一定的程序，即业主必须通过业主大会选聘物业服务企业。国家提倡业主通过公开、公平、公正的市场竞争机制选择物业服务企业。选聘和解聘物业服务企业由业主共同决定，重大事项应当经过专有部分占建筑物总面积过半数的业主且占总人数过半数业主的同意。一个物业管理区域由一个物业服务企业实施物业管理。因此，只要业主大会决定机制合法有效，业主即可以自主决定是否继续聘任前期物业服务企业，自主选择合适的物业服务企业。

（二）普通物业服务合同与前期服务合同的联系与区别

两种合同都是平等的民事法律关系主体依照相关法律规定订立的，目的都是为在特定建筑区划内的全体业主服务，在存续时间上具有先后衔接性，所涉及的权利义务内容和权利主体存在交叉和更替，如物业服务企业的义务均是向服务对象提供物业服务，权利主体由建设单位转变为入住后的业主等。

两者的区别主要在于：一是合同签订主体不同。物业服务企业在两类合同中均是一方主体，前期物业服务合同的相对方是建设单位，而普通物业服务合同的相对方是业主委员会。二是合同内容不同。前期物业服务合同主要侧重对建筑物建成初期的养护、安全保障以及配合建设单位为未来将入住的业主提供服务，普通物业服务合同侧重于为业主正常的生活起居提供服务。三是存在阶段不同。前期物业服务合同存在于建筑物建成伊始，尚未成立业主大会及业主委员会。普通物业合同存在于多数业主已经入住，业主大会及业主委员会已经成立、建设单位基本撤出的后期阶段。四是合同履行期限不同。前期物业服务合同的期限截止到业主委员会与物业服务公司的合同生效之时，普通物业服务合同存续期间依据双方协商而定。

（三）物业服务合同内容

业主委员会应当与业主大会选聘的物业服务企业签订书面的物业服务合同。内容主要包括：第一，物业管理事项。如物业共用部位的维护与管理，环境卫生、绿化管理服务，安全保卫，物业装修装饰管理服务，公共秩序、停车位等管理事项。第二，服务质量。可以根据国务院建设行政主管部门公布的管理服务标准进行约定。第三，服务费用。物业服务费用应当根据合理、公开以及费用与服务水平相适应的原则，由业主与服务企业按照国家参考标准来协商确定。收费方式上，目前多按照单位面积进行计算。第四，合同期限即双方权利义务。业主和物业服务企业需要在合同中明确约定权利和义务，明晰相关界限，降低纠纷发生概率。第五，专项维修资金的管理和使用。专项维修资金主要针对住宅物业，大多由物业企业代管，需要业主与物业服务企业就资金的管理和使用规则、程序等事项做出具体的约定。第六，物业管理用房。物业管理用房的所有权依法属于业主。未经业主大会同意，物业服务企业不得改变物业管理用房的用途。物业服务企业实施物业管理的，可以使用物业管理用房，但不能改变房屋使用性质。虽然法律对此进行了明文规定，但实践当中物业服务企业不当使用物业管理用房的情况屡屡发生，因此，很有必要在服务合同中进行明确约定。第七，违约责任。物业服务合同生效后，双方均不能随意违反合同内容，否则应承担违约责任。

第三节　物业服务企业的义务

案例导入

业主在小区公共区域堆放杂物影响他人正常通行，物业公司应当承担责任吗？

业主李某所在楼房单元楼梯口有一个共用走廊，被邻居堆放杂物阻塞而进出不便。有次李某母亲急病发作，"120"急救人员到达后因无法使用担架而差点耽误抢救时机。李某向物业公司反映，该公司协调邻居后也没有解决问题。李某以邻居和物业公司为被告起诉至法院，要求二者消除妨碍、赔偿损失。

【法院判决】

判决李某邻居搬离堆放在楼梯口的物品，恢复楼道正常通行，对请求赔偿事项因无明确证据证明而不予支持。

【分析评价】

根据建筑物区分所有权的有关规定，楼道属于业主共有，李某邻居在楼道堆放个人物品侵犯了其他业主的合法权益，给别人带来了不便，应当排除妨碍，恢复楼道正常通行。物业公司负有相应管理职责，在接到李某反映后，出面进行了协调，已尽到自身义务，不承担相关责任。

一、物业接管验收

（一）物业接管验收的概念

物业接管验收，是指物业服务企业在承接物业时，进行以物业的主体结构安全和满足使用功能为主要内容的再检验，同时接收图纸、说明文件等物业资料，从而着手实施物业管理服务。物业服务企业承接物业时，应当对物业共用部位、共用设施进行查验。物业的接管验收是开展物业服务的必不可少的重要环节，是物业服务的基础和前提条件。物业服务企业对物业承接验收的对象主要包括以下内容：房屋的主体结构、外墙、屋面、楼地面、装修、电气、水、卫生、消防、采暖、电梯、附属工程等物业的共用部位、共用设施设备等。

（二）物业接管验收与竣工验收的区别

两者虽然都是对物业主体结构安全、使用功能等内容进行检验，但在诸多方面存在着重大区别：一是验收主体不同。竣工验收是政府行为，由建设行政主管部门负责对施工质量和设计质量进行全面检验和质量评定。接管验收是企业行为，是物业服务企业代表全体业主从确保物业日后的正常使用和维修的角度出发，对物业委托方委托的物业进行的质量验收。二是验收目的不同。竣工验收是为了检验房屋工程是否达到设计文件所规定的要求而进行的检验，接管验收是为了主体结构安全与满足使用功能的再验收。三是移交对象不同。竣工验收是施工单位向建设单位移交物业的过程，接管验收是建设单位向物业管理企业移交物业的过程。四是验收条件不同。竣工验收的首要条件是全部施工完毕，设备已落位。接管验收的首要条件是竣工验收合格并且附属设备已完全正常使用，房屋编号已得到认可。五是验收阶段不同。竣工验收合格后由施工单位向开发企业或建设单位办理物业的交付手续，标志着物业可以交付使用。接管验收是在竣工验收之后进行的再验收，接管验收一旦完成即由开发企业或建设单位向物业服务企业办理物业交付手续，标志着物业正式进入使用阶段。

（三）物业资料的移交

在办理物业承接验收手续时，建设单位应当向物业服务企业移交有关资料。物业服务企业承接物业时，应当与业主委员会办理物业验收手续。有关资料主要包括以下内容：一是竣工验收资料，包括竣工总平面图，单体建筑、结构、设备竣工图，配套设施、地下管网工程竣工图等资料。二是技术资料，包括设备设施的安装、使用和维护保养等资料。三是物业质量保修文件和物业使用说明文件。四是物业服务所必需的其他资料，如物业的规划资料，工程验收的各种签证、记录等。

（四）接管单位的责任

对建设单位提出的接管验收申请应在 15 日内审核完毕、及时签发验收通知并约定时间验收。经检验符合要求的应在 7 日内签署验收合格凭证，并应及时签发接管验收文件。

接管验收时，应严格按照接管验收条件进行验收，对在验收中发现的问题应明确记录在案，并会同建设单位共同协议处理办法，商定复验时间，督促施工单位限期改正。房屋接管交付使用后，如发生重大质量事故，应会同建设、设计、施工等单位，共同分析研究，查明原因；如属管理不善的原因，则应负责处理。

二、物业的使用与维护

（一）公共建筑和共用设施规划用途不得擅自改变

物业管理区域内按照规划建设的公共建筑和共用设施，是满足业主正常的生产、生活需求所必需的。因此，无论业主大会、业主委员会、业主和物业服务企业，都不得随意和擅自改变物业管理区域内按照规划建设的公共建筑和共用设施用途。业主依法确需改变公共建筑和共用设施用途的，应当在依法办理有关手续后告知物业服务企业；物业服务企业确需改变公共建筑和共用设施用途的，应当提请业主大会讨论决定同意后，由业主依法办理有关手续。

（二）物业管理区域内的道路场地不得擅自占用与挖掘

业主、物业服务企业不得擅自占用、挖掘物业管理区域内的道路、场地，损害业主的共同利益。因维修物业或者公共利益，业主确需临时占用、挖掘道路、场地的，应当征得业主委员会和物业服务企业的同意；物业服务企业确需临时占用、挖掘道路、场地的，应当征得业主委员会的同意。业主、物业服务企业应当将临时占用、挖掘的道路、场地，在约定期限内恢复原状。物业服务企业因维修物业或者公共利益需要确需临时占用、挖掘道路、场地的，也必须征得业主委员会的同意，不得擅自施工。

（三）相关管线和设施设备的维修养护

水电气暖等是影响业主居住质量的重要因素，相关的管线和设施设备需要特定机构和专业组织进行维修养护，才能保障正常运转。供水、供电、供气、供热、通信、有线电视等单位，应当依法承担物业管理区域内相关管线和设施设备维修、养护的责任。供水、供电、供气、供热、通信、有线电视等单位，因维修、养护等需要，需临时占用、挖掘道路、场地的，应当及时恢复原状。

（四）房屋的装饰和装修

任何权利的行使都不得损害他人利益和社会公共利益，装饰装修房屋虽然是业主的固有权利，但也不能超出应有限度，不当的装饰装修房屋会导致物业共用部位、设施设备的损坏，影响其他业主的正常使用甚至带来生命安全隐患。业主需要装饰装修房屋的，应当事先告知物业服务企业。物业服务企业应当将房屋装饰装修中的禁止行为和注意事项告知业主。

（五）物业共用部位、共用设施设备的经营

小区内的屋顶、外墙、绿地等物业共用部位、共用设施设备所有权属于全体业主，物业服务企业、业主均不能私自占用从事经营活动。利用物业共用部位、共用设施设备进行经营的，应当在征得相关业主、业主大会、物业服务企业的同意后，按照规定办理有关手续。业主所得收益应当主要用于补充专项维修资金，也可以按照业主大会的决定使用。

（六）物业管理维修资金

物业管理维修资金，是指专项用于物业共用部位、共用设施、设备保修期满后的维修和更新、改造的资金。建筑物及其附属设施能否正常、及时、顺利地维修，关系到建筑物及其附属设施能否正常使用和业主的安全，关系到全体业主的切身利益，关系到社会的和谐与稳定。因此，有必要对建筑物及其附属设施的维修资金做出规定。住宅物业、住宅小区内的非住宅物业或者与单幢住宅楼结构相连的非住宅物业的业主，应当按照国家有关规定交纳专项维修资金。《住宅专项维修资金管理办法》规定，商品住宅的业主、非住宅的业主按照所拥有物业的建筑面积交存住宅专项维修资金，每平方米建筑面积交存首期住宅专项维修资金的数额为当地住宅建筑安装工程每平方米造价的 5%~8%。直辖市、市、县人民政府建设（房地产）主管部门应当根据本地区情况，合理确定、公布每平方米建筑面积交存首期住宅专项维修资金的数额，并适时调整。

建筑物及其附属设施的维修资金，属于业主共有。专项维修资金应当用于物业保修期满后物业共用部位、共用设施设备的维修、更新和改造，不得挪作他用。维修资金的筹集、使用情况应当公布。专项维修资金收取、使用、管理的办法由国务院建设行政主管部门会同国务院财政部门制定。《河南省住宅专项维修资金管理实施细则》规定，首期住宅专项维修资金交存时间按下列规定执行：（1）商品住宅的业主应当在签署购房合同后 30日内，将维修资金存入住宅专项维修资金专户，或者委托房地产开发建设单位代收存入专户。（2）由业主或维修资金管理部门委托房地产开发建设单位代收的，自代收之日起 15日内转存到住宅专项维修资金专户。（3）未售出部分应交的维修资金在办理房屋初始登记时由开发建设单位先予足额垫交，待房屋售出时由开发建设单位足额扣回。业主委员会成立后，经业主委员会同意，房地产行政主管部门将维修资金移交给物业服务企业代管。维修资金的使用由物业服务企业提出年度使用计划，经业主委员会审定后实施。维修资金应在银行专户专储，专款专用。

三、社区环境管理

社区环境管理包括物业管理区域内物业共用部位、共用设施和场地等的污染防治、清洁卫生、园林绿化等管理服务。具体而言：（1）环境污染防治，包括防止产生有毒害气体和恶臭气体，防止随意排放污水、有毒粉尘，防止产生过大的噪音、光污染以及其他影响业主正常生活居住的污染形式。（2）环境保洁服务管理，主要针对小区内道路、绿地、空地等公共地方，以及楼梯、电梯间、天台等范围，物业服务企业应负责物业区域内的日常生活垃圾的收集、分类和清运等工作。（3）环境绿化服务管理，在小区空地和道路两旁，物业服务企业可以采取种植树木花草或者其他方法美化环境。

四、安全防范管理

物业安全管理是指物业服务企业采取各种措施、手段，保证业主和业主使用人的人身、财产安全，维持正常生活和工作秩序的一种管理行为。

根据《人民警察法》等有关法律的规定，公安机关的主要职责是预防和打击各种各类刑事犯罪活动，维护社会治安的稳定，确保人民生命财产的安全。物业服务企业的安保责任主要是协助公安机关做好物业管理区域内的安全防范工作，维护物业管理区域内的公共秩序。公安机关的职责由国家有关法律规定，代表国家执法。物业服务企业的安防职责是根据《物业管理条例》等法律法规，由物业服务企业与业主协商约定权利、义务、责任，属于市场有偿行为。

对物业管理区域内违反有关治安、环保、物业装饰装修和使用等方面法律、法规规定的行为，物业服务企业应当制止，并及时向有关行政管理部门报告。物业服务企业应当协助做好物业管理区域内的安全防范工作。发生安全事故时，物业服务企业在采取应急措施的同时，应当及时向有关行政管理部门报告，协助做好救助工作。物业服务企业雇请保安人员的，应当遵守国家有关规定。保安人员在维护物业管理区域内的公共秩序时，应当履行职责，不得侵害公民的合法权益。

物业服务企业应根据《消防法》和《高层建筑消防管理规则》等规定，防范火灾隐患，积极采取有效措施预防和控制火灾的发生，如防火安全宣传，及时扑灭火灾，消防器材的保养和维修等。物业服务企业还要做好车辆停放和交通安全管理工作，保证车辆和行人的安全。

第四节 业主的义务

案例导入

物业公司能否以业主欠交水电气暖等费用为由切断相关供应?

业主薛某和物业公司签订物业服务合同，约定小区售电、供水、有线电视服务等由物业公司负责。后来，薛某拖欠水费、电费，经物业公司催促未交，物业公司遂切断对薛某的水电供应，薛某搬出该小区另寻他处租住。随后，薛某起诉至法院，要求物业公司立即供应水电，并赔偿因强制断水断电给其造成的租房等各项损失。

【法院判决】

物业公司无权切断对薛某的水电供应，应恢复供应。薛某拖欠水、电费存在过错，驳回薛某关于赔偿损失的诉讼请求。

【分析评价】

业主与物业公司签订的物业服务合同和业主与自来水公司、供电公司签订的供给合同是两个合同法律关系，物业公司对水电费是代收代管关系，薛某拖欠水电费不构成物业公司切断水电供应的法定理由，对薛某欠交水电费的行为应当通过合法途径解决。

一、物业服务费的计算

物业服务费简称物业费，是指物业服务企业按照物业服务合同的约定，对房屋及配套设施设备和相关场地进行维修、养护、管理，维护相关区域内的环境卫生和秩序，而向业主收取的费用。各级价格主管部门会同同级建设行政主管部门负责物业服务收费的监督管理工作。

（一）物业费用构成

物业服务成本或者物业服务支出包括：（1）管理、服务人员的工资、社会保险和按规定提取的福利费；（2）物业共用部位、共用设施设备的日常运行、维护保养费；（3）物业服务区域内的清洁卫生费；（4）物业服务区域的绿化养护费用；物业服务区域秩序的维护费用；（5）办公费用；（6）物业服务企业的固定资产折旧；（7）物业共用部位、共用设施设备及公众责任的保险费用；（8）经业主同意的其他费用。需要注意的是，物业共用部位、共用设施设备的大修、中修和更新、改造费用，应当通过专项维修资金予以列支，不得计入物业服务支出或者物业服务成本。另外，物业服务区域内的供水、供电、供气、供热、通信、有线电视等单位应当向最终用户收取有关费用。物业服务企业接受委托代收上述费用的，可向委托单位收取手续费，不得向业主收取手续费等额外费用。

（二）物业服务收费定价方式

物业服务收费应当区分不同物业的性质、特点分别实行政府指导价和市场调节价。物业服务收费实行政府指导价的，有定价权限的政府价格主管部门应当会同房地产行政主管部门根据物业服务等级标准等因素，制定相应的基准价和浮动幅度，并定期公布，具体收费标准由业主与物业服务企业根据规定的基准价和浮动幅度在物业服务合同中约定。实行市场调节价的物业服务费，由业主与物业服务企业在物业服务合同中约定。

物业服务企业应当按照政府价格主管部门的规定实行明码标价，在物业服务区域内的醒目位置，将服务内容、服务标准、收费项目和收费标准等有关情况进行公示。

（三）物业服务的计费方式

物业服务的计费方式包括包干制和酬金制两种。

（1）包干制是指由业主向物业服务企业支付固定物业服务费用，盈余或亏损均由物业服务企业享有或者承担的物业服务计费方式。物业服务费用的构成不仅包括物业服务成本，还应包括法定税费和物业服务企业的酬金，主要适用于普通住宅小区的物业服务费用的测算。

（2）酬金制是指在预收的物业服务资金中按约定比例或者约定数额提取酬金支付给物业服务企业，其余全部用于物业服务合同约定的支出，结余或不足均由业主享有或者承担的物业服务计费方式。预收的物业服务资金中不仅包括物业服务支出，还应包括物业服务企业的酬金，一般适用于高档公寓、别墅、大厦的物业服务费用的测算。

二、物业服务费的交纳

（一）物业服务费交纳的依据

无论采取包干制或酬金制的形式约定物业服务费用，都应在物业服务合同中明确约定物业服务内容、服务标准、收费标准、计费方式和计费起始时间等内容。大陆法系国家对物业服务企业收取物业服务费有明文规定：《德国住宅所有权法》第 16 条规定，各住宅所有权人对于其他住宅所有权人，应按其应有部分的比例，就共有物的负担，以及保存、修缮共有物的费用，负有义务。第 11 条规定，住宅所有权人不得请求废止共有关系，即使其有重大理由。《意大利民法典》第 1130 条规定，管理人有权征收各种费用，支付为建筑物共有部分的正常维修和公共服务支出的必要费用。第 1118 条规定，共有人不能以放弃财产共有权为由不承担维修养护费。我国《物业服务收费管理办法》也规定："业主应当按照物业服务合同的约定按时足额交纳物业服务费用或者物业服务资金。业主与物业使用人约定由物业使用人交纳物业服务费或物业服务资金的，从其约定，业主负连带责任。物业产权转移时，业主或使用人应结清物业服务费或物业服务资金。"

（二）相关法律责任

业主违反物业服务合同约定逾期不交纳服务费用或者物业服务资金的，业主委员会应当督促其限期交纳；逾期仍不交纳的，物业服务企业可以向法院起诉。物业服务企业如果擅自收取服务合同约定以外的费用，提高收费标准或者重复收费的，属于不当得利，应当返还。政府物价部门负责处理物业服务收费纠纷，并有权处罚物业服务企业越权定价、擅自提高收费标准、乱收费用等违规行为。

📎 本章小结

本章是房地产物业管理，主要介绍房地产物业管理的概念和特征，物业服务合同的订立和义务等。学生应当理解物业服务合同的内容和效力，掌握业主义务，掌握物业公司义务，能够界定物业管理法律关系中的责任。依法管理成为现代管理的重要特征，物业服务企业应增强法律意识，提高服务质量，能够有效地避免各种纠纷。业主有权选聘和解聘物业服务企业维护自身权益，但应当采取法律的途径，避免矛盾冲突的扩大化。房地产管理不仅需要法学知识，还需要管理学知识。学生应当查阅相关资料，了解最基本的管理学原理。

📎 技能训练

掌握物业管理纠纷中的利益衡量

【案情简介】　业主杨某与物业公司签订了物业服务合同，详细约定了交费项目，并规定逾期交纳物业费时每天产生的滞纳金为应交费用的 3%。入住 4 年期间，杨某以向物业公司反映问题得不到解决和小区内部没有安防、垃圾经常乱放、楼道遍布小广告等为由，认为物业公司服务太差而拒交四个年度的物业费。物业公司遂将杨某起诉至法院要求补交四个年度的物业费 10851 元及滞纳金 1600 元。法院判决，物业公司向杨某提供了物业服务，杨某应当支付 4 个年度的物业费，但因杨某逾交物业费属于事出有因，遂驳回物业公司关于支付滞纳金的请求。

【讨论问题】　业主能否以物业公司服务质量差为由拒交物业费？每个业主对物业公司服务质量的判断标准和评价结果都不会完全一致，法院裁判案件时，应当考虑到整体利益吗？

实践活动

调查业主的维权意识

目的：通过调查不同类型小区，了解业主的维权意识。

内容：学生通过深入居民小区、社区管委会等途径，搜集业主维权的各种案例，了解业主维权中的具体困境，熟悉业主维权的各种途径。

要求：结合《物权法》、《物业管理条例》等相关法律法规及规章的规定，走访调查，理论联系实际，掌握安全保卫、环境卫生、园林绿化和车辆交通等物业管理纠纷的维权策略。

第十章

商品房租赁

🦅 学习目标

知识目标：

理解商品房租赁的概念与特征

了解商品房租赁的类型

掌握租赁房屋添附、买卖不破租赁、转租等法律规定及纠纷解决

能力目标：

掌握商品房租赁的法律特点

能解决商品房租赁相关的法律纠纷

第一节　商品房租赁概述

🦅 案例导入

公租房租赁的法律分析

为缓解社会住房压力，我国政府在"廉租房"、"经适房"的基础上推行"公租房"计划。该计划为一种新型的政策性住房租赁方案，公共租赁房由政府或公共机构所有，以低于市场的价格向不属于低收入人群但住房困难的人员出租。为细化相关方案和健全法律配套，经住房和城乡建设部第 84 次部常务会议审议通过的《公共租赁住房管理办法》于 2012 年 5 月 28 日公布，2012 年 7 月 15 日起施行。该《办法》就申请与审核、轮候与配租、使用与退出、法律责任等作出相关规定。我国各地已陆续开工建设或收购了一定规模的公共租赁房房源用于出租，各地政府在相关政策细化上略有差别，甚至有地区正在试行"公租房与廉租房并轨制"。

试从法律角度，分析公租房租赁与商品房租赁的区别。

一、商品房租赁的概念

我国规范性文件中首次提及商品房屋租赁一词，是 2011 年 2 月 1 日起施行的《商品房屋租赁管理办法》。该办法旨在加强商品房屋租赁管理，规范商品房屋租赁行为，维护商品房屋租赁双方当事人的合法权益，但也并未对商品房屋租赁作出明确界定。一般认为，租赁是一种以一定费用借贷实物的经济行为。根据我国《合同法》第 212 条规定，租赁合同是指出租人将租赁物交付承租人使用、收益，承租人支付租金的合同。租赁物须为法律允许流通的动产和不动产，提供物的使用或收益权的一方为出租人，对租赁物有使用或收益权的一方为承租人。

商品房租赁属于租赁的一种，其成立与生效也应当符合法律关于租赁合同的相关规定。在我国，"商品房"一词在不同的语境下具有不同的界定。宽泛意义上的商品房是指可以作为商品在市场上自由流通的房屋。《最高人民法院关于审理商品房买卖合同纠纷案件适用法律若干问题的解释》第 1 条中规定，商品房是指房地产开发企业开发建设的房屋。《商品房屋租赁管理办法》中第 2 条规定，城市规划区内国有土地上的商品房屋租赁（以下简称房屋租赁）及其监督管理，适用本办法。结合相关的法律规定和我国居民房屋的不同类型，法律语境下的商品房应为建设在城市规划区内国有土地上，由房地产开发企业开发建设，能办理房屋产权证和国有土地证，自定价格出售给购买人的房屋。

简言之，商品房租赁，是指出租人将建设在城市规划区内国有土地上，由房地产开发企业开发建设的房屋交付承租人使用、收益，承租人支付租金的行为。

二、商品房租赁的特征

第一，商品房租赁将商品房作为租赁标的物。基于标的物的特殊性，法律对商品房屋租赁具有不同于其他租赁合同的特别规定。如买卖不破租赁原则、承租人优先购买权，租赁房屋合同备案等特殊的规定。

第二，商品房租赁以商品房的占有、使用、收益为目的，通过租赁来实现房屋的使用价值和经济价值。出租人出租房屋的目的在于获得租金，承租人租赁房屋的目的在于获得房屋的使用权。出租人的主要义务在于向承租人提供符合法律规定和合同约定的房屋，承租人的主要义务在于按照合同约定支付租金。

第三，商品房租赁是一种民事法律行为，受相关民事法律的调整。商品房租赁是一种双务有偿行为，房屋租赁行为表现为房屋租赁合同，通过合同的形式确定双方的权利义务关系。我国《民法通则》、《合同法》、《最高人民法院关于审理城镇房屋租赁合同纠纷案件具体应用法律若干问题的解释》（以下简称《城镇房屋租赁合同司法解释》）等法律法规，调整商品房租赁。

第四，商品房租赁行为受到相关行政法律规定的制约。基于商品房的不动产属性，以及房屋租赁在房地产市场中的重要性，从社会弱者利益保护、市场的效率的追求、维护社会的公正等多重价值考量，有必要对商品房租赁行为进行适度的行政干预。

三、商品房租赁的类型

依据不同的标准，可以对商品房租赁作出以下分类：

第一，依据标的物是否已经获得产权，可以分为一般商品房租赁和商品房预租。区别与通常取得产权手续的商品房，实践中存在一种商品房预租的情况。商品房预租是指房地产开发商在新建商品房取得房地产证前，同承租人签订预租协议，并向承租人收取一定数额预收款的行为。目前的法律法规并未明确规定该行为，但在实践中广泛存在，且部分地区的规范性文件中对此持肯定态度。

第二，依据租赁是否有固定期限为标准，可以分为定期租赁和不定期租赁。房屋租赁的最长期限为 20 年，租赁双方可以约定租赁期限。所谓定期租赁是指在合同中约定有明确的期限。不定期租赁一般发生于以下情形：（1）租赁双方未约定租赁期限；（2）当事人约定租赁期限 6 个月以上的，应当采用书面形式。当事人未采用书面形式的，视为不定期租赁；（3）租赁期间届满，承租人继续使用租赁物，出租人没有提出异议的，原租赁合同继续有效，但租赁期限为不定期。

第三，依据租赁房屋的物权形态，可以分为整体房屋租赁和分割房屋租赁。相较于房屋整体出租这种一般的状态，实践中出租人将房屋分割出租的问题比较突出。我国法律规定出租人应保障建筑安全，不得擅自改变房屋构造结构，不得违背安全标准擅自改变水、电、气线路等。另因分割出租行为在某种情况下无法保障承租人的基本生活条件，且易导致纠纷，相关法律对分割出租行为进行规制，明文规定禁止侵害承租人合法权益的分割出租行为。

此外，依据租赁房屋的用途，将商品房租赁分为住宅房屋的租赁和非住宅房屋的租赁。不同用途的房屋租赁，对房屋的要求和租金的价值体现不同。依据标的物权属性质，将商品房租赁分为基于所有权的商品房租赁与基于占有的商品房租赁。

四、商品房租赁的行政管理

在商品房价格高昂，保障房供给不足的情况下，商品房租赁是解决住房需求的途径之一。商品房租赁一方面应提倡自愿、自由协商确定；另一方面基于社会公共秩序选择和弱者权益保护的理念，对商品房租赁应通过法律进行适度控制来实现对居住权的保护。

我国对商品房租赁进行行政管理的主管机关是各级住房和城乡建设主管部门。为了加强房屋租赁市场管理、控制房屋租赁价格、防止公有住房和违法建筑出租、防止税费的流失以及便于政府掌握房屋租赁市场状况和流动人口的管理，各级主管机关按照相关法律法规的规定，对商品房租赁进行指导、监督。具体的行政管理措施主要包括：（1）规定商品房适住性的最低标准，对商品房适住性的监督；（2）主管机关对房屋租赁管理规定和房屋使用安全知识进行宣传，对不同区域、不同类型房屋的市场租金水平等信息进行宣传；（3）通过制定租金指导价格来实现对弱势承租人的保护；（4）建设主管部门依据当事人申请办理房屋租赁登记备案。

🖱 **案例导入**

房屋租赁登记备案与房屋租赁合同的效力

【案情简介】甲拥有一处临街住房，乙欲在此开饭店，故与甲订立一份房屋租赁合同，约定年租金为3万元，租金按年交付，租期为2年，如乙拖欠租金，合同终止。乙由于生意不好，第二年房租迟迟不能缴纳，甲以乙违约拖欠租金为由，诉请要求乙给付拖欠租金及立即腾房。乙提出，该房屋租赁合同未经房产管理部门登记备案，因此合同无效。

【分析说明】《城市房地产管理法》和《商品房屋租赁管理办法》都明确了房屋租赁合同需要登记备案，依据《商品房租赁管理办法》第14条、第23条的规定，房屋租赁应当登记备案，不登记备案的情况下，由直辖市、市、县人民政府建设（房地产）主管部门责令限期改正；个人逾期不改正的，处以1000元以下罚款；单位逾期不改正的，处以1000元以上10000元以下罚款。但是根据《〈合同法〉司法解释（一）》第9条的规定，法律、行政法规规定合同应当办理登记手续，但未规定登记后生效的，当事人未办理登记手续不影响合同的效力。在《城镇房屋租赁合同司法解释》第4条中对此问题作出了一定的修正，规定当事人以房屋租赁合同未按照法律、行政法规规定办理登记备案手续为由，请求确认合同无效的，人民法院不予支持。当事人约定以办理登记备案手续为房屋租赁合同生效条件的，从其约定。但当事人一方已经履行主要义务，对方接受的除外。因此，在《城市房地产管理法》和《商品房屋租赁管理办法》中在行政管理方面要求城市房屋租赁实行登记备案的规定，属于管理性规定，并不能作为房屋租赁合同的生效条件。房屋租赁是否进行登记备案，并不会影响合同生效。如当事人约定以办理登记备案手续为房屋租赁合同生效条件的，则以约定为准，未办理登记备案手续的，合同无效。但一方履行了合同主要义务且对方接受的情况下，视为当事人以履行合同主要义务的行为变更了原约定，此时，即使未办理登记备案手续，合同仍为有效。

【引申思考】登记备案的制度意义是什么？是否有必要进行强制登记备案？

第二节 租赁房屋的装修

🖱 **案例导入**

不定期租赁合同中，租赁合同解除时对添附物的处理

2001年被告伏某租赁原告赣榆县工商局所有的商品房。双方未签订书面租赁协议，被告按月交纳租金。被告伏某在租赁期间，在该租赁房屋内建造简易冷库进行经营使用。2003年9月至2004年10月被告累计欠原告租金2240元未付。2004年11月，根据赣榆县城整体规划的需要，赣榆县人民政府决定于2004年11月20日关闭赣榆县农贸市场，并要求工商部门积极配合好拆迁工作。原告遂多次书面通知被告限期腾房。被告以租赁期

间所建冷库耗资巨大、搬迁给其造成损失太大、要求原告应予补偿为由，拒绝搬迁。双方协商未果，原告遂诉至法院，请求依法解除合同并判令被告退还其租用原告所有的位于赣榆农贸市场西北角的房屋，并搬出营业房内物品，同时支付所欠租金 2240 元，并承担本案的诉讼费用。被告辩称，原告所诉与事实不符，答辩人租用原告房屋，并建有冷库，若拆迁，将会给其带来巨大损失，原告应赔偿被告因拆迁所造成的损失。

试分析：在不定期房屋租赁合同中，添附使用时间较为长久的固定设备，双方未对添附物的处置进行约定，租赁合同终止后，应否支持伏某诉请。

租赁房屋装修的处理不仅涉及《合同法》的相关规定，还涉及添附和不当得利等民事制度。《城镇房屋租赁合同司法解释》（第 9 条至第 14 条）在《合同法》的基础上，对房屋的装修作出了具体的规定。根据承租人的装修行为是否经过出租人同意，可以分为两类不同情况：（1）经出租人同意，承租人进行装修的情况；（2）未经出租人同意，承租人擅自进行装修的情况。

一、经出租人同意装修

经出租人同意，承租人进行装修，依据《城镇房屋租赁合同司法解释》的规定可以分为以下三种情形：

（一）租赁合同无效的情形

按照装饰装修物与租赁房屋的结合程度，可以分为可分离（即未形成附合）的装修和不可分离（即形成附合）的装修。装饰装修物已与房屋结合在一起形成继续性和固定性的，非毁损不可分离或者虽可分离但花费巨大的，可以认定形成附合，例如铺设地板砖、吊设天花板等。装饰装修物与房屋未完全结合尚未达到不可分离状态的，则不能认定形成附合，如安装空调、电视等。按照添附理论，形成附合与未形成附合的法律效果不同。

因此，在租赁合同无效的情形下，可以区分为以下两种情况：

第一，租赁合同无效，且未形成附合的。对未形成附合的装修装饰物，承租人作为物的所有人对该物具有处分权，承租人有权拆除取得原物。但因拆除造成房屋毁损的，承租人应当恢复原状。如果出租人同意利用装修装饰物的，双方可以协商将装饰装修物折价归出租人所有。

第二，租赁合同无效，但已形成附合的。出租人同意利用的，双方经协商，装修装饰物可归出租人所有，依据不当得利原则出租人对承租人按照附属物的"现值"负担返还义务。出租人不同意利用的，由双方各自根据导致合同无效的过错分担现值损失。

（二）租赁合同解除、合同届满的情形

在该情形下，当事人另有约定的按照约定处理，无约定的按照以下规则处理：

第一，未形成附合的。对未形成附合的装修装饰物，承租人作为物的所有人对该物具有处分权，承租人有权拆除取得原物。但因拆除造成房屋毁损的，承租人应当恢复

原状。

第二，已形成附合的，租赁合同解除的情形下，就剩余租赁期内装饰装修残值损失的处理，《城镇房屋租赁合同司法解释》第 11 条规定了下列四种情形：（1）因出租人违约导致合同解除，承租人请求出租人赔偿剩余租赁期内装饰装修残值损失的，法律予以支持；（2）因承租人违约导致合同解除，承租人请求出租人赔偿剩余租赁期内装饰装修残值损失的，法律不予支持。但出租人同意利用的，应在利用价值范围内予以适当补偿；（3）因双方违约导致合同解除，剩余租赁期内的装饰装修残值损失，由双方根据各自的过错承担相应的责任；（4）因不可归责于双方的事由导致合同解除的，剩余租赁期内的装饰装修残值损失，由双方按照公平原则分担。法律另有规定的，适用其规定。

第三，已形成附合的，租赁合同届满的情形下，承租人无权要求出租人补偿附合装饰装修费用，出租人亦无权要求承租人恢复原状或赔偿损失，但当事人另有约定的除外。

（三）承租人经出租人同意扩建的情形下

该情形下，扩建的房屋与原房屋形成附合的，由出租房屋的所有人取得所有权。双方对扩建费用的处理有约定的，从约定；对扩建费用的处理没有约定的，人民法院按照下列不同情况分别处理：

第一，办理合法建设手续的，扩建造价费用由出租人负担。扩建不同于"装修装饰"，是指在原有建筑基础上加以扩充的建设项目，一般通过加高、加层等建筑方式形成，仍是基于原有房屋规划范围内的土地使用权基础上进行的房屋建筑活动。依据《城乡规划法》的相关规定，扩建也应办理建设工程规划许可证。关于扩建造价费用的计算，最高人民法院主张采用工程造价费用支出法，即以扩建时，承租人实际支付的工程造价费用作为扩建费用。

第二，未办理合法建设手续的，扩建造价费用由双方按照过错分担。这里所指的"过错"仅指导致"未办理合法建设手续"的过错，具体包括以下四种情况：（1）如"未办理合法建设手续"系出租人的过错所致，则扩建费用由出租人承担；（2）如"未办理合法建设手续"系承租人的过错所致，则扩建费用由承租人承担；（3）如"未办理合法建设手续"系双方过错所致，则由双方按照各自的过错分别承担；（4）若双方对于"未办理合法建设手续"均无过错，则按公平原则，由双方分担。

二、未经出租人同意装修

未经出租人同意装修装饰的，承租人进行装修装饰的，依据《城镇房屋租赁合同司法解释》的规定可以分为以下两种情形：第一，未形成附合的。承租人有权拆除取回装修装饰物，但因此给出租人造成损失的，承租人应承担赔偿责任。第二，形成附合的。出租人取得附合物的所有权，装饰装修或者扩建发生的费用，由承租人负担。出租人请求承租人恢复原状或者赔偿损失的，法院应予支持。但承租人在此情形下，属于恶意添附的，承租人不能依据不当得利原则要求出租人承担装修装饰费用。

第三节　租赁房屋的转让

案例导入

租赁房屋转让中，买卖不破租赁规则的司法适用

王某原系杭州市某小区某房屋所有权人，2012 年 5 月 15 日，王某将该房产抵押给张某并办理抵押登记，又于同日通过公证委托张某办理与上述房屋转让有关的事宜。2012 年 7 月，梅某通过杭州某房屋中介，与张某就案涉房屋签订房屋转让合同，约定转让价格为 190 万元。合同签订后，梅某分两次将购房款通过房产中介公司全部支付给张某。案涉房屋也于 2012 年 8 月转移登记于梅某名下。2012 年 3 月，王某向刘某借款，刘某提出请求王某将上述房屋租赁给自己，双方签订房屋租赁合同。后双方于 2012 年 5 月 18 日修改租赁合同，合同约定该房屋租赁期 20 年，租赁期限自 2012 年 5 月 18 日开始，房屋租金 20 年内不变，租金总计 40 万元。2012 年 6 月，刘某在得知王某将房屋抵押给张某后，双方又对 2012 年 5 月 18 日签订的租赁合同进行了修改，主要内容未变，将租赁期限改为自 2012 年 3 月 18 日至 2032 年 3 月 17 日止。刘某于 2012 年 3 月租赁合同签订后即陆续向王某汇款共计 40 万元。后因梅某购买涉案房屋并办理了产权过户手续，而刘某主张履行租赁合同，发生纠纷。梅某遂诉至法院，请求：确认案涉房屋转让合同有效；刘某腾退房屋；王某、房产中介公司立即交付房屋并支付延迟交房违约金 38 万元；房产中介公司退还居间费 3 万元。一审审理中，第三人刘某亦提出诉讼请求，请求确认王某与其签订的租赁合同有效。

试分析：刘某以案涉房屋承租人的身份，请求确认王某与其签订的租赁合同有效的诉讼请求能否得到支持？

一、买卖不破租赁制度

（一）买卖不破租赁的内涵

"买卖不破租赁"的概念是相对于"买卖破租赁"而言的。下面举例说明，甲为出租人，乙为承租人，双方约定租赁期间为 2012 年 1 月 1 日至 2014 年 1 月 1 日，租赁合同签订后，甲即将该房屋交付乙使用。后甲于 2013 年 1 月 1 日将该房屋转让给丙，且办理了产权变更登记。在这一案件中，乙依据租赁合同，在租赁期间内作为承租人为有权占有，不论在 2013 年 1 月 1 日后甲是否仍为所有权人，甲、乙间租赁合同的效力均不应因此受到影响。当房屋所有权发生移转后，如法律规定承租人乙能基于租赁合同的有权占有来对抗买受人丙，即属"买卖不破租赁"情形。反之，如因出租人甲将租赁物在租赁期间内转卖丙，丙可依法律规定基于所有权的物权排他性要求乙返还房屋，此则为"买卖破租赁"。综上，买卖不破租赁指的是在租赁关系存续期间，即使出租人将租赁物让与他人，

对租赁关系也不产生任何影响，买受人不能以其已成为租赁物的所有人为由，否认原租赁关系的存在并要求承租人返还租赁物。

1. 买卖不破租赁的历史渊源

早期罗马法坚持"物权优于债权"、"买卖破租赁"原则。在出租人将租赁物出卖给第三人时，新的所有权人可以驱逐承租人夺回租赁标的物。即使租赁契约中有"如果出租人中途转让出租物，应使受让人尊重租约"的条款，受让人也可以债权对第三人无对抗效力为由，不受其拘束。后来为了平衡和维护承租人利益，罗马帝政时期遂又规定凡买卖中附有维持租约效力的条款的，买受人即有遵守的义务，这在一定程度上突破了"买卖破坏租赁"原则。随着资本主义的发展，封建庄园制度成为资本主义发展的阻碍之一，立法态度逐渐向保护土地利用者权利上倾斜。"买卖不破租赁"制度即是在这一背景下的土地租赁权资本化运作过程中逐步产生。大陆法系中"买卖不破租赁"规则的立法，一般认为最早是在《德国民法典》中。该法典将买卖不破租赁的适用范围作出了限定，规定租赁物的范畴仅限于地上及建筑物，成立前提需以交付为要件。后该制度为大陆法系各国采用，但是在适用范围、适用条件方面，有的国家将其适用范围扩大到一切租赁物，甚至在适用上不附加任何前提条件。

2. 我国买卖不破租赁的立法渊源

我国作为大陆法系国家，早在大清《民律草案》即规定了相关的买卖不破租赁制度。新中国成立后，《经济合同法》（1981 年）第 23 条即明确规定了"买卖不破租赁"规则，确定"租赁合同对买受人继续有效"。一般认为，关于"买卖不破租赁"的现行立法规定主要体现在以下四个方面：（1）1988 年《最高人民法院关于贯彻执行〈中华人民共和国民法通则〉若干问题的意见》第 119 条规定，私有房屋在租赁期内，因买卖、赠与或者继承发生房屋产权转移的，原租赁合同对承租人和新房主继续有效。（2）1999 年《合同法》第 229 条规定，租赁物在租赁期间发生所有权变动的，不影响租赁合同的效力。（3）《城镇房屋租赁合同司法解释》第 20 条则规定，租赁房屋在租赁期间发生所有权变动，承租人请求房屋受让人继续履行原租赁合同的，人民法院应予支持。（4）《商品房屋租赁管理办法》第 12 条第 1 款规定，房屋租赁期间内，因赠与、析产、继承或者买卖转让房屋的，原房屋租赁合同继续有效。

（二）买卖不破租赁的构成要件

关于买卖不破租赁的构成要件，学界主要有以下三种不同的观点，以台湾学者的典型观点为例：（1）三要件说。王泽鉴先生认为买卖不破租赁之适用需具备三个要件：租赁关系之存在，租赁物已交付于承租人，出租人将租赁物所有权让与第三人。（2）四要件说。史尚宽先生提出买卖不破租赁需满足以下要件：须租赁为有效；有租赁物之有效让与；承租人须受租赁物之交付；出租人将租赁物让与于第三人。（3）五要件说。黄立先生认为构成要件应满足以下几点：租赁契约有效；出租人于让与前已将租赁物交付给承租人；承租人对于租赁物的占有不中止；出租人将租赁物的所有权让与第三人；限于不动产租赁且须未经公证的不动产契约，其期限逾 5 年或未定期限者。

我国立法中未对买卖不破租赁的构成要件加以规定。一般认为，我国租赁合同中买卖不破租赁的适用条件包括以下四个方面：第一，租赁合同已成立并生效，这是买卖不破租赁的基本条件；第二，租赁物已交付于承租人；第三，租赁物所有权发生变动，改由第三人享有。所有权关系的变动为有效的，这是买卖不破租赁适用的前提；第四，所有权关系发生的变动发生在租赁期间内。买卖不破租赁保护的是承租在先的人的利益，如为所有权变动后原所有人再为租赁的，则不能适用该规则。

（三）买卖不破租赁的适用

1. 租赁物的范围

以是否可以移动并且移动是否会损害其价值为标准来区分，租赁的标的物可以分为动产和不动产。在买卖不破租赁制度的设计中，最初仅以"不动产"为该制度的适用范围，也即仅有租赁物为不动产时，"先租后卖"情形下租赁才可能不因买卖的发生而继续维持租赁效力。其制度设计考量的是对买受人和承租人利益保护的平衡和取舍，法律设计的本意在于不动产租赁中承租人为相对弱者，法律应保护承租人不因租赁物所有权的变动致使原本稳定的租赁关系结束而丧失居所。在商品房租赁中，商品房作为"不动产"范畴内的租赁物，商品房租赁应然的可以适用"买卖不破租赁"。

相对于不动产而言，动产中多数属于种类物，可以被替代，也能通过出租人的赔偿损失等方式来弥补，不会对租赁人的基本生活产生巨大影响。在这一问题上，我国 1999 年《合同法》第 229 条对适用标的、适用条件等并未作出详尽规定，甚至并未将租赁物限定为"不动产"。该条款有盲目扩大适用买卖不破租赁标的物，将动产不加限制的作为买卖不破租赁的适用范围，一定程度上可能损害买受人的利益。

2. 租赁期间的理解与适用

依据合同成立是否以标的物的交付为要件，可以分为诺成合同与要物合同。租赁合同属于诺成合同，即不以标的物的交付为租赁合同的成立要件。因此，租赁期间就包括了合同成立但租赁物未交付的情形。但是由于买卖不破租赁制度保护的是，令承租人不因租赁物所有权的变动致使原本稳定的租赁关系结束而丧失居所的情况。在租赁物交付以前，承租人尚无被保护之必要，并且交付尚具有一定的公示性，因此买卖不破租赁中"承租人须受租赁物之交付"。因此，租赁合同的租赁期间应做限定性的理解和适用，当租赁物未交付给承租人时，出租人在这个阶段将租赁物所有权让与第三人，承租人仅享有债权请求权，只能请求出租人承担相应的违约责任。只有处于合同成立且租赁物已经交付的期间内，租赁权才得以对抗买受人。

3. 所有权变动的形式

"买卖不破租赁"，实为是多种形式的租赁物所有权转移与不破租赁。这一原则不是仅局限于买卖、赠与、继承、遗赠及互易等所有权转移，抵押、将租赁物投资等涉及所有权限制在内的所有权变动的情况均可适用"买卖不破租赁"的规定。因此，确切地说，应当称为"所有权变动不破租赁"。我国《民法通则》、《合同法》、《城镇房屋租赁合同司法解释》的条文中，并未就所有权变动的形式加以表述。但在《商品房屋租赁管理办法》第 12 条第 1 款中规定构成租赁物所有权转移的行为，包括赠与、析产、继承和买卖转让房屋等。

（四）买卖不破租赁的法律效力

买卖不破租赁的法律效力，依据相关法律规定，"在租赁期间租赁物发生所有权转移不影响租赁合同效力，承租人请求房屋受让人继续履行原租赁合同的，人民法院应予支持。"

第一，对受让人与承租人间的法律效力。受让人与承租人无需另行订立租赁合同，承租人仍可按照原租赁协议享有租赁权。当租赁物所有权发生转移后，承租人在得到租赁物转让通知之日，即应向受让人履行包括支付租金在内的相关义务。原租赁合同中如支付租金、维修义务、享有租赁权等典型租赁关系所涉及的权利义务仍继续有效。

第二，对出租人与承租人间的法律效力。出租人因将租赁物转让受让人，在出让生效之日起，出租人不得再请求承租人返还租赁物、支付租赁物转让后的剩余租金等权利。

第三，对出租人与受让人间的法律效力。出卖物存在租赁权，该租赁权的负担为权利瑕疵。如受让人对该权利瑕疵不知情，受让人可要求原出租人承担赔偿损失或请求解除买卖合同。

（五）买卖不破租赁规则的准用

"买卖不破租赁"规则之准用，一般指的是《担保法》中所涉及的"先租后押"情形中，在租赁关系成立后，因实现抵押权而将抵押财产转让时，此时准用"买卖不破租赁规则"，抵押人与承租人之间原有的租赁关系不当然终止，承租人可以继续享有租赁权。《物权法》第190条规定，订立抵押合同前抵押财产已出租的，原租赁关系不受该抵押权的影响。抵押权设立后抵押财产出租的，该租赁关系不得对抗已登记的抵押权。依据《物权法》的规定，该条针对租赁关系成立于抵押合同前还是抵押合同后作出区别对待。首先，租赁在抵押合同订立前的，原租赁关系不受抵押权的影响。其次，如果将办理了抵押登记的财产出租，实现抵押权后，抵押财产的买受人可以解除原租赁合同，承租人不能要求继续承租抵押的房屋。最后，如果将没有办理登记的抵押财产出租，承租人不知道也不应当知道财产已抵押的情况，抵押权就不能对抗租赁权，仍应当适用"买卖不破租赁"的规则。

（六）买卖不破租赁的例外

《城镇房屋租赁合同司法解释》第20条规定，当租赁房屋存在具有下列情形或者当事人另有约定时，不适用"买卖不破租赁"规则：第一种情形为，当房屋在出租前已设立抵押权，因抵押权人实现抵押权发生所有权变动的。也即"先抵后租"情况下，在抵押期间内抵押人将抵押物出租，此时在同一标的物上抵押权与租赁权并存。但因抵押权设定在先，具有优先效力，后成立的租赁权不得损害抵押权。在抵押权实现时，所有权发生变动，受让人不应受到租赁合同的约束，"先抵后租"不适用"买卖不破租赁"规则。第二种情形为房屋在出租前已被人民法院依法查封的，如法院查封在先，租赁在后，则法院强制拍卖时不适用"买卖不破租赁"。反之，如租赁在先，法院查封在后，可以适用"买卖不破租赁"。

二、承租人的优先购买权

案例导入

租赁房屋转让中，"买卖不破租赁"规则的司法适用

2012年1月1日，原告陈某与被告某公司签订房屋租赁合同，约定：被告某公司将其所有的某酒店租赁给原告经营管理，租赁期为2年。租赁期间内，2012年11月1日被告通知原告称：因资产调整，原告所租酒店房屋产权已经变更为李某，双方租赁关系终止。经查，2012年10月1日，被告某公司与李某签订房屋转让合同，约定：被告某公司将本案所涉酒店房产以1800000元的价款转让给李某。合同签订后，李某支付了全部购房款，并于2012年10月11日办理了房屋所有权证。原告后诉至法院，请求法院确认被告某公司与第二被告李某间的买卖房屋行为无效，并请求原告可按两被告所确立的房屋买卖条件行使优先购买权。

试分析，原告陈某的诉讼请求能否得到支持？

（一）承租人优先购买权概述

1. 承租人优先购买权的概念

优先购买权又称先买权，是指特定人依法律规定或合同约定而享有的，在出卖人将特定财产出卖给第三人时，得以同等条件优先于他人而购买的权利。依据我国《合同法》第230条的规定，承租人的优先购买权是指在出租人转让房屋给第三人时，出租人应在出卖前的合理期限内通知承租人，房屋承租人依法享有的在同等条件下优先购买所承租房屋的权利。该权利是对房屋出租人的处分权的一种限制，为法定性权利。

2. 承租人优先购买权的相关规定

我国《合同法》第230条规定了承租人优先购买权，"出租人出卖租赁房屋的，应当在出卖之前的合理期限内通知承租人，承租人享有以同等条件优先购买的权利。"《商品房租赁管理办法》第13条作出了类似的规定，"房屋租赁期间出租人出售租赁房屋的，应当在出售前合理期限内通知承租人，承租人在同等条件下有优先购买权。"但上述规定虽均在立法上规定了承租人优先购买权，但相关规定并不详尽。为便于解决承租人优先购买权的实践操作问题，2009年出台的《城镇房屋租赁合同司法解释》的第21条至第24条作出了更细化和更具有司法操作性的规定。

（二）承租人优先购买权的行使条件

1. 房屋出租人与承租人间存在合法有效的租赁合同

承租人的优先购买权是在合法有效的房屋租赁关系基础上产生的。如果租赁合同欠缺合法效力，存在不成立、无效等情形，则承租人就不能享有优先购买权。在转租合法有效的情况下，次承租人是否享有优先购买权在理论上存有争议，但司法实践中一般认为房屋

优先购买权的主体应为承租人而非次承租人，且优先购买权不得转让。

2. 房屋出租人具有出卖租赁房屋的意思表示

依据《合同法》的相关规定，承租人优先购买权行使前提之一为出租人有出卖租赁房屋的意思表示。"出卖"应界定为所有权人以转让所有权为目的，有偿的将物之所有权移转于他人的行为。因此，赠与、遗赠、继承等无偿转让所有权的情形，因不符合买卖的特征，承租人不得主张行使优先购买权。在因公共利益发生房屋征收、征用等情况下，也不存在承租人行使优先购买权的问题。

拍卖作为一种公开竞买的特殊买卖形式，《城镇房屋租赁合同司法解释》第 23 条对此加以特别规定，"出租人委托拍卖人拍卖租赁房屋，应当在拍卖 5 日前通知承租人。承租人未参加拍卖的，人民法院应当认定承租人放弃优先购买权。"在拍卖存在有优先购买权的租赁房屋时，应遵循如下程序：（1）拍卖通知。出租人在拍卖 5 日前通知优先购买权人于拍卖日到场。（2）优先购买权人也应按照拍卖通知或拍卖公告的要求，与其他竞买人一样进行竞买登记、缴纳竞买保证金，在拍卖日到场参加竞拍。（3）举牌应价。《最高人民法院关于人民法院民事执行中拍卖、变卖财产的规定》第 16 条规定，"拍卖过程中，有最高价时，优先购买权人可以表示以该最高价买受，如无更高应价，则拍归优先购买权人；如有更高应价，而优先购买权人不作表示的，则拍归该应价最高的竞买人。"此谓"跟价法"。若承租人在出现最高应价时未作出以该价格购买的意思表示，则拍卖房屋由最高应价人购买。

此外，依据《城镇房屋租赁合同司法解释》第 22 条规定，"出租人与抵押权人协议折价、变卖租赁房屋偿还债务，应当在合理期限内通知承租人。承租人请求以同等条件优先购买房屋的，人民法院应予支持。"

3. 房屋承租人须以同等条件表示购买

"同等条件"是指以出租人与第三人订立的买卖合同中约定的条件（如价格、数量、质量、履行方式等）为"同等条件"。《上海市高级人民法院关于处理房屋租赁纠纷若干法律适用问题的解答》的第 21 条就指出：出租人与第三人签订的买卖合同应当作为出租人与承租人之间买卖合同的内容。

4. 优先购买权必须在法定期限内行使

承租人优先购买权在性质上应属形成权。依据《城镇房屋租赁合同司法解释》第 24 条规定，具有下列情形之一，承租人主张优先购买房屋的，人民法院不予支持……（3）出租人履行通知义务后，承租人在 15 日内未明确表示购买的。因此，该优先购买权的除斥期间为 15 日。即出租人履行通知义务后，承租人应当在 15 日内明确表示购买，否则视为放弃。

5. 优先购买权的行使不存在法律规定的相关情况

依据《城镇房屋租赁合同司法解释》第 24 条的规定，具有下列情形之一，承租人主张优先购买房屋的，人民法院不予支持：（1）房屋共有人行使优先购买权的。房屋共有人的优先购买权是基于共有关系产生，具有物权属性。而承租人优先购买权则是基于租赁关系，属于债权属性。依据物权优先于债权原则，共有人的优先购买权优于承租人的优先购买权。（2）出租人将房屋出卖给近亲属，包括配偶、父母、子女、兄弟姐妹、祖父母、外祖父母、孙子女、外孙子女的。近亲属间的房屋买卖，具有人身色彩，买卖成交和价格更多考虑的是亲情因素，与一般的买卖行为区别很大，因此出租人将租赁房屋出卖给近亲属的情况下可阻却承租人的优先购买权。（3）出租人履行通知义务后，承租人在15日内未明确表示购买的；（4）第三人善意购买租赁房屋并已经办理登记手续的。《物权法》中规定了善意取得制度，当第三人善意购买该出租房屋并已办理登记手续的情形下，可对抗承租人的优先购买权。

（三）承租人优先购买权的损害救济

1. 损害承租人优先购买权的行为

依据《城镇房屋租赁合同司法解释》第21条的规定，损害承租人优先购买权的行为包括出租人出卖租赁房屋未在合理期限内通知承租人或者存在其他侵害承租人优先购买权情形。此条款揭示了出租人的相关法定义务，即在出卖租赁房屋时应在合理期限内通知承租人，并不得存在其他侵害承租人优先购买权的情形。

《合同法》和《城镇房屋租赁合同司法解释》均规定了出租人"合理期限内的通知义务"，通知义务为法定的义务，房屋承租人自接到通知之日起能够行使其优先购买权。具体合理期限的认定，可结合具体交易情况来判断。对此，一般认为对合理期限的判定可以结合《房屋租赁合同司法解释》第24条第3项的规定考虑，该条规定出租人履行通知义务后，承租人在15日内未明确表示购买，视为放弃优先购买权。该"15日"的届满之日应早于出租人与第三人房屋买卖合同的签订日。因此，出租人履行通知义务应给承租人留出不低于15日的考虑期限，出租人最少应在15日答复期之前履行通知义务。

2. 对承租人优先购买权的救济

依据《城镇房屋租赁合同司法解释》第21条的规定，房屋承租人优先购买权受到侵害时，无权要求确认出租人与第三人房屋买卖合同无效，但可以请求法院判令出租人承担赔偿责任。因此，侵害承租人优先购买权的立法定性为侵害债权，房屋承租人所享有的应为债权请求权而非物权请求权。依据《合同法》的相关规定，承租人优先购买权受到侵害时，在对此未约定违约金的情况下，由出租人承担赔偿责任，赔偿额应与违约所造成的损失相当，包括可得利益损失。

第四节　租赁房屋的转租

案例导入

甲与房屋所有人乙达成书面租赁协议。协议约定，乙将其所有的门面房一间租给甲，租金每年6万元，租赁期为2年（自2013年1月1日至2015年1月1日）。甲、乙双方未就转租事宜予以约定。甲租赁房屋后不久因生意不好，未经乙同意即将房屋转租给丙，甲、丙双方约定租赁期为2013年2月6日至2015年1月1日，租金每年7万元，订立协议时一次性付清全部房租。2014年2月，丙租赁该房屋后也一直生意亏损，便找到甲协商希望解除租赁合同并退回一部分租金，甲不同意。丙无奈，遂以甲转租未经房屋所有人乙同意，甲无权出租该房屋为由向法院起诉，请求法院确认其与甲的房屋租赁合同无效，并要求甲退还已支付的 7 万元租金。

试分析：在未经原所有权人的同意的前提下，承租人是否有权转租？承租人擅自转租是否必然导致转租合同无效？

一、租赁房屋转租的概述

（一）房屋转租的界定

1. 房屋转租的概念

一般认为，房屋转租是指房屋承租人不退出与出租人的租赁关系，而将租赁房屋出租给次承租人，让次承租人使用收益该房屋的行为。转租关系中，原租赁关系中的承租人为转租人，接受转租的第三人为次承租人。

2. 与房屋租赁权让与的比较

房屋租赁权处分的方式主要有房屋转租和房屋租赁权让与两种形式。在讨论房屋转租时，常会论及房屋租赁权的让与。房屋租赁权让与实际上是承租人将租赁合同权利义务关系概括转让给第三人而退出租赁合同的一种法律现象，在《合同法》上属于债权债务的概括转让，也可称为承租人对房屋租赁合同的让与，即第三人对房屋租赁契约的承担。

转租与租赁权让与主要存在以下区别：（1）转租的情形下同时存在两个租赁合同，即出租人与承租人之间的租赁合同，以及承租人（转租人）与次承租人之间的租赁合同。两个租赁合同相对独立，内容不同。在转租中，次承租人与出租人之间虽不存在直接租赁关系，却受到原出租人与转租人间租赁合同的制约。而租赁权让与是承租人将全部租赁权利义务让与第三人，由第三人承受并履行原租赁合同。（2）转租中承租人仍继续享有租赁权，承租人并未退出原租赁关系。但租赁权让与中，租赁权转让后，原出租人与承租人之间的租赁合同即告终止，承租人再无租赁权。（3）如转租未经出租人同意，转租合同并不当然无效。而未经出租人同意的租赁权让与当然无效。

（二）转租的类型

1. 经出租人同意的转租和未经出租人同意的转租

根据承租人将房屋转租给次承租人时是否征得了出租人的同意，可将房屋转租分为经出租人同意的转租和未经出租人同意的转租。

纵观各国及地区立法，对转租是否需经出租人同意，基本可分为放任主义（自由主义）、限制主义和区别主义三种立法模式。放任主义模式中，认为转租为承租人的权利，如无禁止转租约定，承租人可不需经过出租人同意即可转租，法国、奥地利等国采用此主义。限制主义模式中，即规定非经出租人同意，承租人不得转租，德国、日本等国采用此主义。区别主义模式中，即区别不同情况或放任转租或限制转租，意大利、俄罗斯和我国台湾地区采用此主义。我国《合同法》第 224 条规定，承租人经出租人同意，可以将租赁物转租给第三人。承租人转租的，承租人与出租人之间的租赁合同继续有效，第三人对租赁物造成损失的，承租人应当赔偿损失。承租人未经出租人同意转租的，出租人可以解除合同。《商品房租赁管理办法》第 11 条规定，承租人转租房屋的，应当经出租人书面同意。承租人未经出租人书面同意转租的，出租人可以解除租赁合同，收回房屋并要求承租人赔偿损失。因此，我国立法对于转租基本采用的是限制主义的立法模式，承租人将房屋转租给次承租人时是否征得了出租人的同意，所产生的法律效果不同。

2. 全部转租和部分转租

根据承租人将房屋转租给次承租人时，是将房屋的全部还是部分转租，可分为全部转租和部分转租。在实践中，经常有承租人只是将部分房屋转租，而另一部分仍由承租人自己使用的情况，我国《城镇房屋租赁管理办法》（已废止）第 27 条规定：在租赁期限内，在征得了出租人同意的情况下，承租人可以将房屋的全部或者部分转租给第三人。但《商品房租赁管理办法》在取代《城镇房屋租赁管理办法》后，未对此加以规定。因此，目前我国立法对这一问题并无任何明确规定。同时，在未征得出租人同意的情况下，承租人部分转租，出租人是否可以解除整个租赁合同在学界意见不一，以上问题也尚待立法的进一步确认。

二、经出租人同意转租

（一）经出租人同意转租的认定

经出租人同意转租，是指在出租人同意的情况下，承租人将租赁房屋转租给第三人的行为。其成立主要有以下三个前提条件：

第一，原租赁合同合法有效，且转租合同约定的租赁期限在承租人的剩余租赁期限内。原租赁合同合法有效为转租的前提，超出承租人剩余租赁期限的转租期间无效。但如出租人与承租人另有约定，在剩余的租赁期限之外的转租可以按照约定确定有效，一般认为这种情况实为在本租基础上又约定了新的租赁期间。

第二，承租人与次承租人之间有转租协议。转租协议应符合租赁合同的一般生效要件，如当事人意思表示真实，当事人具有相应的民事行为能力，未违背公序良俗原则等。

第三，转租协议的订立经出租人同意。未经出租人同意，出租人可以解除租赁合同，收回房屋并要求承租人赔偿损失。出租人的同意包括事前同意和事后追认两种情况。事前同意包括授权式的概括同意和针对特定第三人的个别同意；事后追认通常应采取明示的方式，也可采用默示，但一般认为默示仅包括了作为的默示，不作为的默示即沉默不应视为追认的意思表示。在《城镇房屋租赁合同司法解释》第 16 条中规定，出租人知道或者应当知道承租人转租，但在 6 个月内未提出异议，其以承租人未经同意为由请求解除合同或者认定转租合同无效的，人民法院不予支持。也即未经出租人同意，但出租人知道承租人转租的事实，出租人应在 6 个月异议期内提出异议，一经提出，转租无效。如出租人超出6 个月没有提出异议的，推定出租人同意转租，转租合同有效。该 6 个月期限是除斥期间，为不变期间。

（二）经出租人同意转租的法律效力

经出租人同意转租的情况下，法律效力如下：

第一，承租人与次承租人之间的效力。转租合同有效成立后，二者间的权利义务关系适用关于租赁合同的一般规定，但该租赁合同合同在效力、期限等方面受到原租赁合同的制约。

第二，出租人与承租人之间的效力。在这种情况下，房屋出租人与承租人之间的租赁关系不因转租合同的存在而受影响。同时，根据《合同法》第 224 条的规定，因次承租人对租赁房屋造成毁损的，由承租人向房屋出租人承担损害赔偿责任，而并不考虑承租人是否有过错。这一责任承担是基于合同而产生的。基于公平原则，承租人在向出租人承担责任后，可以向引起损害发生的次承租人追偿。

第三，出租人与次承租人之间的效力。二者间虽不存在合同上的关系，但如出租人与承租人（转租人）之间有特别约定，次承租人也可直接向出租人支付租金，出租人直接满足次承租人关于房屋维修等的要求。同时为平衡出租人和次承租人的权益，法律在特定情形下强制二者间具有直接法律关系。如为更好维护出租人权益，我国《城镇房屋租赁合同司法解释》第 18 条规定，在房屋租赁合同无效、履行期限届满或者解除，出租人可请求负有腾房义务的次承租人腾房。如果逾期腾房，可请求支付逾期腾房占有使用费。因此，当出租人与承租人之间的租赁关系终止，出租人向次承租人主张收回房屋时，次承租人可以直接将租赁房屋返还给出租人；而为更好保障次承租人的权益，如《城镇房屋租赁合同司法解释》第 17 条规定，因承租人拖欠租金，出租人请求解除合同时，次承租人请求代承租人支付欠付的租金和违约金以抗辩出租人合同解除权的，人民法院应予支持。但转租合同无效的除外。次承租人代为支付的租金和违约金超出其应付的租金数额，可以折抵租金或者向承租人追偿。

三、未经出租人同意转租

（一）未经出租人同意转租的认定

依照我国《合同法》、《城镇房屋租赁合同司法解释》的规定，房屋承租人将租赁房屋转租第三人使用应该征得房屋出租人的同意，否则房屋出租人有权解除合同。但并非所有情况下第三人对租赁房屋的使用均构成转租，如承租人的亲属、合伙人对租赁房屋的使用等。《合同法》第 234 条规定，承租人在房屋租赁期间死亡的，与其生前共同居住的人可以按照原租赁合同租赁房屋。《城镇房屋租赁合同司法解释》将前述规定中的"共同居住"扩大为"共同经营"，承租人租赁房屋用于以个体工商户或个人合伙方式从事经营活动的，如果承租人在租赁期间死亡（包括宣告死亡、宣告失踪），共同经营人或者其他合伙人可以概括继受原租赁合同的权利和义务。该共同经营人或合伙人取代承租人在原合同中的地位，成为新的承租人。在上述情况下，依据法律规定不应认定为"转租"，更不需要出租人的同意。

（二）未经出租人同意转租的法律后果

依据我国《合同法》、《城镇房屋租赁合同司法解释》的规定，未经出租人同意的转租，出租人可以解除合同。一般认为，未经出租人同意的转租行为属无权处分行为，无权处分合同效力应属效力待定。如出租人追认承租人的擅自转租行为，则转租合同有效。如出租人拒绝追认，则转租合同归于无效。出租人解除合同后，承租人丧失租赁权，转租合同也因此归于无效，善意次承租人可要求承租人承担损失的赔偿责任。同时，按照《城镇房屋租赁合同司法解释》第 16 条第 2 款的规定，因租赁合同产生的纠纷案件，人民法院可以通知次承租人作为第三人参加诉讼。在房屋租赁合同被解除或被认定无效情形下，案件的处理结果必然与次承租人具有利害关系，因此，在房屋租赁合同纠纷案件中，次承租人具有第三人的诉讼地位。

本章小结

本章是商品房租赁，主要介绍商品房租赁的基本概念、类型、商品房租赁的行政管理、商品房租赁的装修、买卖不破租赁、承租人的优先购买权、转租等。商品房租赁的转让和转租是本章的重点，涉及较多的理论概念和法律规定。商品房租赁形态各异、纠纷复杂，学生应当在学习合同法的基础上，对商品房租赁的基本理论和法律规定加以深入理解，认识商品房租赁行政管理的价值与方式，理解商品房租赁中当事人权益的博弈与制度安排。

技能训练

熟知商品房租赁相关纠纷的解决

目的：使学生认识到商品房租赁合同的重要性，掌握法律对商品房租赁的相关规定和商品房租赁纠纷的处理方法。

要求一：熟知商品房租赁合同的签订要求，明确当事人在商品房租赁中的权利义务。

要求二：掌握商品房租赁纠纷的处理方法。

实践活动

商品房转租纠纷的个案调查

目的：使学生对商品房租赁纠纷具有一定的认知，了解商品房租赁纠纷的诉讼流程与方法。

内容：学生通过报刊、杂志或网络等方式，搜集各种商品房转租纠纷的案例，对全部转租、部分转租、经出租人同意的转租、擅自转租等行为有更好的理解，对常见纠纷的类型和案件处理方法有客观的认识。

要求：结合《合同法》、《商品房租赁管理办法》、《城镇房屋租赁合同司法解释》等相关法律法规的规定，通过案例收集、案件调查、案件分析，案例比较等手段，掌握商品房转租纠纷的具体处理办法。

📝 第十一章

商品房抵押

📌 **学习目标**

知识目标：

了解按揭的概念和特征

了解按揭和抵押的关系

掌握商品房抵押人与抵押权人的权利

能力目标：

了解商品房按揭的重要性

了解我国商品房抵押贷款的社会价值

探索特殊商品房抵押的未来发展

第一节　商品房抵押概述

📌 **案例导入**

都是"假按揭"惹的祸

2007 年 9 月 19 日，中央电视台《360 度》节目播出的《疯狂的房贷》，报道了赵先生与中国建设银行（简称建行）之间的按揭贷款纠纷案。该案引发了拖欠建行 3200 多万元贷款，拖欠中国工商银行（简称工行）2200 万元贷款的假按揭风波。"假按揭"随着房地产市场的虚假繁荣而备受关注。

【案情介绍】2000 年 9 月前后，中盛鑫房地产开发公司当时的负责人张胜等人，以"福利分房"为名，要求他们每人签一份空白购房合同，不签合同就视同不愿意在公司上班。当时 31 人在空白购房合同上签了字，中盛鑫公司以这 31 份购房合同从工行南礼士路支行获得贷款本金 2200 万元，但这个过程 31 名当事人并不知情。直到 2006 年 1 月初接到西城法院的传票，才知道因为拖欠房贷，被工行告到了法院。几乎与此同时，中盛鑫公司利用 37 名在职或离职职工留存在公司的个人资料并伪造签字，在他们完全不知情的情况下，与建行北京城建支行签订了借款合同，"购买"62 套盛鑫嘉园房屋，从建行城建支行获取 3200 余万元贷款。

【法院判决】尽管当事人未实际购买借款合同中约定的房屋，亦未使用房款，但因在签订借款合同时意思表示真实。2006 年 6 月，西城区法院判决 31 名当事人偿还拖欠工行借款，中盛鑫公司承担连带责任。对于建行 3200 余万元贷款案，由于 30 多名涉案人"既没有从建行城建支行借款购买房屋的意思表示，也没有实际购买房屋，该借款合同不是真实意思的表示"，两审法院均认定借款合同无效。

一、按揭与抵押

（一）按揭的含义

按揭起源于英国，它是英国普通法中以转移担保物所有权于债权人的一种担保制度。在中国香港地区，房地产被视为一个产业，并被细分为法定式产业和公义式产业。所谓法定式产业是指已经建成并取得全部权益证书的产业，譬如说现房。公义式产业则是指尚不存在、未竣工或未做好全部法律手续，但已足够证明有关各方承认相关效力的产业，如尚未建成的房屋，即楼花或期房。根据香港《物业转移及财产条例》第 44 条规定，自 1984 年 11 月 1 日起，以法定式产业设定的，必须以契约形式设定法定式抵押而不可设定法定式按揭。换句话说，按揭的标的物只能是公义式产业，一旦公义式产业转化为法定式产业，则公义式按揭必须转化为法定式抵押。因而，中国香港地区的按揭仅指公义式产业按揭，即楼花按揭。

我国内地按揭一词是舶来品，由中国香港地区传入内地。内地商品房买卖中的按揭不同于中国香港地区的按揭。首先，按揭一词并非法律术语，没有严格的法律定义。我国现行的法律、法规中没有使用"按揭"的概念，最高人民法院在《关于审理商品房买卖合同纠纷案件若干问题的解释》中也避开使用"按揭"一词，笼统地称为"商品房担保贷款"。其次，按揭是按照抵押制度来设计的，而不是采取事先的权利转移方式。中国香港地区的按揭是指在房屋预售时，房屋的买受人将其房屋整体转让给按揭受益人，并登记于该人名下，以此作为按期还款的担保。买受人还本付息以及支付其他费用后，再将按揭权人名下的产业重新转回按揭人名下。与此不同的是，内地按揭商品房的所有权或其他财产权利仍属于按揭人，并不要求按揭标的物所有权的转移。在实务操作中，按揭的设立不需要将按揭标的物的财产权利证书交存按揭权人，而只需要办理相关的公示登记手续。最后，按揭包括现房按揭和楼花按揭。依据中国香港地区的相关规定，香港的按揭仅指楼花按揭，而内地的按揭方式分为现房按揭和期房按揭。期房也称"楼花"，正式的说法是商品房预售产生的期待权。期房按揭是开发商、银行和购买人三方之间的一种契约安排，约定购买人将其已预付部分房款而取得的房产权益做抵押，开发商为购买人按期清偿银行贷款做担保，在购买人不能按时履行债务时，银行有权处分房产并优先得到清偿的行为。

（二）商品房抵押

根据我国《担保法》第 33 条的规定，所谓抵押，是指债务人或第三人不转移对法律允许抵押财产的占有，将该财产作为债权的担保，当债务人不履行债务时，债权人有权依照法律规定以该财产折价或者拍卖、变卖该财产的价款优先受偿。在抵押关系中，享有抵押权的债权人为抵押权人，提供抵押物的债务人或第三人为抵押人，抵押人担保的物为抵押物。房地产因其本身具有的固定性、非消耗性等特征适合于设定抵押担保。所谓商品房抵押，是指抵押人以其合法的商品房或楼花，以不转移占有的方式向抵押权人提供债务履行的担保行为。债务人不履行债务时，抵押权人有权依法以抵押的房产拍卖所得优先受偿。

预售商品房抵押在我国房地产市场中大量存在。预购商品房贷款抵押，是指购房人在支付首期规定的房价款后，由贷款银行代其支付其余的购房款，将所购商品房抵押给贷款银行作为偿还贷款履行担保的行为。预售商品房抵押具有以下几个特征：

第一，从抵押标的物来看，预售商品房抵押的标的物尚未形成。这是预售商品房抵押与其他抵押的一个非常明显的区别。一般抵押的标的物在设定抵押时已经存在，并且能够为抵押人所有或者实际控制。而预售商品房设定抵押时，抵押标的物即商品房仍然处于在建或者待建之中。因此，用于抵押的预售商品房存在一定风险。

第二，从购房资金支付来看，购房人已经按照规定支付了首期规定的房价款，然后由银行代其支付其余的购房款。因此，在设定预售商品房抵押时，购房人应该已经先行支付了首期规定的房价款。这里需要明确的是购房人不仅有先行支付购房款行为，而且所支付购房款必须符合规定。

第三，从权属关系来看，抵押人对于预售商品房并不享有所有权。只有当售房人把商品房建成后交付给购房人并在房屋管理部门办理房屋登记手续，抵押人才对该商品房享有所有权。因此，预售商品房抵押实质上是一种期待权的抵押。购房人与售房人因签订商品房预售合同，二者之间存在的是一种债权关系，而不是物权关系。

第四，从合同属性来看，预售商品房抵押合同是一种从属于购房贷款合同的从合同。抵押目的是为了担保购房人能够按照约定支付购房贷款。因此，抵押人与抵押权人之间签订预售商品房抵押合同是为了担保抵押人能够依照合同约定支付购房贷款，而不是其他贷款。如果抵押人与抵押权人因其他贷款而签订预售商品房抵押合同，就直接背离了预售商品房抵押的立法宗旨。

（三）按揭与抵押的关系

关于按揭与抵押的关系，学术界存在着较大的争论，其中几个典型的观点有：

第一，不动产抵押说。该学说认为，房屋按揭属于不动产抵押，其中的现房按揭与不动产抵押完全一致，而对于期房，尽管不是实际存在的楼宇，但购买期房实际上会导致获得现房，而且买受人在买期房时已经支付了部分房款。期房按揭的目的也是为了担保债务的清偿，担保物的占有及使用仍为按揭借款人所有。按揭权人的权利与抵押权人的权利大体相同。从债务不履行时按揭权人享有的优先受偿权来看，期房按揭实际上仍属于不动产抵押。

第二，权利质押说。该观点认为，期房按揭中的按揭人是以其在房屋买卖合同中的全部权益作为质押，即以合同债权作为质押标的而成立的担保。因为，购房人与银行签订期房按揭合同时，由于标的物是尚不存在或正在"成长"中的房屋，并没有现实存在，因而购房人对作为担保物的楼花不享有任何物权，而仅是一种债权，即请求开发商于将来某时交付房屋的权利。这种权利属于债权，此种债权符合可作为权利质押的标的。

第三，让与担保说。该观点认为，商品房按揭这种以购房人将其对于楼花或现楼的财产权或所有权转让于银行的贷款担保方式，符合让与担保的特征，其实质上是一种让与担保。

上述观点都具有一定的合理性，但又不是那么足以让人信服。其一，在期房买卖中，买受人虽在办理按揭贷款前已支付了一定比例的购房款，但并不能说明其已经取得了所购房屋的所有权，这与不动产抵押是存在根本区别的。其二，我国现行法律只规定了"抵押权"、"质权"和"留置权"三种担保物权，既没有所谓"按揭担保"，也没有所谓"让与担保"，因此让与担保说也缺少现实的法律基础。其三，将其称为权利质押，也不大合适，因为预售房期权本质上属于不动产取得权，而且其采用登记公示方式。因此，按揭制度在我国仍然属于抵押的范畴。只是对于期房按揭，在我国法律中，没有使用按揭这样的术语，而是使用预售商品房抵押或期房抵押。在实务操作中，也是按照预售商品房抵押来操作的，只是在未取得产权证之前，不能进行抵押登记。

二、商品房按揭贷款

（一）商品房现房按揭贷款

商品房现房按揭是指购房人（借款人）以所购房屋为抵押，从贷款人获得一定数额的款项，用于支付房款，而贷款人取得房屋抵押权的行为。在这一过程中，存在两个法律关系：其一是借款人（购房人）与贷款人（银行）之间的借贷关系；其二是抵押人（购房人）与抵押权人（银行）之间的抵押担保关系。由此可见，现房按揭是以抵押为基础，借贷与抵押双重法律关系存在于相同当事人之间的制度设计。

它与普通的房屋抵押贷款很相似，但有其特殊之处，主要表现为两点：其一，贷款期限和还款方式的特殊性。在房屋为其他债务进行担保的情形下，该债务通常为短期债务，其清偿也多为一次性清偿；而商品房买卖中的抵押贷款，通常为长期债务（在我国最长为 30 年），其债务清偿为按月分期清偿。其二，抵押方式特殊。按揭是购买人用购买商品房担保商品房买卖中的房屋借款债务，是一种特殊的抵押。此外，在商品房现房按揭贷款买卖过程中，由于房屋买卖与贷款安排是同时进行的，甚至贷款往往也是房屋买卖的重要条款。因此，个人房屋按揭贷款中债权人（贷款银行）承担的风险要远高于普通的房屋抵押贷款。

商品房现房按揭贷款一般需要经过以下几个步骤：首先，购房人与开发商签订商品房买卖合同。购房人欲以按揭的形式购买商品房，首先必须与开发商签订商品房买卖合同，约定购买特定的房屋，并在付款方式中约定以银行按揭的方式付款。其与开发商之间是房屋买卖关系，开发商为出卖人，购房人是买受人。其次，购房人向银行提出贷款申请，并向银行提供贷款所需资料。显然，借款申请人同时也就是购房人，银行审核后，购房人与银行签订贷款合同。再次，开发商协助购房人到房地产管理部门办理房屋产权过户手续。

再次，贷款银行与借款人（购房人）申请办理抵押登记手续。购房人以其房屋抵押担保剩余房款的支付。最后，银行对购房人（借款人）发放贷款，根据购房人的授权，将贷款划到开发商开立的账户上，开发商（卖方）从此退出抵押贷款关系。

（二）商品房期房按揭贷款

商品房期房按揭，是指银行与房地产开发商签订贷款合作协议，购房人（借款人）以所购房屋作抵押向贷款银行借款，并由开发商承担担保责任的贷款。在实务操作中，购房人先与开发商签订商品房预售合同并交纳首期房款，为付清剩余购房款而与银行签订按揭贷款合同，以预购的商品房作为担保，并将商品房预售合同等交由银行执管。购房人既是借款人又是按揭人，银行既是贷款人又是按揭权人。这种按揭贷款呈现出不同于现房按揭的特征。

1. 按揭涉及三个合同关系和三方当事人

首先，三个合同关系是指商品房预售合同、借款合同和保证合同。三个合同关系密切，互相依存。商品房预售合同是按揭设定的前提，没有商品房预售合同则无法设立借款合同和保证合同。保证合同使得预售合同和借款合同的履行成为可能。任何一个合同的违约都可能导致另外一个合同的履行不能，这使得按揭明显区别于其他的担保方式。在实践中，期房按揭合同被称为个人住房贷款合同，该合同是购买人获得按揭贷款的关键性法律文件。

其次，三方当事人是指房地产开发商、购房人和贷款银行。具体而言，它们之间存在着这样的法律关系：开发商和购房人之间是在建房产买卖关系，双方的权利义务具体表现在预售合同上。而购房人和银行之间则存在着两种关系：其一是借贷关系，购房人是债务人，银行是债权人；其二是担保关系，购房人是按揭人，银行是按揭权人。其三是开发商和银行的保证关系，当购房人不能按期偿还银行贷款时，由开发商来代为履行。

2. 按揭的标的物是一种期待性利益

由于按揭的标的物并非一种现实存在的不动产，购房人在设定按揭时，还无法取得所购房产的所有权。他向银行提供的还款保证仅是将来某一时间取得的所有权，即一种所有权的期待权。期待权，指的是权利取得人依据法律能够确定地取得某种物权的权利。所有权保留的买卖中，买受人的权利就是一种典型的期待权。购房人以取得房屋的所有权为目的，合同成立后，购房人必须缴付首期购房款，凭此取得开发商将来某时交付房产的权利，虽因条件未成就（房屋没有竣工、期限未到）而暂不能履约，但其对房屋所有权已经有所期待。在经登记后，这种期待权还获得了排除相对人或者第三人侵害的权利。

3. 按揭是通过转让房产权益而设定的一种物的担保方式

按揭是通过将按揭合同中的房地产未来的所有权作为银行的一种担保，担保银行债权，即其为购房人垫付的房款。由于合同中的标的物尚未竣工，房屋还没有真正存在，购房人并没取得物业的所有权，只是依据合同得到了所有权的期待权，因此不能够像一般不动产那样通过限制所有权的方式来设立担保。

三、商品房抵押合同的订立

商品房抵押合同是指抵押人（购房人）以自己合法拥有的现房或所购商品房所有权的期待权为抵押标的，以不转移占有的方式，向抵押权人（银行）作担保。在实践中，商品房期房按揭合同往往是三份合同的混合体，被称为个人住房贷款合同。该合同包括借贷合同、抵押合同和保证合同三方面的内容。借贷合同是抵押合同的基础，而保证合同又为抵押合同的履行提供担保。

（一）商品房抵押合同的当事人

商品房抵押的当事人就是抵押权法律关系的当事人，其中银行是抵押权人，购房人是抵押人。作为抵押权人的银行，必须是经中国人民银行批准设立的商业银行和住房储蓄银行，同时，又因为商品房抵押合同是从合同，以预售或现售商品房买卖合同的合法、有效为前提。因此，作为抵押权的银行应负责对预售或现售商品房合同的双方当事人，即预售人和购房人的主体资格以及抵押物是否合法进行审查。

作为抵押人只能是购房人，不能是商品房的开发商。当开发商作为抵押关系当事人，即抵押人时，这属于"在建工程抵押"。根据建设部《城市房地产抵押管理办法》第3条第4款规定，在建工程抵押是指抵押人为取得在建工程继续建造资金的贷款，以其合法方式取得的土地使用权连同在建工程的投入资产，以不转移占有的方式抵押给贷款银行作为偿还贷款履行担保的行为。对已经预售的在建房屋，预售人不能再设定抵押。

（二）商品房抵押合同的条款

依据《合同法》第36条规定，法律、行政法规规定或者当事人约定采用书面形式订立合同，当事人未采用书面形式但一方已经履行主要义务，对方接受的，该合同成立。商品房抵押合同是要式抵押，抵押人和抵押权人应当签订书面抵押合同，否则无效。至于采取什么样的书面形式，可以有两种选择。一种是抵押人与抵押权人签订独立的抵押合同，确定抵押权的客体范围、债权及其数额等，一般适用于第三人为债权人设定的抵押；另一种是抵押人与抵押权人在主合同中增加抵押条款。

《物权法》第185条第2款规定了抵押合同的条款或内容：（1）被担保债权的种类和数额；（2）债务人履行债务的期限；（3）抵押物的名称、数量、质量、状况、所在地、所有权归属或使用权归属；（4）担保的范围；（5）其他条款。其中，担保物权的种类是抵押合同的必要条款，抵押合同订立时必须确定，否则抵押合同不成立。《担保法司法解释》第56条第1款规定，抵押合同对被担保的主债权种类，没有约定或约定不明，根据主合同和抵押合同不能补正或者无法推定，抵押不成立。

（三）商品房抵押合同的登记

抵押登记，是指基于抵押权人和抵押人的申请，登记部门将抵押合同约定的有关事项在不动产登记簿和不动产权利证书上加以记载，并向抵押权人颁发他项权利证明书的现象。抵押合同的订立，其法律效果不仅直接涉及抵押人和抵押权人，而且还涉及抵押人的一般债权人和其他与抵押物有利害关系的人。因此，抵押的设立必须公示。

根据《物权法》的规定，我国将抵押权登记的效力分为两类：一类是登记生效要件主义，简称为登记生效主义，即抵押登记为抵押权生效要件。其优点是抵押权设立的时间点十分清晰，抵押权具有绝对性，抵押权人对任何人都可主张其抵押权；另一类是登记对抗要件主义，简称为登记对抗主义，即抵押登记是抵押权对抗善意第三人的要件。按照该原则，抵押登记与否，不影响抵押权的成立，但关系到抵押权能否对抗善意第三人。对于商品房抵押而言，一律适用登记生效规则，不存在登记对抗的问题。

抵押登记的依据主要是抵押人与抵押权人签署的商品房买卖或预售合同和抵押合同。但往往抵押合同签署与抵押登记之间会间隔一定期限，在抵押人违背诚信原则，拒绝办理登记时，抵押权人有权要求抵押人配合登记。如果抵押人拒不配合导致债权人受损的，抵押人应当承相应的担赔偿责任。抵押合同是登记的依据，原则上登记记载应与抵押合同一致。但是，实践中也有可能因为一些原因发生不一致的情形。如果抵押人与抵押权人之间约定的抵押合同内容与登记簿上记载的内容不一致的，如抵押物的范围登记不一致等。此时，应以登记簿的记载为准。这是因为，抵押权一经登记即产生公信力，即使公示的内容与抵押合同或条款等不符，仍应当以登记簿为准。

（四）商品房抵押合同未订立引起的商品房买卖纠纷

案例导入

郑某于 2010 年 3 月 4 日向某地产公司交纳了定金 50000 元。4 月 1 日，双方签订了《认购书》，约定郑某向某地产公司认购商品房一套（郑某此前已拥有房产一套，此次购房是郑某第二次购房）。该《认购书》中郑某选择了银行按揭的方式向出售方支付该商品房的部分价款。同时还约定：认购方应在签署《商品房买卖合同》及其附件后七天内自行到银行办理按揭手续；如认购方的按揭申请未获银行批准，未获批准的房价款认购方应选择《认购书》中列明的其他付款方式或出售方同意的付款方式予以支付。认购方须于2010 年 4 月 5 日前到出售方处交纳第一期房款，并签署《商品房买卖合同》及其附件。该《认购书》还约定了违约责任：如认购方未按时交纳第一期房款并签署《商品房买卖合同》及其附件，出售方有权不予退还认购方已交付的定金，并有权不再另行通知认购方而将该商品房另行出售。郑某在签订《认购书》后向某地产公司支付了首期房款 69000元。2010 年 4 月 1 日，郑某向某地产公司申请延缓交付首期剩余款及签署《商品房买卖合同》等手续。

2010 年 4 月 17 日，国务院颁布了《关于坚决遏制部分城市房价过快上涨的通知》（国发〔2010〕10 号），文件规定"对贷款购买第二套住房的家庭，贷款首付比例不得低于 50%"。郑某于 2010 年 4 月 22 日以现国家政策调整，致使其此次购房被认定为二次购房，而致其首付资金不够为由，向某地产公司发出《解除合同通知书》（以下简称《通知书》）。至 2010 年 4 月 30 日，经某地产公司多次催告，郑某仍没有选择其他付款方式支付房款，也没有与某地产公司签署《商品房买卖合同》。2010 年 5 月 14 日，郑某向法院提起诉讼，请求解除其与某地产公司签订的《认购书》，并由某地产公司返还定金和首期房款。

【法院判决】

一审、二审法院均认为，郑某与某地产公司签订的《认购书》是双方当事人的真实意思表示，没有违反法律法规强制性规定，应认定为有效合同。且认为本案属于国家政策调整，不是双方当事人的原因导致的合同无法履行，故双方当事人应履行合同。

【法律分析】

在购房过程中，购房人在与开发商签订了商品房买卖合同后，由于未能获得银行贷款而导致房产交易无法顺利完成的情况时有发生，此时，商品房买卖合同可否解除？因解除买卖合同而产生的损失又如何分担？《最高人民法院关于审理商品房买卖合同纠纷案件适用法律若干问题的解释》第 23 条规定，商品房买卖合同约定，买受人以担保贷款方式付款、因为某一方当事人的原因导致未能订立商品房担保贷款合同并导致商品房买卖合同不能履行的，对方当事人可以请求解除合同和赔偿损失。因不可归责于当事人双方的事由未能订立商品房担保贷款合同导致商品房买卖合同不能继续履行的，当事人可以请求解除合同，出卖人应当将收受的购房款本金及其利息或者定金返还给买受人。

从该条规定中，可以解释为商品房抵押贷款合同与商品房买卖合同是相互独立的。实践中银行在购房合同被认定无效、撤销或解除后，往往要求解除抵押贷款合同，主要考虑的是购房者的资信状况。因此，抵押贷款合同未成立并不当然导致买卖合同不能成立或无效。这样，该条规定中抵押贷款合同未订立的两种情形下，一方当事人均可以请求解除买卖合同。

第二节 抵押人的权利

案例导入

转 按 揭

由于房地产行业涉及的地产问题在我国具有特殊性，转按揭能加强房屋变现能力，这为炒房者提供了融资渠道，再加上 1992 年、1993 年沿海部分地区出现的"炒地皮"、"房地产泡沫经济"给整个房地产行业、金融行业乃至国民经济带来的严重不利后果，所以法学界对商品房按揭转让的合法性一直存在着很大的争议，有的学者认为按揭的商品房不能转让，否则会发生倒买倒卖的市场投机行为，造成房价过高，形成虚假要求，导致企业经营的短期行为，扰乱市场秩序，损害真正购房人的利益；也有学者认为按揭的商品房能够转让，理由是购房人通过按揭合同获得了在建房屋所有权的期待权，通过预告登记使得该期待权具备了物权的性质，这就决定了按揭能够实现移转，而且转让还能在一定程度上发现价值、规避风险，增加商品房的交易量，有利于搞活房地产市场。

一、转让抵押物

（一）抵押物转让权的概述

商品房的抵押是以商品房的交换价值而非使用价值向抵押权人提供债权担保，因此，除合同有相反规定外，抵押人仍享有抵押房屋的占有、使用、收益和处分权。虽然在期房按揭中，抵押标的物还未完全建成，但这并不妨碍抵押人未来取得房屋所有权。换句话说，抵押人一旦买到楼花就必定会取得房屋所有权，只是存在期限问题而已。因此，抵押人当然可以转让自己的房产。抵押人将抵押物转让给他人，包括将抵押物出卖、赠与、互易给他人。

依据《物权法》第191条，抵押期间，抵押人经抵押权人同意转让抵押财产的，应当将转让所得的价款向抵押权人提前清偿债务或者提存。转让的价款超过债权数额的部分归抵押人所有，不足部分由债务人清偿。抵押期间，抵押人未经抵押权人同意，不得转让抵押财产，但受让人代为清偿债务消灭抵押权的除外。

（二）购房合同解除或认定无效时的抵押物转让

在购房者起诉开发商要求解除购房合同或确认购房合同无效时，由于购房者已将所购房屋或楼花抵押给按揭银行，因而其实质上是要求处理抵押物。根据《担保法》第49条的规定，抵押人在抵押期间转让已办理抵押登记的抵押物的，应当通知抵押权人。实践中按揭银行与购房者在合同中亦对此有明确约定。因此，购房者在起诉开发商要求解除购房合同时，应依法通知按揭银行。购房者将房屋或楼花退还开发商，开发商将购房款项返还给购房者，并由双方依法承担相应民事责任的同时，解除按揭银行与购房者之间的借款合同，按揭银行对购房者处理抵押物所得价款行使物上代位权，并可要求开发商承担连带保证责任，由开发商将购房者所欠按揭银行贷款本息直接支付给按揭银行，其余款项支付给购房者。

（三）转按揭

按揭商品房的转让，又称为商品房按揭的转让，简称"转按揭"，是指在按揭合同的履行过程中因按揭人即原购房人，在贷款期间内，由于所购房屋出售、继承、赠与等原因，房屋产权和按揭借款同时转让给他人，并由贷款银行为其办理贷款转移手续的业务，从而发生的按揭的权利义务关系的变动。它与一般的商品房转让相比，有两个特点：一是在按揭商品房的转让中，原按揭购房人转让的是房屋所有权的期待权，而不是现存的房屋；二是这种转让是商品房按揭人将原合同的权利、义务转让给第三人，而自己从按揭关系中退出，由第三人来承担合同中相应的权利义务。所以从本质上来看，这应归属于合同转让的范畴。

抵押人是否有权转让用于抵押的按揭商品房，在理论界一直存在争议。赞同者认为转按揭可以提高按揭商品房的变现能力，为投资者提供流动性强的投资资金，房屋按揭者可以通过转按揭将房屋卖出去，并将变现资金投入到升值空间更大的楼盘中，与此同时也为投资者提供了退路。转按揭盘活的二级市场，将促进二手房交易，在房地产市场上存在很大一部分二手房交易量，这些大量的二手房由于标的额很大，购房人很难一次付清房款，因此转按揭业务的开展，加大了二手房交易量。在"炒楼花"的过程中，炒家承担了投资风险和部分建房资金，其因转让而获得的利益是投资的合理收益，理应受保护。购房人转让按揭商品房是一种融资行为，依据契约自由原则，只要在交易过程中符合等价有偿、诚实信用的要求，转让行为并不损害国家和第三人的利益，在一定程度上还有利于房地产市场的发展。

反对者认为转按揭增强房屋变现能力，这为炒房者提供了融资渠道，炒房者只需付出商品房总价的20%~30%首付后就可以将房屋转手，余下的款项通过转按揭给下家，炒房者的成本最多才是房价的三成。转按揭造成虚假需求，大量囤积商品房，使得城市房价虚高，投机性质大增，风险加大，影响了房地产市场的供求平衡，妨碍了房地产市场的稳定和健康发展。由于转按揭造成虚假需求量，炒高了房价，所以会损害真正购房者的利益，也造成了不必要的浪费，妨害了国家的宏观调控。

事实上，任何事物、任何制度均有利、弊两性，完美的事物是不存在的。从市场经济的角度来看只有通过不受限制的自由交易方能达成社会资源最有效率的配置，除非由于市场失灵而使得政府的干预成为必要。在我国房地产市场中，按揭商品房转让已经普遍存在。1996年最高人民法院下发的《关于审理房地产管理法施行前房地产开发经营案件若干问题的解答》第29条规定，商品房预售合同双方当事人，经有关主管部门办理了有关手续后，在预售商品房未实际交付前，预购方将购买的未竣工的预售商品房转让他人，办理了转让手续的，可认为合同有效。

二、出租抵押物

（一）抵押人的出租权

抵押人出租抵押物，《物权法》予以承认。抵押是以抵押物的交换价值为担保对象，而租赁则是针对抵押物的使用价值，抵押关系的存在对抵押物的使用价值不应有影响。因而，一个物上可同时设立抵押和租赁法律关系。

（二）出租权与抵押权的冲突

订立抵押合同前抵押财产已出租的，原租赁关系不受该抵押权的影响。抵押人应当书面告知承租人。抵押权设立后抵押财产出租的，该租赁关系不得对抗已登记的抵押权。所谓租赁关系不得对抗已登记的抵押权，是指因租赁关系的存在致使抵押权行使时无人应买抵押物，或出价降低，导致不足以清产抵押债权等情况下，抵押权人有权主张租赁终止。《物权法》对抵押权区分了登记与未登记。只有登记的抵押权才具有对抗租赁权的效力。这样的规定暗含着，如果抵押权未登记，那么在其后的租赁关系仍然可能对抗抵押权。

✎ 案例导入

抵押在先，承租人能否主张优先购买权

【案情介绍】赵医生退休后想在县城开一家药店，便向好友老朱借款 3 万元，双方于 2012 年 10 月签订了借款协议，以其闲置的两间房屋作抵押，约定最迟于 2013 年年底还清，如到期未还，老朱有权从变卖抵押房款中受偿。赵医生拿到借款后便租了两间房，办理了有关登记手续正式开业。2012 年 12 月，赵医生将设定抵押的两间房屋租给小陈居住，租期两年，小陈知道该房已设定抵押，但自己只是暂住也就承租下来。2013 年 10 月赵医生因销售假药，药店被工商局查封。老朱知道赵医生已无力还款，便向其家属提出变卖抵押的房屋用来还款，赵医生的家属没有异议。但承租人小陈不同意，认为自己租赁期限未满不能变卖，愿以同样价格购买该房，可老朱又不同意了，认为自己已与买主商定，执意要小陈搬出，双方争执不下，小陈向法院提起诉讼请求，优先购买该房屋。

【法院判决】

法院经审理，支持了小陈的优先购买权。

【法律分析】

租赁乃针对物之用益价值，而抵押权则针对物之交换价值，两者可以在同一房屋上共存。依据我国法律规定，租赁权与抵押权的关系如下：

1. 租赁在先，抵押在后。根据"买卖不破租赁"的法理，在租赁关系成立后，所有权人虽然不能够使用房屋，但仍然可以行使处分权，抵押是处分的一种，故抵押人可以将已经出租的房屋再行抵押。一旦抵押权人行使抵押权，即变卖抵押房屋时，则在同等条件下，承租人享有优先购买权。如果承租人不愿意购买，则根据《担保法解释》第 65 条的规定，租赁合同在有效期内对抵押物的受让人继续有效。即租赁关系成立后，即使租赁物转让，其租赁关系对受让人仍然有效，在租赁关系届满前受让人不能解除租赁关系，提高租金。

2. 抵押在先，租赁在后。根据物权优于债权的原则，当抵押权人变卖抵押物时，租赁关系相应解除，但在同等条件下承租人有优先购买权。至于解除租赁合同对于承租人造成的损失，抵押人是否应该赔偿，则分两种情形：一是抵押人将房屋抵押情况告知了承租人的，抵押权的实现造成承租人的损失，由承租人自己承担；二是抵押人没有将房屋抵押情况告知承租人的，抵押人对出租抵押物造成承租人的损失承担赔偿责任，即抵押人向承租人承担终止房屋租赁所造成的损失。

因此，小陈对赵医生的房屋有优先购买权，法院应予支持。

第三节　抵押权人的权利

案例导入

都是权利人，谁优先?

作为房地产抵押权客体的房产，其上可存在多个抵押权，很容易发生冲突。在房地产法律实务中，经常会遇到商品房买卖中房地产抵押权人之间，以及抵押权人与购房者之间的权益冲突问题。购房者所购房屋或"楼花"有可能存在三种抵押权：按揭银行的抵押权、建筑商的法定抵押权和开发商的其他债权人的一般抵押权。在"僧多粥少"时，如何才能正确协调好这些权益冲突，合理配置各项权利，充分保护各方当事人的合法权益?

一、抵押权的处分

(一) 抵押权的抛弃

抵押权的抛弃又称抵押权的放弃，是指抵押权人放弃可以优先受偿的担保利益。抵押权作为抵押权人的一种利益，权利人当然可将其抛弃。一般来说，抵押权抛弃后，抛弃了抵押权的债权人就成为普通债权人。抵押权的抛弃除了包含抵押权本身利益的放弃外，还包括抵押权次序的抛弃。抵押权次序是指于一物之上存在数个抵押权时，各抵押权优先受清偿的次序。抛弃了抵押权次序也就意味着抵押权人抛弃了优先受偿的次序，即抛弃人和受抛弃利益人为同一顺位，对于其他抵押人并无影响。

《物权法》第194条规定，债务人以自己的财产设定抵押，抵押权人放弃该抵押权、抵押权顺位或者变更抵押权的，其他担保人在抵押权人丧失优先受偿权益的范围内免除担保责任，但其他担保人承诺仍然提供担保的除外。若抵押权顺位的变更未经其他抵押权人的同意，则该变更不会约束不同意变更的其他抵押人，仅仅在变更的抵押权人之间发生效力。

(二) 抵押权的转让

抵押权的转让又称抵押权的让与，是指抵押权人将其抵押权转让给他人的现象。抵押权的转让因抵押权的从属性质，一般只允许其与所担保的债权同时转让，而不得就抵押权单独转让。但是，抵押权次序的转让，不以抵押债权的转让为前提。抵押权人可以将其抵押权与其所担保的债权一并为他人的债权设立担保，成立附抵押权的债权质权。

二、抵押权的保全

(一) 排除妨害的权利

抵押人的行为足以使抵押房产价值减少的，抵押权人有权要求抵押人停止其行为。若抵押人的行为已经造成抵押房产价值减少的，抵押权人有权要求恢复抵押房产的价值，或者提供与减少的价值相应的担保（抵押人不恢复抵押房产的价值也不提供担保的，抵押权人有权要求债务人提前清偿债务。所谓恢复抵押房产的价值，是指将遭受侵害的抵押房产在价值上恢复到侵害行为没有发生的状态。如抵押人拆毁了商品房的房顶，抵押权人有权要求其把该屋顶重新盖好。所谓提供与减少的价值相应的担保（简称增加担保、增担保，或代担保），是指抵押人的行为造成了抵押商品房价值减少时，抵押人提供其他物或人的担保，以保障抵押人债权的实现。

（二）物上代位权

当抵押的房产由于其他人的过失毁损或灭失，抵押权人有权就第三人的侵权赔偿金优先受偿。如果抵押人怠于行使自己的权利，不向第三人或保险公司索赔，则抵押权人有权直接向第三人或保险公司索赔。

（三）追偿权

商品房抵押权作为一种物权具有追及性，因此，在商品房贷款到期不能履行时，抵押权人有权追及到标的物的所在，就其交换价值使债权得以清偿。一方面，抵押人转让抵押房产之前，应当提前清偿债务，或就转让房产所得价款向与抵押权人约定的第三人提存；另一方面，抵押人转让抵押的房产所得的价款不足以清偿抵押权人的债权的，抵押权人仍对原抵押的房产行使抵押权。

三、优先受偿权

优先受偿权是指在抵押实现时，抵押权人有就抵押的房产拍卖所得价金优先受偿的权利。

（一）优先于普通债权

根据《物权法》的规定，抵押权具有优先性，在同一标的物上既存在抵押权又存在债权的情况下，抵押权人应优先于债权人而受清偿。因此，当抵押人无力清偿多个债务时，基于抵押房产，抵押权人可优先于其他普通债权人就商品房的拍卖所得清偿其债务。

（二）优先于其他抵押权

在商品房开发和交易过程中，最易出现重复抵押的现象。所谓重复抵押是指债务人以同一抵押物的全部价值分别向数个债权人设定抵押权的行为，数个抵押权的范围都及于同一抵押物的整体，致使该抵押物上有多个抵押权并存。抵押权之所以可以重复设定，是因为抵押权是价值支配权。只要有明确的顺位，价值100万元的一幢房屋原则上可以为两笔100万元的贷款合同设定抵押，如果债务人偿还了第一笔贷款，那么第二笔贷款的债权人仍然可以实现抵押权。

一旦同一商品房上存在数个抵押权，就需要决定各抵押权实现的顺位。依据我国《物权法》和《担保法》的规定，同一财产向两个以上债权人抵押的，顺序在后的抵押权所担保的债权先到期的，抵押权人只能就抵押物价值超出顺序在先的抵押担保债权的部分受偿。顺序在先的抵押权所担保的债权先到期的，抵押权实现后的剩余价款应予提存，留待清偿顺序在后的抵押担保债权。因此，就抵押房产的价值利益而言，成立并登记在先的抵押权人优于成立并登记在后的抵押权人兑现房产利益，从拍卖所得中实现其债权。

（三）优先于强制执行权

根据《最高人民法院关于人民法院民事执行中查封、扣押、冻结财产的规定》第28条"对已被人民法院查封、扣押、冻结的财产，其他人民法院可以进行轮候查封、扣押、冻结"的规定，在抵押人负债较多的情况下，确实容易出现抵押物被多家法院查封的情况。一旦抵押物被不享有优先受偿权的当事人诉请法院先查封后，就引发了抵押物优先受偿权和法院执行权的冲突问题。

我国《物权法》第170条规定，担保物权人在债务人不履行到期债务或者发生当事人约定的实现担保物权的情形，依法享有就担保财产优先受偿的权利，但法律另有规定的除外。《最高人民法院关于适用〈中华人民共和国担保法〉若干问题的解释》第55条规定，已经设定抵押的财产被采取查封、扣押等财产保全或者执行措施的，不影响抵押权的效力。抵押权人对抵押物享有优先受偿权并不会因抵押物被查封而导致优先受偿权丧失，但应当注意，最高额抵押中抵押物被查封以后，后续发放的债权没有优先受偿权。

在生活实践中，商品房抵押人（借款人）对外负债较多的情况下，抵押物被其他债权人申请法院多轮查封。虽然抵押物被先行查封对抵押权人（银行）的优先受偿权不会造成实质不利影响，但会使抵押权人丧失对抵押物的优先处置权，增加抵押物的处置时间及成本，最终影响到抵押权的顺利实现。如果借款人（抵押人）涉嫌刑事犯罪，根据"先刑事后民事"的司法实践，则抵押权人（银行）实现抵押权的难度更大、耗时更长。怎样更好的实现和保护抵押权人的优先受偿权，恐怕更多的还是要依靠抵押权人在发放贷款时的审慎态度。

（四）房产优先受偿权与建设工程价款优先权

我国《合同法》第286条规定，建筑商于发包方不按期支付工程款时，可就工程折价、拍卖款项享有优先受偿权。因此，当开发商未按时向建筑商支付工程款时，建筑商便可以申请对其建设的商品房行使法定抵押权。但此时开发商可能已依法将商品房预售给购房者，且购房者已将此房抵押给银行，因而建筑商的法定抵押权就会与银行的抵押权（优先受偿权）发生冲突。对于此种情形应如何处理呢？对此，应当注意区分两重抵押法律关系。

第一个法律关系是开发商与贷款银行之间的在建工程抵押。所谓在建工程抵押，是指抵押人为取得在建工程继续建造资金的贷款，以不转移占有的方式抵押给贷款银行作为偿还贷款履行担保的行为。开发商通过将在建工程抵押出去，从而获取建设房屋所需的主要资金。实践中，房地产开发商主要是向银行等金融机构以其合法取得的土地使用权连同在建工程进行抵押贷款。在开发商无力偿还银行抵押贷款和承包人的工程价款时，在同一建设工程上就存在着在建工程抵押权和承包人的工程价款优先受偿权。无论哪方行使权利，都可能会影响到另一方权利的实现。对此，2002 年最高人民法院出台了《关于建设工程价款优先受偿权问题的批复》的司法解释，该解释明确规定了建设工程价款优先受偿权优于在建工程抵押权及其他债权，这也为司法实践中碰到类似纠纷提供了法律依据。

第二个法律关系是购房人与贷款银行之间的商品房或预售商品房抵押。在预售商品房抵押中，抵押标的物实际尚未建成，因而，在开发商无力偿还建筑商工程款时，在同一房产上就存在预售商品房抵押权与承包人的工程价款优先受偿权的冲突。那么，此时建设工程价款优先受偿权是否还应该优先呢？对此，我国《物权法》并无明文规定。理论上而言，建设工程价款的优先受偿权因其效力为法律直接规定，因而也被称为法定抵押权，被认为优先于意定抵押权。实践中，贷款银行对可能发生的，建筑工程款优先受偿权抵消担保优先受偿权的情形，一般都会采取积极措施防范。比如，在设定正在建设的建筑物或已经竣工未登记的建筑物担保信贷业务时，审查该工程款是否已经结算完毕，即审查贷款目的是否与在建工程有关等。

值得注意的是，在平衡承包方与贷款银行利益的过程中，一定要注意保护购房者的合法利益。根据最高人民法院《关于建设工程价款优先受偿权问题的批复》的规定："消费者交付购买商品房的全部或者大部分款项后，承包人就该商品房享有的工程价款优先受偿权不得对抗买受人"。

📝 案例导入

开发商故意隐瞒所售房屋抵押事实引来的 1+1 赔偿

2007 年 2 月 1 日，龙某与某房地产公司签订了一份《商品房买卖合同》，约定龙某向该房地产公司购买位于南宁市友爱南路的一套商品房。龙某在签订合同的当天一次性交纳了购房款 20 万元。之后，房地产公司却迟迟未将龙某的商品房买卖合同提交房产部门登记备案。2008 年 1 月，龙某到南宁市房产管理局查询房屋的信息，查询结果竟为该房在出售前已经办理了在建工程抵押。龙某遂诉至法院请求判令与房地产公司签订的《商品房买卖合同》无效，房地产公司返还已付购房款并赔偿一倍购房款。

【法院判决】 开发商返还购房 20 万元及支付利息，并赔偿一倍的购房 20 万元

【法律分析】

根据我国《担保法》第 49 条的规定，抵押人在转让抵押物时必须通知抵押权人并告知受让人，转让物已经抵押的情况，如未通知抵押权人或者未告知受让人的，该转让行为无效。本案中，被告某房产公司在出售房屋之前，已将涉案房屋设定了在建工程抵押并已登记，但在与原告龙某签订《商品房买卖合同》时，房地产公司未将转让房屋的行为通知抵押权人，也未将房屋抵押的情况告知龙某，故龙某与房地产公司签订的《商品房买卖合同》应属无效。房地产公司的隐瞒抵押事实的行为符合《最高人民法院关于审理商品房买卖合同纠纷适用法律若干问题的规定》第 9 条的规定，最终法院判决房地产公司返还购房款 20 万元并支付利息，并赔偿龙某一倍的购房款 20 万元。

第四节　特殊商品房抵押

案例导入

按揭与倒按揭

两位风烛残年的老太太，一位中国老太太和一位美国老太太，在公园里的长椅上相遇，两人脸上都洋溢着幸福的表情。中国老太太兴奋地说，我终于在昨天攒够了买房子的钱。而美国老太太则开心地说，我昨天终于还清了我那住了 50 年房子的贷款。美国老太太当时说的是，中国以前没有施行的按揭买房。

随着中国按揭制度的逐渐发展并日益成熟，中国老太太觉得自己已经可以跟美国老太太交流同样的心得了。但是没想到人家美国老太太又出了新招，"最近我还去中国爬了趟长城，去法国吃了顿大餐，到韩国做了把整容，都是银行给'报销'的，我那 50 多年房龄的老房子也没啥用了就抵给银行了。"美国老太太这次说的可不是按揭了，而是与按揭制度截然相反的住房反向抵押贷款制度。

美国老太太将房屋抵押给金融机构，然后从金融机构领取养老费用，同时可以继续居住在房屋内；老人去世后房屋归金融机构所有。这类业务在我国称为"住房反向抵押贷款"，也就是我们俗称的"以房养老"。由于涉及房屋抵押和房屋产权的转移，在当前高房价和养老金巨大缺口的背景下，以房养老引起了社会的普遍关注。

一、最高额抵押

（一）最高额抵押权的特殊性

依据《物权法》第 203 条第 1 款，最高额抵押是指债务人或第三人与抵押权人协议在最高债权额限度内，以抵押财产对一定期间内将要连续发生的债权提供抵押担保，当债务人不履行债务或发生当事人约定的实现抵押权的情形时，抵押权人有权在最高债权额限度内就该担保财产优先受偿。《物权法》这个定义是从最高额抵押权担保功能的角度上作出的。从民事权利的角度来看，最高额抵押权是对于债权人一定范围内的不特定的债权，预定一个最高的限额，由债务人或第三人提供抵押物予以担保的特殊抵押权。

案例导入

从 2014 年 1 月 1 日至 2014 年 12 月 31 日，抵押人于某以自己的房产对这期间发生的债权提供 100 万元的担保。于某在 1 月份向银行贷款 20 万元，3 月份又贷了 30 万元，5 月份又贷了 40 万元，6 月份还了 60 万元，8 月份又贷了 40 万元。依此类推，于某在这一年之内借了还，还了借，只要借款余额不超过 100 万元，于某抵押的房产对这一年之内发生的不超过 100 万元的借款的偿还作担保。这就是最高额抵押。

1. 最高额抵押担保的是不特定债权

所谓不特定债权，是指所担保的债权系一定期间内和最高额限度内所发生的债权。举例来说，黄河制药厂与长江银行签订抵押合同，约定对于黄河制药厂 1 年内所需要的流动资金约 1 亿元人民币，长江银行分 6 期贷于黄河制药厂，黄河制药厂以其约 2 亿元人民币的房产作抵押担保。那么，在 1 年内、1 亿元人民币限度内，黄河制药厂与长江银行共发生了 6 个不同的债权，这些债权均为最高额抵押担保的债权。即使一个债权因清偿而消灭，日后又会产生新的债权，它仍为最高额抵押权担保的对象。

最高额抵押所担保的不特定债权，原则上指征的是将来发生的债权，而非既存债权，但也并不是绝对排斥担保最高额抵押权设立前已经存在的债权。对此，我国《物权法》第 203 条第 2 款规定，最高额抵押权设立之前已经存在的债权，只要经过当事人同意，可以转入最高额抵押所担保的债权范围。当事人将最高额抵押权设立前已经存在的债权，转入最高额抵押担保的债权范围的，应当办理登记手续。当事人申请登记的，应当提交下列材料：（1）已存在债权的合同或者其他登记原因证明材料；（2）抵押人与抵押权人同意将该债权纳入最高额抵押担保范围的书面材料。

2. 最高额抵押担保的是一定期间内和最高额限度内的债权

所谓一定期间内和最高额限度内的债权，是指债权人和债务人之间一定法律关系中的债权。最高额抵押所担保的不特定债权，必须限于在该期间内和最高额限度内发生的不特定债权。这里的一定期间，不仅指债权发生的期间，更是指抵押担保的期间。只有在该期间内发生的债权，且未超出最高额限度的债权，才是最高额抵押担保的债权。这适用一定的法律关系，我国《担保法》第 60 条中被限定为借款合同关系、债权人和债务人就某项商品在一定期间内连续发生交易而签订的合同关系。我国《物权法》并未对最高额抵押制度的适用范围作出类似的限制，票据关系、商业服务关系等领域亦可成立最高额抵押。

3. 在最高债权额限度内优先受偿

所谓最高额限度，简称为最高限额，是指抵押权人基于最高额抵押权所得优先受偿债权的最高数额。最高额抵押所担保的不特定债权，其优先受偿的金额范围必须在最高额限度之内。最高额抵押所担保的债权额是确定的，但实际发生的债权额是不确定的。因为最高额限度是当事人在签订抵押合同时预估的，最高额抵押能够担保的债权限额，不一定是最高额抵押实际担保的债权数额。抵押权人实现最高额抵押权时，如果实际发生的债权额等于最高限额的，最高限额的债权优先受偿。如果实际发生的债权额高于最高限额的，以最高限额为限优先受偿，超过部分不具有优先受偿的效力。如果实际发生的债权额低于最高限额的，以实际发生的债权额为限对抵押物优先受偿。

4. 最高额抵押的从属性特殊

从属性是保全抵押权的本质属性，最高额抵押权作为保全抵押权的一种，于其实现时可使业已确定的债权优先受偿，从而显现出从属性。但最高额抵押从属的被担保债权，是由债权人与债务人间一定的法律关系所产生的不特定债权，而非某特定债权。最高额抵押的从属性具有以下特殊：

第一，在成立的从属性方面，最高额抵押权成立在先，债权产生在后。一般抵押权设立时，其担保的债权已经发生，因此担保的金额等都已经确定，而最高额抵押权担保的是将来发生的债权。最高额抵押权设立时，担保的债权尚未发生，因此其所担保的债权的实际金额、债权发生的次数等都尚未确定，确定的只是所担保债权的最高限额。

第二，在处分上的从属性方面，最高额抵押权并不随某一债权的转让而转让。抵押权处分上的从属性是指让与上的从属性，即抵押权不能单独为处分而让与他人，只能与所担保的债权一同转换，或者在主债权转移时消灭。最高额抵押权并从属于某一特定的债权，因此该债权即便被转让或者因第三人代位清偿，也不导致最高额抵押权随之转让或为第三人代位取得。根据我国《物权法》第204条的规定，最高额抵押权在被担保债权确定前不得单独转让，除非当事人另有约定。

第三，在消灭上的从属性方面，最高额抵押权并不随某一债权消灭而消灭。抵押权消灭上的从属性是指抵押权所担保的债权如因清偿、提存、抵销、免除等而全部消灭时，抵押权亦随之消灭。由于最高额抵押额抵押权并不因抵押权存续期间内的某一具体债权的消灭而消灭，因此就具体的各个债权而言，最高额抵押权没有消灭上的从属性。

（二）最高额抵押的订立

最高额抵押的订立需要抵押权人与抵押人签订抵押合同，其主要条款包括：（1）被担保债权的范围。由于最高额抵押订立时通常尚无债权存在，而且被担保债权具有不特定性，当事人应约定被担保债权的范围。由于被担保债权的范围是限定最高额抵押权人支配抵押物交换价值的范围的重要依据，对于最高额抵押权人来说特别重要。（2）最高额限度。所谓最高额限度，简称为最高额，即抵押权人基于最高额抵押权所得优先受偿债权的最高数额，包括债权本金、利息、违约金、赔偿金等。（3）债权确定期间。所谓债权确定期间，是指使得最高额抵押所担保的不特定债权得以确定的日期。有的债权确定期间由抵押合同约定。当事人没有约定债权确定期间或约定不明确，抵押权人或抵押人自最高额抵押权设立之日起满2年后请求确定债权的，抵押权人的债权确定。无论通过什么方式确定，一旦债权确定期间届至，都发生最高额抵押所担保的债权归于确定的效果。（4）最高额抵押的登记。尽管最高额抵押所担保的是在一定期间内生生不息的债权，但无须每一个新生的债权都要到登记部门办理抵押登记，只需办理一次抵押登记即可。

《房屋登记办法》第50条规定，以房屋设定最高额抵押的，当事人应当申请最高额抵押权设立登记。因此，以房屋或者正在建造的房屋设定最高额抵押，应当办理抵押登记，最高额抵押权自登记时设立。如果当事人仅仅订立了最高额抵押合同而没有办理登记，则房屋上并未成立最高额抵押权。以房屋设定最高额抵押的，当事人申请最高额抵押权设立登记时，应当提交下列材料：（1）登记申请书；（2）申请人身份证明；（3）房屋所有权证书或房地产权证书；（4）最高额抵押合同；（5）一定期间内将要连续发生的债权合同或其他登记原因证明材料；（6）其他必要材料。

（三）最高额抵押权的确定

最高额抵押所担保的债权确定后，产生如下两方面的法律效果：一方面是最高额抵押所担保的不特定债权的特性消失。最高额抵押所担保的债权一经确定，无论其原因如何，被担保债权的流动性随之消失，不特定债权变为特定债权，也就是抵押权的从属性回复。就此而言，最高额抵押所担保的债权确定后，最高额抵押权与普通抵押权相同。另一方面是最高额继续存在。最高额抵押所担保的债权确定后，由原债权所产生的利息、违约金、损害赔偿金等仍继续为抵押权所担保，但与原债权合计不得超过最高额限度，也就是说，被担保债权优先受偿的金额应受最高额限度的限制。总之，被担保债权的确定，使最高额抵押所担保的债权由不特定债权变为特定债权，致使最高额抵押权性质上发生变化，从属性得以回归。待被担保债权额结算和完成变更登记后，成为真正的普通抵押权。因此，着眼于该项效果，最高额抵押所担保的债权确定，又可称之为最高额抵押权的确定。

二、以房养老抵押

根据最新的统计数据，我国 60 岁以上的老年人已占全国总人口的 14.9%，农村老龄化严重高于城市，预计到 2028 年农村老年人口比重将突破 30%。未来的社会养老保障压力很大，谁来养老，在哪养老，怎么养老，这在中国是一个迫在眉睫的问题。传统的家庭养老和社会养老保障体系所承受的压力越来越大，市场经济意义上的以房养老应运而生。以房养老的形式多种多样，按照老人所持有住房的产权是否转移、如何转移，可以分为住房反向抵押贷款、租房换养、售房换养、以大换小、售后返租和遗嘱托养等。这里主要介绍住房反向抵押贷款。

（一）住房反向抵押贷款的含义

住房反向抵押贷款是指老年人以其拥有的房屋作为抵押，向金融机构贷款，同时保留房屋的居住权；在贷款人死亡时或出现其他约定情形时，由金融机构出售房屋来还本付息的制度。由于这种制度的现金流方向与传统的按揭贷款相反，故被称为"倒按揭"或"反向抵押贷款"。

（二）反向抵押贷款与正向抵押贷款

从抵押贷款与住房的关系处置而言，有所谓的正向抵押贷款与反向抵押贷款之分。中青年购买商品房（包括预售商品房）时，遇到资金不足时，自然会想到向银行按揭贷款取得所需要的资金，这可称之为正向抵押贷款，也就是前文所阐述的商品房按揭贷款。当老年居民期望获取晚年养老生活所需要的资金，实现以房养老时，则需要考虑反向抵押贷款，将自己死亡后仍然遗留的房屋价值予以提前释放。反向抵押贷款与正向抵押贷款有相同之处，主要表现在：

第一，都具有抵押贷款的属性。二者都是资金的需求者以其拥有的住房产权（或期待权）为抵押，来获取所需要的款项。正向抵押贷款是以刚购置的新住房（或房屋期待权）为抵押物，获取所需要的款项，用于弥补购房款项的不足。反向抵押贷款则是以已经居住多年住房的产权作为抵押物，获取所需要的款项，用于弥补养老款的不足。

第二，抵押物都是房屋，而且贷款人都拥有居住权。二者都是在将住房产权抵押后，住户仍继续拥有在该住宅长期居住的权利。住房产权的抵押与否，与该住房的正常使用居住并无直接关系。只是正向抵押贷款在贷款本息全部还清之前，住户拥有住房的权利是一种不完全产权，到贷款本息全部还清后，才能取得对该住房的全部产权。反向抵押贷款在贷款行为实施之前，住户对该住房拥有完全产权。随着贷款额度逐步增长，住户对该住房的产权也将随着负债增长而逐步减少。

第三，都体现了一种贷款人与金融机构之间的贷款合同法律关系，都是以住房为抵押物向银行或其他特设机构申请并取得贷款。二者都需要考虑将借款归还、计息付息作为贷款的基本内容。二者都是为了满足住户对住房购买或变现资金的融通需要展开的。

（三）反向抵押贷款的特殊性

1. 贷款人的特定性

反向抵押贷款主要为拥有房产的老年人开办，各国对这类贷款人都规定了年龄、自有房屋产权等资格条件。例如，澳大利亚住房反向抵押贷款人必须符合是澳大利亚居民且年届65岁或以上，拥有自己的房产，贷款的目的是个人使用以及没有其他借款等条件。在美国、加拿大等国家要求是62岁以上的老年人才可以申请。

2. 抵押的特殊性

住房反向抵押贷款中的"抵押"是为了担保债务的履行，在债务人的特定物（住宅）上所设定的，具有担保性质的一种权利。但是此"抵押"具有一些传统抵押所不具备的特点，是一种特殊抵押，具体表现在：

第一，抵押期限的不确定性。住房反向抵押贷款的抵押期限是不确定的，由贷款人的寿命来决定，而不能够事先约定。尽管贷款人对房屋的价值总量会有认真的评估，并以此为基础结合其他因素综合考虑每月放款的水平，但总的来说，债务总量并不确定，贷款总量和贷款人寿命息息相关，而人的寿命是不确定的。

第二，担保的债权额具有特殊性。此种特殊性体现在两个方面。一方面是，住房反向抵押贷款中抵押担保的债权额度一般是预估的，事先不能确定总金额；另一方面是，在住房反向抵押贷款中，依各国通例，受"无追索权"条款的限制，即需要偿还的债权总额，以抵押房屋出售时的实际价值为限。对于债权金额超过抵押住房价值的部分，债权人无权要求债务人以抵押房产之外的其他财产偿还，因而带有一定的风险投资的性质。

3. 所有权的存续性

住房反向抵押贷款借贷期间内，贷款人仍然拥有房屋的所有权，可以对其进行法律允许范围内的占有、使用、收益和处分。比如，贷款人可以把房屋留给自己的继承人，但继承人继承房屋是以其偿还全部贷款本息为前提条件。贷款机构取得的是房屋的抵押权，其提供贷款的目的不是要占有房屋，而是确保贷款本金和利息的顺利收回。

4. 居住权的保有性

在签订住房反向抵押贷款合同之后，贷款人仍拥有房屋的居住权，直到贷款人死亡。在以夫妻共有房屋申请住房反向抵押贷款的情况下，直到最后一个贷款人死亡，或合同规定的其他满期情形出现，如贷款人出售房屋或者永久搬离房屋。该种居住权保有特征与其解决老年群体养老问题的属性是分不开的。反向抵押贷款利用其放款和还款方式的特殊性，在解决社会老年群体养老资金不足的同时，也保障了老年群体的居住权。

5. 还款方式的特殊性

在贷款人去世或永久搬离抵押房屋时，贷款人通过将抵押的房屋出售或变卖，以所得款项来偿还贷款的全部本息。出售房屋所得价款，在扣除交易费用和偿还全部贷款本息后如有剩余，剩余部分一般仍归贷款人或其继承人所有。而如果房屋出售所得价款不足以清偿贷款本息，贷款人一般也无"追索权"，贷款人所能收回资金的最大额度为房产价值，没有权利要求贷款人或其继承人偿还不足部分。

（四）保险支持以房养老

从反向抵押贷款与传统抵押贷款的对比中，可以发现以房养老具有较大风险，涉及利率风险、房产价值变动风险、长寿风险、道德风险等。保险分散风险和分担损失的基本功能，决定了反向抵押贷款可以成为以房养老操作链的重要一环。考察国外成熟的反向抵押贷款的运作模式，保险公司均充当借贷双方的保险保障方。比如，在美国，贷款机构都要求购买抵押贷款保证保险，以转嫁贷款本息超过抵押物价值的风险，而借款人也需要通过购买保险来补偿由于贷款机构破产而不能继续提供持续贷款情形下的损失。

1. 保险的基本功能使其能在以房养老中发挥重要作用

现代保险具备的经济补偿、资金融通和辅助社会管理功能，均能在以房养老中发挥重要作用。经济补偿功能是保险的立业之基，是保险的基本功能。根据保险合同，在保险期间内，发生了约定的保险事故时，被保险人有权要求保险公司补偿实际损失或约定的保险金额。以房养老运作存在的房屋风险、贷款风险、生命风险等可以通过家庭财产保险、保证保险、死亡保险等相关险种予以转移或管理。保险的资金融通功能是指将形成的保险资金中闲置部分重新投入到社会再生产过程中。在以房养老运作过程中，保险公司先行对老年客户进行养老贷款发放，在客户去世或接受长期护理状态时，用出售或处置房产所得等来偿还贷款本息，实质上也是运用了保险资金。同时，保险业在与以房养老相关的养老社区建设过程中，也提供了长期稳定的资金来源，有助于解决养老服务体系建设投入不足、融资难等问题，有利于减轻政府负担。保险的辅助社会管理功能是指保险业对整个社会尤其是作为社会保障体系的重要组成部分发挥的调节和控制作用。在解决由人口老龄化引发的社会养老矛盾过程中，发挥了积极作用。

2. 保险业自身经营特点，使其具备参与以房养老的相对优势

首先，在业务管理方面，保险公司具有专业化优势。专门开办养老保险交费与给付业务的部门，专业的营销体系和营销团队，关于客户的基本资料和诸如身体状况、信用度等基本信息。其次，在产品设计和定价方面，保险公司具有优势。一方面，保险公司在制定住房反向抵押贷款的合同条款时，可以参照其他养老险产品的相应条款，再根据住房反向抵押贷款特有的属性加以修改，实现住房反向抵押贷款与传统寿险业务的衔接整合。另一方面，保险公司拥有大量的精算人才并设有专门的精算部门，具有成熟的寿险精算模型，在对购买保险人的寿命进行预期和产品定价等方面有着其他行业无可比拟的优势。最后，在资产规模和资产流动性方面，保险公司具有匹配反向抵押贷款的实力。保险公司经办的寿险业务为其积累了大量的业务来源，为其展开反向抵押贷款业务积累了相当规模的巨额

资金。保险公司一般都有自己的或参股的资产管理公司或证券公司、基金公司，通过资产证券化运作，增强流动性，降低了风险。

3. 我国推行反向抵押养老保险的实践

2013 年 9 月，国务院《关于加快发展养老服务业的若干意见》正式出台。该文件提出，逐步放宽限制，鼓励和支持保险资金投资养老服务领域。开展老年人住房反向抵押养老保险试点。这是国家层面的顶级设计，为我国推行以房养老制度提供了坚定的政策鼓励。遗憾的是，截至 2013 年年末，国内保险公司未直接开展以房养老业务。曾经有保险公司尝试设计相关产品及条款，但终因产权纠葛、责任界定等难以用文字表述或一些不可知和不确定的因素，最后知难而退。已有不少保险公司投资养老社区，成为现阶段保险公司间接介入以房养老的主要形式。截至 2013 年 10 月，我国共有 8 家保险公司计划投资150 亿元在养老地产领域，实际投资额是 50 亿元。虽然保险公司投资养老地产或养老社区并非直接开展以房养老，但保险业借此实现产业链的延伸，可以为进一步参与以房养老创造有利的条件。

2014 年 6 月，保监会发布的《中国保监会关于开展老年人住房反向抵押养老保险试点的指导意见》指出，从 2014 年 7 月 1 日起，我国将在部分城市试点以房养老保险业务。北京、上海、广州、武汉等城市将成为首批以房养老试点，将开展老年人住房反向抵押养老保险。这种业务，社会一般简称为以房养老保险。投保人群被限定为 60 周岁以上拥有房屋完全独立产权的老年人。拥有房屋完全产权的老年人，可以将其房产抵押给保险公司，按照约定条件领取养老金直至身故，老年人身故后，保险公司获得抵押房产处置权，处置所得将优先用于偿付养老保险相关费用。开展老年人住房反向抵押养老保险，有利于健全我国社会养老保障体系，有利于拓宽养老保障资金渠道，有利于丰富老年人的养老选择，有利于保险业务进一步参与养老服务业发展。开展这项试点不是说政府不承担养老责任，而是市场化的一种补充。

本章小结

本章是商品房抵押，包括商品房抵押的基本理论、合同订立和特殊抵押方式等。商品房买卖往往需要大量的资金，购房人一般实行按揭贷款制度，这种按揭制度的基本特征是以所购房屋作为担保从银行取得贷款，用于支付房款。我国内地的住房按揭不同于香港地区的不动产按揭，它是以抵押为基础进行的制度设计。商品房是购房人的重要财产，以此抵押可以满足购房人的很多需求，最高额抵押和以房养老抵押是新形势下，推出的特殊抵押方式。学生应当结合国务院和保监会等最新文件和政策，从充分发挥商品房的交换价值出发，深入思考以房养老的合理性，以及在我国推行的可行性，以更好的方式保障老年人的幸福晚年。

技能训练

掌握反向抵押贷款运作的特殊性

目的：使学生熟悉反向抵押贷款的基本理论，了解保险在以房养老中的作用。

内容：张先生 2002 年 60 岁，住房面积 196 平方米，房屋八成新，位置优越。经评估房屋现价 145 万元。按我国人均寿命男性为 69.63 岁计算（地区差异尚未计入），投保人的寿命计算基数为 9 年。9 年后房屋折损 26 万元，但房屋与土地增值预计也是 26 万元，因此相互抵消不计。保险公司扣除预支贴现利息 25%（按年息 6% 计算），按 75% 计算给付额为 108 万元。再将预期给付额分摊到到投保人的预期寿命中去，每年张先生可以得到 12 万元，每月可得到 1 万元。

要求：结合上述案情，对比传统的养老保险与反向抵押贷款保险，分析反向抵押贷款保险对张先生的影响。

✒ 实践活动

以房养老的可行性调查与研究

目的：使学生了解以房养老对老年人的实践意义，知悉该抵押制度推行实施的具体政策。

内容：通过报纸、杂志或网络等方式，学生分组，采取直接访谈和问卷调查等方式，征集老年人对以房养老的态度和期望，总结现行以房养老实践失败的原因，探讨推行以房养老的新标准。

要求：提交书面的调研报告，开座谈会交流心得体会。

房地产中介

知识目标：

了解房地产中介的概念、特性及对房地产中介的管理

掌握房地产经纪机构设立及房地产经纪的相关业务

掌握房地产评估机构的设立及房产估价程序

能力目标：

了解房地产中介的性质及相关法律法规对房地产中介的规定

掌握居间合同、商品房包销及交易佣金的相关知识

理解房地产评估机构的资质管理及估价业务的开展

第一节 房地产中介概述

案例导入

黑心中介吃差价受制裁

2007 年 8 月 15 日，百某天房地产经纪有限公司因隐瞒实价、赚取差价，被北京市建委通报批评，在整改合格之前将被限制进行网上签约。

2007 年 2 月份，百某天房地产经纪公司在从事一套存量房买卖业务过程中，对交易双方隐瞒真实的房屋成交价格，向买方收取购房款 634.6 万余元，而向卖方支付 540 万元，且虚拟合同按照 160 万元的房屋价格向税务等部门仅缴纳相关税费 13.6 万元。里外里百某天公司吃了 94 万多元的差价。北京市建委经调查认定，百某天公司和相关责任房地产经纪人员陈某、刘某山、焦某疆存在对交易双方隐瞒真实的房屋成交价格等交易信息，违规赚取差价的行为。

据悉，北京市建委已将该公司违规行为记入房地产经纪机构信用档案警示信息系统，整改复查合格前限制网上签约资格。陈某、刘某山、焦某疆的违规行为已通报工商主管部门，并依法进行查处。

结合房地产中介的性质和《房地产经纪管理办法》对经纪机构及从业人员从业限制的规定，谈谈你对中介此种行为的看法以及如何加强对中介行业的管理。

一、房地产中介的基本概念

(一) 中介的产生和发展

中介，意为"中间介绍或介引"。通常意义上的"中介"，是指中介活动或中介行为，它主要包括信息服务、技术咨询、价格评估、公证协调、经纪代理等活动。中介是社会分工、商品交换以及专业化协作的结果，是社会经济发展的必然结果。据史书记载，我国最早的中介行业出现于西汉时期的马匹交易市场，当时的经纪人称为"驵侩"，他们专门从事马匹的居间交易，他们根据马匹的牙齿状况来确定价格水平，因此也被称为"牙侩"，后来也被称为"牙人"、"牙侩"、"牙商"，他们的同业组织被称为"牙行"，形成了最初的中介组织。清代以后，政府将"牙商"分为"官牙"和"私牙"。"官牙"由官府指定机构和人员。"私牙"也须得到官府的允准，相当于现在行政许可后方能开始营业，并且还要求必须按期缴纳"牙税"。而且清政府还规定，外国人来华贸易，必须通过牙行、牙商中介，不得直接与中国商人接触，于是这时期的牙商成了"买办"，代理外商进行进出口货物的贸易，代表外商与地方官员打交道。

(二) 房地产中介的概念

房地产中介和社会经济中其他部门的中介一样，是联结房地产与社会（即消费者），房地产与社会各经济部门之间，以及房地产经济内部的各种社会经济关系的环节与纽带。房地产中介是由专门的房地产中介从业人员根据法律法规、行业自律规则所从事的一系列中间介引活动。房地产中介可以从广义和狭义两个层面去理解，狭义的房地产中介特指房地产经纪活动，即房地产经纪人接受委托人的委托，为完成房地产交易所从事的居间、行纪、代理等有偿服务活动。广义的房地产中介是指房地产咨询、房地产价格评估、房地产经纪等活动的总称。《城市房地产管理法》第 56 条规定，房地产中介服务机构应包括房地产咨询机构、房地产价格评估机构、房地产经纪机构等。本书认为，房地产中介是一个比较宽泛的概念，应当从广义上理解房地产中介的含义。房地产咨询，是指为房地产活动当事人提供法律法规、政策、信息、技术等方面服务的经营活动；房地产价格评估，是指对房地产进行测算，评定其经济价值和价格的经营活动；房地产经纪，是指为委托人提供房地产信息和居间代理业务的经营活动。

(三) 房地产中介的特性

不同于一般的房地产开发与房地产交易，房地产中介主要是通过提供各种信息和咨询，依靠房地产中介机构的专业人员所拥有的各种专业知识，依靠他们特有的组织机构、特殊的活动方式和方法，为房地产市场的各种主体提供专业服务。

1. 经营对象的信息性

在房地产中介市场中，诸如房源、客源、房地产市场的发展动向等信息，是中介机构经营的对象，是房地产中介体系赖以运作的资本。在实践中，包括房地产咨询机构、房地产经纪机构、房地产评估机构都是将信息作为其出售的主要商品，依靠经营信息牟利。

2. 经营内容的服务性

房地产属于第三产业，作为其组成部分的房地产中介机构为交易主体提供的是服务，服务是连接中介机构和委托人之间经济关系的桥梁。中介机构出售的内容事实上就是自己的服务，其向交易主体提供相关房地产信息，咨询、估价及代理等服务行为。因此服务成为中介行业的产品，服务的质量标志着产品的质量，在整个服务过程中，中介机构主要是依靠自己的专业知识、技术、劳务等为房地产各种部门提供中介代理和相关服务。

3. 经营目的的有偿性

从本质上说，房地产中介是一种经营活动。房地产中介机构向委托方提供了专业服务，其目的是为了取得报酬、获得利润。房地产中介机构向委托人出售了自己的商品，即"服务"，委托人取得了自己需要的信息，这些信息对委托人来说具有一定的适用价值。因此，不论从权利义务相一致的原则出发，还是依照价值规律，委托人都应当支付必要的佣金，这是中介机构应得的合法收入。

4. 经营活动的独立性

房地产中介服务业是一个独立的并有一定社会地位的职业，具备独立的投资主体和自主经营的实体。无论是在房地产咨询、房地产估价、房地产经纪等活动中，都要求房地产中介服务机构具有独立性，在从事房地产中介服务的过程中，不受交易主体、委托方或其他方面的干扰，运用自身的知识、经验和技术，独立地开展中介服务，完成委托任务。

二、房地产中介的产生

(一) 房地产中介产生的必然性

一方面，随着房地产市场的快速发展，行业竞争的加剧，自产自销的模式就很难适应市场发展的需要。由于国内房地产行业不断趋向整合，房地产开发商也不断趋向于集约化、规模化的经营。但是房地产行业开发与销售的分离是市场发展的必然趋势，这就需要大量的房地产中介服务机构的存在，它们就像房地产市场的润滑剂，能够为房地产商品的生产、流通和消费提供有效的服务，是房地产市场不可或缺的桥梁和媒介，也成为房地产产业链的重要组成部分。

另一方面，房地产市场具有多样性和专业性，房地产市场是一种极其复杂的市场，不仅涉及面很广，专业性也很强，不仅包括房地产交易市场，还包括房地产金融市场、房地产开发建筑市场、房地产维修服务市场。但就房地产交易市场来说，不仅包括房地产的买卖，还包括房地产的租赁、抵押、拍卖、入股等。由此可见，房地产和一般的商品不同，房地产交易不仅形式繁多，而且专业性和个案的特殊性也很强，所以从事房地产交易并非易事，需要有灵敏的信息、合格的估价人员和合适的估价方法，需要熟悉国家的法规和政策、掌握一定的金融常识。而一般市场主体不具有房地产专业领域的相关知识，对房地产这种特殊的商品欠缺必要的信息和经验，往往需要借助于他人来获得交易的成功，这就为房地产中介的产生提供了必要的条件和环境。

（二）我国房地产中介的产生和发展

我国的房地产中介活动在新中国成立以前相当活跃，出现了一大批专门从事房地产经纪活动的专门人员，但当时的房地产中介活动仅仅是房屋经纪活动，也没有像其他行业那样成立专门的行会，这些经纪人往往利用自己的特殊地位谋取高额利润，经纪人在经济活动中往往欺骗当事人，导致房地产经纪人在公众心目中的形象极差。当时政府也开始加强对房地产中介的管理，但是管理力度不够。

新中国成立后，很长一段时间属于计划经济时期，商品经济几乎销声匿迹，房地产行业也陷入了低谷，包括房屋在内的所有商品都不是通过交易，而是通过分配进行转移，房地产中介以及房地产经纪活动也被政府认定为是一种投机倒把行为予以取缔，房地产中介在当时基本不复存在。

改革开放后，我国的房地产业开始复苏，20世纪90年代发展壮大，经过30多年的发展，我国的房地产业早已成为国家的支柱产业。伴随着房地产市场的日益繁荣，房地产中介机构应运而生，房地产中介的正式形成可以追溯到20世纪80年代中叶，当时各地先后制定了一些具体的政策，将从事房地产买卖、租赁等中介服务的经纪人从"地下"引导到"地上"来。1986年，武汉市房地产局率先开办了全国第一家房地产交易所——武汉房地产交易市场，开展房地产代售、介绍，供求登记，房屋抵押贷款，房屋典当，房屋吞吐，咨询服务以及代办房地产交易立契审核手续等业务。1988年，建设部发布《关于建立和健全房地产交易所的通知》，强调了建立房地产交易机构的重要意义，要求各地创造条件尽快建立房地产交易所，随后，房地产交易所在全国纷纷建立，从此，房地产中介就形成了。

1994年颁布的《城市房地产管理法》以及1996颁布的《城市房地产中介服务管理规定》（2010年被废止）进一步确立了房地产中介机构的地位，进一步规范和约束了房地产中介机构的行为。随着房地产市场的快速发展，房地产中介服务在社会生产、生活领域发挥越来越重要的作用。

三、房地产中介的管理

对房地产中介的管理，是房地产行政主管部门和其他有关组织代表国家、政府和行业自身，为满足房地产市场发展的需要，运用行政、经济、法律、教育等手段，对进入房地产中介市场的组织和个人进行监督、指导、协调、控制。对房地产中介的管理包括政府管理和行业自律管理。过去，我国对房地产中介行业的管理主要是以政府主管部门为主，管理手段以行政手段为主。随着社会主义市场经济的日渐成熟，房地产中介管理应逐步定向政府主管部门和行业协会共同管理，以法律手段为主，伴以行政手段、经济手段的综合管理模式。

（一）房地产中介的政府管理

政府的管理主要是对房地产中介机构及其工作人员的行为进行规范和约束，主要包括对房地产中介从业人员的资格和行为的管理对房地产中介机构资质和行为的管理以及全行业的综合管理等。

从管理手段角度的不同，可将房地产中介的政府管理分为行政手段管理、经济手段管理、技术手段管理；从具体管理方法的不同，可将房地产中介的政府管理分为常规检查管理、年度检查管理、备案制管理、访问制管理、公告举报制管理等。

首先，从管理角度来说，行政手段管理，主要包括房地产管理部门、土地及工商行政等管理部门，对房地产中介机构及其从业人员的资质认可、注册登记等。经济手段管理主要是奖惩管理，根据中介机构及从业人员的执业状况、执业纪律等给予奖惩，做到赏罚分明。技术手段管理，主要是政府通过制定具体的行业技术规程，公布相关的数据及参数，组织专业技术培训和相关项目研究等方法，对房地产中介进行规范和引导。

其次，在具体管理方法层面，常规检查是指定期或不定期地对中介机构和交易场所进行检查，发现问题及时查处，可以采取普查、抽查、自查和随机检查等多种方式。年度检查是指地产行政主管部门对房地产中介服务机构的年检，主要是检查一年内房地产中介服务机构开展业务的基本情况、工作业绩、市场信誉、财务状况等。备案管理是指将房产中介的业务档案定期报送房产主管部门，主要包括中介业务的记录、业务报表、资产变动等相关信息。访问制管理是指通过定期或不定期专访企业，了解房地产中介组织的经营状况，征询他们对管理部门的意见和要求，以达到加强中介组织与管理部门的沟通、提高中介执业人员遵纪守法的自觉性的目的。公告举报制管理主要是通过举报电话、监督网络以及群众接待等方式，对房地产中介及从业人员的违法违规行为进行检举，并公告违规中介及人员的相关信息。

（二）房地产中介的行业自律管理

行业自律管理是为了规范行业行为，协调同行的利益关系，维护行业间的公平竞争和正当利益，促进行业的良性发展。行业自律和政府管理一道成为房地产中介市场管理的主要手段。政府虽然是社会经济的管理者，但由于专业和技术知识的限制，政府对行业的管理不可能面面俱到、细致入微，行业自律管理便显得尤为重要。减少政府过多干预，注重行业自律管理成为目前经济社会发展的大趋势，房地产中介市场也不例外。

由于我国房地产业发展水平还比较低，产业素质还比较差，房地产中介自律性组织尚处于不断建立和完善阶段。就目前来说，我国房地产自律性组织主要包括房地产业协会、房地产估价师学会、土地估价师学会、房地产经纪人协会。这些协会通过制定章程，规定协会的业务范围和主要任务，来实施对房地产中介机构及从业人员的自律管理。

1. 房地产业协会

房地产业协会，是房地产企业和房地产事业单位自愿组成的、自我服务的社会团体。中国房地产业协会 1985 年 9 月 21 日在山东烟台市正式成立，是全国性的房地产业协会组织，是协会组织体系中的最高层次，挂靠于国家建设部。房地产业协会是不以盈利为目的的自律性组织，它不是房地产业的行政管理机构，本身没有政府行政权力，日常工作主要是协助房地产主管部门从事各种房地产管理、服务工作，主要是为政府和房地产企业提供服务。如为政府调查和分析房地产业发展的有关情况，为政府管理决策提供依据，帮助政府制定行业管理的有关制度规范，组织专业技术资格考试；帮助加强房地产企业单位信息交流和业务往来，对房地产企事业单位进行具体的业务指导，协调房地产企业单位之间业务矛盾等。房地产业协会是政府房地产主管部门和房地产企业之间的桥梁和纽带，也是政府房地产主管部门得力的助手和参谋。但是它要代表房地产行业的共同利益，并为房地产行业服务。

2. 房地产估价师学会

中国房地产估价师学会成立于 1994 年 9 月 18 日，是由获国家建设部和国家人事部颁发的"房地产估价师学会资格证书"的个人会员和团体会员组成，与国家接轨的学术团体。房地产估价师学会接受各级政府及其主管部门的管理，其主要的任务是协助政府从事行业自律管理，通过制定行规行约并监督执行，规范房地产评估市场，保障行业公平竞争，提高房地产估价服务的质量和水平，促进房地产市场健康发展。

3. 土地估价师学会

中国土地估价师协会于 1994 年 5 月经原国家土地管理局批准、民政部审核登记，在北京正式成立，是由具有土地估价资格从事土地估价工作的组织和个人自愿结成，属于全国性的非营利性社会团体法人，业务主管部门为中华人民共和国国土资源部。此外按照行政级别的划分，省市级也成立有土地估价师协会。土地估价师学会的主要任务是：协助政府主管部门制订土地估价政策和行业标准，接受委托组织专业培训和考试，对重大项目的评估结果进行评审；承担土地评估机构和人员资质认定，以中介机构执业注册、土地估价师执业登记的方式进行市场准入，实施行业自律管理；受理土地估价业务活动中发生纠纷的调解和裁定等。

4. 房地产经纪人协会

随着房地产中介业务，特别是房地产经纪业务的蓬勃开展，房地产经纪从业人员不断增多，各地市也逐步成立了房地产经纪人学会或者房地产经纪人协会，作为房地产经纪行业的自律性组织，依法对房地产经纪业务及从业人员的经纪活动实行自律管理。根据各地市的具体情况，结合协会的业务范围，关于房地产经纪人协会的名称也不尽相同，如河南省在 2010 年成立了河南省房地产估价师与经纪人协会，业务范围涉及房地产估价、经纪等业务。全国性的中国房地产估价师与房地产经纪人学会成立于 2004 年 7 月，其前身是 1994 年 8 月成立的中国房地产估价师学会。像广东省、温州市、东莞市等省市也设立有房地产估计师与经纪人协会。此外，也有一些城市如成都市、珠海市、深圳市等城市，成立有房地产经纪人协会，主要是对行业领域内的房地产经纪业务实行自律管理。

第二节　房地产经纪

案例导入

房屋曾发生命案，居间合同是否有效？

2012 年 10 月 6 日，经原告北京某房屋租赁置换有限公司居间，被告顾某某与案外人王某某就本市某房屋签订了《房地产买卖居间合同》、《北京市房地产买卖合同》。同日，被告顾某某签署佣金确认书，约定被告应向原告支付佣金人民币 7750 元。同年 11 月 8 日，被告称，因为原告未明确告知被告该房屋所在楼栋的 3 楼曾经发生过命案，不愿履行房屋买卖合同。因此，被告与案外人王某某签署《解除房屋买卖合同的协议》，约定解除双方签订的房屋买卖合同，买卖双方未办理交易过户手续。并且不承认居间合同有效，拒绝支付居间费用。原告认为其已履行居间义务，被告应按佣金确认书的约定向原告支付佣金。房地产中介在和委托人签订居间合同时应当告知委托人哪些事项？该居间合同是否有效？

2004 年国家工商行政管理总局颁布的《经纪人管理办法》规定，经纪人是指在经济活动中，以收取佣金为目的，为促成他人交易而从事居间、行纪或者代理等经纪业务的自然人、法人和其他经济组织。2011 年由住房和城乡建设部、国家发展和改革委员会、人力资源和社会保障部联合发布的《房地产经纪管理办法》第 3 条的规定，本办法所称房地产经纪，是指房地产经纪机构和房地产经纪人员为促成房地产交易，向委托人提供房地产居间、代理等服务并收取佣金的行为。在实际操作中，房地产经纪机构所从事的行为一般仅有居间和代理两种行为，通常不包括行纪，房地产经纪人一般不从事行纪行为。

一、房地产经纪机构的设立

房地产经纪机构是指按照国家法律和有关规定成立的，在房地产业经济运行的各环节中为房地产开发企业以及社会提供居间、代理及其他相应服务，具备相应房地产经纪资质的中介服务组织。房地产经纪机构在整个房地产中介机构中所占比例最大、最为活跃的房地产中介组织，其主要业务是为各类房地产的转让、出租、抵押，包括存量房的交易和商品房销售、房屋拍卖、房屋抵押、房屋典当等，以及房屋使用权的转让，包括公房租赁、私房租赁、房地入股、房屋置换等提供专业性的服务。

（一）房地产经纪机构的设立条件

根据我国《城市房地产管理法》、《房地产经纪管理办法》等相关法律法规的规定，设立房地产经纪机构应具备以下条件：

1. 有自己的名称和组织机构

经纪机构作为独立的法人，首先，必须要有自己确定的名称，且该名称必须在设立登记时由工商行政主管部门核准使用的唯一的名称，有了名称才能被社会熟知和承认。目前，房地产经纪机构的名称主要有××地产中介服务公司、××置业服务中心、××房地产投资顾问有限公司、××咨询代理有限公司等。其次，经纪机构必须有维持正常经纪业务活动的组织机构，包括科学完善的管理体制，宗旨明确的组织章程，以及有健全的财务制度等。

2. 有固定的服务场所

房地产经纪服务机构必须有一个服务场所，该固定场所是服务机构开展业务的地方，经纪机构在申请设立时，必须提供拥有该固定场所的使用权或所有权的合法证明，同时该固定场所应该是永久而非临时场所，像"皮包公司"及流动性地开展房地产经纪活动是绝不被允许的。

3. 有必要的财产和经费

一定的财产和经费是房地产经纪服务机构从事经纪活动所必需的物质基础，是其依法开展经纪活动的必要条件，也是其对外承当民事责任的重要保证。

4. 有符合规定数量的专业技术人员

房地产经纪服务具有很强的专业性，如果没有足够数量的专业技术人员做后盾，经纪服务的质量也就难以保证。房地产经纪员（包括房地产经纪人和房地产经纪人协理）应具有一定的与房地产专业相关的学历，掌握从事房地产经纪活动所需要的知识和技能，熟知国家有关的法律、法规和政策，并通过房地产经纪人或协理执业资格考试，取得执业资格。

5. 法律、行政法规规定的其他条件

如对于采取有限责任公司或股份有限公司形式的经纪机构，还应该符合《公司法》的有关规定。

（二）房地产经纪机构设立的类型

根据 2004 年国家工商行政管理局颁布的《经纪人管理办法》的规定，经纪机构的设立可以采取个体经纪人、个人独资经纪企业、合伙经纪企业以及经纪公司等组织形式。

1. 个体经纪人

符合《城乡个体工商户管理暂行条例》规定条件且取得经纪人资格证书的个人，可以申请登记设立，领取个体工商户《营业执照》，成为个体经纪人。个体经纪人由个人或家庭投资，以自己的名义从事经纪活动，并以个人或家庭全部财产承担无限责任。

2. 个人独资经纪企业

符合《个人独资企业法》和《经纪人管理办法》规定条件的人员，可以向工商行政管理机关申请，设立个人独资经纪企业。个人独资经纪企业不具有法人资格，由一个自然人投资，财产为投资个人所有，投资人以个人财产对企业债务承担无限责任，业主直接经营并享有全部企业经营所得。

3. 合伙经纪企业

符合《合伙企业法》和相关法律法规对从业人员资格条件规定的人员，可以申请设立合伙经纪企业。合伙经纪企业也不具有法人资格，是由两个或两个以上的投资主体共同投资设立的，各合伙人共同经营，并按照出资比例或者协议约定分享盈利，对内以各自的财产承担责任，对外各合伙人共同对经纪机构的债务承担无限连带责任的一种组织形式。合伙人可以用货币、实物、土地使用权、知识产权或者其他财产权利出资。

4. 经纪公司

经纪公司即企业法人，是由两个以上股东出资形成的、能独立对自己经营的财产享有民事权利、承担民事责任的经济组织。各出资人以其出资额为限对企业经纪公司的债务承当有限责任。符合《公司法》及相关法律法规对从业人员资格条件规定的人员，可以向工商行政管理机关申请，设立经纪公司。

（三）房地产经纪机构设立的程序

根据《城市房地产管理法》第58条规定，设立房地产中介服务机构，应当向工商行政管理部门申请设立登记，领取营业执照后，方可开业。可见，我国对房地产经纪机构的设立，采用的是"准则主义"，工商行政管理部门不对被审查主体进行资质审查，只要申请主体达到准则所规定的资格，登记机关即应予以登记，也不需要房地产行政主管部门的事前核准。同时，根据《房地产经纪管理办法》规定，房地产经纪机构及其分支机构应当自领取营业执照之日起30日内，到所在直辖市、市、县人民政府建设（房地产）主管部门备案。

二、居间合同

（一）房地产居间的概念和特征

1. 房地产居间的概念

房地产居间是房地产经纪业务中最典型的一种经纪活动，也是房地产经纪机构最主要的业务活动，对房地产业的发展起着非常重要的作用。房地产居间是指房地产经纪机构为交易双方提供房源、客源、房地产价格等信息及各种交易条件，从中撮合双方达成交易，并依法取得交易佣金的合法活动。随着房地产业的发展，房地产居间业务量不断增加，居间业务的专业化程度也在不断提升。当前，房地产居间业务除了包括传统的转让和租赁两类业务以外，还陆续出现了房地产交换居间、房地产融资居间、房地产抵押居间等业务。

2. 房地产居间的特征

首先，居间人以自己的名义从事居间活动。房地产居间人根据自己所掌握的信息、资料等独立地做出意思表示，居间人只以自己的名义为委托人报告订约机会或替交易双方媒介交易，并不具体代表其中任何一方。且由居间人对自己所从事的居间活动承担法律后果。

其次，在居间活动中，居间人按照委托人指示、委托业务的范围和具体要求进行业务活动。居间活动的目的是使委托人与第三人订立合同。

再次，居间活动是有偿服务行为。居间是一种经营活动，只要居间成功，委托人应向居间人支付一定的报酬和从事居间活动所支付的费用。

（二）房地产居间合同的主要内容

房地产居间合同，是指居间人向委托人报告订立合同的机会或者提供订立合同的媒介服务，委托人支付报酬的合同。根据我国《合同法》的规定，结合一般合同的共性，我们认为房地产经纪服务（居间）合同，一般应包括以下内容：

1. 合同双方当事人的基本资料

房地产居间服务的双方当事人是房地产经纪机构和委托人。房地产经纪机构在合同中要写明法人代表、营业执照号码、经纪机构备案证号、地址、联系电话等，并写明具体执行该业务的房地产经纪人员（至少一名全国房地产经纪人或者两名房地产经纪人协理）

的姓名、身份证件号和注册号。委托人必须是具有民事行为能力的自然人、法人或其他组织，自然人委托人应写明姓名、身份证号、住所等，法人和其他组织作为委托人应写明法人名称、地址、相关资质证号等。

2. 居间服务的项目

根据国家或者行业关于房地产经纪服务标准和流程的相关规定，以及房地产经纪机构在其经营场所公示的服务项目，应对房地产居间服务的项目及该项目中所提供的具体服务内容和完成标准作出约定。

3. 服务费用及其支付方式

服务费用就是房地产经纪机构提供房地产居间服务应得的服务报酬，由佣金和代办服务费两部分构成。房地产交易合同订立后，房地产经纪机构就可以收取佣金；代办服务费用的收取标准和时点由当事人自行约定。支付方式可以选择一次性支付或者分阶段支付。

4. 合同当事人的权利和义务

委托人的权利一般包括对房屋信息的知情权、全部资料的所有权等，义务一般包括提供真实材料义务，协助看房义务，支付费用义务等；房地产经纪机构的权利一般包括资料审核权，违法违规行为拒绝权，报酬请求权等，义务一般包括及时、如实报告义务，尽职尽责提供居间服务的义务，风险提示义务、保守秘密义务等。

5. 委托期限

委托期限指委托方委托房地产经纪机构提供房地产经纪服务的具体时间期限。委托期限实质上规定了房地产经纪机构完成某项居间服务工作的时间界限，有利于督促房地产经纪机构增强紧迫感，提高工作效率。

6. 违约责任和纠纷解决方式

违约责任是当事人违反合同约定时应依约定承担的法律责任，违约责任条款有利于督促当事人履行合同义务，保护守约方的利益。房地产居间合同应明确违约责任，双方应当在合同中约定，合同成立并生效后，若一方不履行合同义务或履行义务不符合合同约定时，应承担违约责任，违约数额双方可以约定，守约方除有权向违约方索赔外，并有权终止本合同。即使合同中没有约定违约责任，并不意味违约方不承担违约责任，违约方未依法被免除责任的，守约方仍然可以依法追究其违约责任。此外，合同双方还可以就定金进行约定，当纠纷发生时，任何一方均有权选择对自己有利的合同条款主张权利。

纠纷解决方式是当事人解决合同纠纷的手段和途径，当事人应当在合同中明确约定解决合同争议或纠纷的具体途径，如通过仲裁或者诉讼。当事人没有作明确约定的，应通过诉讼方式解决合同纠纷。

（三）房地产居间合同签订的程序

1. 告知委托人相关事项

为了有效减少和预防房地产经纪机构和委托人之间的纠纷，提高房地产经纪机构的工作效率，顺利实现房地产经纪业务的达成。根据《房地产经纪执业规则》的规定，在房地产经纪机构与委托人签订房地产居间服务合同前，一般要书面告知委托人以下事项：是否与委托房屋有利害关系；应当由委托人协助的事宜、提供的资料；委托房屋的市场参考价格；房屋交易的一般程序及可能存在的风险；房屋交易涉及的税费；房地产居间服务的内容及完成标准；居间服务收费标准和支付时间；其他需要告知的事项。

2. 审查委托人相关资料

房地产经纪机构与委托人签订房屋出售、出租居间合同，应当审查委托人的身份证明，委托出售、出租房屋的实体及房屋权属证书等有关资料。房地产经纪机构与委托人签订房屋承购、承租居间合同，应当审查委托人身份证明等有关资料。

为了防止某些身份不明的人员虚报物业权属资料，给交易造成不便或导致交易失败，甚至给房地产经纪机构和房地产经纪人员带来经济损失或形象损害，房地产经纪机构在与委托人签订房地产居间服务合同前，应先审查委托人的身份证明。委托人是自然人的，要审查其身份证明，委托人应具有完全民事行为能力，无民事行为能力人或者限制民事行为能力人，应由其监护人代理委托；委托人是单位的，要查看其工商营业执照等相关的资质证明及单位出具的授权委托书。对于委托出售或出租房屋的，还要审查其房屋权属证明，确认房屋产权的真实性以及是否存在瑕疵，必要时要现场审查房屋实体，通过房地产主管部门核实委托房屋是否设立有抵押权、租赁权或其他权利限制。对于委托承购房屋的，还要查明委托人是否具有地方政府规定的购房资格。

3. 合同的洽谈与签订

房地产经纪机构应根据委托人的委托目的选择相应的房地产居间服务合同，在洽谈合同前应书面告知委托人，并将合同逐条讲解给委托人，委托人对书面告知内容及合同条款无异议后，房地产经纪机构和委托人方可对居间服务合同关键内容进行洽谈。洽谈的内容主要包括服务项目、服务内容、完成标准、服务收费标准以及支付时间等。双方对上述内容洽谈完毕，达成共识后，便可按照房地产居间服务合同签署要求签订房地产居间服务合同。签订房地产居间服务合同应当优先选用建设（房地产）主管部门或者房地产经纪行业组织制定的示范文本。房地产经纪机构承接代办房地产贷款、代办房地产登记等其他服务，应当与委托人另行签订经纪服务合同。

（四）对房地产居间等经纪活动的规制

根据《房地产经纪管理办法》第 25 条的规定，房地产经纪机构和房地产经纪人员不得有下列行为：

（1）捏造散布涨价信息，或者与房地产开发经营单位串通捂盘惜售、炒卖房号，操纵市场价格；

（2）对交易当事人隐瞒真实的房屋交易信息，低价收进高价卖（租）出房屋赚取差价；

（3）以隐瞒、欺诈、胁迫、贿赂等不正当手段招揽业务，诱骗消费者交易或者强制交易；

（4）泄露或者不当使用委托人的个人信息或者商业秘密，谋取不正当利益；

（5）为交易当事人规避房屋交易税费等非法目的，就同一房屋签订不同交易价款的合同提供便利；

（6）改变房屋内部结构分割出租；

（7）侵占、挪用房地产交易资金；

（8）承购、承租自己提供经纪服务的房屋；

（9）为不符合交易条件的保障性住房和禁止交易的房屋提供经纪服务；

（10）法律、法规禁止的其他行为。

此外，从事房地产经纪活动，还必须遵守《经纪人管理办法》和一些地方政府规章和行业自律协会的相关规定，如禁止无照经营、超越经营范围和非法经营；禁止居间人索取或收受委托合同规定以外的酬金或其他财物；对居间人从事居间活动设定收费上限标准等。

三、商品房包销

（一）商品房包销的概念和特征

1. 商品房包销的概念

商品房包销是一种新型的房屋销售模式，是房地产经纪服务中的一种特殊类型。2003年《最高人民法院关于审理商品房买卖合同纠纷案件司法解释》第 20 条规定，出卖人与包销人订立商品房包销合同，约定出卖人将其开发建设的房屋交由包销人以出卖人的名义销售的，包销期满未销售的房屋，由包销人按照合同约定的包销价格购买，但当事人另有约定的除外。据此，商品房包销是指开发商与包销人之间订立商品房包销合同，约定开发商以包销基价，将自己开发且已经建成并符合销售条件的房屋或者尚未建成但符合预售条件的期房，交由包销人以开发商的名义进行销售，在包销期满后，包销人对未销售的房屋按照合同约定的包销价格购买的一种法律行为。

2. 商品房包销的特征

（1）代理性。商品房包销是一种特殊的由包销人和开发商合作进行的承包销售商品房的行为。由于不动产的销售有其主体条件限制，只有开发商才有权预售或出售所建的商品房。所以，包销人必须以开发商的名义进行包销行为。开发商应当对包销人与他人谈妥的房产配合签订买卖合同，办理过户手续等。

（2）独立性。包销人对于包销的房产具有独占性及销售的独营性，在包销期内，包销人有权决定销售策略、广告宣传、销售定价等销售事项，并可以获取包销价与实销价差价的权利，且开发商不得就包销的房产另行处分或销售。在实践中，一般有两种方式确定包销价格：一是双方约定包销基价和付款期限，对外销售的价格由包销人决定。二是双方约定按对外销售价格的一定比例返还给开发商，剩余部分则作为包销人的报酬。

（3）高风险性。包销人在包销期期满后负有按照合同约定的基价购买未能销售出去的房产的义务，即包销人应承担通常意义上的买卖风险。此外，包销人还要承担由于市场行情风险等原因而致的非不可抗力造成的卖价低于包销基价的风险。

（二）商品房包销的法律关系

商品房包销行为在整个包销过程中涉及两类法律关系，在包销期之内，开发商和包销人之间是委托代理关系，包销期满后双方之间是买卖关系。

　　首先，在包销期内，开发商将商品房让与包销人承包销售，包销人须以开发商的名义向购房者出售商品房，包销人与开发商在此期间是一种代理关系，即开发商委托包销人对外销售商品房。此时，因包销人的代理行为，开发商与购房者之间建立商品房买卖关系。虽然在包销期商品房买卖合同的签订都是由包销人代开发商与购房者实际完成，但此时商品房的所有者且具有商品房出售资格的仍然是开发商而非包销人，商品房的买卖双方为开发商与购房者。

　　其次，在包销期满后，包销的商品房尚未全部售出，若开发商和包销人在签订包销合同时没有做出相反的约定，应有包销人按照包销合同的约定，由包销人购入剩余的商品房。此时，在包销人和开发商之间则构成一种买卖关系。包销人购入剩余的商品房后，包销人即成为房屋的所有权人，此时包销人可以以自己的名义与购房人签订房屋买卖合同。

案例导入

包销合同是否需要包销人具有相关销售资质?

　　【案情简介】甲公司是经营房地产信息咨询的公司法人，乙公司是以房地产开发为主的开发公司。乙公司于 2003 年在某市一地段开发建设 7 栋商品房。2004 年 2 月初，甲乙两公司协商一致，订立《商品房包销合同》。合同约定：甲公司独家包销乙公司开发建设的 8 栋商品房，总面积为 39000 平方米，包销价格为每平方米 5740 元；甲公司向乙公司支付抵押金 400 万元，包销期满后，若房屋全部售完，乙公司退还全部抵押金，若房屋未售完，则由甲公司按每平方米 5740 元收购，抵押金抵扣相应房款，多退少补；乙公司负责办理销售房屋房产证等相关手续；甲公司自定销售价格，销售过程中所需的广告费等费用由甲公司承担；双方还就费用结算方式、税费的承担及缴纳、包销期限、房屋竣工日期、违约责任等内容作了详细约定。

　　包销合同签订后，甲公司向乙公司支付了 400 万元抵押金，并开始积极履行合同。至 2005 年 3 月初，甲公司全部售完乙公司开发建设的 8 栋商品房。双方在结算费用时产生了分歧，无法达成一致意见。乙公司遂认为双方在签订包销合同时甲公司没有销售房屋的经营资质，系无权经营，包销合同无效，甲公司超过 5740 元销售的商品房价款部分应退还乙公司。甲、乙两公司协商未果，乙公司将甲公司诉至法院，要求确认包销合同无效，并要求甲公司将超过 5740 元销售的商品房价款部分退还乙公司。

　　【分析说明】商品房包销是指开发商与包销人之间订立商品房包销合同，约定开发商以包销基价，将其开发建设的已建设并符合出售条件的房屋或未建成但符合预售条件的期房，交由包销人以开发商的名义进行销售，包销期满，对包销人未销售的房屋由包销人按照合同约定的包销基价购买的行为。

　　本案的焦点是甲乙两公司签订的包销合同的效力问题。《合同法》第 52 条规定了合同无效的情形，《最高人民法院关于适用〈合同法〉若干问题的解释（一）》第 10 条也规定：当事人超越经营范围订立合同，人民法院不因此认定合同无效。但违反国家限制经营、特许经营以及法律、行政法规禁止经营规定的除外。

　　本案中的商品房包销行为，我国现行法律没有禁止，更没有规定其属于限制经营、特许经营或禁止经营的范畴。因此，甲、乙两公司所签订的包销合同没有违反我国法律的规定，也没有损害国家、集体或第三人的利益，是甲、乙两公司意思表示一致的结果，是合法有效的。乙公司的诉讼请求是不能得到支持的。

（三）商品房包销中常见的问题

1. 包销人的主体资格问题

对于包销人的法律主体资格认定问题，是实践中经常遇到的问题，目前我国的法律和行政法规并未对商品房包销主体的资格进行限制性规定，仅仅是国家建设部 2001 年通过的《商品房销售管理办法》第 25 条规定："房地产开发企业委托中介服务机构销售商品房的，受托机构应当是依法设立并取得工商营业执照的房地产中介服务机构。"但该条并未规定不具有中介资质的公司和个人是否可以包销商品房，而且该办法属于部门规章，根据《合同法》及司法解释的规定，违反法律或行政法规的强制性规定的才无效。目前因为并无法律或行政法规对于包销人的主体资格作出强制性规定，故包销人的主体资格并不受限制。实践中，以包销人不具备房地产经营资格为由，认定包销合同无效没有依据的。

2. 虚假售房广告责任的承担问题

广告宣传是房地产营销的重要策略，在商品房包销行为中，房地产销售广告一般是由包销人策划和制作，开发商对包销人售楼广告的内容进行审查与监督，但是在实际操作中，有些销售广告可能未经开发商认可。但不管开发商是否认可该销售广告，包销人是以开发商的名义对外实施广告宣传的，对于买受人来说，开发商才是合同当事人。根据合同的相对性原则，对外应由开发商承担责任，对内则应根据双方的过错承担相应的责任。

3. 未按包销合同约定销售商品房的问题

在包销活动中，一方面，包销人可以根据市场需求，自主调整销售价格，承担亏损风险。若超过包销基价出售，则超额利润归属包销人，若低于包销基价出售，则应由包销人补足差价。另一方面，若开发商将应由包销人销售的商品房擅自出售，即开发商与包销人签订包销合同、约定包销基价后，又与买受人签订商品房买卖合同，以高于或低于包销基价的价格将房屋售出，则不但应赔偿包销人的损失，还要承担因该行为给包销人带来的负面影响。《最高人民法院关于审理商品房买卖合同纠纷案件适用法律若干问题的解释》第 21 条明确规定，出卖人自行销售已经约定由包销人包销的房屋，包销人请求出卖人赔偿损失的，应予支持，但当事人另有约定的除外。

4. 开发商与包销人的诉讼地位问题

《最高人民法院关于审理商品房买卖合同纠纷案件适用法律若干问题的解释》第 22 条规定，对于买受人因商品房买卖合同与出卖人发生的纠纷，人民法院应当通知包销人参加诉讼；出卖人、包销人和买受人对各自的权利义务有明确约定的，按照约定的内容确定各方的诉讼地位。

因在包销期内所售商品房而引起的纠纷，应根据代理法律制度和合同的相对性原则，由开发商承担相应的责任。诉讼过程中，若买受人起诉开发商的，应当通知包销人作为无独立请求权的第三人参加诉讼；若因房款支付问题，买受人只起诉包销人的，根据合同相对性，法院应告知买受人申请追加开发商作为共同被告，如果买受人不变更或者不申请追加被告，则应驳回买受人的起诉。

5. 包销人转委托问题

在商品房包销实践活动中，包销人可能会转委托其他机构代为销售，对于这种转委托所产生的纠纷应该如何处理，实务界有不同的看法。一种意见认为，由于代理行为是基于委托人对于受托人的信任而产生，包销人在未经委托人同意擅自转委托的，该转委托合同不对开发商发生法律效力，开发商无需对包销人转委托造成的不利后果承担责任。另一种意见认为，无论是包销人还是复代理人，都是以开发商的名义对外销售商品房，开发商都是购房合同的当事人，无论包销人的转委托行为是否经过开发商同意，开发商均应对购房人承担合同约定的责任，开发商在承担责任后再向擅自转委托的包销人追偿。本书同意第二种观点，由于包销人和复代理人并不是商品房买卖合同的适格主体，不具有合同当事人的法律地位，因此只能由开发商先承担对购房人责任，然后再另行起诉，追究包销人擅自转委托的法律责任。

四、交易佣金

（一）交易佣金的内涵和类型

1. 交易佣金的内涵

交易佣金，或称中介服务收费，是指房地产中介机构为委托人提供中介服务而获得的报酬，是一种营业收入，包括中介服务组织为维持日常运行所支出的各项成本费用，以及由其经营活动所获取的利润。包括房地产咨询费、房地产价格评估费、房地产经纪费。

作为一个经营单位，房地产中介机构在开展其业务的过程中，既会有费用支出，也会有一定的佣金收入以补偿其费用耗费，并获取利润。在房地产交易或租赁的过程中，除了会产生房屋成交价和租赁价，还会发生一系列的成本费用，包括双方寻找房源、客源信息的成本、签约的成本、违约的成本等。由于交易成本的存在，会导致损失很多社会资源，例如交易量的减少，市场交易的范围缩小，等等。有时候过高的交易成本甚至会使得交易无法进行下去。房地产中介的核心职能就是降低房屋买卖双方的交易成本。在房地产市场上，客户为减少交易成本通过中介进行交易，服务佣金是客户为降低交易成本支付的费用，而中介机构在进行搜索时所耗费时间和精力的报酬就是服务佣金。相对于房地产交易双方自己搜索对方进行交易来说，寻求中介帮助而支付的佣金费用就是减少了的交易成本。

交易佣金应由中介服务机构向委托人收取，任何人不得以个人名义向委托人收取。中介服务机构应本着自愿委托、有偿服务和合理、公开、诚实信用的原则，在接受委托后，根据国家规定的收费办法和收费标准，与委托方协商确定中介服务费并双方签订合同。中介服务收费实行明码标价制度。中介服务机构在接受委托时主动向委托人介绍有关中介服务的价格及服务内容等情况。

2. 交易佣金的类型

关于房地产中介佣金费用的收取，我国目前实行的是政府指导价及市场调节价。政府指导价只从政策上规定了费用收取的范围，并没有规定具体的收费方式。市场调节价是指房地产中介对于客户收取的佣金费用，可以通过与客户谈判协商确定，但是必须在政府规定的浮动范围内，确定具体的收费数额及收费方式。在房地产中介市场，市场调节价主要有固定费额佣金、固定费率佣金和底价销售佣金。

固定费额佣金是指房地产中介机构与委托人签订委托合同时，约定若成功促成房产买卖合同或租赁合同成立的，委托人应支付固定数额的佣金。固定费额佣金具有确定性，和房屋实际售价无关，也不受房地产中介机构为履行中介业务实际支出的费用影响。

固定费率是指服务佣金按照成交价的一定比率收取，即无论房屋的最终成交价如何，都以此固定比率乘以成交价来提取中介佣金。该佣金比率受房屋中介市场发展水平和房屋价格水平的影响，实际操作中，该比例一般为 1%~4%。

底价销售是指佣金费用为成交价与客户委托价之间的差额。客户在进行委托时，确定一个销售的底价，在房屋交易的过程中，中介会根据房屋的销售底价进行目标顾客的选择及匹配，中介所获取的佣金为房屋售价超出底价的部分，而客户得到销售底价，无需支付其他任何佣金。

(二) 影响交易佣金的主要因素

在房地产中介市场，佣金受多种因素的影响和制约，佣金的高低不仅取决于房地产中介的成本支出、中介活动能否成功达到目的，而且受房地产中介服务的市场供求状况、提供服务的难易程度等因素制约，凡是影响和决定房地产中介服务供求变动及其成本耗费的所有因素都制约着佣金收入水平。

1. 房地产中介服务市场供求状况

房地产中介市场供求状况，取决于房地产业的发展程度，房地产业的发展程度直接制约着房地产中介服务的供给数量、质量和种类，从而制约着社会对房地产中介服务的需求规模和结构。不同的社会经济发展水平下，房地产业的发展状况不同，中介服务的供求总量也不尽相同。房地产中介服务市场也受价值规律的制约，一般来说，当房地产中介服务市场供大于求时，交易佣金自然会有所下降，各个中介机构会通过提高服务质量，降低收费标准等办法来维持机构的正常运行。

2. 提供服务的难易程度

实践中，不同区域的房地产销售难度不同，会导致房地产中介服务所耗费的时间、精力、成本不同。从经济学的角度思考，房地产中介机构在接受委托人委托时，必定要考虑到成本与效益之间的关系，房地产中介机构的费用消耗水平直接影响着佣金费用的高低。

3. 房地产中介机构的服务质量

房地产中介属于第三产业，是服务业的一种。房地产中介机构在进行居间、经纪等业务活动中，其为委托人提供的是一种劳务服务活动，服务的质量不仅影响委托人的满意度，也制约着房地产中介活动能否顺利开展以及交易佣金的高低。在中介活动中，客户看中的不仅仅是交易结果、成交价等，从心理学的角度来讲，不少客户更看中的是房地产中介的服务意识和服务质量，包括服务态度、办事效率等。高质量的服务必然会带来更高的服务佣金。

（三）交易佣金收取的风险与防范

1. 交易佣金收取的风险

房地产中介机构收取佣金的风险主要来自房地产经纪机构本身和服务对象两个方面，来自房地产中介机构的风险主要是乱收费和员工私自收费问题。一方面，由于我国房地产中介服务行业的发展程度，行业中存在着很多不规范的机构，这些不规范的经济机构超标准收费，或只要带客户看房，就收取"看房费"、"信息费"等名目的费用，使得很多人对房地产中介机构缺乏信任，不愿意去中介机构寻找中介服务，从而使其丧失客源和房源。另一方面，一些房地产中介管理混乱，个别员工利用经办业务的便利，私自收取客户的佣金而不入账，使得中介机构无法获取佣金。

来自服务对象的风险主要是"跑单"，或称"恶意跳单"。所谓跑单，是指委托人（买方、卖方、出租方、承租方）通过中介公司居间行为找到房源或客源后，为逃避或减少佣金，通过其他中介公司或直接与房屋提供方或需求方私下完成交易的行为。

近些年，随着房地产市场的活跃，因委托人"跳单"事件所引发的纠纷案件数量不断上升，不少房地产中介机构为保证自身利益的最大化，避免"恶意跳单"行为对自己的影响，往往通过与客户签订"独家委托协议"，或添加诸多"旱涝保收"的格式条款等方法，来防止和惩罚"恶意跳单"行为。对于"独家委托"等诸如此类的格式条款的效力，实践中存在争议。若一概认可格式条款的效力，势必会侵害委托人的合法权益；若一概否认格式条款的效力，势必会影响中介市场的生存和健康发展，鼓励不诚信行为的发生。本书认为，这些格式条款具有一定的合理性，不宜一概认定为无效。但中介公司在设定格式化的"独家委托"条款时，应当与委托人进行协商，并应按照我国《合同法》第39条的规定，尽到合理的提示和说明义务，并且中介公司也应当遵循公平原则确定双方的权利和义务，并采取合理的方式提请对方注意免除或限制其责任的条款，按照委托方的要求，对格式条款予以说明。

而对于客户的"跑单"行为是否属于恶意，要做具体的分析，不能一概而论。认定"跑单"行为为恶意的关键是看委托方是否利用了该中介公司提供的房源信息等条件。实践中，委托人往往会委托多家中介公司，如果委托方是通过其他公众可以获知的正当途径获得同一房源或客源信息，并没有利用该中介公司提供的信息，则委托人有权选择报价低、服务质量高的中介公司促成合同的成立，并不构成违约。具体来说认定委托人是否构成"恶意跳单"，可以分为以下三种情况：

首先，若委托人和房地产中介公司签订合法有效的"独家委托协议"，在委托期限内，中介公司积极履行义务，为委托人订约提供了关键的房源或客源信息，委托人利用该信息，在居间协议规定的期限内，通过其他中介公司或直接与相对人完成交易，可以认定为委托人属于"恶意跳单"。

其次，若委托人和房地产中介公司之间并非独家代理，委托人利用中介公司提供的关键信息，跳过中介公司直接与交易相对人私下完成交易，且委托人又不能证明通过其他合法途径获取房源或客源信息的，可以认定为"恶意跳单"行为。

再次，若双方并未签订"独家委托协议"，委托人跳过该中介公司，主张通过其他中介公司完成交易的，则要审查委托人与其他中介公司有无实际的委托合同，合同是否实际履行，其他中介公司房源或客源信息的来源，委托人是否实际支付其他中介公司佣金等情况，若其他中介公司只是名义上的居间人，并非真正的房源客源信息的提供者，委托人实为逃避居间报酬义务，则可认定为"恶意跳单"行为。

2. 对交易佣金风险的防范

首先，要完善房产中介机构服务管理制度。一方面，房地产中介机构要加强内部业务流程管理和财务管理，佣金由中介机构统一收取，加大私自收取佣金的惩罚力度。另一方面，房地产中介机构应实行明码标价，在其经营场所醒目位置公开其收费标准、收费项目等，明确中介机构不收取佣金以外的费用，如"看房费"、"信息费"等，让委托人在接受服务时清楚中介机构收费的具体规定。

其次，实行中介服务"定金制度"。所谓"定金制度"就是房地产中介机构和委托人双方明确规定，在房地产中介合同履行前，委托人向房地产中介机构事先支付一笔货币，一旦出现房地产中介被甩掉时，这笔定金或货币就可以作为房地产中介机构的服务费或服务价格。这笔定金在运行中可以事先委托给第三方保管，如公证机构、金融机构和律师事务所等机构或单位，以避免委托人"恶意跳单"行为。

再次，实行房地产专有中介权。房地产专有中介权一经确立，不管是房地产中介业务由谁来完成，只要是在房地产中介合同约定的委托期限内完成的，房地产中介机构都有权取得房地产中介服务费。这样，即使委托人利用中介机构提供的相关信息，甩开中介私下交易或通过其他中介公司交易，都不能降低其费用的支出。

最后，签订并严格执行房地产中介服务合同。房地产中介机构和委托人应签订完备的书面形式的房产中介服务合同，不但要明确双方的权利义务关系，还要对中介服务费用、服务价格、违约责任等做出明确规定。中介服务合同签订后，最好经过公证机关的公证，以提高中介服务合同的公信力。

案例导入

中介诉委托人"恶意跳单"案

【案情简介】原告某市中原物业顾问有限公司（简称中原公司）诉称：被告陶某某利用中原公司提供的上海市虹口区株洲路某号房屋销售信息，故意跳过中介，私自与卖方直接签订购房合同，违反了《房地产求购确认书》的约定，属于"恶意跳单"行为，请求法院判令陶某某按约支付中原公司违约金 1.65 万元。

被告陶某某辩称：涉案房屋原产权人李某某委托多家中介公司出售房屋，中原公司并非独家掌握该房源信息，也非独家代理销售。陶某某并没有利用中原公司提供的信息，不存在"跳单"违约行为。

法院经审理查明：2008 年下半年，原产权人李某某到多家房屋中介公司挂牌销售涉案房屋。2008 年 10 月 22 日，某市某房地产经纪有限公司带陶某某看了该房屋；11 月 23 日，某市某房地产顾问有限公司（简称某房地产顾问公司）带陶某某之妻曹某某看了该房屋；11 月 27 日，中原公司带陶某某看了该房屋，并于同日与陶某某签订了《房地产求购确认书》。该《确认书》第24条约定，陶某某在验看过该房地产后6个月内，陶某某及其委托人、代理人、代表人、承办人等与陶某某有关联的人，利用中原公司提供的信息、机会等条件但未通过中原公司而与第三方达成买卖交易的，陶某某应按照与出卖方就该房地产买卖达成的实际成交价的1%，向中原公司支付违约金。当时中原公司对该房屋报价165万元，而某房地产顾问公司报价145万元，并积极与卖方协商价格。11月30日，在某房地产顾问公司居间下，陶某某与卖方签订了房屋买卖合同，成交价138万元。后买卖双方办理了过户手续，陶某某向某房地产顾问公司支付佣金138万元。

【法院判决】 中原公司要求陶某某支付违约金1.65万元的诉讼请求，不予支持。

【分析说明】 中原公司与陶某某签订的《房地产求购确认书》属于居间合同性质，其中第2.4条的约定，属于房屋买卖居间合同中常有的禁止"跳单"格式条款，其本意是为防止买方利用中介公司提供的房源信息却"跳"过中介公司购买房屋，从而使中介公司无法得到应得的佣金，该约定并不存在免除一方责任、加重对方责任、排除对方主要权利的情形，应认定有效。根据该条约定，衡量买方是否"跳单"违约的关键，是看买方是否利用了该中介公司提供的房源信息、机会等条件。如果买方并未利用该中介公司提供的信息、机会等条件，而是通过其他公众可以获知的正当途径获得同一房源信息，则买方有权选择报价低、服务好的中介公司促成房屋买卖合同成立，而不构成"跳单"违约。

第三节　房地产评估

案例导入

甲市房地产交易管理所是甲市人民政府1992年成立的事业单位，于1997年增设"甲市房地产评估所"，并办理了营业执照开始从事房地产评估经营活动。2000年因法律、政策限制不再具备对外承揽评估业务的资质条件，于2001年被甲市工商局依法吊销营业执照。当事人为了能继续在甲市开展房地产评估业务，于2001年4月18日与乙市均恒评估咨询有限公司（以下简称"乙市均恒公司"，其具备房地产评估业务的法定资质条件）签订了开展房地产评估业务的协议，约定由当事人独自接受办理单宗一百万元以下的房地产评估业务，而由乙市均恒公司出具评估报告。至被查处时，当事人独自接受办理了房地产评估业务多起，共收取了评估费402620.46元。其间，评估费的收费发票由当事人直接以自己名义开具提供给被评估人，而评估报告则是盖乙市均恒公司的公章。尔后，当事人收取评估费扣除营业税后的65%作为劳务、成本等，另35%则作为乙市均恒公司收入。

试从该案例中理解房地产评估机构设立的形式、条件包括几种。

房地产评估，全称房地产价格评估，是指房地产专业估价人员，根据特定的估价目的和依据，遵循估价原则，按照估价程序，采用科学适宜的估价方法，并在综合分析形成和影响房地产价格因素的基础上，估测、计算以及最后确定特定时点上房地产客观合理价格或价值的中介行为过程。房地产评估是政府宏观调控、房产税征收等行政行为的前提条件之一，也是房地产开发投资、房地产抵押、房地产纠纷处理以及规范房地产交易之必需。

一、房地产评估机构的设立

（一）房地产评估机构设立的条件

房地产价格评估机构是指对房地产测算、评定其经济价值和价格的房地产中介服务机构，负责房屋和土地的价格评估工作。申请设立房地产价格评估机构，除了需要有自己的名称和组织机构，有固定的服务场所，有必要的财产和经费，有足够数量的专业人员外，还必须符合《房地产估价机构管理办法》的相关规定。根据《房地产估价机构管理办法》规定，房地产估价机构应当由自然人出资，以有限责任公司或者合伙企业形式设立。房地产估价机构资质等级分为一、二、三级。

（二）房地产评估机构设立的程序

设立房地产评估机构，应当向工商行政管理部门申请设立登记，领取营业执照。新设立的中介服务机构申请房地产估价机构资质的，应当向设区的市人民政府房地产主管部门提出申请，并提交《房地产估价机构管理办法》第11条所规定的相关材料。设区的市人民政府房地产主管部门应当自受理申请之日起20日内审查完毕，并将初审意见和全部申请材料报省、自治区人民政府住房城乡建设主管部门、直辖市人民政府房地产主管部门。省、自治区人民政府住房城乡建设主管部门、直辖市人民政府房地产主管部门应当自受理申请材料之日起20日内作出决定。省、自治区人民政府住房城乡建设主管部门、直辖市人民政府房地产主管部门应当在作出资质许可决定之日起10日内，将准予资质许可的决定报国务院住房城乡建设主管部门备案。一级资质房地产估价机构可以设立分支机构，二、三级资质房地产估价机构不得设立分支机构。

（三）房地产评估机构的管理

对房地产评估机构的管理分为政府主管部门管理和行业自律管理。国务院住房城乡建设主管部门负责全国房地产估价机构的监督管理工作。县级以上人民政府房地产主管部门负责本行政区域内房地产估价机构的监督管理工作。同时，鼓励房地产估价机构加入房地产估价行业组织，房地产估价行业组织应当加强房地产估价行业自律管理。

二、房地产评估业务

（一）房地产评估业务的原则

房地产估价机构从事房地产估价活动，应当坚持独立、客观、公正的原则，执行房地产估价规范和标准。独立原则或称公平性原则，是要求房地产估价时不应受外界不合理因素的干扰和影响，其目标应为确定一个客观合理的价格，不受被估价对象各方当事人利益的影响。客观原则是要求房地产估价时要尽可能地减少估价人员的主观意志对估价过程和估价结论的影响。房地产估价并非由估价人员主观地确定市场价格，而是客观地反映市场价格的形成过程和结果。房地产估价应力求客观、准确、合理地模拟市场的价格形成过程，将估价对象的客观合理价格或价值反映出来。公正原则是要求房地产估价时必须站在中立的立场上，要公正地对待每一个委托人，不偏不倚，秉公办理，不得为谋取私利而徇私枉法，若估价人员与估价对象有利害关系或是当事人的近亲属，则应实行回避。

（二）房地产评估业务的主要内容

根据《房地产估价机构管理办法》第 3 条的规定，房地产评估业务包括土地、建筑物、构筑物、在建工程、以房地产为主的企业整体资产、企业整体资产中的房地产等各类房地产评估，以及因转让、抵押、房屋征收、司法鉴定、课税、公司上市、企业改制、企业清算、资产重组、资产处置等需要进行的房地产评估。不同资质的房地产评估机构有着不同的业务范围，一级资质房地产估价机构可以从事各类房地产估价业务，二级资质房地产估价机构可以从事除公司上市、企业清算以外的房地产估价业务，三级资质房地产估价机构可以从事除公司上市、企业清算、司法鉴定以外的房地产估价业务。房地产评估机构除了从事传统的房地产价值评估业务外，通常也负责房地产估价衍生业务和咨询顾问业务。

（三）房地产评估常用的方法

1. 市场比较法

市场比较法是将估价对象与在估价时点近期发生过交易的类似房地产进行比较，对这些类似房地产的已知价格作适当的修正，以此推算估价对象的客观合理价格或价值的方法。类似房地产是与估价对象处在同一供求圈内，并在用途、规模、档次、建筑结构等方面与估价对象相同或相近的房地产。同一供求圈是指与估价对象具有替代关系，价格会相互影响的适当范围。

2. 成本估价法

成本估价法是以估价对象房地产所需耗费的各项必要费用之和为基础，再加上正常的利润和应纳税金来确定估价对象房地产价格的一种估价方法。采用成本估价法估价求得的价格，通常称为积算价格。成本估价法适用于房地产市场不发达，难以运用市场比较法的房地产估价。

3. 收益还原法

收益还原法是将估价对象将来各期的纯收益通过适当的还原利率折算到估价时点，求其之和作为估价对象价格的一种估价方法。收益还原法适用于产生收益或有潜在收益的房地产，诸如商场、写字楼、宾馆、门面房等，它可以较为准确地反映收益性房地产的价格。购买这类房地产的人并不关心房地产的建筑成本，而是较多地关心房地产在将来可能带来的收益情况。

4. 假设开发法

预计估价对象开发完成后的价值，扣除预计的正常开发成本、税费和利润等，以此估算估价对象的客观合理价格或价值的方法，称为假设开发法。假设开发法适用于"非最终产品"的估价，假设开发法的估价对象是那些需要继续开发的房地产。

三、房地产评估的程序

房地产估价是一项比较复杂的经济活动，工作过程存在一定的主观性，估价结果涉及各方的切身利益。要高效、高质量地评估出房地产的价格，除了要求估价人员具有坚实的业务基础，熟谙房地产估价的理论、方法及有关法规政策，并切实遵守独立、客观、公正的原则与职业道德规范外，还需遵循一套科学严谨的房地产估价程序。房地产估价的程序大致可以分为四个阶段，即获取估价业务阶段、受理估价业务阶段、估价计划执行阶段、估价结果确定阶段。

（一）获取估价业务

获取估价业务是指获取房地产估价业务，这是房地产估价的先决条件。在市场经济条件下，不断获取足够多的和大的估价业务，保证估价业务的来源对房地产估价机构的生存和发展是非常重要的。获取房地产估价业务的途径主要有主动争取、接受委托或指定两种。一方面，随着我国房地产市场的快速发展和房地产估价制度的实施，房地产估价机构的发展也很迅速，房地产估价市场的竞争正在加大并将趋于激烈。房地产估价机构或估价人员主动寻找估价业务是其非常重要的估价业务来源。另一方面，房地产评估机构在其办公地点坐等委托估价者委托，也是其业务主要来源之一。此外，某些类型的房地产价格需专门的或指定的评估机构进行估价。如我国土地使用权出让价格的评估，具有明显的政府行为，一般需指定专门的估价机构。

无论是主动出击还是接受委托或指定，当事人都向房地产价格评估机构递交估价申请书，估价申请书应载明当事人的姓名（法人代表）、职业、地址；标的物的名称、面积、坐落；申请估价的理由、项目和要求以及当事人认为其他需要说明的内容。估价申请书应当附有标的物的产权证书和有关的图纸、资料或影印件。

（二）受理估价业务

估价机构收到估价申请书后，应当对当事人的身份证件、标的物产权证书及估价申请书进行审查。对符合条件者，交由估价人员承办。每个估价项目的承办，不得少于两名估价人员。受理估价委托的步骤包括明确估价基本事项，签订估价委托合同。

1. 明确估价基本事项

明确估价基本事项首先要明确估价目的，委托人是处于何种需要而估价。估价目的决定了房地产价格类型，也决定了估价的依据，是实施房地产估价的前提条件。受理估价的具体目的主要包括：（1）市场行为，包括买卖、租赁、转让、抵押、典当、保险、拍卖等；（2）企业行为，包括合资、合作、股份制改造、上市、兼并、破产清算、承包等；（3）政府行为，包括农用地征用、土地使用权出让、课税、拆迁补偿、作价收购、土地使用权收回等；（4）其他行为，包括继承、纠纷、赠与及可行性研究、他项权利造成的房地产贬值等。其次，要明确估价对象的基本情况，包括实体状况和权益状况。估价人员要通过询问等方式了解估价对象房地产的物质实体状况，估价人员要向委估方索取描述估价对象房地产基本状况的资料，如坐落位置、面积、用途、建筑结构、产权状况等。再次，要明确估价时点，估价时点是指决定房地产价格的具体时间点。由于同一房地产价格随时间而变化，所评估的房地产价格，必定是某一时点的价格，而并非只是一个纯粹的数字。因此，在进行房地产估价时，必须明确估价时点，否则，在估价过程中，有关参数的选择、调整幅度的确定等将无法进行，其估价也将毫无意义。最后，要明确估价日期，估价日期是进行房地产估价的作业日期，一般来说，估价日期的确定也意味着明确了估价报告书的交付日期，估价作业日期的止日期一般即为估价报告书的交付日期，一般房地产估价项目的作业日期为 10~15 个工作日。

2. 签订估价委托合同

在明确估价基本事项的基础上，估价方与委托估价方应签订委托估价合同或协议，以法律形式肯定双方的业务关系，规定双方的权利和义务，陈述估价基本事项。估价合同内容一般包括：签订合同双方（委托人姓名和住所、估价机构名称和住所、负责本估价项目的估价师姓名和注册号）、估价对象、估价目的、估价时点、价值类型、估价报告书交付日期、估价费用及付款方式、委托估价方需提供的资料和给予的配合、估价方的保密职责、双方违约责任及处罚等。

（三）估价计划执行

估价执行阶段，房地产估价机构的主要认为是拟定估价作业方案，搜集、整理估价所需材料，实地查勘估价对象等。

1. 拟定估价作业方案

为保证估价工作效率并有秩序地进行，根据估价目的、待估房地产基本情况及合同条款，估价方应及时拟定合理的估价作业方案，其主要内容包括：（1）拟采用的估价技术路线和估价方法；（2）拟调查收集的资料及其来源渠道；（3）预计所用的时间、人力、经费；（4）拟定作业步骤和作业进度。

2. 搜集、整理估价资料

估价资料是为应用估价方法、作出估价结论及撰写估价报告书提供依据的，因此，估价资料是否全面、真实、详细，直接关系到估价结果的可靠性和准确性。搜集估价所需资料是一项经常性的工作，而不是仅仅等到承接了估价任务后才来做这件事。估价机构和估价人员应经常搜集估价所需资料，并进行核实、分析、整理。房地产估价资料一般包括对房地产价格有普遍影响的资料；对估价对象所在地区的房地产价格有影响的资料；相关房地产的交易、成本、收益实例资料；反映估价对象状况的资料。

3. 实地查勘估价对象

由于房地产在实体上具有不可移动性和个别性等特点，在物权和适用上又存在多样化的特征。仅仅根据委托人或当事人提供的情况，难以做到具体、准确地把握估价对象。因此，估价人员必须亲临现场，实地查明有关情况。实地查勘有利于加深对估价对象的认识，形成一个直观、具体的印象，获取书面资料所无法或难以表述的细节。

实地查勘的内容主要包括估价对象的位置、周围环境、景观的优劣；查勘估价对象的使用情况及外观、建筑结构、装修、设备等状况。估计人员可以对事先收集的有关估价对象的坐落、四至、产权等资料进行核实；同时收集补充估价所需的其他资料，了解当地房地产市场的特征和情况等。

(四) 估价结果确定

在前述工作的基础上，根据待估房地产估价对象、估价目的和资料的翔实程度，确定采用相应的估价方法，计算出正确的估价结果。估价结果的确定过程，是使评估价格不断接近客观实际的过程。不同的估价方法是从不同的角度考虑对房地产进行估价的，因此，用不同估价方法对同一宗房地产进行估价，其计算结果自然不会相同。估价人员应对这些结果进行分析、处理，以确定最终估价额。

估价人员确定估价对象的估价额后，应将估价结果写成估价报告。房地产估价报告是全面、公正、客观、准确记述估价过程和估价成果的文件，是给估价委托方的书面答复，也是关于估价对象的客观合理价格或价值的研究报告。

在完成了向委托人交付估价报告之后，评估机构应及时对在该项估价业务中形成的各种文字、图标、照片、影像等不同形式的资料进行清理，完成资料的归档整理工作。

✍ 本章小结

本章是房地产中介，主要介绍房地产中介的基本概况、房地产经纪机构的设立、居间合同、商品房包销、交易佣金以及房地产评估。房地产经纪是本章的重点，涉及房地产中介的法律法规、规章以及行业自律协会的规定很多，而且有些已经失效。学生在学习本章时，一定要把握哪些是现行有效的法律法规、规章及相关行业规定。目前房地产中介市场鱼龙混杂，不少中介存在违规操作的行为，严重破坏社会主义市场秩序和当事人的合法权益，加强和完善房地产中介市场的管理和引导是一项刻不容缓的系统工程。

✍ 技能训练

熟知房地产居间合同的签订和纠纷的解决

目的：使学生深刻认识到签订居间合同的重要性，掌握正确处理居间合同纠纷的办法。

要求一：熟知房地产居间合同签订的内容和程序。

要求二：明确当事人和房地产中介在居间合同中的权利义务。

要求三：明确交易佣金的支付条件

✍ 实践活动

调查房地产中介纠纷的处理

目的：使学生对房产中介市场有客观的认知，了解房产中介纠纷的处理办法。

内容：学生通过报刊、杂志或网络等方式，搜集各种房地产中介纠纷的案例，对中介双方代理行为、低价收进高价卖（租）出行为、霸王条款行为、交易佣金的收取等行为有比较深入的了解，对如何处理不同案件纠纷有自己的见解。

要求：结合《房地产经纪管理办法》、《合同法》、《房地产经纪执业规则》等相关法律法规和规章的规定，通过案例调查、分析，理论联系实际，掌握相关房地产中介纠纷的具体处理办法。

第十三章

住宅保障制度

学习目标

知识目标：

了解我国的住宅保障体系

掌握我国经济适用住房制度的主要内容

掌握我国廉租住房制度的主要内容

能力目标：

了解经济适用住房制度的最新理论与完善方向

了解廉租住房制度的不足与发展趋势

了解住宅保障的未来发展

第一节　住宅保障制度概述

案例导入

蜗居的"蚁族"——无处安放的青春

2014 年 7 月 28 日央视《新闻 1+1》栏目关注了北京"蚁族"新的聚居地——北四村。节目的标题叫"青春，在拥挤中出发!"这个"拥挤"最主要的含义就是他们拥挤的住处，这期节目的播出再次引起了社会对"蚁族"这一新兴弱势群体的关注。"蚁族"是指那些聚居于城中村、工作不稳定、收入不高的高校毕业生低收入聚居群体。他们大多聚居在北上广等一线城市，面对居高不下的房价无力解决自己的住房问题。"蚁族"群体的居住现状是大多采用租房的形式，居住条件和居住环境差。虽然有关的法律制度对"蚁族"群体有所关注，但仍未有效地解决"蚁族"群体的住房问题。随着大学毕业生数量的逐年增加，解决"蚁族"群体的住房问题已迫在眉睫，若不能妥善解决将极易引发社会矛盾，造成社会的不稳定。

试通过"蚁族"的蜗居现象，结合我国现行住宅保障制度的规定，思考我国现行住宅保障制度存在的问题。

一、我国住宅保障的产生背景

（一）社会背景

我国 1949 年新中国成立后城镇住房制度是以国家统包、无偿分配、低租金、无期限使用为特点的福利性住房分配制度。这种福利性住房分配制度对新中国成立初期国民经济的恢复，平复战争对人民造成的创伤起到了一定的作用，但伴随着国民经济的发展和市场经济体制的逐步确立，这种住房分配制度暴露出了许多弊端。1978 年，邓小平提出了关于房改的问题。1980 年 6 月，中共中央、国务院批准了《全国基本建设工作会议汇报提纲》，正式宣布将实行住宅商品化。1988 年年初，国务院召开了第一次全国房改工作会议，2 月下发了《关于在全国城镇分期分批推行住房制度改革的实施方案》。1988—1998 年是房改的全面推进阶段，1991 年国务院下发了《关于继续积极稳妥地进行城镇住房制度改革的通知》，同年 11 月又下发了《关于全面进行城镇住房制度改革的意见》。1992 年 5 月，上海市出台了《上海市住房制度改革实施方案》。

1994 年 7 月，国务院下发了《关于深化城镇住房制度改革的决定》，明确城镇住房制度改革的根本目的和基本内容。根本目的是建立与社会主义市场经济体制相适应的新的城镇住房制度，实现住房商品化、社会化；加快住房建设，改善居住条件，满足城镇居民不断增长的住房需求。基本内容包括将住房实物福利分配的方式改变为以按劳分配为主的货币工资分配方式、建立住房公积金制度等。1998 年 7 月，国务院下发了《国务院关于进一步深化城镇住房制度改革加快住房建设的通知》，房改工作取得了突破性的进展。通知的主要内容包括：1998 年下半年开始停止住房实物分配，逐步实行住房分配货币化，建立和完善以经济适用住房为主的住房供应体系；继续与推进现有公有住房改革，培育和规范住房交易市场；采取扶持政策，加快经济适用住房建设；发展住房金融；加强住房物业管理。2003 年 8 月，下发了《国务院关于促进房地产市场持续健康发展的通知》，该文件实施后，房地产业迅猛发展，但与此同时房价的过快上涨引发了一系列的社会问题。房地产投资规模过大，住房价格上涨过快，供应结构不合理，市场秩序混乱，低收入家庭住房困难等问题愈发凸显。针对突出问题，政府出台了一系列宏观调控政策。

（二）政策背景

1994 年《关于深化城镇住房制度改革的决定》（国发〔1994〕43 号）提出了建立供应高收入家庭的商品房体系和供应中低收入家庭的具有保障性质的经济适用住房体系。该文件第一次以收入水平为标准划分住房供应体系。1995 年，国务院开始实施"国家安居工程"，安居工程是指由政府负责组织建设，以实际成本价向城市的中低收入住房困难户提供的具有社会保障性质的住宅建设示范工程，至 1998 年全面施行住房改革后，这一政策逐步被经济适用住房政策所取代，可以说"安居工程"是保障性住房的前身，也在一定程度上推动了我国保障性住房的发展和进步。1998 年《国务院关于进一步深化城镇住房制度改革加快住房建设的通知》（国发〔1998〕23 号）提出了建立和完善以经济适用住房为主的住房供应体系，即由政府或者单位向最低收入家庭提供廉租住房，中低收入家庭购买经济适用住房，其他收入较高的家庭购买或者租赁市场价商品住房。

1999年4月，国务院颁布了《住房公积金管理条例》，首次以行政法规的形式确定了我国的住房公积金制度，2002年3月，国务院对《住房公积金制度》进行了修改，使住房公积金制度进一步完善。2003年8月，《国务院关于促进房地产市场持续健康发展的通知》要求各地调整住房供应结构，完善住房供应政策，使多数家庭购买或承租普通商品住房的目标逐步实现，并合理确定经济适用住房和廉租住房的供应标准，做好住房保障工作。2005年相继出台了《城镇廉租住房租金管理办法》《城镇最低收入家庭廉租住房申请、审核及退出管理办法》。2007年8月出台的《国务院关于解决城市低收入家庭住房困难的若干意见》指出，要进一步建立健全城市廉租住房制度，改进和规范经济适用住房制度，逐步改善其他住房困难群体的居住条件，完善配套政策和工作机制。紧跟该意见的步伐，2007年11月建设部、国家发展和改革委员会、国土资源部、中国人民银行共同发布了《经济适用住房管理办法》和《廉租住房保障办法》，进一步推动了我国保障性住房的进步。2008年《关于加强廉租住房质量管理的通知》、《廉租住房建设贷款管理办法》、《经济适用住房开发贷款管理办法》，2010年《关于加强经济适用住房管理有关问题的通知》《关于加强廉租住房管理有关问题的通知》；2010年6月《关于加快发展公共租赁住房的指导意见》、同年7月《中央补助公共租赁住房专项资金管理办法》等一系列政策法规的出台，说明国家对住宅保障制度日益重视。

2012年党的十八大报告指出：要建立市场配置和政府保障相结合的住房制度，加强保障性住房建设和管理，满足困难家庭基本需求。这是我党首次将保障性住房建设写入党代会工作报告。可见，保障房将是未来政策的重要着力点。2012年5月《公共租赁住房管理办法》出台填补了我国住宅保障制度的一大空白。公共租赁住房主要面向"夹心层"群体，"夹心层"群体是指自身无力购买商品房但又不属于之前住宅保障制度调整的范围，如低收入的大学毕业生、进城务工人员等。2012年6月，为支持财政困难地区做好廉租住房保障工作国务院又出台了《中央补助廉租住房保障专项资金管理办法》。2013年"新国五条"提出要加快保障性安居工程规划建设。完善并严格执行准入退出制度，确保公平分配。2013年底前，地级以上城市要把符合条件的外来务工人员纳入当地住房保障范围。2014年，住房和城乡建设部要求继续做好保障房质量管理、入住审核、后续管理和信息公开工作。推动民间资本参与保障房建设运营，认真组织实施公共租赁住房和廉租住房并轨运行工作。

二、我国现行的住宅保障体系

住宅保障是指在住房领域实行的社会保障制度，是指由政府作为责任主体，以实现中低收入阶层居民的基本居住权为目的，具有经济性福利性的国民居住保障系统。其实质是政府利用国家和社会的力量，通过国民收入再分配，为中低收入家庭提供适当住房，保障居民的基本居住水平。

住宅保障制度是政府主导的针对无力购买商品房和无力解决自身住房问题的中低收入群体进行住房保障的制度，目的是满足中低收入家庭的住房需求，而商品房是由市场经济规律自发进行调节，针对的是有能力解决自身住房问题的家庭。二者在流通方式、调整对象和产权归属上都有本质的不同。住房保障制度和养老、医疗、失业、工伤、生育保险等都是我国社会保障体系的组成部分。我国现行的住宅保障制度主要包括以下几个方面：

（一）住房公积金制度

我国的住房公积金制度是在充分吸收和借鉴新加坡中央公积金制度的基础上，结合我国的基本国情，并在实践中不断探索和完善而建立发展起来的社会保障制度。住房公积金制度是解决城镇居民住房问题的重要资金保障，提高了职工自身解决住房问题的能力。2002 年的《住房公积金管理条例》对住房公积金的含义进行了规定：是指国家机关、国有企业、城镇集体企业、外商投资企业、城镇私营企业及其他城镇企业、事业单位、民办非企业单位、社会团体及其在职职工缴存的长期住房储金。在我国的住房保障制度中，住房公积金制度是社会受益面最广的制度。

（二）经济适用住房制度

2007 年的《经济适用住房管理办法》对经济适用住房是这样界定的：本办法所称经济适用住房，是指政府提供政策优惠，限定套型面积和销售价格，按照合理标准建设，面向城市低收入住房困难家庭供应，具有保障性质的政策性住房。其基本类型主要包括：平价房、安居房、解困房、安置房、共有产权房等。经济适用住房与普通商品房相比，产权具有不完整性，因此只有满足一定的条件才能进入市场进行转让。经济适用住房制度的覆盖面较广，也较为成熟，在我国现行的住宅保障体系中居于核心地位。

（三）廉租住房制度

廉租住房，是指政府在住房领域实施社会保障功能，向城市低收入住房困难家庭提供的租金相对低廉的普通住房。廉租住房保障方式实行货币补贴和实物配租等相结合。申请廉租住房的低收入住房困难家庭必须符合市、县人民政府规定的条件。廉租住房制度使受保障的住房困难家庭的负担能力大大提高，居住条件得到了极大改善。由于承租人对所租赁房屋只享有使用权不享有产权，因此廉租住房保障方式更直接也更易实现，对低收入的住房困难家庭的保障意义更为重大。

（四）限价房制度

限价房又被称为"两限"商品房，是一种限房价、限套型（面积）的普通商品住房，主要解决中低收入家庭的住房困难。限价房是指经人民政府批准，在限制套型比例、限定销售价格的基础上，以竞地价、竞房价的方式，招标确定开发建设单位，由中标单位按照约定的标准建设，面向符合条件的居民销售中低价位、中小套型的住房。与一般商品房不同，限价房的土地价格、建设标准、销售对象在土地挂牌出让时就已经被限定，政府从源头上对房价进行调控。在房价居高不下连中等收入家庭都觉得住房困难的情况下，限价房被寄予了厚望，虽然限价房从严格意义上说并不是"保障性住房"，但可以视作有益补充。《国务院关于解决城市低收入家庭住房困难的若干意见》将廉租住房和经济适用住房列入了地方政绩考核，而限价房并未纳入其中，因此多数二、三线城市未积极推行限价房政策。而作为首批试点城市之一的广州在推出限价房时也出现了种种问题，因此限价房制度未来能走多远还取决于政府能否制定出严格、合理、具体的操作制度。

（五）公共租赁住房制度

2012年住房和城乡建设部公布的《公共租赁住房管理办法》中规定，公共租赁住房是指限定建设标准和租金水平，面向符合规定条件的城镇中等偏下收入住房困难家庭、新就业无房职工和在城镇稳定就业的外来务工人员出租的保障性住房。根据目前的相关法规和政策，公共租赁住房的保障对象主要包括：

（1）具有当地户口的中低收入住房困难家庭。这部分家庭因不符合经济适用住房、廉租住房的条件，又无力购买商品房；或虽符合条件，却处于等待的过程中。

（2）"夹心层"群体，他们不属于低收入群体，但自身无力购买商品房且不属于廉租住房和经济适用住房调整的范围，如低收入的大学毕业生、进城务工人员等。

（3）其他保障对象，如各地立法或政策中规定了一些特殊保障对象，如残疾人、老人、转业军人等，他们可以优先配租而不受保障对象一般规定的限制。从保障对象可以看出，公共租赁住房与廉租住房不同，公共租赁住房包括了"夹心层"群体。公共租赁住房的提出，不仅对解决"夹心层"群体的住房困难有现实的意义，也对我国的住宅保障体系产生了深远的影响，从关注低收入群体到关注非低收入群体，这一重大理念的转变，使我国的住宅保障制度能够保障更多住房权受到侵害的群体，减轻更多人的住房负担。公共租赁住房制度是我国新近探索出来的住房保障形式，在实践中出现了建设资金来源单一、房源供给不足，无法满足保障对象的住房需求等问题，但随着我国公共租赁住房制度的逐步完善，这些问题也会逐步解决。

第二节　经济适用住房制度

案例导入

经济适用住房能否转让

张某与王某、李某（二人系夫妻关系）签订了一份房屋转让协议，王某、李某夫妇将其二人所有的一套购买不满5年的经济适用住房转让给张某。张某在签订协议时知道该经济适用住房的购买时间和经济适用住房的转让限制。签订协议后，张某按照协议上的约定向王某、李某夫妇支付了购房款29万元，但双方未办理房屋的产权过户手续。之后，张某要求交付房屋，但王某、李某夫妇以未办理产权过户手续为由拒绝交付房屋。双方因此发生纠纷，张某遂将王某、李某夫妇告上法院。

本案中，张某与王某、李某夫妇签订的房屋转让协议是否有效？经济适用住房符合什么条件才能上市转让？若王某、李某夫妇因特殊原因确需转让经济适用住房怎么办？

【案例评析】王某与李某夫妇所有的经济适用住房尚未超过5年的禁止转让期限，因此该经济适用住房不得直接上市交易，二人与张某签订的房屋转让协议无效。若王某与李某夫妇因特殊原因确需转让该经济适用住房，可以按照政策的规定要求政府回购该经济适用住房。

一、经济适用住房概述

（一）经济适用住房的含义

经济适用住房，是保障性住房的一种，是指政府提供政策优惠，限定套型面积和销售价格，按照合理标准建设，面向城市低收入住房困难家庭供应，具有保障性质的政策性住房。经济适用住房制度则是指调整政府、管理机构、开发商和保障对象在经济适用住房的建设、分配、流通、纠纷解决、责任承担等方面形成的一系列规范的总称。

（二）经济适用住房的特征

1. 经济性与适用性

经济性，是指经济适用住房的价格相对于市场价格较为适中，能够与城市低收入住房困难家庭的承受能力相适应。

适用性是指在房屋的设计建造标准上，要符合居民的需要，不仅面积适当，功能实用，而且配套设施齐全，交通便利，达到经济适用住房的适用效果。

2. 社会保障性

经济适用住房旨在让城市低收入住房困难家庭可以拥有自己的住房，且价格低廉，并由政府统一规划、建设和分配。从经济适用住房制度的设计目的可以看出其属于社会保障的范畴。具体来说，经济适用住房所占用的建设用地是通过行政划拨和减免土地出让金的方式取得的，享受政府的扶持政策。在经济适用住房的销售价格上，以保本微利为原则，实行政府指导价，政府通过行政干预的手段将开发商的利润严格控制在3%以内，市、县人民政府直接组织建设的只能按成本价销售，不能有利润，是国家利用政府干预与市场调节相结合的方式来解决低收入家庭住房困难的重要措施。种种措施说明经济适用住房制度具有福利性和社会保障性的特点。

二、经济适用住房制度的历史发展

我国的经济适用住房制度起步较晚，一般认为该制度肇始于1994年国务院颁布的《关于深化城镇住房制度改革的决定》，其中第一次提出了建立以中低收入家庭为对象，具有社会保障性质的经济适用住房供应体系。1998年7月，国务院下发了《关于进一步深化城镇住房制度改革加快住房建设的通知》，其中要求建立和完善以经济适用住房为主的住房供应体系，即由政府或者单位向最低收入家庭提供，中低收入家庭购买经济适用住房，其他收入较高的家庭购买或者租赁市场价商品住房。1998年年底，国家税务总局下发了《关于经济适用住房建设固定资产投资方向调节税征管问题的通知》。1999年4月，中国人民银行公布《经济适用住房开发贷款管理暂行规定》。1999年4月住建部下发《已购公有住房和经济适用住房上市出售管理暂行办法》。2002年11月，国家发展计划委员会发布《经济适用住房价格管理办法》。这些规范性文件是以1998年的《关于进一步深化城镇住房制度改革加快住房建设的通知》为核心建立起的制度。

2004年5月，建设部等四部委下发了《经济适用住房管理办法》。随着社会和经济的进一步发展，2007年8月国务院发布了《关于解决城市低收入家庭住房困难的若干意见》，其中指出要改革和规范经济适用住房制度，将保障对象从之前的中低收入住房困难家庭调整为城市低收入住房困难家庭，并与廉租住房保障对象衔接。2007年11月19日，建设部等九部委联合发布了《经济适用住房管理办法》，以部门规章的形式确立了《关于解决城市低收入家庭住房困难的若干意见》中的内容，但经济适用住房的保障范围明确缩小为低收入家庭。保障范围的缩小最终产生了大量的"夹心层"群体，这也促使政府出台新的住房保障政策来弥补经济适用住房制度的不足。

三、经济适用住房的开发建设和价格管理

（一）建设经济适用住房的优惠政策

经济适用住房主要通过土地划拨、减免行政事业性收费、政府承担小区外基础设施建设、控制开发贷款利率、落实税收优惠政策等措施，切实降低经济适用住房建设成本。具体优惠政策主要包括以下几个方面：第一，土地划拨并优先供应。经济适用住房建设用地以划拨方式供应，经济适用住房建设用地应纳入当地年度土地供应计划，在申报年度用地指标时单独列出，确保优先供应。第二，费用减免。经济适用住房建设项目免收城市基础设施配套费等各种行政事业性收费和政府性基金。经济适用住房项目外基础设施建设费用，由政府负担。第三，融资优惠。经济适用住房建设单位可以以在建项目作抵押向商业银行申请住房开发贷款。购买经济适用住房可提取个人住房公积金和优先办理住房公积金贷款。经济适用住房的贷款利率享受中国人民银行规定的优惠政策。第四，税收优惠。经济适用住房的建设和供应要严格执行国家规定的各项税费优惠政策。

（二）经济适用住房的建设管理

经济适用住房要统筹规划、合理布局、配套建设，充分考虑城市低收入住房困难家庭对交通等基础设施条件的要求，合理安排区位布局。在商品住房小区中配套建设经济适用住房的，应当在项目出让条件中，明确配套建设的经济适用住房的建设总面积、单套建筑面积、套数、套型比例、建设标准以及建成后移交或者回购等事项，并以合同方式约定。

经济适用住房单套的建筑面积控制在60平方米左右。市、县人民政府应当根据当地经济发展水平、群众生活水平、住房状况、家庭结构和人口等因素，合理确定经济适用住房建设规模和各种套型的比例，并进行严格管理。经济适用住房建设按照政府组织协调、市场运作的原则，可以采取项目法人招标的方式，选择具有相应资质和良好社会责任的房地产开发企业实施；也可以由市、县人民政府确定的经济适用住房管理实施机构直接组织建设。

经济适用住房的规划设计和建设必须按照发展节能省地环保型住宅的要求，严格执行

《住宅建筑规范》等国家有关住房建设的强制性标准。经济适用住房建设单位对其建设的经济适用住房工程质量负最终责任，确保工程质量和使用安全。经济适用住房的施工和监理，应当采取招标方式，选择具有资质和良好社会责任的建筑企业和监理公司实施。

（三）经济适用住房的价格管理

确定经济适用住房的价格应当以保本微利为原则。其销售基准价格及浮动幅度，由有定价权的价格主管部门会同经济适用住房主管部门，依据经济适用住房价格管理的有关规定，在综合考虑建设、管理成本和利润的基础上确定并向社会公布。房地产开发企业实施的经济适用住房项目利润率按不高于3%核定；市、县人民政府直接组织建设的经济适用住房只能按成本价销售，不得有利润。

经济适用住房销售应当实行明码标价，销售价格不得高于基准价格及上浮幅度，不得在标价之外收取任何未予标明的费用。经济适用住房价格确定后应当向社会公布。价格主管部门应依法进行监督管理。经济适用住房实行收费卡制度，各有关部门收取费用时，必须填写价格主管部门核发的交费登记卡。任何单位不得以押金、保证金等名义，变相向经济适用住房建设单位收取费用。

四、经济适用住房的准入、产权与退出

经济适用住房管理应建立严格的准入和退出机制。经济适用住房由市、县人民政府按限定的价格，统一组织向符合购房条件的低收入家庭出售。经济适用住房供应实行申请、审核、公示和轮候制度。市、县人民政府应当制定经济适用住房申请、审核、公示和轮候的具体办法，并向社会公布。

（一）申请条件

城市低收入家庭申请购买经济适用住房应同时符合下列条件：（1）具有当地城镇户口；（2）家庭收入符合市、县人民政府划定的低收入家庭收入标准；（3）无房或现住房面积低于市、县人民政府规定的住房困难标准。经济适用住房供应对象的家庭收入标准和住房困难标准，由市、县人民政府根据当地商品住房价格、居民家庭可支配收入、居住水平和家庭人口结构等因素确定，实行动态管理，每年向社会公布一次。

（二）审核、公示与轮候

经济适用住房资格申请采取街道办事处（镇人民政府）、市（区）、县人民政府逐级审核并公示的方式认定。审核单位应当通过入户调查、邻里访问以及信函索证等方式对申请人的家庭收入和住房状况等情况进行核实。申请人及有关单位、组织或者个人应当予以配合，如实提供有关情况。

经审核公示通过的家庭，由市、县人民政府经济适用住房主管部门发放准予购买经济适用住房的核准通知，注明可以购买的面积标准。然后按照收入水平、住房困难程度和申请顺序等因素进行轮候。

（三）价格管理

符合条件的家庭，可以持核准通知购买一套与核准面积相对应的经济适用住房。购买面积原则上不得超过核准面积。购买面积在核准面积以内的，按核准的价格购买；超过核准面积的部分，不得享受政府优惠，由购房人按照同地段同类普通商品住房的价格补交差价。

（四）产权管理

居民个人购买经济适用住房后，应当按照规定办理权属登记。房屋、土地登记部门在办理权属登记时，应当分别注明经济适用住房、划拨土地。经济适用住房购房人拥有有限产权。购买经济适用住房不满 5 年，不得直接上市交易，购房人因特殊原因确需转让经济适用住房的，由政府按照原价格并考虑折旧和物价水平等因素进行回购。购买经济适用住房满 5 年，购房人上市转让经济适用住房的，应按照届时同地段普通商品住房与经济适用住房差价的一定比例向政府交纳土地收益等相关价款，具体交纳比例由市、县人民政府确定，政府可优先回购；购房人也可以按照政府所定的标准向政府交纳土地收益等相关价款后，取得完全产权。

（五）退出管理

已经购买经济适用住房的家庭又购买其他住房的，原经济适用住房由政府按规定及合同约定回购。政府回购的经济适用住房，仍应用于解决低收入家庭的住房困难。已参加福利分房的家庭在退回所分房屋前不得购买经济适用住房，已购买经济适用住房的家庭不得再购买经济适用住房。个人购买的经济适用住房在取得完全产权以前不得用于出租经营。

（六）单位集资合作建房

单位集资合作建房是经济适用住房的组成部分，其建设标准、优惠政策、供应对象、产权关系等均按照经济适用住房的有关规定严格执行。距离城区较远的独立工矿企业和住房困难户较多的企业，在符合土地利用总体规划、城市规划、住房建设规划的前提下，经市、县人民政府批准，可以利用单位自用土地进行集资合作建房。参加单位集资合作建房的对象，必须限定在本单位符合市、县人民政府规定的低收入住房困难家庭。

任何单位不得利用新征用或新购买土地组织集资合作建房；各级国家机关一律不得搞单位集资合作建房。单位集资合作建房不得向不符合经济适用住房供应条件的家庭出售。已参加福利分房、购买经济适用住房或参加单位集资合作建房的人员，不得再次参加单位集资合作建房。严禁任何单位借集资合作建房名义，变相实施住房实物分配或商品房开发。

五、我国经济适用住房制度存在的问题

（一）规范的层级和保障范围存在问题

我国的经济适用住房制度从 1994 年发展至今，仍没有统一的法律规范。2014 年 3

月，国务院法制办公室发布了关于《城镇住房保障条例（征求意见稿）》公开征求意见的通知，但时至今日，《城镇住房保障条例》仍未出台。2007年的《经济适用住房管理办法》也只是部门规章，并不是行政法规。规范的层级较低使制度的稳定性不强、权威性不足，在与其他制度竞合的时候不得不让位，严重影响了该制度目的和功能的实现。在保障范围上，《经济适用住房管理办法》规定经济适用住房的供应对象是城市低收入住房困难家庭，但是在任何的法律文件中都找不到对低收入家庭的明确界定。地方政府拥有较大的权利来确定各地的保障范围，从而导致各地之间的不统一、地域歧视等其他问题。

（二）开发模式存在问题

在开发模式上，经济适用住房过度依赖开发商的政策导向与经济适用住房的特点不符。《经济适用住房管理办法》规定，经济适用住房建设按照政府组织协调、市场运作的原则，可以采取项目法人招标的方式，选择具有相应资质和良好社会责任的房地产开发企业实施；也可以由市、县人民政府确定的经济适用住房管理实施机构直接组织建设。该规定虽然对房地产开发企业的资质和社会责任做了要求，也引入了管理实施机构作为竞争，但未解决经济适用住房的福利行政背景和开发商利益之间的平衡问题。开发商往往利用制度的漏洞来谋取利益，也给了"权力寻租"以空间，严重损害了经济适用住房的建设质量。另一方面，我国现行的经济适用住房"补砖头"的补贴方式不仅效率不足还产生了很多弊端。根据国际经验，政府对住房建设和分配的补贴可分为对供给方补贴和对需求方补贴两类，即"补砖头"和"补人头"。"补砖头"是指财政补贴直接补贴给生产者，在销售得以实现的前提下，通过生产者的供给行为间接地补贴给消费者。"补人头"是指对消费者进行直接地补贴，这种方式不仅能够提高困难家庭的支付能力，还可以明确补贴的针对性，具有较高的政治和经济效率。我国现行的"补砖头"方式虽能在短期内解决住房短缺和中低收入家庭的住房困难，但会使政府付出巨大的行政和财政成本，效率较低。另外，虽然此种方式能增加房屋的存量、平抑房价，但这种补贴方式在我国的现行环境下产生了很多弊端，如开发商利用掌握的经济适用住房的指标违规配发、违规建设大面积住房等。

（三）产权模式存在问题

完整的房地产产权包括房屋产权和土地使用权，权利人同时享有房屋所有权和土地使用权。但从现行的《经济适用住房管理办法》来看购房者对经济适用住房拥有有限产权。有限产权不同于商品房的完全产权。完全产权意味着购买者办理了产权登记手续后，可以自由使用和处分该房产。而有限产权意味着购买者办理了产权登记手续后，虽然从形式上看取得了房屋所有权证和土地使用权证，但在实质上不能任意转让和处置该房屋，处分权的行使受到一定限制。有限产权模式的制度设计主要来源于解决我国"福利房"的转让问题。在房屋产权改革前"福利房"的所有权属于政府或企事业单位，改革后属于个人，但考虑到"福利房"的购买成本低，所以一般规定只能在单位内部流通，不能上市转让。有限产权模式有以下两个特点：第一，房屋所有者对房屋拥有单独所有权；第二，房屋所有者的所有权权能不完全，受限制。经济适用住房的所有权人对房屋的转让和处置受到限制，不能任意流通，只能在法律规定的范围内流通。有限产权模式在所有权配置的解释上十分顺畅，但是其不能解决经济适用住房目前存在的问题。首先，经济适用住房5年后可以上市出售。这里的出售市场并非单位内部，而是自由市场。很多人投资购买经济适用住房，5年后出手，就可以获得可观的利益，这促使很多人为了牟利而造假，经济适用住房的保障功能丧失殆尽。其次，有限产权模式的制度设计虽然可以对经济适用住房的转让范围加以限制，面向低收入群体，但转让时价格已是市场价格，对低收入群体来说已无任何保障意义。

（四）建设标准和价格存在问题

在建设标准上，经济适用住房把关不严格，经济适用住房"不适用"。《经济适用住房管理办法》规定，经济适用住房单套的建筑面积控制在60平方米左右。市、县人民政府应当根据当地经济发展水平、群众生活水平、住房状况、家庭结构和人口等因素，合理确定经济适用住房建设规模和各种套型的比例，并进行严格管理。该规定使各地的经济适用住房标准不一。各地政府可以根据具体情况确定标准和套型比例，但在实际中，部分经济适用住房户型面积过大，不仅出现了100多平方米的大户型，甚至出现了200多平方米的超大户型。在户型建筑面积过大的同时，部分经济适用住房建设规格过高，偏豪华的问题同样存在。以深圳市侨香村经济适用住房建设项目为例，仅工程造价就达到了5000元每平方米，低收入者很难承受。在房屋价格上，《经济适用住房管理办法》规定，经济适用住房的价格应当以保本微利为原则。其销售基准价格及浮动幅度，由有定价权的价格主管部门会同经济适用住房主管部门，依据经济适用住房价格管理的有关规定，在综合考虑建设、管理成本和利润的基础上确定并向社会公布。房地产开发企业实施的经济适用住房项目利润率按不高于3%核定。但在实践中经济适用住房价格却偏高，造成价格过高的原因是户型偏大，使经济适用住房"不经济"，甚至出现了将经济适用住房当普通商品房出售的现象。

（五）准入、退出、监管机制存在问题

《经济适用住房管理办法》明确规定了保障对象为"城市低收入住房困难家庭"，但"低收入"和"住房困难"的标准是什么并未明确规定。另一方面，我国缺乏明确的财产收入申报制度，对于购买者的财产状况很难认定，甚至还存在一些瞒报、造假行为等。如高收入者瞒报收入和住房状况，骗取申请资格，谋取不正当利益；住房宽裕的官员通过各种方式购买经济适用住房并租售，谋取利益等。而政府对购房者的资格审查的手段有限，《经济适用住房管理办法》规定，审核单位应当通过入户调查、邻里访问以及信函索证等方式对申请人的家庭收入和住房状况等情况进行核实。申请人及有关单位、组织或者个人应当予以配合，如实提供有关情况。但现代社会对隐私权的重视和人际关系日益陌生化，原始的手段已不能满足审查监管的需要。再加上存在审查不严，监督不到位等情况，使经济适用住房的保障对象失控。此外，经济适用住房的退出机制也存在不完善之处。首先，《经济适用住房管理办法》规定购房者在取得住房5年后，缴纳土地收益价款，即可获得经济适用住房的完全产权，从而进入自由市场交易，获得利益，这显然与经济适用住房制度的设计目的相悖。其次，对于经济适用住房在 5 年限转期间能否成为抵押权的标的，能否被强制拍卖，能否发生继承等问题均未作规定。

六、我国经济适用住房制度的发展趋势

（一）提高立法层级，具体保障范围

我国经济适用住房制度的纲领性文件《经济适用住房管理办法》只是部门规章，并不是行政法规。完善我国的经济适用住房制度应先从规范入手，完善规范。反观一些住宅保障制度比较完善的国家都会以法律的形式予以确认和实施。如美国的《国家住房法》、《住宅法案》，日本的《公营住宅法》、《公团住宅法》等。我国的经济适用住房制度自建立以来一直是以行政为主导来推动的，因而导致立法的层级低，稳定性、权威性不够，不利于对公民权利的救济。制定一部统一的法律已经成为经济适用住房制度完善的重要内容。2014 年 3 月，国务院法制办公室发布了关于《城镇住房保障条例（征求意见稿）》公开征求意见的通知，希望出台后的《住房保障条例》能使我国的经济适用住房制度得到极大的完善，从而也能极大地推动我国住房保障制度的进步。针对保障范围的不确定，有学者提出保障对象不单单以收入水平来划分，而是有多元化的标准共同影响，其中有一种观点是根据保障群体身份划分，认为可以在经济适用住房制度的纲领性文件中规定大致保障范围，包括贫困人群、特殊身份人群、少数民族聚居区等几大方面，再由各地区根据当地经济发展情况、人员组成等制定细则，确定每类人群的保障方式、划分标准等。

（二）建立经济适用住房共有产权模式

共有产权模式，是指受保障对象以购房款出资，政府以土地出让金出资，两部分出资共同构成房屋总价款，双方按出资比例构成共有产权，政府和购房者对房屋为按份共有。目前，我国采取该种模式的城市主要为上海及淮安。上海于 2011 年颁布了《上海市经济适用住房价格管理试行办法》，该规定对于"共有产权"进行了明确的界定，规定购房人的产权份额＝销售基准价格÷（周边房价×90%）。而与上海比较，淮安市的《淮安市市区保障性住房建设供应管理办法》规定的共有比例为 7：3（即个人拥有70% 的产权，政府拥有 30% 的产权）或 5：5 两种。在共有产权模式下，受保障对象通过支付部分价款获得部分产权，更加合理，对也进行了出资的政府而言，也更加公平，两者的权利和义务一致。

共有产权模式使购房者和政府的产权份额更加明晰，购房者在转让房屋时获得是其相应份额的利益，相比单独产权，转让可获得的利益大大降低，从而能够遏制投机。

共有产权模式能够兼顾住房需求和资产积累。政府在低收入住房困难家庭可以承受的限度内配售经济适用住房的部分产权，使他们能够拥有自己的住房，并随着资产的积累，可以购买政府手中的剩余产权，从而转变为完全产权。在未来的制度设计中，只要正确处理好经济适用住房对内份额的分出、抵押、出质、出租的特殊性，并在对外承担物业费、物业管理投票权分配以及房屋所可能产生侵权损害的政府责任，消除其副作用，经济适用住房共有产权模式便值得我国正在起草的《住房保障条例》予以采纳。

（三）共有产权模式下的开发模式、建设标准、价格和补贴方式

在现行的政府开发、开发商开发、集资合作建房等方式之外，我们还可以积极探索其他的开发模式，如由非盈利的社会组织（如住宅合作社）开发建设。政府还可以开辟其他房源，如收购中小套型商品房、二手房等作为经济适用住房提供给低收入住房困难家庭，或者大力促进住房二级市场的发展，利用二手房和经济适用住房直接的替代关系分流一部分住房需求。政府要严格控制经济适用住房的建设标准，其套型和面积可因各地的实际情况而有所不同，但应严格遵循 60~80 平方米的国家标准，严禁大户型和超大户型的经济适用住房建设。政府在划拨土地时应考虑地理位置、配套基础设施等因素，尽量降低购买者的日后生活成本。在共有产权模式下，首先，将原先经济适用住房的建设用地由行政划拨改为出让方式，以出让金补贴经济适用住房，改"暗补"为"明补"；其次，改传统经济适用住房价格大大低于同期商品房价格的方式，以同期商品房价格为标准，经济适用住房价格略低于商品房价格，既体现了经济适用住房的保障性，又为将来退出经济适用住房的收益分成、租金标准、保障对象提供了标准。最后，在补贴方式上，改变单一的政府补贴方式，以土地出让方式为主导，以政府收益分成、收取租金为辅助方式，这样一方面调动了地方政府落实经济适用住房政策的积极性，又使政府的财政资金得以收支协调，也压缩了不良企图者的利润空间。在补贴方式的选择上要综合考虑政府的负担能力、市场的供需状况、配套设施是否齐全等因素，因此各地政府要结合当地的实际情况制定出合适的补贴方式。

（四）完善经济适用住房的准入、退出、监管机制

在具体保障范围的前提下，建议在经济适用住房的申购审查过程中，建立个人收入申报制度。并建立以住房管理机构为主导、民政、社保、税务、金融等部门协同管理的管理体制。对申购家庭的现有房产、收入情况、财产状况、家庭成员情况等进行联合的审查并予以公示。具体应包括材料形式与内容的审查、实地调查具体情况和轮候等。另外，要加大对违法购房者的惩处力度。如对于隐瞒、弄虚作假、骗购等行为，除了确认行为无效以外，还应处以数额较大的罚款，并规定在一定的期间内管理机关不再受理其申请的处罚方式。《经济适用住房管理办法》规定购房者购买经济适用住房不满 5 年不得上市交易。而根据淮安市的共有产权经济适用住房制度的实践，也规定了 5 年的限售期。因此在共有产权模式下，经济适用住房的退出主要包括以下情形：（1）在 5 年限售期内，购房者经济状况提高，不再符合保障条件，由政府行使回购权，因而退出保障体系。在此情形下，应建立定期审核机制，一旦发现不符合保障条件，即可回购，从而提高经济适用住房的循环利用率。（2）在 5 年限售期内，购房者购买了政府所有的产权份额，在 5 年限售期后进行上市交易。此种情形下可以借鉴淮安的实践经验，在限售期内，按原供应价格结算；在限售期后，按届时的市场评估价格进行结算。（3）在 5 年限售期后，购房者将其所拥有的部分产权份额进行上市交易。此种情形下，政府作为按份共有人享有优先购买权，在政府不行使优先购买权时，将房屋进行上市交易，由购房者和政府按比例进行收益分配。（4）在 5 年限售期后，购房者购买了政府所有的产权份额，进行上市交易。通过以上几

种情况的规定来完善我国经济适用住房的退出机制，从退出反制准入，避免了权力寻租、炒房、投机等行为，发挥了经济适用住房的保障功能。

第三节 廉租住房制度

案例导入

廉租住房住户违规出租房屋案

【案例简介】2009 年 12 月，保障性住房管理单位与原告刘某签订了《廉租住房租赁合同》，约定将廉租房小区房屋出租给原告。根据相关规定以及合同约定，如原告擅自转租、转借或有其他情形，廉租住房管理机构则有权解除合同，收回房屋。2010 年，管理单位发现原告擅自转租其廉租住房遂制止，但原告仍再次转租，其行为严重违反有关廉租住房保障办法的规定以及《廉租住房租赁合同》的约定，管理单位于 2011 年 1 月做出决定解除合同，收回房屋。原告认为保障房管理单位的决定违法，遂提起本案诉讼。

【法院判决】经人民法院审理，认为原告擅自转租房屋的事实成立，保障房管理单位的决定符合有关规定，并判决驳回原告的诉讼请求。

【分析说明】廉租住房制度是国家为改善民生、解决低收入家庭住房困难的重大举措，在目前的廉租住房规模尚不能完全满足全部低收入家庭住房需求的情况下，在许许多多的低收入家庭只能获得廉租住房租金补贴的情况下，原告取得实物配租的廉租住房是十分幸运的，理应珍惜来之不易的廉租住房。廉租住房管理机构应当严格执行保障性住房规定、督促廉租户严格履行廉租住房租赁合同约定，有责任对违反保障性住房规定和合同约定的行为及时查处，维护绝大多数低收入家庭的合法权益，以便保障真正具有住房需求的低收入家庭。

一、廉租住房制度概述

（一）廉租住房的涵义

廉租住房，又称为廉租住房或城镇廉租住房，是指政府为履行其社会保障职能，而向符合相应条件的城镇低收入家庭提供的租金相对低廉的普通住房。廉租住房保障，是指政府履行社会保障职能，以实物配租、租金补贴等方式为符合相应条件的城镇低收入家庭租赁住房所提供的保障。廉租住房保障制度，是指政府履行社会保障职能，采取租金补贴、实物配租等方式为符合相应条件的城镇低收入家庭租赁住房提供保障之事项而设立的一系列管理、运作等方面的规则体系。

（二）廉租住房制度的特征

1. 社会保障性

廉租住房制度是面向城市低收入住房困难家庭建立的住宅保障制度，是我国住宅保障制度的重要组成部分，是政府行使社会保障职能的具体体现。城市低收入住房困难家庭是住房的弱势群体，无法通过自身的努力获得有效的住房资源，政府通过建设廉租住房为这些弱势群体提供最基本的住房需求，是福利行政的体现。

2. 保障对象特定性

我国廉租住房制度的保障对象是城市低收入住房困难家庭及孤、老、病、残等需要保障的特殊家庭。《廉租住房保障办法》规定城市低收入住房困难家庭，是指城市和县人民政府所在地的镇范围内，家庭收入、住房状况等符合市、县人民政府规定条件的家庭。从我国目前的实践来看，基本都将保障对象限定在低保户、优抚家庭中的住房困难户。然而随着经济的发展和政府财政能力的提高，廉租住房的保障范围应进一步扩大。

3. 国家义务性

住宅权是公民享有的基本权利，我国城市低收入住房困难家庭因自身原因的限制无法获得住房，国家有义务和责任来保障他们的住房需求。保障公民的基本住宅权是政府的职责。国家有责任也有能力来完成这项义务，一方面，国家作为政治共同体有能力调动和整合各种社会资源来完成这项义务，另一方面也指出了政府的廉租住房建设必须适度而为，与国家的经济发展、财政状况相适应。

（三）廉租住房与经济适用住房的区别

第一，保障对象不同。依我国的政策规定，廉租住房的保障对象是住房困难的最低收入家庭，经济适用住房的保障对象是城市低收入住房困难家庭。

第二，消费方式不同。依我国的政策规定，廉租住房不出售，只出租；经济适用住房主要用于出售，或在租赁满一定期限的前提下出售。

第三，保障方式不同。廉租住房保障方式实行货币补贴和实物配租等相结合。货币补贴是指县级以上地方人民政府向申请廉租住房保障的城市低收入住房困难家庭发放租赁住房补贴，由其自行承租住房。实物配租是指县级以上地方人民政府向申请廉租住房保障的城市低收入住房困难家庭提供住房，并按照规定标准收取租金。经济适用住房的保障方式是政府提供优惠政策，如免收国有土地出让金、土地划拨、减免征收税费等优惠政策，从而降低了经济适用住房的价格。

（四）廉租住房与公共租赁住房的区别

第一，保障对象不同。依我国的政策规定，廉租住房的保障对象是住房困难的最低收入家庭，公共租赁住房的保障对象为中低收入家庭。

第二，保障方式不同。廉租住房保障方式实行货币补贴和实物配租等相结合。公共租赁住房的保障方式针对未实行实物配租和领取租金补贴的，但又符合廉租住房条件家庭的，可以申请公共租赁住房。

第三，租金定价水平不同。廉租住房的租金维持在最低水平，保障低收入家庭的正常生活，具有一定的福利性。而公共租赁住房针对中低收入具有暂时性住房困难的家庭，他们具有一定的经济实力。所以公共租赁住房的租金不能与廉租住房的租金一样低，公共租赁住房的租金往往高于廉租住房的租金，否则不能体现保障的差异性，公共租赁住房的租金视申请者的经济能力和公共租赁住房所在城市的具体情况而定。第四，退出机制不同。廉租住房缺乏有效的退出机制，在开发成本上需要大量资金，而公共租赁住房具有准入、退出双向机制，可以循环使用住房资源，节省建设成本。

二、廉租住房制度的历史发展

1998 年 7 月，国务院发布了《关于进一步深化城镇住房制度改革加快住房建设的通知》，该通知首次提出了"廉租住房"的概念，要求各地开始建设以城市最低收入住房困难家庭为保障对象的廉租住房。1999 年 4 月住房和城乡建设部发布了《城镇廉租住房管理办法》，它是我国关于廉租住房制度的第一个法令性文件。《城镇廉租住房管理办法》对廉租住房制度的保障对象、申请的程序、租金的标准等都作了规定，但是，由于《城镇廉租住房管理办法》规定的过于笼统，难以执行，以之建立廉租住房制度的城市很少。2003 年，国务院发布了《关于促进房地产市场持续健康发展的通知》，要求强化政府住房保障职能，建立和完善廉租住房制度，并明确了住房保障资金来源，它预示着我国的廉租房建设进入了新的阶段。2003 年 12 月，住建部会同有关部门联合发布了《城镇最低收入家庭廉租住房管理办法》（已废止）。2005 年 3 月，发改委、建设部联合下发了《城镇廉租住房租金管理办法》。2005 年 7 月，建设部和财政部联合下发《城镇最低收入家庭廉租住房申请、审核及退出管理办法》。2006 年 8 月，建设部出台《城镇廉租住房档案管理办法》和《城镇廉租住房工作规范化管理办法》，使我国这一时期的廉租住房制度有了更加全面细致的规定。

2007 年 8 月，国务院发布了《关于解决城市低收入家庭住房困难的若干意见》，提出要进一步建立健全城市廉租住房制度，逐步扩大廉租住房制度的保障范围，合理确定廉租住房保障对象和保障标准。明确了城市廉租住房制度是解决低收入家庭住房困难的主要途径，开启了廉租住房制度快速发展的时代。10 月，党的十七大报告中明确指出健全廉租住房制度，加快解决城市低收入家庭住房困难。10 月底，财政部制定了《廉租住房保障资金管理办法》。11 月，建设部等九部委联合发布了《廉租住房保障办法》，进一步健全和完善了我国的廉租住房保障制度，成为我国廉租住房保障制度的核心文件。2008 年 12 月，人民银行、银监会联合发布了《廉租住房建设贷款管理办法》，支持廉租住房开发建设。2012 年 6 月，财政部发布了《中央补助廉租住房保障专项资金管理办法》，以支持财政困难地区做好城市廉租住房保障工作。

廉租住房保障制度是我国住宅保障制度的重要组成部分，国家十分重视廉租住房的建设与发展。2007 年，住房与城乡建设部发布了《关于城镇廉租住房制度建设和实施情况的通报》，对我国廉租住房制度的发展情况进行了详细的介绍。此外，2007 年至 2009 年，国家审计署分两次对北京、天津、山西等 19 个省、直辖市的廉租住房保障情况进行审计调查。通过实践调查发现：第一，廉租住房保障制度在 2007 年以后发展迅速，保障范围也相应地扩大，但各级政府的能力有限，只能覆盖到住房困难的城镇居民，但在城市化过程中农民工等外来务工人员的住房状况更加困难，而他们未纳入廉租住房的保障范围。第二，廉租住房的发展依靠政府投入，社会力量的参与有限。这不仅体现在廉租住房的资金来源上，还体现在廉租住房的管理模式、公众参与等方面。第三，各层级地方的制度建设存在着差距，各地的廉租住房及相关制度的发展并不均衡。东部地区的建立和实施情况普遍好于西部地区，大中城市普遍好于中小城市。

三、廉租住房保障方式

廉租住房保障方式实行货币补贴和实物配租等相结合。货币补贴是指县级以上地方人民政府向申请廉租住房保障的城市低收入住房困难家庭发放租赁住房补贴，由其自行承租住房。实物配租是指县级以上地方人民政府向申请廉租住房保障的城市低收入住房困难家庭提供住房，并按照规定标准收取租金。市、县人民政府应当根据当地家庭平均住房水平、财政承受能力以及城市低收入住房困难家庭的人口数量、结构等因素，以户为单位确定廉租住房保障面积标准。

实施廉租住房保障，主要通过发放租赁补贴，增强城市低收入住房困难家庭承租住房的能力。廉租住房紧缺的城市，应当通过新建和收购等方式，增加廉租住房实物配租的房源。通过该规定可以看出，我国的廉租住房保障以货币补贴为主，实物配租为辅。

（一）实物配租

采取实物配租方式的，配租面积为城市低收入住房困难家庭现住房面积与保障面积标准的差额。新建廉租住房，应当将单套的建筑面积控制在 50 平方米以内，并根据城市低收入住房困难家庭的居住需要，合理确定套型结构。实物配租的住房租金标准实行政府定价，原则上由房屋的修缮费和管理费两项因素构成。实物配租住房的租金，按照配租面积和市、县人民政府规定的租金标准确定。有条件的地区，对城市居民最低生活保障家庭，可以免收实物配租住房中住房保障面积标准内的租金。

实物配租的廉租住房来源主要包括：政府新建、收购的住房，腾退的公有住房，社会捐赠的住房；其他渠道筹集的住房。廉租住房建设用地，应当在土地供应计划中优先安排，并在申报年度用地指标时单独列出，采取划拨方式，保证供应。廉租住房建设用地的规划布局，应当考虑城市低收入住房困难家庭居住和就业的便利。廉租住房建设应当坚持经济、适用原则，提高规划设计水平，满足基本使用功能，应当按照发展节能省地环保型住宅的要求，推广新材料、新技术、新工艺。廉租住房应当符合国家质量安全标准。

（二）货币补贴

采取货币补贴方式的，补贴额度按照城市低收入住房困难家庭现住房面积与保障面积标准的差额、每平方米租赁住房补贴标准确定。

每平方米租赁住房补贴标准由市、县人民政府根据当地经济发展水平、市场平均租金、城市低收入住房困难家庭的经济承受能力等因素确定。其中对城市居民最低生活保障家庭，可以按照当地市场平均租金确定租赁住房补贴标准；对其他城市低收入住房困难家庭，可以根据收入情况等分类确定租赁住房补贴标准。

四、廉租住房的资金保障

廉租住房保障资金采取多种渠道筹措。廉租住房保障资金来源包括：（1）年度财政预算安排的廉租住房保障资金；（2）提取贷款风险准备金和管理费用后的住房公积金增值收益余额；（3）土地出让净收益中安排的廉租住房保障资金；（4）政府的廉租住房租金收入；（5）社会捐赠及其他方式筹集的资金。

提取贷款风险准备金和管理费用后的住房公积金增值收益余额，应当全部用于廉租住房建设。土地出让净收益用于廉租住房保障资金的比例，不得低于10%。政府的廉租住房租金收入应当按照国家财政预算支出和财务制度的有关规定，实行收支两条线管理，专项用于廉租住房的维护和管理。对中西部财政困难地区，按照中央预算内投资补助和中央财政廉租住房保障专项补助资金的有关规定给予支持。

在资金的使用上，廉租住房保障资金实行专项管理、分账核算、专款专用，专项用于廉租住房保障开支，包括收购、改建和新建廉租住房开支以及向符合廉租住房保障条件的低收入家庭发放租赁补贴开支，不得用于其他开支。收购廉租住房开支，是指利用廉租住房保障资金收购房屋用于廉租住房保障的支出，包括支付的房屋价款等开支。改建廉租住房开支，是指对已收购的旧有住房和腾空的公有住房进行维修改造后用于廉租住房保障的支出。新建廉租住房开支，是指利用廉租住房保障资金新建廉租住房的开支，包括新建廉租住房需要依法支付的土地补偿费、拆迁补偿费以及支付廉租住房建设成本支出。发放租赁补贴开支，是指利用廉租住房保障资金向符合廉租住房保障条件的低收入家庭发放的租赁补贴支出。

在资金的监督上，廉租住房保障资金原则上实行国库集中支付。申请租赁补贴的符合廉租住房保障条件的低收入家庭，经市县廉租住房行政主管部门、民政部门公示和审核确认无误后，由市县财政部门根据市县廉租住房行政主管部门、民政部门的审核意见和年度预算，将租赁补贴资金直接支付给符合廉租住房保障条件的低收入家庭或向廉租住房保障对象出租住房的租赁方。暂未实施国库集中支付制度的地区，市县财政部门按照地方财政国库管理制度有关规定拨付租赁补贴资金，确保租赁补贴资金落实到人、到户。收购、改建和新建廉租住房，由市县廉租住房行政主管部门根据工程合同和进度、购房合同以及年度预算，提出预算拨款申请，经同级财政部门审核后，由同级财政部门将资金直接支付给廉租住房建设单位或销售廉租住房的单位和个人。

五、廉租住房的准入与退出

（一）申请材料

申请廉租住房保障，应当提供下列材料：（1）家庭收入情况的证明材料；（2）家庭住房状况的证明材料；（3）家庭成员身份证和户口簿；（4）市、县人民政府规定的其他证明材料。建设（住房保障）主管部门、民政等有关部门以及街道办事处、镇人民政府，可以通过入户调查、邻里访问以及信函索证等方式对申请人的家庭收入和住房状况等进行核实。申请人及有关单位和个人应当予以配合，如实提供有关情况。

（二）申请程序

申请廉租住房保障，按照下列程序办理：（1）申请廉租住房保障的家庭，应当由户主向户口所在地街道办事处或者镇人民政府提出书面申请；（2）街道办事处或者镇人民政府应当自受理申请之日起30日内，就申请人的家庭收入、家庭住房状况是否符合规定条件进行审核，提出初审意见并张榜公布，将初审意见和申请材料一并报送市（区）、县人民政府建设（住房保障）主管部门；（3）建设（住房保障）主管部门应当自收到申请材料之日起15日内，就申请人的家庭住房状况是否符合规定条件提出审核意见，并将符合条件的申请人的申请材料转同级民政部门；（4）民政部门应当自收到申请材料之日起15日内，就申请人的家庭收入是否符合规定条件提出审核意见，并反馈同级建设（住房保障）主管部门；（5）经审核，家庭收入、家庭住房状况符合规定条件的，由建设（住房保障）主管部门予以公示，公示期限为15日；对经公示无异议或者异议不成立的，作为廉租住房保障对象予以登记，书面通知申请人，并向社会公开登记结果。经审核，不符合规定条件的，建设（住房保障）主管部门应当书面通知申请人，说明理由。申请人对审核结果有异议的，可以向建设（住房保障）主管部门申诉。

（三）轮候管理

建设（住房保障）主管部门应当综合考虑登记的城市低收入住房困难家庭的收入水平、住房困难程度和申请顺序以及个人申请的保障方式等，确定相应的保障方式及轮候顺序，并向社会公开。对已经登记为廉租住房保障对象的城市居民最低生活保障家庭，凡申请租赁住房货币补贴的，要优先安排发放补贴，基本做到应保尽保。实物配租应当优先面向已经登记为廉租住房保障对象的孤、老、病、残等特殊困难家庭，城市居民最低生活保障家庭以及其他急需救助的家庭。对轮候到位的城市低收入住房困难家庭，建设（住房保障）主管部门或者具体实施机构应当按照已确定的保障方式，与其签订租赁住房补贴协议或者廉租住房租赁合同，予以发放租赁住房补贴或者配租廉租住房。发放租赁住房补贴和配租廉租住房的结果，应当予以公布。

（四）租赁住房补贴协议和租赁合同

租赁住房补贴协议应当明确租赁住房补贴额度、停止发放租赁住房补贴的情形等内容。廉租住房租赁合同应当明确下列内容：（1）房屋的位置、朝向、面积、结构、附属设施和设备状况；（2）租金及其支付方式；（3）房屋用途和使用要求；（4）租赁期限；（5）房屋维修责任；（6）停止实物配租的情形，包括承租人已不符合规定条件的，将所承租的廉租住房转借、转租或者改变用途，无正当理由连续6个月以上未在所承租的廉租住房居住或者未交纳廉租住房租金等；（7）违约责任及争议解决办法，包括退回廉租住房、调整租金、依照有关法律法规规定处理等；（8）其他约定。

（五）退出管理

市县财政部门应当配合同级廉租住房行政主管部门会同民政部门建立廉租住房保障对

象的动态监管机制，对于年度享受廉租住房保障的低收入家庭的收入状况进行跟踪复核，确认其是否可以继续享受廉租住房保障制度。对于不符合廉租住房保障条件的，应当停止发放租赁补贴、按照市场租金收取廉租住房租金或收回配租的廉租住房。

市、县人民政府应当定期向社会公布城市低收入住房困难家庭廉租住房保障情况。市（区）、县人民政府建设（住房保障）主管部门应当按户建立廉租住房档案，并采取定期走访、抽查等方式，及时掌握城市低收入住房困难家庭的人口、收入及住房变动等有关情况。已领取租赁住房补贴或者配租廉租住房的城市低收入住房困难家庭，应当按年度向所在地街道办事处或者镇人民政府如实申报家庭人口、收入及住房等变动情况。街道办事处或者镇人民政府可以对申报情况进行核实、张榜公布，并将申报情况及核实结果报建设（住房保障）主管部门。建设（住房保障）主管部门应当根据城市低收入住房困难家庭人口、收入、住房等变化情况，调整租赁住房补贴额度或实物配租面积、租金等；对不再符合规定条件的，应当停止发放租赁住房补贴，或者由承租人按照合同约定退回廉租住房。

退回廉租住房的情形包括：（1）城市低收入住房困难家庭将所承租的廉租住房转借、转租或者改变用途；（2）无正当理由连续 6 个月以上未在所承租的廉租住房居住的；（3）无正当理由累计 6 个月以上未交纳廉租住房租金的。城市低收入住房困难家庭未按照合同约定退回廉租住房的，建设（住房保障）主管部门应当责令其限期退回；逾期未退回的，可以按照合同约定，采取调整租金等方式处理。城市低收入住房困难家庭拒绝接受前款规定的处理方式的，由建设（住房保障）主管部门或者具体实施机构依照有关法律法规规定处理。

六、我国廉租住房制度存在的问题

（一）规范和决策存在问题

首先，一方面，我国目前关于廉租住房方面的法律主要为政府规章、地方政府规章或其他规范性文件，规范的层级较低，且内容有冲突之处，因此不利于廉租住房制度的发展；另一方面，规范的层级较低使制度的稳定性不强、权威性不足，在与其他制度竞合的时候不得不让位。廉租住房制度由于自身的福利性和高投入低回报的政绩效果，导致其在决策中得不到相应的重视，发展遭遇许多瓶颈。其次，廉租住房的建设和发展缺少长远的规划，未能建立有效的配套机制。廉租住房制度的发展其实与社会的发展，经济的发展以及居民的收入水平等息息相关，国家应制定更为长远和详尽的计划，保证低收入住房困难家庭在不同阶段得到不同程度的保障。国家还应在住房金融、土地开发、工程建设、物业管理等方面做出相应的安排。廉租住房制度在具体实施中，还应建立居民收入统计等有效的配套机制。再者，廉租住房制度的发展缺少社会力量和公众的参与。

（二）具体执行存在问题

首先，地方政府缺乏执行的积极性。在许多地方，土地出让金是政府重要的财政来源，而建设廉租住房不但得不到收益，反而要投入大量的资金、人力和物力，使得地方政府缺乏积极性。其次，保障对象的范围过窄。廉租住房的保障对象为城市低收入住房困难家庭，但城市中还存在大量的"夹心层"群体，如中等偏下收入住房困难家庭、新就业无房职工、外来务工人员等，而随着城市化进程的加快，这个群体还将不断扩大。他们不能纳入廉租住房的保障对象与廉租住房制度的目的不符，也不利于社会的发展与稳定。再者，房源不充足，布局不合理。《廉租住房保障办法》规定的房屋来源包括政府新建、收购的住房，腾退的公有住房和捐赠住房等。但我国的实际情况是廉租住房供应严重不足，远远不能满足我国广大低收入住房困难家庭的住房需要。而对于已建成的廉租住房，虽然享有各方面的优惠政策，但廉租住房在房屋质量、规格、布局、配套设施上都存在缺陷与不足。很多廉租住房的地址偏远、交通不便，甚至存在廉租住房配租困难、房源闲置、已入住家庭退房等情况。

（三）监督监管存在问题

首先，政府职责缺失。廉租住房是福利行政的一种，是政府义务的体现，政府应在廉租住房的建设和发展上谨慎决策，加强监管。房地产业的迅速发展使很多政府机关和官员迷信市场的作用，而忽视了廉租住房制度的特殊性。因此，在发挥市场作用的同时应更加兼顾公平，在控制建设成本的同时也要保证房屋的质量和配套设施建设，保证房屋的来源和数量。只有把解决低收入住房困难家庭的住房问题归为政府职责，才能在制度建设上保障他们的住房权益。

其次，在廉租住房的具体实施过程中，政府的监督监管也十分不到位，如廉租住房的建设标准不合理，配套设施不完善；信息公开不足，民众不能及时了解廉租住房的有关情况；廉租住房的纠纷解决方式比较单一等。

七、我国廉租住房制度的发展趋势

（一）提高规范层级，建立有效的配套制度

我国关于廉租住房的法律规范层级较低，因此必须提高廉租住房法律规范的层级，完善廉租住房法律体系。纵观世界各国的廉租住房法律制度，大多都会以法律的形式予以确认和实施。完善法律法规首先要从立法上完善廉租住房的保障对象、标准、水平、资金来源、管理机构及惩罚性措施等。其次，立法还需考虑中央和地方政府的权力义务分配，中央既要严格标准也要照顾地方实际，调动地方的积极性。此外，制定一部统一的法律已经成为我国廉租住房制度完善的重要内容，希望出台后的《住房保障条例》能极大地推动我国住房保障制度的进步和廉租住房制度的完善。在配套制度的建设上，廉租住房制度涉及的内容很广，需要各种配套制度的支持，例如低保制度、保障基金的建立、个人信用、个人所得税等方面的相关信息。

（二）明确保障范围

现行制度下，廉租住房的保障对象为城市低收入住房困难家庭。2008—2012年，全国城镇廉租住房开工近600万套，基本建成400多万套。随着这批廉租住房的配租到位，城镇本地户口的低收入住房困难家庭的基本住房需求得到了初步缓解。但随着城市化进程的加快，新就业无房职工和稳定就业的外来务工人员等群体住房困难问题日益突出，部分地方房价上涨，城镇中等偏下收入家庭住房支付能力不足问题凸显。为了解决这部分群体的住房困难，2012 年，住建部发布了《公共租赁住房管理办法》。公共租赁住房近年来出现了对廉租住房制度的吸收合并趋势。《国务院批转发展改革委关于 2013 年深化经济体制改革重点工作意见的通知》和《国务院办公厅关于保障性安居工程建设和管理的指导意见》等文件明确要求，逐步实现公共租赁住房和廉租住房统筹建设、并轨运行。但廉租住房和公共租赁住房的并轨工作还存在许多问题，因此只有在近几年实践的基础上，总结各地的经验，明确廉租住房和公共租赁住房各自的保障对象，才能完善我国的住宅保障体系，才能解决更多住房困难群众的住房问题，从而提高保障性住房资源的配置和利用效率。

（三）明确执行程序

首先，保障廉租住房的来源。《廉租住房保障办法》规定的房屋来源包括政府新建、收购的住房，腾退的公有住房和捐赠住房等。但从我国目前的实践来看，主要还是依靠政府提供，显然不能满足我国广大低收入住房困难家庭的住房需要。因此，在依靠政府提供房源的同时要鼓励个人、社会的参与，扩大廉租住房的来源。

其次，严格廉租住房的建设标准和布局。以满足低收入住房困难家庭的基本需要为前提，以方便生活、学习、工作为指导，考虑交通和配套基础设施等因素，并将廉租住房单套的建筑面积控制在 50 平方米以内，根据低收入住房困难家庭的收入、人口状况，合理安排不同套型和面积的廉租住房。

再次，保证廉租住房的资金来源。第一，设立廉租住房的专项资金，保证资金的财政支持。中央和地方政府应设立廉租住房建设和管理的专项资金，并建立相应的预算制度。第二，应明确省政府统筹资金的责任和县政府的具体责任，明确廉租住房新建、收购和租金补贴的具体预算。第三，扩大社会力量和公众的参与。借鉴美国和中国香港的经验，可以让民间力量参与到廉租住房的建设中，例如共有产权管理模式。①新建廉租住房的资金来源可以通过出售国有产权获得，减轻各级政府的资金压力；又例如发行住房建设地方公债等方式来扩大资金来源。

（四）强化监督监管

首先，明确责任。《关于加强廉租住房管理有关问题的通知》规定，"解决城市低收入家庭住房困难是政府公共服务的重要职责，市、县人民政府住房保障部门是廉租住房管理的责任主体。要健全管理机制和实施机构充实人员，落实工作经费，切实履行政府资产管理和对低收入家庭公共服务的职责。

---

①　廉租住房共有产权是指符合廉租住房保障条件的城市低收入家庭提供部分资金，购置部分产权，剩余产权由政府持有的一种产权方式，在保障对象具备购买条件后，可续购政府持有产权变为完全产权。

其次，严格准入管理。对申请人的申请要严格依法核准，同时对廉租住房保障对象的收入情况、住房情况、保障面积进行动态的监管，当以上情况有变化时及时对保障标准做出相应的调整。《关于加强廉租住房管理有关问题的通知》规定，市、县住房保障部门要通过定期入户调查等方式，及时了解保障对象家庭成员变动情况及廉租住房使用情况。住房保障部门可以通过政府购买服务的方式，委托廉租住房物业服务企业承担廉租住房使用情况的检查等工作。

再次，建立系统的惩罚性机制，针对不同情况做出相应的处罚。针对保障对象的骗取廉租住房行为、恶意欠租行为、长期闲置行为、违规转租、出借、调换、转让行为；针对国家机关工作人员的滥用职权、玩忽职守、徇私舞弊等行为应建立系统化、具体化的惩罚性机制。最后，强化社会监督。要充分发挥社会公众参与和监督的作用。利用网络、新媒体、公告等形式使大众参与到对廉租住房建设和配置过程的监督中。受理廉租住房建设和配置过程中的举报投诉，要严格依据相关法律进行惩处，及时公布处理结果。只有广大公众参与到廉租住房制度的决策、执行和监督中，才能使廉租住房制度更加完善，也更能满足住房困难群众的实际需求。

本章小结

本章是住宅保障制度，主要介绍了我国的住宅保障体系，经济适用住房制度的内容，有关经济适用住房的最新的共有产权模式理论，经济适用住房制度的现存问题和立法建议。廉租住房制度的内容，廉租住房制度的现存问题和立法建议。学生在学习本章时既要把握我国目前经济适用住房和廉租住房的有关规定，也要学习经济适用住房的最新研究成果、廉租住房和公共租赁住房未来的发展趋势，关注我国《住宅保障条例》和随后《住宅保障法》的立法工作，关注我国住宅保障制度的具体实施和效果。

技能训练

熟知经济适用住房和廉租住房的建设、准入和退出程序

目的：使学生深入了解经济适用住房和廉租住房对城市低收入住房困难家庭的准入和退出程序，区分经济适用住房、廉租住房与普通商品房在使用、收益、处分上的不同，了解经济适用住房和廉租住房的保障性目的。

要求一：掌握经济适用住房的准入和退出程序。

要求二：掌握廉租住房的准入和退出程序。

要求三：掌握经济适用住房和廉租住房与普通商品房在处分权上的区别。

实践活动

调查我国住宅保障制度的现状

目的：使学生了解我国的住宅保障制度及现实中存在的问题。

　　内容：通过报刊、杂志或网络等方式，学习我国相关的政策法规，搜集各地方政府落实住宅保障制度的具体规定和实践数据，搜集有关住宅保障制度的实际案例，对我国现行住宅保障制度有更深入的了解，思考存在的问题与应对策略。

　　要求：通过实地调查和数据分析，知悉我国现行住宅保障制度的实施现状。

第十四章

农村房地产

✹ 学习目标

知识目标：

了解宅基地使用权的概念和特征

了解农村房屋买卖的立法概况

掌握宅基地使用权的内容

能力目标：

知道农村房地产的重要性

了解宅基地使用权的社会价值

知悉新农村建设的未来发展

第一节 宅基地使用权

✹ 案例导入

在他人宅基地上出资建房，能否取得该房屋的所有权？

【案情简介】原告黄甲（男）与原告汤某、被告黄乙（女）与黄丙均系夫妻，被告黄乙系原告黄甲的女儿。2001 年，两原告在两被告获批的农村宅基地上出资建造了二层楼房，相关建房手续均以两被告的名义办理。2009 年，两原告诉至法院，要求确认其对该二层楼房享有所有权。两被告则辩称，其是宅基地使用权人，又以其名义办理了建房审批手续，该宅基地上建造的房屋应归两被告所有，请求法院驳回原告之诉求。

【法院判决】法院经审理认为，两被告系农村建房用地审批文件和农村宅基地使用权证上的核定人员，根据我国"房地一体"原则（土地使用权和土地上的房屋等建筑物和附着物的所有权归属于同一主体），两原告虽出资建造了二层楼房，但不能因此取得房屋所有权。但为平衡原、被告利益，被告应当给予原告适当的经济补偿，以保障出资人的权益。遂判决驳回原告黄甲、汤某的诉讼请求；被告黄乙、黄丙补偿原告黄甲、汤某人民币 20 万元。

一、宅基地使用权概述

(一) 宅基地使用权的含义

宅基地与宅基地使用权是两个不同的概念。宅基地,主要是指农村居民的住宅用地及其附属用地,也有少量城市宅基地。农村宅基地是农村集体经济组织为满足本集体经济组织内成员的生活需要和从事家庭副业生产的需要而分配给农户使用的住宅用地及附属用地。在农村宅基地特殊的历史发展过程中,宅基地使用权与宅基地所有权渐渐分离并独立出来。1963 年 3 月 24 日通过的《关于社员宅基地问题》确定了农村宅基地的使用原则。1988 年,《最高人民法院关于贯彻执行〈中华人民共和国民法通则〉若干问题的意见》将农村宅基地的权属关系确定下来,即社员宅基地的所有权归生产队集体所有,一律不准出租出卖,但仍归社员长期使用。至此,农村宅基地的所有与使用关系两分的二元构造长期未变。

宅基地使用权是我国特有的一种用益物权形式,2007 年 3 月 16 日正式生效的《物权法》对"宅基地使用权"采取单独规定的方式,将其与"土地承包经营权、建设用地使用权和地役权"并立,同时规定在用益物权一编中。依照《物权法》的规定,宅基地使用权是指农民集体成员为建造自住房屋及其他附着物,而占有和使用集体所有土地的权利。虽然以前常将宅基地使用权分为农村宅基地使用权和城镇宅基地使用权两种,但最新的《物权法》明确规定宅基地使用权仅指农村宅基地使用权。

(二) 宅基地使用权的特征

1. 权利主体的身份性

宅基地使用权的主体具有身份性是指权利取得的主体只能是本集体经济组织成员。实务运作中,农民申请宅基地是以户为单位进行的,且按一户取得一处宅基地的原则配置,宅基地的面积不得超过省、自治区、直辖市规定的标准。这就排除了本集体经济组织以外的其他单位和个人单独取得宅基地使用权的可能。不仅法人和非法人团体不享有宅基地使用权,非本集体经济组织成员的农村居民也不能享有,即外乡、外村的农村村民也不具备取得该项权利的主体资格。按照有关规定,回乡落户的离休、退休、退职的干部、职工、复员军人和回乡定居的华侨和港、澳、台同胞,也可以申请取得宅基地使用权。但事实上这是以其已经取得了本集体经济组织的身份为前提的。

🔊 案例导入

城镇居民可以购买农村宅基地吗?

李某是 A 城市近郊区某村农民,金某是城镇居民。2007 年 10 月,李某与金某签订《转让宅基地合同》,约定:李某愿将村里给其分配的宅基地转让给金某,转让款在签订合同时一次付清,违约金为 10 万元等条款。2008 年 2 月,李某反悔,诉至法院,请求确认双方签订的《转让宅基地合同》无效。

试问应当如何处理此案？

【法律分析】 1988 年修订的《土地管理法》曾在第 41 条规定，城镇非农村户口居民经过批准并参照国家建设征收土地标准支付相关费用之后，可以作为宅基地使用权人。但在 1998 年再次修订《土地管理法》时却删除了这一规定，而 2004 年修订的《土地管理法》承继了修订后的原则，这就意味着城镇居民不能成为宅基地使用权的主体。

2. 权利客体的特定性

宅基地使用权的客体仅限于集体所有的土地而不包括国有土地。其具体范围限于宅基地，即建造住宅及附属建筑物的基地和一定范围的庭院用地，而非耕地，亦非乡镇企业等建设用地。

3. 权利用途的限制性

农民获得宅基地使用权后，仅限于村民建造个人住宅及附属设施，即只能依法利用该土地建造个人住宅、庭院及辅助住宅发挥效能的与村民生活相关的建筑物、构筑物等设施，如储粮房、厕所、猪圈、牛羊棚、车库、宅前或宅后种植竹木等。建造对象主要有三个方面的限制：第一，所建住房的性质为自用住房，而将建造工、商业住房排除在外。如建造房屋供旅游娱乐业所用就不应归为宅基地使用权，它与建设用地使用权的性质是有区别的。第二，宅基地应作为生活资料，而不能作为生产资料使用，如投资建厂或鱼塘等。第三，不能作为以农业为目的的种植、养殖和畜牧，这属于土地承包经营权的范围。

4. 权利创设取得数量的唯一性

宅基地使用权创设取得数量的唯一性，也就是通常所讲的"一户一宅"原则。我国《物权法》与《土地管理法》明确规定，农村村民一户只能拥有一处宅基地，其宅基地的面积不得超过省、自治区、直辖市规定的标准。

✍ 争论

法律禁止农民获得两处以上（包括两处）的宅基地吗？

一种观点认为，既然现行法律禁止农民拥有两处以上的宅基地，那么对于多出的宅基地，应当由集体收回。

另一种观点认为，农民只要是合法取得的宅基地，集体不得予以收回，否则等于禁止农民继承房屋。

本书认为，这里的"一户一宅"应准确理解为，农村农民一户只能拥有一处宅基地，但法律并不禁止农民通过继承等合法形式，获得两处以上的宅基地使用权。问题是，当客观上农村村民拥有多处宅基地使用权时，该如何处理才能更好地维护农民的合法利益？从宅地基使用权创设目的角度分析，农民取得两处以上宅基地可能造成土地资源的浪费。如果宅基地长期闲置的，集体应当有权重新规划、调整，以保证土地资源的有效利用。集体如果因规划、调整需要收回宅基地的，应当给予农户合理的补偿。

5. 权利取得的无偿性和存续的无期性

按照我国现行法律及政策的要求，农村村民无偿取得宅基地使用权，集体经济组织及任何部门不得收取宅基地有偿使用费、宅基地超占费。2004 年 1 月，财政部联合国家发展改革委员会和农业部发文明确规定，在批准农民建房的过程中，只能收取土地证书工本费和房屋所有权登记证书工本费。宅基地的使用以农户为单位，不因户主的更替或某个家庭成员的死亡而失去原来的宅基地使用权。因而宅基地使用权在一定条件下是被无期限使用的。

6. 权利流转的限制性

宅基地使用权与集体经济组织的成员资格和福利是联系在一起的，这也决定了它不可能作为交易的对象自由转让。宅基地使用权的限制性主要表现：宅基地只能在本集体经济组织内部流转，不得转让给非本集体经济组织成员或城镇居民。宅基地只能用来构筑房屋以供居住，而不能将宅基地使用权单独转让或出租，禁止宅基地使用权单独成为抵押权的标的，宅基地使用权不可以作为股份用来出资。

（三）宅基地使用权与建设用地使用权

宅基地使用权与建设用地使用权，都是权利人在他人土地上建造并取得建筑物与其他不动产所有权的一种权利，二者在目的及功能方面具有相同或相似性。宅基地使用权与建设用地使用权是相互独立的两项土地权利，二者的不同点表现在以下几个方面：第一，取得方式不同。宅基地使用权的取得完全采行行政审批的程序，而建设用地使用权的取得则分两种情形：出让和划拨，其中出让的建设用地使用权要通过市场化的方式取得。第二，权利主体的身份限制不同。宅基地使用权的主体只能是农户，排斥其他人，具有浓厚的身份色彩；而出让的建设用地使用权在主体上没有身份的限制，自然人、法人均可，行政划拨的建设用地使用权的主体也相对宽泛。第三，权利客体不同。宅基地使用权仅存在于集体所有的土地之上，而建设用地使用权原则上存在于国有土地之上。第四，权利内容不同。宅基地使用权只能是农户建造住宅及其附属设施的权利，农户不得建造写字楼、厂房、商品化住宅等建筑物、构筑物及其附属设施；而建设用地使用权却允许权利主体建造各种功能的建筑物、构筑物及其附属设施。第五，流转限制不同。宅基地使用权严格限制流转；而出让的建设用地使用权具有较为自由的让与性，行政划拨的建设用地使用权在经过县级以上人民政府批准、补交出让金后亦可转让。第六，存续期限不同。宅基地使用权的主体是本集体经济组织成员，没有期限限制；而建设用地使用权则不同，出让的建设用地使用权必有存续期限。

二、宅基地使用权的内容

（一）宅基地使用权人的主要权利

根据我国《物权法》的规定，宅基地使用权人依法对集体所有的土地享有占有和使用的权利，有权利用该土地建造住宅及其附属设施。具体而言：第一，为保有住宅而长期使用宅基地的权利。宅基地与房屋联为一体，为保有房屋，法律允许和保障宅基地使用权人享有对宅基地长期占有、使用、收益的权利。第二，在宅基地空闲处修建其他建筑物、设施或从事种植的权利。宅基地使用权人可以在宅基地空闲处修建各种生活需要的建筑物和生活所需要的小型建筑物或设施，也可以在宅基地空闲处从事种植而取得收益。第三，宅基地使用权的限制转让权利。依据《土地管理法》第63条规定，禁止宅基地使用权单独转让、抵押、继承或出租。

（二）宅基地使用权人的主要义务

宅基地使用权人对宅基地享有一定权利的同时，也应承担一定的义务，具体包括：第一，宅基地使用权人必须按照批准的用途使用宅基地。根据宅基地使用权的目的，宅基地使用权人必须在批划的宅基地上建造房屋，不得擅自改变宅基地的用途，更不能买卖、出租或以其他形式非法转让宅基地。宅基地使用权人必须在规定的期限内在宅基地上建造房屋，否则土地所有权人有权收回宅基地使用权。第二，宅基地使用权人必须按照批准的面积建造房屋。宅基地使用权人不能采取任何非法手段多占土地作为宅基地。如果宅基地使用权人多占土地，将按照非法占用土地追究其法律责任。第三，宅基地使用权人要服从国家、集体的统一规划。因国家、集体统一规划需要变更宅基地时，宅基地使用权人不得阻挠，但是因变更宅基地给使用权人造成困难或损失时，应依法给予补偿。

三、宅基地使用权的取得

宅基地使用权的取得同样可分为原始取得和继受取得。宅基地使用权创设继受取得为其常态，表现为宅基地使用权的申请设立。只有在宅基地及其附属设施被出卖、赠与、继承的情况下，宅基地使用权随之移转，才出现移转继受取得。

（一）宅基地使用权的创设取得

所谓创设取得，是指农村村民按照法定的条件和程序向村集体经济组织提出申请，经有批准权的人民政府批准后，发放宅基地使用权证，确认使用权的行为。实际操作如下：首先，农村村民在村庄、集镇规划区内建住宅，取得宅基地使用权，应当向村集体经济组织或村民委员会提出申请，提交书面申请书。农村村民包括既有的村民，也包括新加入的村民。新加入的村民，如回乡落户的离休、退休、退职的干部职工，复员退伍的军人，回乡定居的华侨、港、澳、台同胞等。其次，申请人所在的集体经济组织审查，审查内容为看其是否符合准予宅基地使用权的条件。这些条件包括：（1）申请人必须为本集体经济组织成员，即本村村民。在我国农村的实践中，对于本村村民的认定，以户籍是否在本村为认定标准，如果户籍在本村，就取得该村集体成员资格，如果不在本村，就不具有本村集体成员资格，不享有集体成员权。（2）村民必须组成家庭，形成"户"，且存在合理的住宅需求。我国宅基地的审批是以户为单位，而不是以村民个人为单位。这里的"户"应理解为家庭，即由一定范围的亲属组成的共同体。例如，申请人已经分家另过，其新家庭四口人需要独立的住宅一处。（3）申请人没有宅基地或者目前实际使用的宅基地面积低于政府规定的标准。（4）不存在法律、法规、规章禁止的事由。《土地管理法》第62条第4款规定，农村村民出卖、出租住房后，再申请宅基地的，不予批准。最后，由所在的乡人民政府审核，县人民政府批准。经有批准权的人民政府批准后，由村主管机构派专人丈量，划清四至，发给宅基地使用权证。未经人民政府批准或者采取欺骗手段骗取批准、占有土地建筑住宅的行为是违法行为。根据《土地管理法》的规定，应责令行为人退还非法占用的土地，并限期拆除或者没收在非法占用的土地上新建的房屋。

（二）宅基地使用权的受让取得

我国虽然不允许宅基地使用权的单独流转，但是国家允许并保护农村村民的私有房屋的合法买卖，由于宅基地与房屋是不可分离的，"地随房走"是我国现行法的一项基本原则。因此，转让房屋的所有权必然发生宅基地使用权的变动。符合条件的本集体经济组织成员也可以通过受让房屋而一并取得宅基地使用权。这要满足以下几个条件：第一，转让人拥有二处以上的宅基地；第二，转让人与受让人为同一集体经济组织内部的成员；第三，受让人没有住房和宅基地，且符合宅基地使用权分配条件；第四，转让行为征得集体经济组织同意。

🔖 案例导入

农村宅基地使用权能否作为遗产来继承

【案情简介】1981 年 2 月，老黄以一户三人（老黄与妻子张某、大儿子大黄）名义申请了宅基地建房。同年 12 月，小儿子小黄出生。2002 年大黄结婚，老黄因车祸去世。2003 年，小黄结婚，另行申请了宅基地建房；大黄也将房屋拆除，在原宅基地上建了新房，张某随大黄居住。2004 年，大黄居住房屋面临拆迁，获得了拆迁补偿款 10 万余元和宅基地使用权补偿款 36 万余元。小黄得知后，认为宅基地补偿款属于申请宅基时的家庭共有，老黄已经去世，其享有的 12 万余元应作为遗产处理。大黄反对，双方对簿公堂。

【法院判决】宅基地使用权作为一项特殊的用益物权，与农民个人的集体经济组织成员资格紧密相关，因出生而获得（但并不一定实际享有），因死亡而消灭。黄某于 2002 年因车祸死亡，自然失去其集体经济组织成员的资格，不再是宅基地使用权的主体，宅基地补偿款当然也无权享有。小儿子要求分割宅基地补偿款的诉请于法无据，判决驳回。

【例外】原则上农村宅基地使用权不能作为遗产继承。在特殊的情况下，如由于"地随房走"的原则，继承人对宅基地上所建造房屋的继承将导致对宅基地的继承。

四、宅基地使用权的变动

（一）宅基地使用权变动的现行规定

1. 原则上禁止宅基地使用权转让、抵押和出租

国务院办公厅 1999 年颁布的《关于加强土地转让管理严禁炒卖土地的通知》规定，农民的住宅不得向城市居民出售，也不得批准城市居民占用农民集体土地建住宅，有关部门不得为违法建造和购买的住宅发放土地使用证和房产证。国家土地管理局《关于以其

他形式非法转让土地的具体应用问题请示的答复》也明确规定，原宅基地使用者未经依法批准通过他人出资翻建房屋，给出资者使用，并从中牟利或获取房屋产权，是属"以其他形式非法转让土地"的违法行为之一。国务院《关于深化改革严格土地管理的决定》（国发〔2004〕28 号）再次强调：加强农村宅基地管理，禁止城镇居民在农村购置宅基地。

2. 有条件的允许宅基地使用权转让

我国《宪法》第 10 条第 4 款规定，任何组织或个人不得侵占、买卖或者以其他形式非法转让土地。土地的使用权可以依照法律的规定转让。我国《物权法》第 153 条明确规定了宅基地使用权的取得、行使和转让，要符合土地管理法等法律和国家有关规定。《土地管理法》第 62 条规定，农村村民一户只能拥有一处宅基地，农村村民出卖、出租住房后，再申请宅基地的，不予批准。

3. 地方性法规或行政规章对宅基地使用权流转的规定

大多数地方禁止宅基地买卖，但也有地方直接规定允许宅基地流转。如《安徽省集体建设用地有偿使用和使用权流转试行办法》第 27 条第 1 款规定，农村村民宅基地使用权可以进行流转，但是，农村村民宅基地实际占用面积超过法定标准的部分应当按照规定缴纳土地有偿使用费。2004 年 10 月生效的《广东省集体建设用地使用权流转管理办法》第 4 条规定，村民住宅用地使用权不得流转，但因转让、出租和抵押地上建筑物、其他附着物而导致住宅用地使用权转让、出租和抵押的除外。

（二）宅基地使用权的消灭

宅基地使用权作为一种物权，受到法律的保护，任何组织和机构不得擅自收回农民所取得的宅基地。宅基地使用权基于特定的法律行为以及非法律行为等法律事实而消灭。这些法律事实主要包括以下几个：

第一，宅基地的灭失。我国《物权法》第 154 条明确规定，宅基地因自然灾害等原因灭失的，宅基地使用权消灭。对失去宅基地的村民，应当重新分配宅基地。由此，宅基地因自然原因灭失的，宅基地使用权因失去标的物而失去目的、意义，应该归于消灭。

第二，宅基地被征收。我国《物权法》第 42 条规定，为了公共利益的需要，依照法律规定的权限和程序可以征收集体所有的土地和单位、个人的房屋及其他不动产。由此，宅基地使用权因失去标的物而失去目的、意义，应该归于消灭。

第三，违法使用宅基地的，宅基地使用权被收回。对于不按照批准的用途使用宅基地的，如在宅基地上兴办企业、建造商品房等，与宅基地使用权的目的及功能背道而驰，严重违法，本集体经济组织可依法收回宅基地。由此，宅基地使用权应该归于消灭。

第四，长期闲置宅基地。《确定土地所有权和使用权的若干规定》第 52 条规定，空闲或房屋坍塌、拆除两年以上未恢复使用的宅基地，不确定土地使用权。已经确定使用权的，由集体报经县级人民政府批准，注销其土地登记，土地由集体收回。由此，当权利人取得宅基地使用权后长期闲置不用的，为了有效利用有限的集体土地资源，集体经济组织有权无偿收回宅基地使用权，从而导致宅基地使用权的消灭。

第五，宅基地使用权人不复存在。占有宅基地的农户因家庭成员全部死亡或因举家迁移城镇等原因而不复存在，宅基地使用权因无主体而归于消灭。

（三）登记与发证

宅基地使用权登记包括初始登记、变更登记、注销登记和更正登记。当事人应当持有批准权的人民政府的批准用地文件，申请集体建设用地使用权初始登记；变更登记是指因土地权利人发生改变，或者因土地权利人的姓名或名称、地址和土地用途等内容发生变更而进行的登记；注销登记是指因土地权利的消灭等而进行的登记；更正登记主要是针对登记事项错误进行更改。

宅基地登记行为具有以下特征：第一，宅基地登记发证是依申请而为的单方行政行为。土地物权登记、发证是土地登记机关依法实施行政管理职能的行为。对于当事人的申请是否符合登记发证条件，由土地登记机关依法予以审核，单方决定对符合条件的村民登记发证。第二，宅基地登记发证是羁束行政行为。对符合法定条件的登记申请，登记机关必须依法受理并予以登记。反之，对不符合法定条件的申请应拒绝登记。登记机关除按照法定的程序及要件对申请提交的材料进行审核外，不具有任何自由裁量的权力。第三，宅基地登记发证的内容为相应的法律事实。主要是申请人有关不动产所有权、使用权、居住权以及由上述权利产生的抵押权等他项权利方面的法律事实。第四，宅基地使用权消灭的，应当及时办理注销登记。若未办理注销登记，对于宅基地的所有人和登记机关，不得主张宅基地使用权；但对于交易相对人则不得以宅基地使用权业已消灭予以对抗。宅基地使用权的移转，应当及时办理变更登记。若未办理变更登记的，受让人对转让人可以主张自己享有宅基地使用权，但第三人无权以宅基地使用权人身份抗辩。

五、社会转型期中的宅基地使用权

（一）社会转型期农村宅基地使用现状

"转型"源于西方社会学现代化理论，最早以及最典型的含义是体制转型，即从计划经济体制向市场经济体制的转变。中国经济社会转型的内涵是指从农业的、乡村的、封闭的、半封闭的传统型社会向工业的、城镇的、开放的现代型社会转换的过程。伴随着农村经济改革的深入发展和城市化、工业化进程的加快，中国城乡格局发生显著变化，使得农村宅基地使用上出现了新的问题。

1. 大量宅基地闲置、住房闲置

大量农民进城打工，其中一部分人在城市有了稳定的工作和收入，很少回家乡居住。相当一部分的原住宅基地被闲置或废弃，在一些地方形成了规模不等的"空心村"。比如，有调查显示，最为典型的浙江省义乌市，全市有空心村500多个。另外，有的农民在城市赚到钱后，在城市买房的同时也在农村修建新房，舍弃老宅破屋，进一步扩大了宅基地占用的土地面积，也使农村出现大量闲置宅基地、闲置住房。有学者统计，已经有2亿～3亿农民从农村转向城市就业、居住，使得全国2亿亩农村宅基地中有10%～15%处于闲置状态，有些地区空置率甚至达到30%。

2. 土地的社会保障功能趋于弱化

时至今日，伴随着农村经济改革的深入发展和城市化、工业化进程的加快，耕作已不再成为农民唯一的谋生手段，土地的社会保障功能趋于弱化。与此同时，户籍制度的改革已取得了实质性的进展，土地的资产增值功能已日益彰显，但由于宅基地不能流转，也没有退出的激励机制，所以宅基地长期处于数量不断增加，存量利用率不断降低的状态。

（二）社会转型期的农村宅基地使用权的反思

1. 宅基地使用权主体的身份性与农民的市民化

宅基地使用权具有主体的身份性，即宅基地使用权的主体只能是本集体经济组织的成员，排除了本集体经济组织以外的其他单位和个人取得宅基地使用权的可能。这也就意味着，城镇居民不能成为宅基地使用权的主体。农民市民化是指传统农民转移并逐渐转变为城市公民的一种过程或状态。农民市民化是城市化进程中的一种社会现象。包括农民在城市落户和在城市长期工作但未落户两种情形。随着城市化进程以及农民市民化进程的加速，越来越多的农民由于各种原因逐渐转变为市民。2014 年 7 月，国务院出台的《关于进一步推进户籍制度改革的意见》，全面放开建制镇和小城市落户限制，建立城乡统一的户口登记制度。

2. 宅基地使用权取得的无偿性与土地的资本功能

土地所有权的特性包括私益性和公益性。土地的私益性是指土地是个人生存不可或缺的财产。而土地的公益性则是为全体公民的利益而存在的。土地私益性包括土地所有权的生存利益和财产利益两个方面。生存利益即是以土地作为确保生活或生存的保障。财产利益即是土地所有人将土地作为资产加以保存和利用的利益。宅基地使用权作为土地财产权，重在确立其生存利益，而限制其财产利益。为了保障农民的生存利益，确立了农户无偿取得宅基地使用权。

然而随着市场经济的发展，宅基地作为一种财产权的资本功能越来越凸显。随着征地、拆迁的补偿，农民认识到宅基地及其上房屋是自己手中的重要资产，价值日益显化。党的十八届三中全会提出，让广大农民平等参与现代化进程，共同分享现代化成果。加快构建新型农业经营体系，赋予农民更多财产权利。中央已经指明了"赋予农民更多财产权利"的大方向，土地承包经营权、宅基地使用权和集体经济收益分配权是农民合法的财产权利，"更多"就是要更加充分而有保障，今后要在政策上具体落实。如果继续维持农村宅基地的非商品化、非资本化，农民住房就不能享受同城市居民住房一样的财产权利和可能获得的财产收益，对于农民来讲，就不再是利益保护，而是一种财产利益的制度性损害。

综上所述，在中国社会经济转型的时代背景下，城市与农村土地制度二元分治的模式不利于实现城乡经济一体化的经济发展目标。解决这一问题的关键是从农村土地立法入手进行制度创新。应逐步开放农村土地市场，完善农村土地的市场化配置机制，显化农村土地资产价值，使之与城市化发展进程和城乡统筹发展战略相协调。

第二节　农村房屋买卖

案例导入

农村房屋能否买卖

【案例1】本村村民之间房屋能否买卖？

甲因迁居到小城镇，遂将其宅基地上的房屋出让给本村村民乙（乙在本村并无宅基地）。几年后甲觉得还是住在农村比较惬意，希望能申请到一新的宅基地使用权，以建新的住宅。但是土地管理部门驳回了甲的申请。甲是否有权重新申请新的宅基地使用权？

【案例2】农村村民之间的房屋买卖有效吗？

2011年，小溪河镇小溪河村村民黄某与小溪河镇北夏村村民圣某签订了房屋买卖协议，圣某按约支付了房款，并住进了该房屋。后黄某反悔，以圣某不是小溪河村集体组织成员，不能取得诉争房屋宅基地使用权为由，诉至法院，请求法院判决房屋买卖协议无效，并返还房屋及购房款21600元。

【案例3】城镇居民可以购买农村房屋吗？

2008年，甲在农村自建了一套住房，后考虑出售该住房。城市居民乙获此消息后，经协商，与甲签订了一份《房屋买卖协议》。约定甲将位于某村的房屋四间转让给乙，乙支付购房款人民币20万元，甲负责协助乙办理有关产权转让手续。协议签订后，乙依约支付甲购房款20万元，但未能办理产权过户手续。2010年乙向法院起诉，要求甲方协助其办理过户手续。

一、农村房屋买卖现状

近年来，农村的房地产市场逐渐活跃，农民往往将其在宅基地上所建房屋或者出租、或者售与他人。购买者中有的是本村或外村村民，有的是外来打工者，还有的则是城镇非农业户口居民，在类似的房屋买卖中产生的纠纷也较多。《土地管理法》规定，农村村民出卖、出租住房后，再申请宅基地的，不予批准。尽管该条是针对宅基地申请而规定的，但从该法及该条的规定来看，农村村民出租、出售宅基地上所建住宅，法律并未予禁止，也未对该出售行为设置任何限制。然而，通过房屋的转让，也将与房屋不可分割的宅基地使用权一并转让。农村村民一户只能拥有一处宅基地，即便房屋转让只在集体组织成员内部之间进行，也有可能使购房者通过房屋的受让而使自己拥有的宅基地面积超过国家规定的标准，甚或无处居住。那么，农村的房屋到底能否转让，应该持审慎的态度。

农村房屋买卖的出售方一般为农村集体经济组织的村民，而购买方则存在两种情况：一是集体经济组织内部成员，二是集体经济组织以外的成员。集体经济组织内部成员又分三种具体情况：一是本身已有宅基地，且符合国家规定的宅基地标准；二是已有宅基地，但尚未达到国家规定的标准；三是已在集体经济组织落户，但尚未分到宅基地。根据一户村民只能拥有一处宅基地的规定，对已有宅基地且符合国家规定标准的村民，再申请宅基地是不可能得到批准的。对上列第二种情况，村民再申请第二处宅基地时超过国家规定标准的，也不应得到批准。至于第三种情况，则可依法申请建房用地。如果是集体经济组织以外的成员，会出现两种情况：其一是城镇居民。根据1999年国务院办公厅《关于加强土地转让管理严禁炒卖土地的通知》第2条第2款规定：农民的住宅不得向城市居民出售，也不得批准城市居民占用农民集体土地建住宅，有关部门不得为违法建造和购买的住宅发放土地使用证和房产证。因此，城镇居民不是农村房屋合法的购买方。其二是本集体经济组织以外的农民。根据国家土地管理法的相关规定，只有本集体经济组织成员才有资格使用该组织的宅基地。因此，本集体经济组织以外的农民也不是农村房屋合法的购买方。

二、农村房屋买卖的效力

（一）审判实务无统一判决标准

针对农村房屋买卖纠纷案件的审理，2004年12月，北京市高院民一庭与审监庭、立案庭联合召开了农村私有房屋买卖合同效力认定及处理原则专题研讨会，与会人员的多数意见认为合同应当为无效。主要理由是：房屋买卖必然涉及宅基地买卖，而宅基地买卖是我国法律、法规所禁止的，农村房屋买卖无法办理产权证书变更登记。因此，此类合同的效力"以认定无效为原则，以认定有效为例外"。如买卖双方都是同一集体经济组织成员，经过了宅基地审批手续的，可以认定合同有效。

鉴于农村房屋买卖纠纷的普遍性，有的法院以规范性文件的形式作出规定，但各地做法也不统一。浙江省高院制定的（关于审理房屋纠纷案件研讨会纪要）（浙高法（92882）号文件）规定，买卖农村的私有房屋，如双方自愿并立有契约，买方已交付了房款，并实际使用和管理了房屋，又没有其他违法行为，只是买卖手续不完善的，应认定买卖关系有效，但应着其补办有关手续。但从山东省高院制定的（全省民事审判工作座谈会纪要）（鲁高法（205J201）号）则规定看，其做法与北京市高院相同。因此，就农村房屋买卖纠纷案件个案审理而言，不同地区法院作出不同判决的情况，很容易在媒体报道中见到。同一地区上、下级法院意见不一，甚至同一法院的不同合议庭之间意见不一的现象也不鲜见。

（二）理论研究意见分歧

理论界对于农村房屋买卖的关注，通常是以宅基地为对象展开的，意见分歧也很大。可以分为三派，一是赞成派，二是反对派，三是折中派。

赞成派的学者认为，宅基地自由转让是我国城市化进程的客观需要，宅基地使用权的流转不会影响社会的稳定，因为房屋的买卖即主体的变更，并不影响集体土地的利用整体规划。强行禁止城市居民取得农村房屋及其宅基地使用权，在操作上也是十分困难的，应当赋予宅基地使用权充分的可流通性。

反对派的学者认为，宅基地使用权带有一定的身份色彩，是村民基本的生活保障，应该限定为村民专有。允许出卖农村宅基地的直接结果是使卖地的农民变成生活无着的流民，开禁或变相开禁农村宅基地交易的主张不过是强势群体的利益诉求，物权法必须重申禁止农村宅基地交易的现行法律政策。

折中派的学者认为，可对城镇居民在农村购置宅基地作限制性规定，但不要禁止农民将住房转让给本集体以外的主体，应当经村民大会同意并经过政府批准，同时规定使用年限并交纳土地使用费。

（三）农村房屋买卖合同效力的认定

1. 农村房屋买卖合同的有效性

最高人民法院在对《合同法》做出的司法解释里表达的观点是，只有违反法律和行政法规的强制性规定的合同才是无效的。至今也没有任何一条法律或行政法规禁止农村房屋的买卖，也没有哪一条法律或行政法规对农村房屋买卖做出了禁止性规定。即使有地方法规或地方政府的规章，在认定买卖行为是否有效的问题上，法院也不会适用地方法规或地方政府的规章。

农村宅基地使用权可以转让，但必须具备以下条件：一是经本村委会同意。二是转让人与受让人为同村人。三是转让人户口已迁出本村或"一户多宅或多房"。如系一户一宅，须明确表示不再申请宅基地，且有证据表明其已有住房保障，如与其他近亲属合户居住。四是受让人无宅基地。五是宅基地使用权不能单独转让，须与住房一并转让。符合上述条件，则可认定农村房屋买卖合同有效。

2. 农村房屋买卖合同无效

农村房屋买卖合同的下列情形应认定无效：一是向村外的人出售农村住房，因违反集体成员权属性而无效。但在一审法庭辩论终结前购房人取得了卖房人的在村集体成员资格的可认定有效。二是擅自出售农村住房，未经本村委会批准的无效。但在一审法庭辩论终结前双方当事人补办了审批手续的，可认定有效。三是购房人已有农村住房的，因不符合"一户一宅"的法律规定而无效。四是城镇居民购买农村住房的，因违反国务院的政策规定而无效。五是法人或其他组织购买农村住房的，因其不具有宅基地使用权人的主体资格而无效。

三、北京画家村案的评析

🐾 **案例导入**

【案情简介】北京通州区宋庄镇，因大量画家聚集居住，被称为"画家村"。从1993年有画家陆续入住宋庄，几年内宋庄已经聚集了海内外近2000名艺术家。这些画家大多购买或租赁当地农民的房屋居住。近年来因房价上涨原因，出现了卖方反悔引起的房屋买卖纠纷，至今形成了13起农民讨房诉讼，这就是广受社会关注的"宋庄房讼"。13起农民讨房案起诉的理由基本相同：购房者不是农民，所以双方的房屋买卖协议无效，依据则是"城里人不许买农民房"的政策。其中较典型的是马某某诉李某某的房屋买卖合同无效案。

2002 年 7 月 1 日，原告李某某与被告马某某签订了房屋买卖协议，双方约定马某某以 45000 元的价格将位于北京市通州区宋庄镇辛店村的正房五间、厢房三间及院落出售给李某某。当天李某某交清了房款，马某某交付了房屋。李某某对该房屋进行了整修，添加了卫生间等附属设施，新建了三间西厢房。后马某某诉至法院要求确认其与李某某签订的房屋买卖协议无效，李某某腾退房屋。

【法院判决】 通州法院一审以李某某是城镇居民，不得购买农村集体经济组织成员的住房，判决李某某于判决生效之日起 90 日内将所购房屋及院落腾退给马某某。李某某不服，上诉到北京第二中级人民法院。北京二中院维持了原判。

法院认为，宅基地使用权是农村集体经济组织成员享有的权利，马某某与李某某所签之《房屋买卖协议》的买卖标的物不仅是房屋，还包含相应的宅基地使用权。李某某并非辛店村村民，无权获得辛店村宅基地使用权，因此认定合同无效。

【分析说明】 法院判决是否正确？

案子判决后，在全国引起热议。有人认为法院不能判买卖合同无效。理由有两个：一是合同于 2002 年已签订，《国务院关于深化改革严格土地管理的决定》（国发〔2004〕28 号文件）2004 年才下发，法不溯及既往；二是《合同法》司法解释规定，认定合同无效的前提是，合同违反法律、行政法规的禁止性规定。仅违反地方法规或行政规章的，不能认定合同无效。《国务院关于深化改革严格土地管理的决定》不是行政法规。那么，这个合同有没有违反法律的禁止性规定呢？

我国《土地管理法》第 8 条规定，城市市区的土地属于国家所有。农村和城市郊区的土地，除由法律规定属于国家所有的以外，属于农民集体所有；宅基地和自留地、自留山，属于农民集体所有。房屋离不开土地，房屋的转让必然包括房屋所占用的土地使用权的转让。农村宅基地虽然分配给村民使用，但并没有改变其集体所有的性质，《土地管理法》第六十三条规定，农民集体所有土地的使用权不得出让、转让或者出租用于非农业建设。所以，马某某与李某某的《房屋买卖协议》违反了《土地管理法》第六十三条的禁止性规定，应当被认定为无效。

这个案例的判决向人们发出了一个信息：集体土地上的房屋不能向城镇居民转让。

【案件反思】

目前农村房屋买卖合同经常被房屋出卖人起诉要求认定无效，主要是因为农村土地增值以及新农村建设改造拆迁补偿等因素导致房屋现价或拆迁补偿价格高于房屋买卖价格，出卖人受利益驱动反悔所致。因此如果确认此类合同无效，将严重损害社会的公序良俗和诚实信用的社会根基。从房屋所有权人有权处分房屋的所有权及从买卖双方意思自治原则出发，判决买卖合同无效在城乡一体化的今天是不是最好的解决办法呢？

本书认为，审理此类案件需要认真审查房屋买卖的现实情况，包括合同是否已经履行、房屋的权属等。判决首先要以"有利于妥善解决纠纷、有利于规范交易行为"为指导，起到制约农民审慎处分自己房屋的积极效果，以实现裁判的法律效果和社会效果有机统一。要综合权衡买卖双方的利益，要根据拆迁补偿所获利益，和房屋现值和原价的差异对买受人赔偿损失；其次，对于买受人已经翻建、扩建房屋的情况，应对其添附价值进行补偿。尽管农民可收回房屋，但是高额的赔偿金在一定程度上会让得不到利益的农民遇难而退。

第三节　新农村建设

✎ **案例导入**

新农村房屋能否买卖

当前政府正在大力推进新型农村社区建设工作。新农村社区建设的落脚点最终是要落到房屋上。这种房屋与城镇的房屋从性质上有什么区别？属不属于国家明令禁止的"小产权房"？能不能给这种房屋颁发房产证？

一、新农村社区

（一）新农村房屋与城镇房屋的区别

新型农村社区房屋与普通的农村房屋不一样。普通的农村房屋是由农村村民自建的，村集体把宅基地分给村民以后，建多大面积，建什么样的结构，完全由村民自己决定。新农村社区房屋是经过"统一规划、合理布局、综合开发、配套建设"的规模化小区。从表面上看，它与城镇小区的房屋没有区别，唯一不同的是土地性质不同，城镇小区使用的是国有土地，新农村社区使用的是集体土地。国有土地上的房屋交易不受限制，而集体土地上的房屋交易只能在本集体经济组织成员之间进行。

（二）新农村房屋与"小产权房"的区别

"小产权房"是指没有经过有关建设规划部门批准，非法占用集体土地开发建设，并按商品房公开向社会销售的住房，属于国家禁止的违法建筑。这种房屋不能登记发证。新型农村社区房屋是经过有关部门审批的合法建筑，与"小产权房"有着本质的区别。

目前社会上对"小产权房"有三种不同的解释：第一种解释是针对开发商的产权而言，将楼盘竣工后取得的整栋楼房的产权叫做"大产权"，转让给购房人的房屋套间的产权叫做"小产权"。第二种解释是按房屋再转让时是否需要缴纳土地出让金来区分，不用再缴土地出让金的叫"大产权"，如普通商品房，需要补交土地出让金的叫"小产权"，如经济适用房。第三种解释是按产权证的发证机关来区分的，由国家房管部门颁发产权证的叫"大产权"，由村委会或乡（镇）级人民政府颁发产权证的叫"小产权"，又称"乡产权"。第三种是目前社会中热论的"小产权"。这种房屋一般打着新农村建设、旧城改造等名义建造，没有房地产主管部门颁发的建设用地使用权证和商品房预售许可证，对其购房合同，房地产主管部门不给予备案，法律也不予认可。

（三）新农村房屋办房产证的依据

农村住房是农民财富积聚的主要载体和农村集体经济组织的重要资产。因为农村房屋登记缺乏法律依据，没有系统规范地进行登记发证，从而引发了不少纠纷和社会问题。《物权法》第 10 条规定，国家建立不动产统一登记制度。统一登记的范围、登记机构和登记办法，由法律、行政法规规定。" 2008 年 7 月，国家建设部颁布实施了《房屋登记办法》，对农村集体土地上的房屋登记发证作出了原则性规定。新型农村社区房屋，是经过建设规划部门批准的合法建筑，可以登记发证。2014 年 11 月，国务院颁布《不动产登记暂行条例》，将从 2015 年 3 月起施行，不动产将在全国范围内进行统一登记。该条例明确所有的不动产登记由不动产所在地的县级人民政府不动产登记机构办理。并将农村土地作为集体土地的一部分纳入统一登记，切实保障了农民宅基地使用权，为统一新农村社区房屋登记，促进新农村建设的顺利开展，提供了法律依据。

（四）新农村社区房屋登记发证及出售的规定

新农村社区建设可以使用集体土地，也可以使用国有土地。使用国有土地建设的新农村社区房屋，登记发证程序与城市房屋一样。按照《房屋登记办法》的规定，新型农村社区房屋建成后应当先办理初始登记（办大证），然后办理转移登记（分户证）。领取分户证后，可以进行房屋交易。这里所称的房屋交易，是指新农村社区房屋权利人通过合法方式将其房屋转移给他人的行为。包括买卖、赠与、互换、入股、以房抵债等。集体土地上的新型农村社区房屋向本集体组织成员以外转让的，应先向土地管理部门提出申请，补缴土地出让金等相关费用，将集体土地转化为国有土地后，才可上市交易。交易的相关规定与国有土地上的房屋一样。

二、城中村改造

伴随着快速的城市化以及快速的城市扩张，许多郊区农村被纳入城区范围，在产业结构、建设景观、生活方式等方面具备城市特质并不同于一般农村。然而，因土地、户籍、人口、行政管理等多方面的城乡二元结构，这些郊区农村却没有被真正纳入城市规划、建设与管理，从而又与城区差别明显，形成一种独特的地域现象，即城中村，城市里的村庄。

（一）城中村的概念及特征

所谓城中村，是指在城市高速发展的进程中，由于农村土地全部被征用，农村集体成员由农民身份转变为居民身份后，仍居住在由原村改造而演变成的居民区，或是指在农村村落城市化进程中，由于农村土地大部分被征用，滞后于时代发展步伐、游离于现代城市管理之外的农民仍在原村居住而形成的村落，亦称为"都市里的村庄"。城中村现象在环境、社会、经济和管理等方面带来的种种问题，引发了社会各界的关注与研究。从法律角度而言，城中村并非严格的法律概念，而是土地属于集体所有，原为农村，后随着城市扩张形成的失去耕地的城市中的农民聚集区。

城中村的主要特征包括：第一，从生态构成上讲，村内没有或基本没有耕地，但城中村内的原始成员是农民，这些农民不再以传统农业为生。第二，从管理上讲，城中村多实行村民自治的内部管理体制，对外民事法律行为主体是村民依法推选的村民委员会。部分城中村社区自治管理体系尚未建立，社区管理基本保留原村委会模式；部分已撤村改居的城中村，其居委会工作人员由原村干部转任。村委会用于日常运转和设施建设、维护的经费由村集体自筹解决。第三，从社会环境上讲，人口密集，治安混乱。不仅有原始村民，还有外来务工人员，依附于城中村经济体的其他从业人员。建筑密度高，布局混乱。城中村坐落于城市之中或位于城市周边，但由于长期没有纳入城市规划管理，导致城中村内建筑混乱无序。市政设施欠缺，公共服务不足。第四，从经济来源上讲，租金收益高，潜在的利益可观。由于城市的快速扩张以及大量外来务工人员不断涌入，城中村的地理位置逐渐优化，其房屋价值日益凸显，于是纷纷在自有宅基地的基础上扩建改建房屋用于出租，最终演变为城中村村民经济收入的主要来源。收入不菲的租金，加上可观的集体分红，使得即便是处于失业或无业的村民依然拥有较好的生活状态。

（二）城中村改造

城中村是城镇化过程中特定阶段的产物，是城市发展不可回避的现实问题，其涉及的土地权属复杂，规划建设管理问题复杂，牵涉的利益问题复杂。城中村改造是指通过建筑物的拆除和新建等手段彻底改造城中村的建筑形态和居住环境，达到城中村与城市全面融合的目标。由于城中村属性的多元性、问题的复杂性、村庄的差异性，使得其改造难度非常大。

城中村形成的根本原因是我国城乡二元管理体制及土地的二元所有制结构，这也是深层次的制度原因。所谓城乡二元管理体制，是指"城市"和"农村"分属不同的管理模式，二元所有制结构是指城市的土地属于国家所有，而农村的土地属于农村集体所有的制度。城中村这种特殊的建筑群体和村落体制的形成，是农民在土地和房屋租金快速增值的情况下，追求土地和房屋租金收益最大化的结果。

城中村问题的核心是利益问题，集中反映在城中村涉及的政府利益、集体利益与村民利益的冲突上，这对城中村在公共安全、环境卫生、社会治安、城市发展方面具有不利影响。城市的快速发展，需要通过征收周边农村的耕地获得扩展的空间。粗暴、低廉的征地以及不合理的土地收益分配损害了其基本生存利益，促使多数村民不仅无意进行自身改造，甚至抗拒外来力量的改造，矛盾日益凸显。

（三）城中村改造与房地产开发

城中村改造在指导思想、改造原则、内容、程序、政府政策支持和保障等多方面都不同于房地产开发，二者的区别突出体现在：第一，各地城中村改造相关法律都规定，城中村改造需要制定改造方案，改造方案主要涉及村庄现状、社区居委会设立、拆迁安置等内容；而房地产开发是由房地产商获得土地后，依法办理建设用地规划许可证、建设工程规划许可证以及施工许可证，然后依照获批的规划设计，进行自主开发建设的行为，其设计规划的内容不会涉及改造村庄、设立居委会等方面。第二，城中村改造的一项主要工作就是将集体土地转为国有土地，而房地产开发是指房地产开发商获得国有土地使用权后的建设行为，不涉及土地所有权性质的变更。第三，城中村改造还涉及村委会转为居委会、村民户口转为居民户口、集体经济组织改制等问题，而房地产开发是单一行为。

（四）城中村改造与旧城改造

从国务院《国有土地上房屋拆迁与补偿条例》规定看，旧城改造明确规定为因公共利益需要政府征收。国家尚未出台旧城标准，一般认为，旧城改造是指对城市中心城区建成区范围内的国有土地上存在的房屋结构不合理、安全隐患大、基础设施不完善等情况的商业或生活区域进行综合改造的行为。

城中村改造与旧城改造从改造内容、追求目的看基本相同，本质都是拆旧建新，提升城市形象，符合城市总体规划。但两者还是有一定的区别：第一，城中村改造是对宅基地房屋的拆迁，属于集体土地转为国有土地后的建设项目；旧城改造是对本就处于国有土地上的房屋进行征收补偿。第二，城中村改造除政府主导外，村集体自我改造广为流行；而旧城改造完全是政府行为。第三，城中村改造在改造方案、补偿安置方案内容上可以民主议定，一村一策；而旧城改造则严格执行《国有土地上房屋拆迁与补偿条例》的法律规定。第四，城中村改造包括村委会转居委会、村集体经济改制等，而旧城改造却不涉及这些内容。

（五）城中村改造的政策解读

城中村改造必须由政府主导，政府通过政策、规划、计划的适时调控，保证城中村改造符合公共利益，维护改造过程中的社会公平。城中村改造之前的管理，各地情况不一，参差不齐。有的村土地和建房管理比较规范，而有的村一直未发过土地证、宅基证，还有的村只管批准宅基地，不管建设高度、密度，从而导致集体土地上存在的顽疾问题不计其数。城中村改造问题过于敏感，且处于探索阶段，条件还不成熟。而且城中村改造涉及财产征收、土地管理等诸多问题，很难从法律层面给予准确定位。除2008年建设部下发的《关于加强"城中村"整治改造工作的指导意见》外，国土资源部、国务院法制办等部委未专门就城中村改造出台政策文件。即使是上述建设部的指导意见，也仅是以文件形式做些原则性倡导。城中村改造进行了十几年，尚没有全国统一做法的具体规定。不管城中村改造模式如何，均不能与宪法和法律、法规相冲突，坚持立法引导改革的理念。

本章小结

本章是关于农村房地产的探讨，包括农村宅基地使用权的基本理论、农村房屋买卖的效力和新农村建设等。农村宅基地使用权是我国特有的一种用益物权，权利归属上呈现二元构造：所有权归属集体、使用权归以户为单位的村民，是村民的重要权利。在城乡一体化的改革中，在农民市民化的进程中，农村房屋买卖涉及城乡二元的土地所有权结构，涉及不同群体的利益平衡，需要精巧的制度安排。物权法对农村房屋买卖的态度，给未来农村房地产的发展预留了空间，学生应当结合中央最新文件，从统一城乡建设用地市场建立的角度，深入思考农村房屋买卖的合理性，以及允许农村宅基地使用权直接入市的可行性。

技能训练

掌握农村房屋买卖合同效力分析的基本技能

目的：使学生熟悉农村房屋买卖的立法现状，分析"小产权房"的未来发展。

内容：××开发公司与北京市房山区合作旧村改造项目，2005 年 3 月 2 日俞××与××开发公司签订房屋买卖合同。合同约定，俞××于 3 月 15 日一次性支付房款 127922 元，××开发公司应于 12 月 31 日之前办理北京市"大产权"，届时不能办理，俞××可解除合同，××开发公司承担相应的违约责任。俞××按合同约定支付房款后，××开发公司一直无法办理产权，俞××主张宏业开发公司欺诈，而××公司辩称签订买卖合同时便告知此房为"小产权房"。双方引发纠纷。

要求：结合上述案情，结合"小产权房"的特征，分析"小产权"房屋买卖的效力。

实践活动

宅基地使用权转让的个案调查

目的：使学生直观了解农村宅基地使用权流转实际，思考宅基地使用权转让的未来。

内容：通过报刊、杂志或网络等方式，确定容易实地调研的一两个集体宅基地使用权案例。学生分组，采取直接访谈和问卷调查等方式，了解农村村民对宅基地使用权流转的现行法律规定的态度，以及对未来宅基地使用权流转的期待等。

要求：提交书面的调研报告，开座谈会交流心得体会。

参考文献

1. 陈小君：《农村土地问题立法研究》，经济科学出版社 2012 年版。

2. 石凤友：《土地法律制度研究》，山东大学出版社 2011 年版。

3. 吴越、沈冬军：《农村集体土地流转与农民土地权益保障的制度选择》，法律出版社 2012 年版。

4. 贺雪峰：《地权的逻辑——中国农村土地制度向何处去》，中国政法大学出版社 2010 年版。

5. 崔建远：《物权：规范与学说》，清华大学出版社 2011 年版。

6. 江必新：《〈国有土地上房屋征收与补偿条例〉理解与适用》，中国法制出版社 2012 年版。

7. 于宏伟：《〈国有土地上房屋征收与补偿条例〉焦点问题解析》，法律出版社 2011 年版。

8. 沈开举、程雪阳等：《〈国有土地上房屋征收与补偿条例〉条文解读与案例评点》，中国法制出版社 2011 年版。

9. 王达：《〈国有土地上房屋征收与补偿条例〉解读》，中国市场出版社 2011 年版。

10. 薛刚凌：《〈国有土地上房屋征收与补偿条例〉理解与适用》，中国法制出版社 2011 年版。

11. 王锡锌：《〈国有土地上房屋征收与补偿条例〉专家解读与法律适用》，中国法制出版社 2011 年版。

12. 郭明瑞：《中华人民共和国物权法释义》，中国法制出版社 2007 年版。

13. 李显冬：《中华人民共和国物权法知识问答》，红旗出版社 2007 年版。

14. 梁慧星：《物权法》，法律出版社 2010 年版。

15. 陈华彬：《建筑物区分所有权》，中国法制出版社 2011 年版。

16. 符启林：《房地产法》，法律出版社 2009 年版。

17. 房绍坤、王洪平：《公益征收法研究》，中国人民大学出版社 2011 年版。

18. 符启林：《房地产法》，法律出版社 2009 年版。

19. 马智利：《我国保障性住房运作机制及政策研究》，重庆大学出版社 2010 年版。

20. 王德起：《房地产中介》，山东人民出版社 2001 年版。

21. 周传林：《房产中介机构运作指南》，中国经济出版社 2004 年版。

22. 高富平：《房地产法学》，高等教育出版社 2010 年版。

23. 王忠华：《房地产典型案例评析》，法律出版社 2013 年版

24. 邢元志：《房地产评估》，中国建筑工业出版社 2007 年版。

25. 最高人民法院民事审判第一庭：《最高人民法院关于审理城镇房屋租赁合同纠纷案件司法解释的理解与适用》，人民法院出版社 2009 年版。

26. 吴兆祥：《房屋租赁买卖合同疑难问题案例解析》，法律出版社 2012 年版。

27. 崔建远：《合同法》，法律出版社 2010 年版。

28. 奚晓明：《物业管理纠纷》，法律出版社 2007 年版。

29. 范君：《物业纠纷诉讼指引与实务解答》，法律出版社 2014 年版。

30. 柴效武：《反向抵押贷款制度》，浙江大学出版社 2008 年版。

31. 王小平：《保险支持以房养老研究》，中国金融出版社 2014 年版。

32. 叶世清：《我国农村社会保障法制建设研究》，法律出版社 2011 年版。

33. 刘桂林、刘志刚：《房产律师以案说法》，中国法制出版社 2008 年版。

34. 于华江：《农村宅基地法律纠纷案例分析》，对外经贸大学出版社 2011 年版。

35. 孙事龙：《"城中村"改造法律实务》，中国政法大学出版社 2012 年版。

36. 陈贤贵：《农村房屋买卖、租赁、抵押法律政策解答》，法律出版社 2010 年版。

37. 倪金龙等：《农村房屋土地纠纷审理指南》，人民法院出版社 2012 年版。

38. 王兴运：《土地征收补偿制度研究》，载《中国法学》2006 年第 3 期。

39. 竺乾威：《大部制改革与权力三分》，载《行政论坛》2014 年第 5 期。

40. 程啸：《不动产登记机构的统一及与其他机构的协调》，载《人民法院报》2014 年 8 月 20 日。

41. 刘兴桂、刘文清：《物业服务合同主体研究》，载《法商研究》2004 年第 3 期。

42. 申卫星：《经济适用房共有产权论——基本住房保障制度的物权法之维》，载《政治与法律》2013 年第 1 期。

43. 杨洁：《经济适用房法律制度问题研究》，河北大学硕士学位论文，2014 年 6 月。

44. 周礼文：《保障性住房法律制度研究》，中南大学博士学位论文，2012 年 5 月。

45. 张锋、钟庭军、梁爽：《廉租房和公共租赁房并轨运行的工作研究》，载《住房保障》2014 年第 3 期。

46. 程啸：《不动产登记机构的统一及与其他机构的协调》，载《人民法院报》2014 年

47. 崔建远：《租赁房屋装饰装修物的归属及利益返还》，载《法学家》2009 年第 5 期。

48. 陈本寒、谢靖华：《房屋租赁权让与问题之探讨》，载《政治与法律》2013 年第 3 期．

49. 冉克平：《论房屋承租人的优先购买权——兼评人民法院〈房屋租赁合同司法解释〉第 21～24 条》，载《法学评论》2010 年第 4 期。

50. 陈华彬：《业主的建筑物区分所有权：评〈物权法草案〉第六章》，载《中外法学》2006 年第 1 期。

图书在版编目(CIP)数据

房地产法学/申惠文主编. —武汉：武汉大学出版社,2015.8
全国高等学校应用型法学人才培养系列规划精品教材
ISBN 978-7-307-16465-9

Ⅰ.房…　Ⅱ.申…　Ⅲ.房地产—法学—中国—高等学校—教材
Ⅳ.D922.181.1

中国版本图书馆 CIP 数据核字(2015)第 178803 号

责任编辑:胡　艳　　　责任校对:汪欣怡　　　版式设计:马　佳

出版发行: **武汉大学出版社**　　(430072　武昌　珞珈山)
　　　　(电子邮件：cbs22@whu.edu.cn　网址：www.wdp.com.cn)
印刷：湖北民政印刷厂
开本：787×1092　　1/16　　印张:17.75　字数:418 千字　插页:1
版次：2015 年 8 月第 1 版　　2015 年 8 月第 1 次印刷
ISBN 978-7-307-16465-9　　定价:35.00 元